수필문학추천작가회
연간사화집 2025 / 33호

아름다운 세상을 그리며

발간사

수필은 마음속의 거울

 수필은 한 사람의 마음속을 비춰주는 거울입니다. 그 사람이 살아온 흔적을 되돌아보는 거울이라 할 것입니다. 이처럼 수필은 자신과 떨어질 수 없는 삶의 궤적인 동시에 마음을 표현한 것이라 하겠습니다.
 이번에 발간하게 된 수필문학추천작가회 연간사화집 『아름다운 세상을 그리며』는 회원님들이 정성껏 써주신 글들을 모은 뜻깊은 결실의 산물입니다. 회원 여러분의 인생 여정에서 길어 올린 체험과 사유, 자연과 인간미에 대한 따뜻한 사연이 글마다 진하게 배어 있습니다.
 본 연간사화집에는 수필을 사랑하고 좋은 글을 쓰기 위해 끊임없이 노력한 회원님들의 열정이 녹아 있습니다. 한 문장 한 문장을 쓰면서 자신만의 언어를 찾기 위해 노력한 회원님들의 땀과 시간이 오롯이 배어 있음을 느낄 수 있었습니다.

또한, 본 연간사화집의 발간은 단순한 회원들의 결과물이 아니라 수필의 길을 함께 걸어온 흔적이며, 앞으로 우리가 나가야 할 목표이기도 합니다. 회원 서로가 글을 통하여 소통하고 긴밀하게 협조하면서 본 회의 발전을 위하여 노력해 주시기를 바랍니다.

바쁜 일상에서도 쉬지 않고, 자신만의 목소리를 정제된 언어로 길어 올린 회원 여러분께 감사의 인사를 올립니다. 본 연간사화집을 통하여 우리의 이야기가 많은 독자에게 깊이와 큰 감동으로 전해지길 기원합니다.

2025년 11월
수필문학추천작가회 회장 최 중 호

차례

| 발간사 | 최중호

허학수	사랑과 행복의 이동(異同)	16
오경자	먼 게 무슨 대수랴	19
박순혜	춥고 배고픈	22
김길자	증평에 세워진 소월·경암문학예술기념관	25
최중호	인생 역전	29
곽 근	뒤늦은 깨달음	33
오형칠	스마트폰은 어디에?	37
강정희	고향 바다	40
김상환	가족모임 있던 날에	43
박순철	조선피자	47
서경희	안흥찐빵	50
남민욱	우리 동네에 고인돌 있어요	53
리철훈	정가네 가마솥국밥	57
양태석	황혼의 건강	61
황장진	폴짝폴짝 귀여운 참새	64
설복도	상생의 길	67
박미련	부러진 날개	70
서대화	이 몸이 새라면	74
강미애	마음에 바람이 분다	79
하기식	패션 오프 크라이스트	82
손미경	기차여행	86
서부길	선과 악에 대한 단상	89
임지택	열정의 채송화	93
임수진	우아한 백조	97
박건오	유배의 섬 노도	100
유기섭	담배 연기 속에서 추억을 피우다	103

안규금	살아생전 한 잔 술	106
김재귀	대왕목의 기를 받아	110
김수돌	배롱나무를 심으며	113
장희자	흙으로 돌아가리라	116
원준연	사르나이	119
김형애	뻐꾸기 소리	122
백승희	초록 재와 다홍 재	125
황미연	쓸쓸한 마음이 드는 날	129
구영례	손이 말을 건네다	132
이성숙	한라산	136
최천숙	무궁화 피고 지고	140
이기화	날개를 펼쳐라	143
김성윤	장미 구경	146
안명영	장유유서 흔들흔들	148
서정애	개구리자리	152
김순덕	공생의 법칙	156
정금지	김유정역에 눈이 내린다	159
유경희	새로운 시작을 할 수 있는 나이	162
임대순	여행은, 지우기	165
송창윤	파도 없는 바다	168
이용희	시린 겨울이 꽃망울을 키운다	171
윤 석	내 군번은 0007342	175
안경환	향	179
한혜정	Letter Case	182
김종복	동물원 우리 속에 사람이 있어요	186
지창식	사이보그(cyborg) 인간이 되다	189

차례

류춘영	경인 아라뱃길을 가다	193
이제홍	별자리를 없애려 하다니	196
최승희	우리 시대의 월리 로먼을 위하여	199
양호인	버킷리스트	202
심솔희	선물, 그 진정한 의미	206
최정숙	마지막 산문	209
우승순	이제 멈출 때다	212
한정남	화산과 서안 묘	216
이종명	백암산 케이블카	220
임성규	고향친구	223
이종옥	나 죽기 전에 얼굴 한번 보자	226
허남국	사라질 듯 피어나는 꽃	230
김선환	아름다운 세상을 그리며	233
박태희	세월의 맛	237
김순자	하치 동상 앞에 서서 뽀숙이를 떠올리며	240
계영연	우주에서 온 듯한	244
이재명	주인공	247
이근영	그리움은 기다랗다	251
김휘규	괜한 걱정	254
장은영	혼술	258
신영숙	아이와 일, 그 사이에서	261
사혜나	꿈 메모리	264
나종경	'전달자'의 착각	268
임혜순	구름사다리 위에서	271
이다경	행복 길라잡이	274
원광호	창피함도 모르고	277
박찬승	본디 인연	280

신영애	그런 세상이라면	284
장연희	농사와 게임	287
김인건	흔적들	291
이한재	아름다운 정원, 우리 함께	294
박대식	설악국제트레킹페스티벌에 참가하며	297
전명주	제비꽃	300
이병원	그리고 닭이 울었다	302
김정원	멀리 가지 마	305
이우재	변명	308
곽영주	섣부른 판단	311
김동희	다, 좋아질 거야	315
이미숙	후손을 향해 쏘아 올린 축복의 화살	318
최정옥	회자정리	322
김병기	추락, 한 장면	326
강일권	몽돌의 꿈	330
정호백	복숭아 행복	335
허원봉	어머니의 집	339
김명희	보통의 행복	342
최남미	그가 사는 세상	346
유순이	눈물의 네잎클로버	350
윤지선	숲길, 작은 쉼표 하나	353
윤기관	혈투와 평화	357
강경아	파김치 담그는 날	361
서완석	친구들의 손이 이끈 여정	365
최은희	흐르는 삶, 머무는 그날까지	369
강정수	인연	372
황재윤	가지 않은 길	376

차례

김영희	시간 저장하기	380
김민정	중년에 대처하는 법	383
김영애	이 맛에 고향을 찾는구나	386
이범응	사랑이 담긴 아픔	390
김대운	섭씨 31도	393
이기술	전원생활, 도처에 부비트랩	397
이경희	지휘봉을 던져버린 지휘자	402
김영식	럭셔리 버스	406
이기소	사주 이야기	409
김광동	귀인(貴人)을 기다리며	413
배승환	하늘의 인연, 아흔아홉 살 누님	417
박봉석	평화를 선택한 아침	420
원용연	천년의 향기를 따라가다	424
장성옥	10월의 어느 멋진 날에	427
신인철	마음 따뜻한 친구	430
권종선	첫사랑 지리산	434

> 수필문학추천작가회
> 연간사화집 2025 / 33호

아름다운 세상을 그리며

사랑과 행복의 이동(異同)

허학수
1989. 7. 천료

　사랑과 행복은 형제자매이다. 누가 형이고 아우인지 알 길이 없으나 불가분의 동기간이다. 그런데 행복과 사랑은 다른 점도 많다. 시공에 의한 심신과 인과에 따라 변화가 무쌍하고 형상을 달리한다.
　생각하고 또 살펴봐도 그 양태는 보이지 않고 잡히지도 않는다. 아마도 둥글거나 모가 나고, 높낮이가 심하여 길거나 짧아서 그 심상이 각양일 것 같다. 그렇지만 누구나 탐하고 축원하는 미지의 이상향이다.
　요즘 나는 그런 마음을 겨우 깨치면서 조금은 알았다. 진실한 사랑과 참된 행복을 분간했지만 가짜와 진짜를 두고 고민할 때가 많았다. 어디에서 어떤 모습으로 사랑을 했는지, 언제 어떻게 행복했었는지 제대로 알 길이 없다.
　아무리 짐작해도 행복은 소유와 주체가 고정된 것도 아니다. 심오한 사랑학이나 원대한 행복론의 논리와 기준도 특별히 없다. 사랑은 상대와 거래하는 흥정과 선택이 따로 있지만 행복은 내 자신이 선수이고 심판인 듯하다.

　행복이 별것인가. 내가 하는 일에서 스스로 만족하면 그것이 바로 행복이다. 평범한 일상에서 하고 싶은 일을 좋아하고 즐기면 된다. 안분지족도 내 마음의 재량이다. 부러우면 진다고 했으니 내 것이 가장 소중한 것 아닌가.

　행복과 사랑은 소금과 물이다. 물과 소금은 삶의 필수 영양이지만 배합에 따라 현저하게 다르다. 사랑은 객체와 대상이 확실하고 위선과 모순으로 내포할 때도 있다. 반면에 행복은 분류가 유연하고 자유로우며 개인적 외형을 달리하므로 척도가 있을 수 없다.

　사랑은 서로 간의 열정과 헌신이 있어야 한다. 상호의 감정이 가까워질 때 마침내 신뢰와 이해를 바탕으로 유대와 소통을 갖게 된다. 누구를 원망하랴. 뒤이어 육체적 매력과 정신적 끌림이 따르기도 한다. 인간이기 때문에 순간의 욕망과 흥분을 제공할 수도 있다.

　사랑과 행복은 동행하고 비례한다. 행복은 내재된 웃음과 박수가 따르지만 사랑은 복잡하고 의심하며 따지고 집착한다. 때로는 뜨뜻미지근하여 좋음과 싫음의 밑줄조차 희미하다. 약속과 환경이 일시적일 때는 어설픈 사랑을 조작하기 쉽다. 그렇지만 절제된 합일이라도 참된 행복으로 발전한다.

　손자의 손목에 이끌려 발걸음을 옮기는 꼬부랑 할머니도 행복을 체험하고 생산하는 것이다. 비록 바라보는 앞날이 멀지는 않겠지만 저물어가는 그 속에도 사랑과 행복이 함께 하는 것이다.

　나는 이제야 사랑보다 행복을 더 갈망하고 소원한다. 사랑의 인과는 행복으로 이어지기 쉽지만 반드시 일치하지 않는다. 차라리 아름다운 자연 속에서 신선한 공기를 한결같이 사랑하고 싶다. 취미 활동의 성취감을 되새기는 건강 활동이 바로 참 행복임을 신뢰하며 살고 싶다.

　오염된 사랑은 질투와 저주를 동반한다. 슬픔과 눈물이 상주하며 열렬한 승자와 패자가 있는 법이다. 실패한 사랑은 상봉과 이별의 응보(應報)가 뚜렷하고, 대상에서 생성되는 심신의 풍요와 조건이 까다롭다.

행복은 내 마음의 도가니이며 샘터의 정화수이다. 비교되지 않는 재단과 색깔이며 나만이 판단하는 독 안의 샘물이다. 부푼 청춘의 헐벗은 사랑이 아니고, 정자 그늘에서 잠든 할아버지의 춘몽이다. 곱게 가꾸고 소상하게 간직하면 행복의 꽃이 피고 사랑의 열매가 맺는다.

어느 날의 목욕탕이었다. 번갈아 때를 씻겨주는 부자의 밝은 웃음에서 진짜 사랑과 행복을 느낄 수 있었다. 목롯집 하룻밤에도 사랑의 단꿈이 있고, 망백(望百) 부부의 등 뒤에서 행복의 흉터를 찾을 수 있다. 서투른 사랑은 피부를 손질하고, 진정한 행복은 마음을 가꾸는 내재의 충만이다.

사랑과 행복은 뿌리와 씨앗이다. 뿌리는 박힌 곳이 유별나고 씨앗은 아무데나 뿌려져 있다. 살아보면 사랑과 행복은 순간을 두고도 이동(異同)을 거듭한다. 고운 삶이 건강한 메신저일 때 진실한 행복이고 참된 사랑이 된다. 사랑과 행복이 동시에 머물면 기름진 옥토에 향기가 치솟는다.

만남과 헤어짐의 소중한 인연은 사랑과 행복의 신선한 종자이다. 행복이 마음 안에 있다면 사랑은 마음 밖에 있다. 사랑은 둘이 가꾸는 대상이 분명하고, 행복은 혼자서 창조하는 나만의 안일이다. 인간은 참사랑일 때 참 행복을 심고, 진짜로 행복할 때 아름다운 사랑을 싹 틔운다.

먼 게 무슨 대수랴

오경자
1990. 3. 천료

　가깝고 멀다는 것이 실제로 거리의 멀고 가까움에 좌우되는 것일까? 우리가 실제 상황에서 사무적으로 거리를 말할 때야 당연히 실제 거리의 원근이 그 기준이 된다. 하지만 멀게 있다, 가깝게 있다 등의 경우는 실제 거리와 같을 때도 있고 다를 때도 있다. 이웃 4촌이라는 말도 실은 이웃에서 가까이 지내는 사이를 일컬었으나 요즘 같이 골목이 사라져 버린 시대에 와서야 그 말도 퇴색할 대로 퇴색했다 할 수 있다. 일반 주택에 살 때는 한 골목에 살면 거의 매일 보고 지냈다. 그중에서도 더 가까이 지내는 집들이 있고 정도의 차이는 있었지만 그야말로 누구네 집 된장 끓는 냄새까지 알 수 있다는 말이 오갈 정도로 한집안 같이들 친하게 지냈다. 지금이야 아파트 같은 층 옆집에 사는 사람 얼굴도 모르는 경우가 더 많을 정도로들 살아간다. 그야말로 지척이 천 리인 것이다. 자식들이야 멀리 떨어져 살아도 항상 곁에 있는 것 같다. 이것이 마음의 거리가 아닐까? 그래도 가까이 있어야 더 좋다. 바로 금상첨화가 아닐까 한다.

　손자가 대학을 졸업한다. 포항공대 대학원에 합격해서 그곳으로 내려가야 한다는 말을 들었을 때, 합격이라는 말을 들었을 때 활짝 펴졌던 얼굴이 이내 굳어왔다. 아니 그러면 자주 못 본단 말이잖아? 어떡하지, 그동안에 얼마나 자주 봤던가?라는 물음이 떠오르며 맥빠진 웃음 한 가닥 입가에 걸린다. 어차피 몇 달에 한 번 봤는데 방학 때 볼 테니 마찬가지 아니냐는 생각이 밀고 올라오면서 일어난 표정의 변화라 할 수 있겠다.

　생각해 보니 아들이 결혼 후 다섯 집 건너 정도 거리에 신접살림을 차리고 살다가 둘째 아이를 임신하고 대여섯 정거장 정도 떨어진 거리에 새 집을 구해 이사했다. 거기서 줄곧 살다가 몇 년 전에 강남으로 아파트를 분양받아 멀리 떠난 셈이다. 시집을 온 후 이곳 은평을 떠나 보지 못한 처지라 집값 차이가 너무 커서 아들을 따라 이사 갈 수도 없는 것이 현실적 상황이다. 집을 사서 가는 이사이니 축하할 일밖에 없지만 멀리 떠난다는 것이 좀 서운했다. 하지만 예나 지금이나 똑같은데 다만 마음만 멀게 느껴져서 괜히 자주 못 보는 것 같을 뿐이다. 모두들 바쁘다 보니 무슨 날에 만나고 지낼 뿐이지 주일마다 본다거나 하는 것은 아예 우리 집 사전에 없는 지 오래다. 우선 애들이 무성의해서가 아니라 어미라는 내가 주책없이 바빠서 단 하루를 집에 얌전히 있는 날이 1년에 손꼽을 정도에도 못 미치다 보니 그렇게 된 것이다.

　가끔 아들이 집에 있냐고 물어 올 때마다 아니 지금 밖이라고 대답하면 어떻게 엄마는 나보다 더 바쁘냐며 웃기가 일쑤인 게 우리 모자 간 대화이다. 자연히 며느리가 자주 오느니 마느니 하는 대화는 아예 존재하지 않는 게 우리 고부 사이다. 학업에 매인 애들이야 더 말해서 무엇하랴. 그저 학교 열심히 다니고 공부들 잘 하면 된다, 건강이 제일이니 아무 걱정하지 말고 학생 노릇이나 충실히 하라는 게 이 할미의 당부다.

 그러던 사람이 포항으로 내려간다 하니 마치 만리 타국에라도 보내는 양 마음이 이상하다. 그러는 내가 더 이상하다. 어차피 전화로 만나면 똑같을 텐데 왜 이리 마음이 야릇할까? 제 아들 합격 소식을 전하면서 좋기는 한데 떼어 보낼 생각을 하니까 아주 이상해요, 우리 결혼 후 어머님의 심정을 이제야 알 것 같아요라고 말하는 며느리의 목소리가 갑자기 젖어들어 올 때 공연히 마음이 아렸다. 내가 그 애들 몇 집 건너에다 살림 내놓고 비로소 내 신혼 때 한집에 살면서도 시어머님이 느꼈을 그 상실감 같은 묘한 심정을 상상도 못했던 내가 갑자기 죄스러웠던 기억이 떠올라서였던 것 같다.

 혈육, 그 정체가 무엇인지는 모르겠으나 어디 있어도 하나인 것 같고 그런가 하면 한없이 멀리 있는 것 같아 공연히 그리워지는 사이, 그런 것이라면 혹 설명이 좀 되려나 모르겠다. 아무튼 손자는 졸업을 하고 멀리 남쪽으로 떠난다. 같은 서울 하늘 아래서도 1년에 몇 번 못 만나고 살았지만 멀리 떼어 놓고 그래서 자주 못 보는 것 같아 더욱 그리울 것 같은 손자를 그동안이라도 좀 자주 보고 싶은데 무슨 묘책이 없으려나 궁리 중이다.

 우선 정장 옷을 한 벌 사 입혀야겠다. 그다음은 제대로 된 정찬을 한 번 함께 먹어야겠다. 그 아이 팔에 매달려 고궁을 한 번 걸어보자 할까? 그 부분은 말이 잘 되어 나갈 것 같지가 않다. 손자를 너무 괴롭히게 될 것이 뻔한 일이어서 그렇다. 아, 그다음은 아이에게 맡기자, 우선 두 가지 일을 위한 날이라도 나부터 먼저 마련해 놓아야겠다. 어쩌면 그 두 가지 일도 하루로 합해야 될지 모른다. 내가 바빠서. 거리는 어차피 마음에서 비롯되니 걱정할 것 없다.

춥고 배고픈

박순혜
1990. 7. 천료

벌써 몇 번째인지 모르겠다. 써 놓은 원고 다시 읽으며 퇴고를 하는 이 일이. 문예지에서 청탁받아 쓴 원고다. 마감 날짜가 며칠 안 남아 초조하다. 글을 쓸 때 빠르게 술술 써질 때가 있고 문맥이 막히면서 잘 안 써질 때가 있는데 이번엔 많이 힘들인다.

누가 가수에게 살아오는 동안 제일 어려웠던 일이 어떤 일이더냐고 물으니 노래 부르는 일이라고 하더란다. 누가 나에게도 같은 질문을 던진다면 수필 쓰는 일이라고 말하고 싶다. 마지막 퇴고라고 만족해 하며 나팔(?)을 불었는데 다시 읽으면 또 수정할 부분이 보이는 것이다. 그래서 퇴고하고 나서 다시 읽고 또 퇴고하기를 수도 없이 반복한다.

하고 싶은 말이 많아 글로 지으려는데 컴퓨터를 열고 자판기를 두드리려 하면 그 말들이 산지사방 흩어져 도망쳐 버릴 때가 많다. 달아난 생각들 끌어모아 글을 쓰려고 하면 높으나 높은 금강산 상팔담 올라가는 철계단 올려다보았던 때처럼 아득하게 느꺼지기도 한다.
 가만히 반성해 본다. 늘 나 혼자 끄적대다가 등단을 한 탓인가? 등단 후에는 등단했다는 안도감에서 더더욱 수필 공부를 하지를 않아 그 탓이기도 한가?

 글은 초등학교 5학년도 이해하도록 쉽게 써라.
 글은 읽다가 국어사전 찾는 일 없게 쉽게 써라.
 글은 누구에게 말하듯이, 이야기하듯이, 편지를 쓰듯이 쉽게 써라.

 글을 쉽게 쓰라고 전문가들은 말한다. 글을 쉽게 쓰라는 건 힘들이지 않고 쓰라는 게 아니고 쉽게 읽히는 글을 쓰라는 것이 아니겠는가. 그런즉 나름대로 독자들로 하여 쉽게 읽히길 바라는 마음 가지고 글을 써 왔다. 그래서였는지 내 글을 읽은 분들은 글이 물 흐르듯 막힘 없이 읽힌다고 한다. 쉽게 읽혀 책장이 빨리 넘어간다고도 한다. 우편으로 배달되는 책이 많아서 다 읽지를 못하는데 내 책은 끝까지 읽게 되더라고 하는 독자들도 많다. 그럴 때면 기분이 좋았고 힘도 나는 듯했는데 이번엔 왜 글이 막히는지 알 수 없다. 프랑스 여류작가 보봐르가 '쓴다는 것은 하나의 기술'이라고 하였듯이 글 쓰는 일은 정말 고도의 기술을 요구하는 것 같다.
 가끔 지인들로부터 요즘도 글을 쓰냐는 질문을 받는다. 그럴 때 문예지에 발표된 내 글을 볼 리 없는 이들에게는 요즘은 안 쓴다고 거짓 대답을 한다. 그러면 "글 써서 돈 잘 버는데 왜?" 하고 되묻는다. 문단에 등단하기 전 신문, 여성잡지, 방송에 투고 글 쓰던 시절에 원고료에 상품에 수입이 좋았던 그때를 잘 알고 되묻는 것이다. 등단하여 문예지에 글이 게재되면 상품은 없어도 여전히 원고료는 많이 받는 줄 안다.

어느 날 옛 친구가 같은 질문을 했다. 나는 또 똑같은 대답을 했다. 그런데 이 친구는 "아유 잘했다. 그거 춥고 배고픈 짓이잖아. 원고료도 없다며?" 했다. 이 친구는 문단의 실태를 좀은 아는 듯 보였다.

원고료가 있는 문예지가 있긴 하나 드물고 액수도 적다. 작가는 모름지기 책을 내서 잘 팔려야 돈을 거머쥘 수 있다. 그러나 우리 수필가들 거의 자비 출판이다. 명성 높은 대가라도 그 책이 잘 팔리는 일은 드문데 하물며 나 같은 문단 말석의 무명인은 글과 돈은 사돈의 팔촌보다 멀다. 품앗이하듯 서로 작품집을 돌려 주고받는 이런 문단 풍토에 나도 무감각하게 동조하고 있는 거다.

글 쓴다고 잠 못 자고 눈 아프고 피 마르고 살 깎이고 돈 안 생기니 친구 말을 빌리지 않더라도 춥고 배고픈 짓은 맞다.

춥고 배고픈 짓이라 해도 나는 글을 쓸 것이다. 수필가니까.

증평에 세워진 소월·경암문학예술기념관

김길자
1991. 9. 천료

비단결 같은 햇빛이 내려앉은 대지 위를 사붓사붓 밟아보셨나요?

충청북도 증평군 도안면은 햇살이 아름다운 곳이다. 고즈넉한 산촌, 야트막한 동산 위로 자연과 문학의 교감이 어우러진 장엄한 문학관이 서 있다.

파란 하늘 아래 흰 구름 사이로 하얀 건물의 문학관, 소월·경암 문학예술기념관이다.

개관 6주년 기념 행사장에는 전국에서 모인 문화예술인들로 만원을 이루었다.

행사에 참관한 나는 지난 일을 돌아본다.

어느 해 봄날, 한국 문인 이철호 이사장님이 증평군청을 방문하셨다. 증평 군수님과 함께 이사장님을 뵈었다.

이사장님을 처음 뵌 것은 수십 년 전 당시 한국수필 세미나장에서 문학강좌를 하셨을 때 인사를 한 적이 있어도 증평을 방문하신 것은 처음이다. 이사장님은 증평 부근에 있는 청안면이 처가댁이라 그런지 증평에 대한 애정이 남다르셨다.

이사장님의 방문 뜻은 문학관을 세울 장소를 전국적으로 물색 중이라고 하셨다.

당시 증평 홍성렬 군수님은 문화 예술에 조예가 깊으신 분이었다. 문학관에 대한 두 분의 진지한 대화는 생각 외로 잘 풀리고 있었다. 그 후로도 나는 군수님을 몇 차례 찾아뵈며 소월 문학관이 증평에 세워지면 우리 지역은 전국적으로 주목받는 '문화 예술의 메카'가 될 것이라고 힘주어 강조했다.

문학관 유치에 대한 군수님의 뜻이 확고했고, 그에 따라 군 담당 부서에서는 분주하게 건물을 지을 땅을 찾기에 이르렀다. 필자도 덩달아 열성으로 문체과 권영이 과장과 함께 몇 곳의 땅을 보러 동행하기도 하였다. 드디어 건물 들어서기에 적합한 필지의 명당을 확보할 수가 있었다.

이사장님과 지주 간의 몇 차례 합의 끝에 토지는 매매가 결정되고, 일사천리로 건축은 시작되었다. 몇 차례 건축 현장을 동인들과 가 볼 때마다 빠르게 신축되고 건물의 있는 모습이 퍽이나 신비롭기도 하였다.

문학의 대중화와 문화 예술적 기반을 마련하기 위한 문학예술기념관이 드디어 완공되었다.

한국이 낳은 민족시인 김소월의 시 세계와 경암 이철호의 문학 세계를 알리는 전시관도 정리가 끝났다. 한국은 물론 세계 문단사에 역사적인 자료들인 귀한 고서들이 아름답게 진열되었다. 방마다 희귀한 귀중품으로 채워졌다. 거기에 더하여 이채로운 것은 국내 유명한 작가들의 핸드프린팅 황동판이 내부 정면 벽면을 장식하여 예술적 가치를 한층 돋보여주었다.

2019년 6월 5일은 역사적인 문학예술기념관이 개관되는 날이다.

문화예술인들의 운집 속에 테이프 끊기는 거행되고, 자르기 선에서 가위를 들고 서 있는 몇 분은 문학관 세우는데 고개조차 돌아본 적 없고, 이곳에서 코도 한번 풀어 본 적 없는 분도 있더라.

　대중 속에서 나는 남다른 감회에 젖어 손뼉만 쳐도 기쁘고 감격의 뜨거운 눈물이 왜 나던지….

　하얀 외벽으로 장식된 문학관 건물 담장을 경계로 도안초등학교가 있어 넓은 운동장에서 천사 같은 아이들의 뛰어노는 모습과 웃음소리가 아름답고 예쁘기 그지없고, 문학관 정면으로는 육이오 전쟁이 치열할 당시 몸을 바쳐 동료를 구하고 산화한 '연제근 상사'의 추모 공원이 드넓게 자리하고 있지 않은가.

　건물 뒤편 얕은 동산은 '소월의 진달래', 공원이 조성되고 있어 봄 진달래가 만발하면 보랏빛 꽃보다, 소월 시보다, 더 아름다운 천혜의 명소가 예가 아니런가 생각한다.

　3층 공부방에서는 이철호 교수님의 문학 강좌가 매주 열리고 있어 강의에 심취한 문인들이 모여든다. 글을 쓴다는 것은 생명의 맑은 즙을 짜내는 것이다. 창작을 한다는 성취감에 도취된 강의실 안의 열기는 고조되고, 창작의 기쁨과 삶의 바른 지혜도 배운다.

　증평은 소월·경암 문학관과 백곡 김득신 문학관의 양대 산맥이 있어 작은 소도시에 문화 예술의 지평을 넓히고 '르네상스' 시대를 앞당기는, 증평 군민의 한 사람으로 넘치도록 자랑거리가 쌓인다.

　이곳에 고요로운 밤이 오면 별들이 무리를 지어 흐르고, 한낮의 뻐꾸기 소리 평화롭게 들리는 문학관 내에 또 하나의 명소가 있으니, '소월' 커피숍이 그것이다. 거대한 통유리 너머로는 초록산이 일렁이고, 그곳에서 흐르는 '피톤치드' 향이 진한 블랙 커피잔 가득 찰랑거린다. 마주한 사람의 눈빛도 찰랑댄다.

　사부작사부작 밟히는 정오를 찰랑이던 햇살. 이곳으로 살짝 오시어 별빛 같은 시인이 되어 보세요.

나 보기가 역겨워 /가실 때에는 /말없이 고이 보내 드리우리다.
영변에 약산 진달래꽃 /아름 따다 가실 길에 뿌리우리다.
가시는 걸음걸음 놓인 그 꽃을 /사뿐히 즈려밟고 가시옵소서.
나 보기가 역겨워 /가실 때에는 /죽어도 아니 눈물 흘리우리다.
　　　　　－　　소월 시「진달래꽃」전문

인생 역전

최중호
1991. 11. 천료

원석도 땅속에 묻혀있으면 돌에 불과하다. 캐서 곱게 다듬을 때 비로소 보석으로 빛이 난다.

최고의 대우를 받는 ㅇ군도 한때는 무명 가수였다. 모든 일이 생각처럼 되지 않자, 고향에서 군고구마 장수나 택배 일을 하였다. 그러던 어느 날 미스터트롯1에서 진을 차지한 후, 지금은 최고의 대우를 받는 빛나는 별로 다시 태어났다.

절정의 인기를 누리는 ㅅ양도 무명 가수 시절엔 자가용이 없었다. 지방 공연 때는 옷을 갈아입기 위해 공간이 넓은 장애인 화장실을 탈의실로 이용했다. 그때마다 청소부 아주머니의 빨리 나오라는 재촉과 꾸지람을 함께 들으며 옷을 갈아입고, 무대에 올랐다. 출연료는 가끔 그 지역 특산물 등을 받아 경제적으로도 어려움이 많았다. 지금은 그녀의 이름 석 자만으로도 공연장은 매진이다.

ㅇ양은 미스트롯2에 출전했다가 예선에서 탈락한 후, 고향 제주로 내려갔다. 뜻밖에도 예선 통과자 중 한 명이 학창 시절 학교 폭력에 연루되어 자진

하차하였다. 그러자 차점자인 그녀가 다시 출연 기회를 얻어 최고의 자리까지 올라 오늘도 유명세를 누리고 있다.

ㅁ군은 무명 가수 시절 지역 축제 무대에 올랐다가 쓰라린 경험을 하였다. 자신의 순서 앞에서 유명 가수가 노래했다. 그 가수의 많은 팬이 박수와 함성을 지르며 열광했다. 그 가수의 노래가 끝나자, 그의 팬들이 썰물처럼 공연장에서 빠져나갔다. 남은 청중이라야 고작 5명, ㅁ군은 5명 앞에서 온 힘을 다해 노래를 불렀으나, 출연료조차 받지 못했다. '그의 심정은 어떠했을까?' 그 충격으로 그는 노래를 포기하고 택배 일 등을 하다가, 어느 방송사 경연 대회에 나가 입상해 인기 가수가 되었다. 그는 오늘도 방송에 출연해 흥이 나서 춤추며 노래하고 있다.

가수는 청중의 박수와 환호 속에 비로소 힘을 얻는다. 청중이 없을 때의 무대는 공허하고 노래는 메아리조차 남지 않는다. 그들은 청중의 박수와 함성에 힘을 얻어 흥겹게 춤추며 노래를 한다.

ㄱ은 무명 가수 시절 근근이 돈을 모아 자신의 신곡을 CD에 녹음하였다. 그는 세상의 모든 것을 다 얻은 것 같아 날 듯 기뻤다. 뿌듯한 마음에 홍보차 어느 방송국에 가 PD를 만났다. "앞으로 잘 부탁드린다."며 자신의 신곡이 수록된 CD 한 장을 주며 인사를 했다. 그러고 나서 돌아 나오는데, 출입문을 닫기도 전에 PD가 CD를 쓰레기통에 던져버리는 게 아닌가. 모멸감에 눈물을 훔치며 미친 듯 사무실을 빠져나왔다. 그 후, 그는 서럽게 흘렸던 눈물을 노래의 밑거름으로 삼았다. 그 결과, 지금은 인기 가수가 되어 무대에서 환하게 웃으며 노래하고 있다.

많은 무명 가수가 적은 출연료를 받아 가며 어렵게 생활하고 있다. 여러 곳에서 불러주면 그래도 다행이다. 하지만 언젠가는 좋은 날이 오겠지, 하는 희망 하나로 노래를 계속하고 있다.

몇 해 전부터 어느 방송사에서 미스, 미스터 트롯 선발전을 장기간에 걸쳐 방영했다. 가수로 선발한 후에도 계속 방송에 출연시켜 시청자들은 그들의 얼굴에 익숙해졌고, 노래도 귀에 익었다. 심지어 종합편성채널에서도 재방영을 계속해 주고 있다. 그 결과, 이젠 어느 유명 기성 가수보다 더 많은 출연료를 받고, 심지어는 섭외조차 어려운 가수도 있다. 각 지역 축제에서 많은 출연료를 주고 그들을 초청하고 있다.

얼마 전, 어느 방송사에서 미스터트롯3 선발전이 시작되었다. 검은 뿔테 안경을 쓴 한 젊은 청년이 나왔다. 그는 자신을 에어컨 설치 기사라고 소개한 후, 자기가 칭찬을 받기 위해 나왔다고 했다. 그는 부모의 이혼으로 16살에 쪽방에 홀로 남겨졌다. 춥고, 배고프고, 외로움을 참아가며 살아왔다. 세상은 모두 그를 차갑게 외면했다. 누구 하나 따듯한 말이나 손길을 그에게 주지 않았다. 학교 폭력에 시달려 고등학교 2학년 때 학업을 중단했다. 그렇게 어려운 환경을 견디기 힘들어 한때는 세상을 포기하려고도 하였다. 어려운 환경 속에서도 유일하게 그를 잡아준 것은 노래였다. 가혹한 시련이 닥쳐올 때마다 그는 노래를 부르며 자신을 위로하며 살았다. 어렵게 살아온 자신을 말해주는 듯한 노래. 그는 조항조의 「인생아 고마웠다」란 노래를 불렀다.

    인생아 고마웠다/ 사람이 나를 떠나도/ 세상이 나를 속여도/
    내 곁에 있어 주어서/ 인생아 고마웠다/ (아래 생략)

자신이 살아온 인생을 목이 메게 노래로 불렀다. 약간은 목이 쉰 듯 탁한 목소리로 가슴 속 북받쳐 오르는 설움을 토해내듯 노래를 불렀다. 노래가 끝나자, 심사위원은 물론 청중늘 모두 눈시울을 적셨다. 그는 자신의 인생을 곱씹는 노래를 부르며 눈시울을 붉히더니, 결국 울고 말았다. 너무나 힘들었던 지난날들이 생각나서였다. MC도 눈물을 흘린다. 어렵게 살아오는 동안 자신을 아무도 알아주지 않았다. 그 누구도 아픈 심정을 알아주지 않았지만, 자신만은 그걸 잘 알고 있었다. 어려운 시련 속에서도 굴하지 않고, 장하게 살아온 자기 스스로를 많은 사람 앞에서 칭찬하고 싶었다. 참으로 장하고, 대견하다. 지금까지는 어렵게 살아왔지만 좌절하지 않고 무대에서 노래하는 그를 응원하고 싶다.

　오늘도 많은 무명 가수가 화려한 무대에 오를 날을 꿈꾸며 노래하고 있다. 땅속에 묻힌 원석도 갈고 다듬어야 보석이 된다. 무명이 유명으로 절망이 희망으로 되기 위해선 시련과 고통을 참고 견뎌야 한다. 그래야 비로소 인생 역전의 기회가 찾아올 것이다.

뒤늦은 깨달음

곽 근
1992. 3. 천료

쌀쌀한 겨울날 아침 아내가 부랴부랴 집 밖으로 나갔다. 2박 3일간 친구 두 명과 함께 강원도 여행을 한 후 하루 쉬고 난 뒤였다. 얼마 후 돌아와서는 청천벽력의 소식을 전했다. 병원에서 신속항원검사를 받아보니 코로나 양성이라고 했다. 여행 중 감염된 것이다.

부부가 한집에 살고 있으니 조심한다고 하더라도 염려되고 불안했다. 아침에 잠자리에서 일어나면 기분이 찝찝했다. 신경이 쓰여 나도 아내가 검사받았던 병원을 찾아갔다. 여의사가 콧구멍에 면봉을 넣고 돌리는데 너무 깊숙이 넣었는지 따끔했다. 병원 밖에서 검사 결과를 기다리는데 핸드폰으로 양성이라는 문자가 왔다. 이날이 2022년 12월 14일이다. 처방전으로 약국에서 약을 사 가지고 집으로 가는데 맥이 빠지고 허탈했다.

그동안 정부에서 코로나에 대비하여 숱한 지침을 내렸다. 나는 이를 철저히 이행하려고 애썼다. 어디를 가든 마스크를 반드시 썼다. 외출 후 집에 돌아오면 손을 비누로 꼭 씻었다. 어느 공공장소를 가든 손소독제 사용도 빼놓지 않았다. 백신도 맞았다.

　백신 맞을 때다. 어떤 친구가 맞을 필요 없다고 하였다. 맞고도 걸린 사람이 많아 그 효과가 의심된다고 하였다. 다른 친구는 코로나에 걸려도 수월하게 지나가니 꼭 맞으라고 하였다. 한참을 망설이다 맞기로 하였는데 그것이 네 차례나 되었다. 하지만 이 순간 모든 게 물거품이 되어 버렸다.

　2022년 12월 14일 0시 기준 국내 코로나 감염증 현황을 보면 누적 확진자 27,925,572명 누적 사망자 31,174명이다. 나라를 온통 아수라장으로 들끓게 했던 그 세력이 이즈음은 한풀 꺾였다. 약 2년 1개월 시행해 오던 사회적 거리 단계가 마스크 의무화를 제외하고 2022년 4월 18일부터 전면 해제되었다. 그 후 8개월 만에 내가 걸린 셈이다.

　이때까지 나는 감염이 안 될 것이라고 확신하고 있었다. 내 주위의 지인들과 친구들 아들 며느리 딸 사위 손녀들 모두 감염되었어도 나만은 괜찮았기 때문이다. 그런데 확진자가 되니 의기소침해지고 우울했다.

　지난 3년간 코로나로 인해 겪었던 해괴한 일들이 머릿속을 맴돌았다. 초기 한동안은 마스크 사려고 애먹었다. 밤늦게까지 약국마다 찾아 헤맸지만 번번이 구하지 못했다. 시간이 지나면서 사회적 거리두기로 각종 규제와 제약이 계속 발표되었다. 거리두기 단계도 상황과 형편과 지역에 따라 수시로 변하여 제대로 알 수 없었다. 가능한 모임에 나가지 않는 게 최상이었다. 친구들도 만나지 않았다. 예식장이나 장례식장에도 가지 않았다.

　무엇보다 어처구니 없고 속상했던 것은 자식들과의 식사 모임이었다. 자식들과의 모임도 가능한 피했지만 불가피할 때가 있었다. 그때마다 정부의 지침에 따라야 했다. 음식점에 들어가면서 아들네와 딸네

우리 내외가 각각 다른 가족들처럼 행동했다. 서로들 뿔뿔이 헤어져 각자 다른 좌석에 앉아 식사했다. 음식점을 나설 때도 기껏 손만 흔들고는 헤어졌다. 귀여운 어린 손녀들을 안아주고 싶어도 아들과 딸이 손사래 쳤다. 이게 뭣 하는 짓들인지 한심했다.

내가 코로나 확진 판정을 받은 순간 제일 먼저 떠오른 것은 나보다 먼저 감염되었던 친구들이었다. 그들은 감기 정도의 증상이 약간 왔다가 사라졌다는 것이다. 그들은 약속이나 한 것처럼 하나도 겁먹을 것이 없다고 전화로 알려줬다. 나도 그러려니 하였다. 감기 정도라면 가벼운 마음으로 견딜 것 같았다.

그런데 그게 아니었다. 확진 받은 첫날 목이 엄청 아파 침을 삼킬 수 없었다. 처방전으로 사 온 약을 먹었건만 고통이 극심했다. 입안 전체가 침 한 방울 없이 바짝 말랐다. 그날 밤을 꼬박 새우다시피 하며 괴로움에 시달렸다. 잠도 제대로 못 자고 비몽사몽이 이어졌다. 그사이 잠깐이라도 잠이 든 듯할 때마다 죽은 사람들이 꿈속에 나타났다. 그들은 생전에 나와 가깝게 지냈는데 꿈속에서는 히죽히죽 비웃고 조롱하는 모습들이었다. 꿈을 깨고도 불길한 예감에 께름칙하였다.

코로나로 인한 사망자 중 65세 이상 고령자가 압도적이라는 보도가 이해되었다. 나도 70대 중반이니 이렇게 괴롭고 고통스럽구나 하고 생각했다. 문득 몇 년 전 앓았던 독감 기억이 떠올랐다. 그때도 아주 괴로웠고 견디기 힘들었다. 코로나가 독감보다 조금 더 고통스럽다는 생각이 들었다.

입원해 볼까 하고 잠시 생각했다. 긁어 부스럼이 될지도 몰라 생각을 접었다. 병원에서 사망한 환자가 얼마나 많았던가. 입원한다고 나아진다는 보장도 없었다.

이튿날은 첫날보다는 좀 덜 했지만 여전히 답답하고 괴로웠다. 날이 갈수록 점차 나아졌지만 1주일간은 거의 앓다시피 하였다. 그 후 목구멍의 아픔과 입안의 건조함은 사라졌으나 기침과 가래는 한동안 지속되었다. 한 달 이상 입맛이 싹 달아나 모든 음식이 먹기 싫었다. 살기 위해 억지로 먹어야만 하였다. 그 후유증으로부터 완전히 벗어난 것은 최소한 두어 달 지난 뒤였다. 어쨌든 코로나는 아주 고약한 전염병임에 틀림없었다.

　정상으로 회복되고 나서 이것저것 되돌아보았다. 비확진자가 확진자보다 훨씬 많은 상황에서 나는 확진자가 되었다. 정부 시책을 최대한 이행하였음에도 불구하고 감염되었다. 어느 가정에서는 한집안 사는 아내가 감염되었어도 남편은 끄떡없었다고 했다. 우리는 아내가 감염되었을 때 나는 곧바로 걸렸다. 몇몇 친구들은 그 증상이 감기 정도라고 했다. 나는 그렇지 않고 아주 혹독하게 앓았다.

　결론은 이 모든 것이 내가 허약한 탓이었다. 지금까지 나는 내심 건강하다고 믿고 있었다. 그것은 허황한 믿음이었고 자아도취였다. 나는 건강하지 못하면서 건강한 체한 것뿐이었다. 코로나에 감염되어 고통을 겪고 난 후 비로소 뒤늦게 깨달은 사실이다. 이제부터라도 진정 건강하도록 힘써야겠다.

스마트폰은 어디에?

오형칠
1993. 11. 천료

한국 성인 스마트폰 사용자 중 약 69%가 삼성 갤럭시 스마트폰을 사용한다. 나도 갤럭시폰 외에 다른 폰을 사용해 본 적이 없다. 핸드폰을 사용하기 전에는 책, 신문, TV가 친구였다. 약국에 TV를 치운 지는 3년이 넘는다. 언론을 불신하기 때문에 TV는 프로야구와 배구 외에는 보지 않는다. 신문도 조·중·동을 번갈아 반세기 보았으나 지금은 모두 접었다. 어느 날, C와 D 양 신문사에서 전화가 왔다.

"왜 신문을 안 봐요?"

"보수 신문이 아니잖아요."

보수층 국민 상당수가 보수 신문을 끊었다. 형편이 이렇다 보니 태블릿과 스마트폰이 친구가 되었다. 나 같은 경우 하루 종일 실내에서 근무하므로 유튜브를 다른 사람보다 더 많이 본다. 하루에 4시간 이상 앉았다 섰다 하면서 유튜브를 본다. 아내 역시 나와 형편이 비슷하다.

나이가 들었다고 스마트폰 기본 기능만 사용해서는 안 된다. 급변하는 시대의 흐름을 따라가지 못한다. 문자, 카톡, 전화 외에 다양한 기능을 익힐 필요가 있다. 당장 스마트폰 없이 외출해 보라. 여간 불편하지 않다.

2024년 갤럽 여론조사에서 98%가 스마트폰을 사용한다고 답했다. 이제 스마트폰은 필수품 중 필수품이다. 은행 업무, 글쓰기, 카톡, 연락, 쇼핑몰 이용, 사진 촬영, 행정 업무, 경조사 등을 모두 핸드폰 중심으로 한다. 거의 모든 업무를 스마트폰으로 수행한다.

나도 화장실에 갈 때 말고는 핸드폰을 손에서 놓지 않는다. 이렇게 생활과 밀착된 아내 핸드폰에 문제가 생겼다. 3~4일 전이다. 오후 5시가 되면 아내는 약국에 와서 함께 있다가 같이 퇴근한다. 그날은 약국에 들어서면서 말했다.

"오늘 핸드폰을 갖고 오지 않았어요."

아내는 약국에 오면 유튜브를 보거나 약 정리를 한다. 가끔 청소도 하고 저녁을 준비한다. 주로 조제실 안 의자에 앉아 유튜브에 빠진다. 요즘은 낱말 퍼즐에 빠졌다.

"내 핸드폰을 써."

유튜브가 무료이면 습관처럼 이웃 마트에 들른다. 퇴근 시간이 되었다. 우리 집까지 자동차로 10분 남짓 걸린다. 아내가 주차하는 동안 내가 먼저 집에 들어가 촛농 발찜질을 했다. 잠시 후 집에 들어온 아내는 먼저 휴대전화를 찾기 시작했다.

"나에게 전화 한 번 해보세요."

신호는 가지만 벨 소리는 들리지 않았다. 같은 동작을 서너 차례 했다. 결과는 묵묵부답이다. 집안에는 없다는 증거다.

"자동차 안에 찾아볼게요."

자동차 안에 있을지 모른다. 아내는 주차장으로 가는 동안 신호를 보냈다. 잠시 후 없다고 하며 다시 집에 왔다. 아내는 휴대전화가 없다는 사실을 불안해했다. "약국에 다시 가요." 우리는 주차장으로 내려가서 자동차 안에서 신호를 보냈다. 아무 반응이 없었다.

 자동차는 어느덧 봉황교를 지나 김해여중 앞에 왔다. 그때, 아내는 휴대전화를 자동차에서 전화를 받을 수 있도록 연결해 놓았다. 조수석에서 아내에게 전화했다. 자동차 모니터에 신호가 갔다.

"여보세요."

"말씀하세요."

 정상적으로 전화가 연결되었다. 그렇다면 스마트폰이 자동차 안에 있다는 말이 아니겠는가. 이런 경험이 한 번도 없었으므로 자동차 안에 폰이 있다는 사실을 확신하지 못했다. 약국에 왔다. 8시가 넘은 시각이라 거리는 어둠에 잠겼다. 약국 앞에 택시 한 대가 손님을 기다리고 있었다. 약국 안에서 계속 신호를 보냈다. 아무 반응이 없었다. 도대체 폰은 어디에 있지? 자동차 판매원 K에게 지금 사정을 이야기했다.

"그럼 차 안에 있을 것 같아요."

 꼭 100% 차 안에 있다고 장담하지는 않았다. 내가 약국 문을 나서는 동안 아내는 시동을 걸려고 먼저 갔다. 뜻밖의 희소식이 날아왔다.

"폰 찾았어요!"

"정말로, 어디에 있었어?"

 폰이 조수석과 자동차 문 사이로 미끄러져 들어갔다는 사실을 알았다. 그날 휴대전화가 든 가방을 조수석에 놓았는데 마침 가방 지퍼가 열린 상태였다. 휴대전화는 조수석 의자와 앞문 사이에 퐁당 빠졌다. 의문이 생겼다. 차 안에서 몇 번이나 신호를 보냈으나 왜 벨 소리를 듣지 못했을까? 분명히 무음이나 진동 상태가 아니었다. 벨 소리를 너무 작게 설정했고, 좁은 공간에 꼭 끼었기 때문이 아닐까?

 한 가지 깨달은 사실은 자동차 안에서 서로 통화가 되면 100% 핸드폰이 차 안에 있다고 믿으면 된다. 해답은 문제 옆에, 가장 가까운 곳에 있었다.

고향 바다

강정희
1994. 7. 천료

"내 고향 남쪽 바다, 그 파란 물 눈에 보이고 꿈엔들 잊으리오, 그 잔잔한 고향 바다…"(이은상 작사, 김동진 곡). 주옥같은 가사와 음률, 언제 들어도 가슴 속 깊이 스며드는 노래다.

내 고향 바다는 조용하고 사람들이 많이 찾지 않아 파도만 철썩이는 바다는 아니고 여름이 오면 성수기를 맞는 부산의 여러 바다들이다. 그 대표적인 곳은 역시 해운대 바다다. 화려한 시설과 붐비는 인파, 가히 세계적인 명소와 버금가게 알려져 있는 해운대! 수십 년 전엔 신혼여행 가는 곳으로 각광을 받던 해운대다.

해운대 바로 곁의 송정 바다는 세월의 저편에 묵묵히 존재하는 아련함을 주는 곳이다. 해운대에서 송정으로 넘어가는 달맞이 고개는 그 경관이 수려해 관동팔경이라고도 한다. 시설이 잘 꾸며진 멋진 찻집에서 차를 마시며 저 아래로 보이는 해운대 바다 전경을 감상하며 좋은 시간을 가지기도 한다. 송정 바다는 파고가 낮고 모래가 부드러워 그 옛날 여고 시절에 체육 선생님의 인솔로 해양 훈련을 받았던 아름다운 추억이 있다.

또 요즘 광안대교로 유명한 광안리 바다는 은근히 가족들과 부담 없이 갔었던 해수욕장이었다. 한국의 나폴리라는 닉네임도 있다. 어디 그뿐인가. 집이 있는 동래에서 시내를 지나 제법 먼 거리에 있었던 그리운 송도도 있다. 예전의 부모님께서는 그곳도 가끔 데리고 가셨다. 그 당시는 살기도 어렵고 요즘과 모든 게 달랐던 시절이었을 텐데 말이다.

참, 고향의 바다로 빠뜨릴 수 없는 영도의 태종대는 빼어난 멋과 웅장한 경치에 타지에서 온 사람들의 와~ 하는 탄성을 자아내게 한다. 저 멀리 보이는 바닷물은 왠지 사람에게 심오한 마음도 갖게 한다. 어떻게 고향의 바다들을 일일이 설명할 수 있을까 하는 어려운 면도 있다.

비행장이 있었던 수영 바다도 있다. 수영 바다는 바로 도로 옆에서 차를 타고 가면서도 찰랑거리는 바닷물을 볼 수 있었다. 이 모든 자연의 혜택 속에서 평생을 살아오며 고향을 고향에서 그리워하며 그리 지내온 것 같다.

요즈음 주변에서 어린 아기나 어린이들을 보면 저 애들도 성장하며 인생의 길을 걷고 있겠구나 하는 마음이 든다. 인생의 여정은 길고 길지만 지나고 나면 순간이지 않은지 저들도 곱게 잘 자라야지 하는 마음을 갖게 된다. 집의 애들도 집 떠나 공부할 때도, 타지에서 가정생활을 하면서도 집에 오면 바다는 한 번이라도 보고 나서 간다. 그들에게도 바다는 추억 그 자체가 아닐 수 없었으리.

자라면서 아기자기 꽃피웠던 모든 일들도 바다와 연관된 게 많다. 여러 형제 자식 그 손주들이 여름이면 해운대 외갓집에 모여 해수욕장 갔던 일은 일 년 중 큰 행사이기도 했다. 친정어머니께선 이들을 거두시느라 힘드셨을 텐데도 늘 즐겁게 맞이해 주셨지. 철없는 자식들은 엄마 힘드신 걸 조금이라도 알기나 했을까. 정말 아쉽고 그리운 날들이다. 생각만 해도 가슴이 여려진다. 그때 모였던 어른, 아이 그 사람들은 어디서 그리 한 번 모여볼 수 있을까. 꿈에서라도 그리해 봤으면….

 부모님 먼 세계로 가신 지 오래되고 형제자매 다 건사하지 못한 형편이어도 그 마음만은 영원한 내 몫으로 남아 있다. 고향 바다와 함께. 올여름 유난히 덥다고 하니 하나의 그림이 떠올려진다. 챙 넓은 모자, 바람 부웅 넣은 알록달록 튜브(예전에는 우끼) 둘러메고 외갓집에서 멀지 않은 해운대 해수욕장을 향해 힘차게 걸어가는 우리 가족들의 모습! 홀로 그리워하다 미소도 지어 보고 눈물도 머금어 보게 된다. 고향의 바다는 영원히 나를 떠날 수 없는 마음인 것을, 그리고 오늘의 내가 살아가는 데 자그마한 힘이라도 실어주는 아름다움이란 것을….

가족모임 있던 날에

김상환
1994. 11. 천료

가족들이 오래간만에 만나서 점심을 먹기로 했다. 마산회원구에 있는 산수화식당에 모였다. 5월 24일 토요일이다. 밀양요양병병원에서 간호사로 근무하는 제수가 매번 결석하다가 그날 시간이 된다고 해서 합의를 보았다.

우리 가족// 우리는 한 그루나무/ 가지, 잎, 꽃, 열매도 곱다./ 새 아침에 새들이 지저귀면/ 푸른 꿈 샘 솟고, 웃음꽃 활짝 핀다.// 하늘, 달, 별들의 지혜 받고/ 찬란한 햇빛 노래 함께 부른다./ 사랑, 감사, 긍정의 노래를.// 당당하게 살아라./ 신나게 살아라. 멋지게 살아라.// 오늘, 지금 밑거름 하는 손길/ 계곡의 맑은 물이 스민다./ 싱그러운 숲속에서/ 행복한 부자로 무성하여라.

밀양에서, 함양에서 동생들의 가족이 모이고 창원에서는 딸과 사위, 함안에서는 두 아들의 가족이 모였다. 막내 가족은 나주에 있는데 사정이 있어 불참했다.

한방에 같이 앉아서 밝은 웃음 띠며 식사하는 시간은 참 즐거웠다. 모두 맛있게 먹고 만족한 표정이다.

식사를 끝내고 커피 한잔하러 가자며 모두 일어서려는데 밀양 동생이 먼저 일어나서 하는 얘기다.

"사람은 나이가 많아지면 모두 어린애가 되어요. 형님도 나이가 많아서 이제 어린애가 되었기 때문에 형님한테 드릴 선물을 한 보통이 사 왔는데 과자 빵 등 어린애들이 좋아하는 걸 모두 사 왔어요. 아들 딸 손자 손녀 다 나누어주지 말고 높은 데 얹어 놓고 오래도록 한 개 한 개씩 맛있게 드시기 바랍니다." 하니 모두 박수를 치면서 "하하 호호" 웃었는데 손자 손녀들이 더 크게 웃음보가 터졌다. 지금 6월인데 '한 입 쌀과자'를 아직 먹고 있다. 참 웃긴다.

난 88세인데 동생은 나보다 나이가 10살 아래다. 6.25전쟁 피난 갈 때 집에서 기르던 소도 평소 매어 둔 밧줄을 아버지가 모두 풀어주시고 "네 마음대로 달리면서 살아라"고 하며 헤어질 때 나는 동생을 업고 피난길에 나섰다. 아버지도 한 보통이 짊어지고 어머니도 한 보통이 이고 나섰다. 우리를 바라보고 정다운 소도 울고 있었다.

산고개를 오를 때 천천히 앞사람을 따라가면 좋을 텐데 어머니는 추월하면서 산길을 올랐다. 나도 어머니를 뒤따라 올랐다. 어머니는 허리도 다리도 아프지 않고 건강하셨다. 젊은 부인이니까. 감사할 일이다. 함양 동생은 세상에 태어나지 않았다.

밀양 동생의 과자 선물 이야기를 들으니 갑자기 지난날 생각이 나서 하는 얘기다. 우리 피난민들이 어느 다리 밑을 지날 때였다. 요즘 시골 장날에 모여 있는 사람처럼 다리 밑에 피난민들이 짐을 지고 이고 많이 지나가고 있었다. 그때 다리 위로 미군 차량이 지나가면서 아래쪽 피난민을 향해 무엇을 던져주고 있었다. 그것은 먹을 수 있는 과자 빵 봉지였다. 천천히 지나가면서 던져주시니 하늘에서 내려오는 선물을 받으려고 피난민들 사이에 큰 혼란이 있었다.

나는 업고 있던 동생을 내려놓고 "이곳에 가만히 있어라. 다른 곳으로 가면 안 된다"하고는 날아오는 것을 잡으려고 달렸지만 그게 쉽지 않았다.

참 어려웠다. 운이 좋아 한 봉지를 가슴에 품고 감사하면서 이제 어린 동생을 찾아야 하는데 되돌아왔지만 보이지 않았다. 이리저리 사람 속을 비집고 고개를 돌려 보았지만 키 작은 동생은 안 보인다. 이제 큰일이다. 어떻게 찾지 하면서 울상이 되어 이리저리 달려본다. "정환아! 정환아! 어디 있노 쩡환아!" "야! 저기다" 어른들 틈새에서 눈물을 흘리면서 날 찾고 있는 동생을 뛰어서 만났다. 참 반가웠다. 우리는 서로 안고 반갑게 울었다.

하늘이 주신 선물처럼 과자 빵 조각을 나누어 먹었다. 그 미군에게 감사했다. 그리고 어린이답지 않은 걱정을 했다. 먹을 것을 우리에게 다 주고는 책임자에게 벌을 받지 않을까? 미군 용사에게 감사했다. 우리를 도우려고 자기들이 먹을 것을 아낌없이 날려주신 그분에게 감사했다.

우리와 미국과의 관계는 이런 사이인데 요즘 흔히 들리는 "미군은 철수하라"는 소리는 못 들은 체하고 싶다. 왜 이렇게 정신 나간 사람이 있을까? 우리 국민들은 올바른 길을 걷고 살아야 한다. 은혜를 잊지 않고 살아야 한다.

'1952. 11. 27. 부산역 건너편 산의 판자촌에서 큰불이 나 피난민들은 입을 옷은커녕 먹을 것도 없었다. 이때 미군 군수사령관이었던 리차드 위트컴 장군은 군수창고를 열어 군용 담요와 군복 먹을 것 등을 3만 명의 피난민들에게 나누어 주었다'(박선영 국제대학교 교수 페이스북)'.

참 감사한 일이다.

밀양 동생은 젊은 시절 등산을 즐겼으며 사진작가로서 좋은 작품을 남겼는데 그중 지리산 천왕봉을 촬영한 사진은 큰 액자에 넣어서 아직까지 내 방에 걸어 놓고 있다. 난 지리산에 올라 본 체험은 없지만 사진 덕분으로 산세가 험준하고 웅대한 것을 알고 구름 타고 자주 정상에 오른다. 정상에서 세속을 떠난 듯 산을 살펴보고 아름다운 모습을 찾아본다.

  그리고 그곳에서 6.25 때 우리에게 도움 주신 고마운 분들께 감사한다. 미국으로부터 받은 은혜는 말로 다 표현할 수 없다. 우리 땅에서 희생당한 많은 분들의 명복을 빌어본다. 산도 함께 기원한다.

조선피자

박순철
1994. 11. 천료

아내가 피자가 먹고 싶다며 나를 쳐다본다. 전에도 그런 말을 하기에 장난삼아 가서 사 먹으라고 한 일이 있었다.

집에서 5분 정도 거리에 있는 피자 가게로 향했다. 못 들은 척 그냥 있자니 후환(?)이 두려워 일어선 걸음이다. 그곳에 가서 피자를 주문하는데 이름도 모르고 어떤 성분의 것이 더 맛있는지도 모른다. 매장 직원의 말을 믿고 따를 뿐이다. 다만 크림이 많이 들어간 것이 맛있다는 소리를 들었기에 크림 많이 들어간 것으로 해 달라고 했더니 그러면 돈을 더 내야 한단다. 아무려면 어떠랴. 맛이 더 있다는데 그까짓 돈 몇 푼이 대수랴.

피자 가게 안 넓은 매장 의자에는 젊은 남녀들이 무엇이 그리 재미있는지 마주 보며 웃고 떠드는 모습이 무척 싱그럽다. 아무리 눈을 씻고 찾아봐도 나와 비슷한 연배는 없다. 나는 저런 좋은 세월 한번 못 느껴보고 이렇게 마구 달려왔다고 생각하니 허무한 마음이 앞선다.

피자를 사서 들고 돌아오니 아내 입이 함박만큼 벌어진다. 혼자 먹기 미안하니까 나보고 같이 먹자고 한다. 마음은 별로 내키지 않았지만, 한쪽을 들고 천천히 맛을 보며 시간을 끌어야 한다. 빨리 먹어버리면 좋아하는가 보다 하고 더 먹으라고 하기 때문이다.

우암산을 다녀오면 할 일이 없다. 책 몇 쪽 읽다가 컴퓨터 화면 좀 쳐다보다가 하면서 시간을 보낸다. 드러누웠다 앉기를 몇 번이나 반복하는지 모른다. 어렵게 오전이 지나가면 오후 시간 보낼 일이 한 걱정이다. 오후라고 해서 딱히 할 일이 있는 것도 아니다. 한 네 시쯤 되면 점심 먹은 것도 어지간히 소화가 되고 목도 컬컬하다.

"여보! 우리 도토리 녹말가루 다 먹었나요?"

"아니 좀 있어요. 왜 술 먹으려고?"

이제 직장이 없으니 집에서 뒹굴뒹굴이다. 퇴직 후 다니던 직장도 그만두었다. 그래도 다른 사람들보다 10년 넘게 일을 더 했지 싶다. 이제 뭐라 할 사람 없으니 내 세상이다.

조금 있으니 냉장고에 있는 도토리 녹말가루를 꺼내어 전을 부치는 냄새가 주방을 벗어나 거실까지 번져온다. 나는 이 시간이 제일 흐뭇하다. 이내 접시에 담은 빈대떡을 주방 식탁에 내어놓는다. 나는 그것을 다시 쟁반에 옮겨 담아 거실로 나왔다. TV를 보며 먹기 위함이다. TV를 자주 보는 것은 아니지만 나는 가끔 TV 앞에 앉아서 음식 먹는 것을 좋아한다. 속 모르는 사람이 보았다면 시간을 금쪽같이 아끼는 사람쯤으로 생각할 수도 있겠지만 그것하고는 거리가 멀다.

그런데 부침개가 거무스름하다. 노리끼리해야 정상인데 오늘 부쳐 온 것은 유난히 더 검다. 아무려면 어떠랴. 설마 아내가 못 먹을 것을 내오지는 않았을 터, 빈대떡 맛은 변함이 없다. 몇 년 전 선산에서 벌초하고 내려오는 길이었다.

갈참나무 밑을 지나는데 도토리가 수북하게 떨어져 있었다. 그냥 지나치기에는 너무 아까웠다. 그것을 주워 가지고 왔더니 아내는 도토리 중에서도 하급 도토리라는 것이다. 나는 지고 오느라 무척 힘들었는데 기분이 별로였다. 도토리나무 중에서 제일 좋은 것은 졸참나무에서 떨어지는 길쭉한 모양의 일명 숍서리라는 것이고 그다음은 굴참나무에 달린 동글동글한 모양의 도토리라는 것이다.

그날 주워 온 도토리는 갈아서 녹말을 안 쳐도 검은색은 가시지 않았다. 묵을 쒀 놔도 마찬가지였다. 나는 도토리 부침개는 좋아하지만, 도토리묵은 별로 좋아하지 않는다. 어려서 많이 먹어서인가 보다. 그 거무스레한 녹말가루로 부침개를 부쳐도 그 색깔이 그대로 살아있었다. 맛은 어떤가 먹어 보니 여느 도토리 가루로 부친 빈대떡이랑 별 차이가 없었다.

나는 도토리 가루 부침개 중에서도 신김치를 썰어 넣고 부친 부침개가 제일 맛있다. 약간 시큼한 맛은 다른 맛을 능가한다. 나는 이 부침개를 좋아하는데 손자 녀석은 부침개는 거들떠보지도 않는다. 아내도 손자 녀석을 닮았는지 어느새 피자를 좋아한다.

오랜만에 오는 손자 녀석은 귀염둥이이자 아내에게는 천군만마 다름없다. 녀석에게 무슨 피자가 먹고 싶으냐고 묻더니 주문까지 하란다. 나나 아내는 어떤 종류의 피자가 맛있는지 모르며 피자 가게 검색하는 것도 모른다. 녀석은 일사천리다. 피자 시켜서 둘이 먹는 모습이 마치 그림같이 느껴지기도 한다. 나에게도 한 조각 주며 먹으라고 한다. 받아들긴 했어도 그리 입에 당기지는 않는다.

나는 역시 구시대 사람인가 보다. 피자보다는 아내가 부엌에서 부쳐 내온 조선 피자가 더 맛있다.

안흥찐빵

서경희
1996. 11. 천료

안흥찐빵 사러 안흥에 갔다가 심순녀 할머니를 만났다. 길가에 쪼그려 앉아 한없이 무료한 얼굴로 툭툭 뭔가를 다듬고 있었다. 이 초췌한 노인이 얼른 눈에 들어온 것은 그래도 곱상한 그 얼굴 덕이었다.

미인은 찡그려도 예쁘다더니 산전수전 공중전까지 다 치른 심 할머니의 스산한 얼굴에 한 줄기 고운 모습이 반갑게 스쳐갔다. 따로 아는 것은 아니고, 한때 신문·텔레비전에서 많이 보았기 때문이다.

25년 전, 영동고속도로 둔내 인터체인지에서 '어서 오십시오. 찐빵의 고장 안흥으로 가는 길입니다'라는 표지판을 만나고, 다시 8km를 순한 들길을 달려서 찐빵 사러 갔는데, 지금은 그곳 역시 천지개벽해 버스가 다니는 큰길가 가게 쇼윈도에 보풀보풀 찐빵들이 예쁘게 진열돼 있었다. 매점 직원은 가무스름하고 상냥한 필리핀 여인이었다.

25년 전 그때는 강원도 횡성군 안흥면 작은 면소재지 마을이 오로지 그냥 찐빵밖에 없는 찐빵 천국이었다. 다투어 '시조, 원조' 간판을 달고 있는데 진짜 시조는 어디일까?

아하, 그때 다른 집 보기가 민망할 정도로 긴 줄이 겹겹이 서 있던 허름한 그 집, 거기가 '진짜, 순, 완전' 원조 안흥찐빵 심순녀 할머니 집이었다. 무학의 심순녀 할머니가 시장에서 찐빵 장사 20여 년을 하다 거의 기업 수준으로 사업 확장을 하고 유명 인물이 되었을 때다. 백화점 납품용으로도 일손이 모자라 작은 시골 마을에서 수십 명의 고용을 창출하는 CEO가 되어 있을 때다.

찐빵이 찐빵이지 뭐가 다를까? 그때 누군가 언뜻 한 말이 귀에 쟁쟁하다.

"딴 집하고 맛이 달라요. 수십 년 하다 보니 비법이 생긴 거죠."

그 비법이 속의 팥이 순수 국산이고 달지 않으며, 밀가루로 빵을 만들어 바로 솥에 넣고 찌는 것이 아니라, 일정 온도에 일정 시간을 발효시킨 후 찌는 것이 안흥찐빵의 드러난 비법 중 하나라고 했다. 진짜 비법은 꼭꼭 숨어 있겠지.

심 할머니는 '신지식인'이라는 간판을 달고 청와대로 대통령을 알현해 신문이나 텔레비전에 크게 나온 적도 있다. '신지식인'은 1999년에 시작한 새로운 인재 발굴 방식으로, 학력과는 무관하게 기존 사고의 틀에서 벗어나 새로운 발상으로 새로운 일을 창조해 내는, 유능하고 신선한 사람을 뽑는 일이었다. 신지식인 1호는 코미디언이자 영화감독인 심형래였고, 한국 최초로 컴퓨터 바이러스 백신 프로그램을 개발해 무료 보급한 과학자 안철수도 신지식인으로 뽑혔다. 지금도 '신지식인 협회'가 있어 새로운 인재 발굴을 하고는 있다는데, 어디에 있는지 신선함이 느껴지지 않는다. 신지식인이 세상에 펄펄 날아다니며 새로운 세상을 펼친다면 세상이 정말 달라지지 않을까?

심순녀 할머니와 잠깐 이야기를 나누고 사진도 찍었다. 신지식인으로 선정되어 청와대에 다녀온 것을 평생 영광으로 생각하며 돈도 많이 벌었다고 한다. 하지만 자식 누구도 이 사업을 이어받지 않으려 해 서운하기 짝이 없다고 하셨다. 지금도 여전히 그대로 계시려나? 혹시나 하고 가끔 신문 부고란을 살피기도 한다.

  사실 그동안 내게도 안흥찐빵은 깡그리 잊어버린 그대였다. 곳곳에 안흥찐빵 간판이 보여도 흘러가 버린 사랑같이 눈에 안 보였다. 가끔 영동고속도로 지나 안흥으로 달려가던 그때 그 순한 들길만 생각나곤 했다.

우리 동네에 고인돌 있어요

남민욱
1997. 8. 천료

숲에서 우연히 남자를 만났다. 나는 돌을 살펴보던 중이었다. 남자는 숲에서 어정거리고 있는 사람을 발견하고 가던 걸음을 멈추고 지켜보았던 듯하다. 돌을 살펴본 후 막대기로 삭은 낙엽을 헤치며 나오자 아리송한 표정으로 그가 물었다.

"밤 줍는 때도 아니고, 버섯 따는 철도 아닌데 거기 뭐가 있소?"

해를 등지고 선 사람이 불쑥 말을 걸어오자 나는 긴장한다. 말을 섞어야 할지 말아야 말지 머뭇거리다 두어 가지 공통점이 있는 듯하여 마음은 놓였다. 연배가 비슷한 노인이라는 것, 관심사는 다를지언정 호기심 내지는 궁금한 걸 못 참는 성향이라는 점이다. 한적하긴 해도 주거지가 에워싼 동산이라 사람의 왕래가 잦은 데다 막대기로 호신은 되겠다 싶어 짧게 답한다.

"저기 있는 바윗돌이 고인돌인지 살펴봤어요."

"에잇! 고인돌은 저쪽 산에 있는데요."

남자는 왜 엉뚱한 데서 고인돌을 찾고 있냐며 자

신있게 다율리 쪽을 가리켰다.

　다율리(多栗)? 그 동네엔 밤나무가 많았나 보다. 도시가 되기 전 우리 동네는 기와집이 많아서 와동(瓦洞)리였다고 들었다. 소리천 너머의 상지석(上支石)리와 하지석리도 설명이 필요 없는 지명이다. 지금도 '괸돌'이라 불리는 자연마을이 있다. 내 고향에도 '지석 거리'가 있는데 고인돌과 상관있을지도 모른다는 생각을 오늘에야 해본다.

　상수리나무 사이로 멀리 당하리와 다율리의 야트막한 산이 보였다. 저곳에 갔을 때도 나는 지금처럼 손에 막대를 들고 걸었었다. 성혈을 확인하기 위한 아담한 막대와는 급이 다른 호신용 작대기였다. 도시가 완성되지 않은 때여서 그땐 숲이 무서울 정도로 적막했다.

　파주의 겨울은 시베리아처럼 춥다. 운정에 둥지를 튼 첫 겨울을 나는 곰처럼 웅크리고 지냈다. 신도시의 말쑥함과 공터의 썰렁함이 '파베리안'의 마음을 더욱 쓸쓸하게 했다. 交河(교하)는 한강과 임진강이 어울려 사귄다는 뜻을 가진 오래된 지명이다, 雲井(운정)이라는 지명에도 필시 심오한 뜻이 있을 터, 봄이 오자 나는 어디엔가 있을 구름 우물을 찾아 나선다.

　'낭만적'인 분위기를 좋아하는 나는 이사 오기 전부터 구름이 비치는 우물에 대한 동경을 가지고 있었다. 하여 도심을 벗어나 우물이 있을 만하다고 여겨 찾아간 곳이 바로 노인의 손끝이 가리키고 있는 저 다율리 야산이다.

　잎이 피기 시작하고 진달래꽃 망울이 벙그는데도 숲은 쓸쓸했다. 얼마간 걸어가자 크고 작은 무덤들이 나타났다. 파평윤씨 정정공파 묘역이었다. 조선시대 세력가의 이름이 적힌 비석이 더러 보였다. 무덤이 많은 데다 적막해서인지 갑자기 등골이 오싹해 왔다. 본 적 없는 귀신도 겁나지만 사람, 즉 남자와 마주칠까 봐 더 겁이 났다. 두려움을 이길 방도로 나는 숲에서 몽둥이로 쓸 만한 막대를 찾아 손에 든다. 한결 든든해진 마음으로 조금 더 걸어들어가니 이번에는 고인돌이 나타난다. 이렇게 가까이서 고인돌을 보기는 처음이었다. 고대인의 유택 앞에서는 파평윤씨들이 살았던 시대는 엊그제 같다는 생각이 들었다.

작대기를 찾아들 만큼 긴장한 상태로 현실 세계에서 초현실 세계까지 오느라 용을 써서인지 몹시 갈증이 일었다. 조선시대든 선사시대든 세력가들도 물은 마시며 살았을 터, 그러나 이곳은 물이 필요한 곳이 아니라 물로 돌아간 곳이었다. 나는 우물의 번지수를 잘못 짚었음을 깨닫고 죽은 자들의 영지를 벗어나 마을로 내려온다.

이후 오랜만에 그곳을 찾았을 땐 공터이던 주변이 고층 아파트와 빌라들로 채워지고 '고인돌공원'으로 가는 산길에서 심심찮게 사람을 만날 수 있었다. 그런 변화들이 있을 동안 나는 구름 우물에 대한 환상에서 벗어나 운정에 말뚝을 박고 살다 보니 S 아파트의 원주민이 되어 있었다. 큰길 건너편에 있는 미리내공원에서 고인돌을 발견한 것도 뻔질나게 주변을 살피며 다닌 원주민다운 행보의 결과였다.

산책로가 있는 야트막한 산등성이 위에 예닐곱 명은 편하게 둘러앉아도 될 정도의 넓적한 돌이 자리 잡고 있었다. 쉬다 가기에 딱 좋은 위치여서 나도 이곳을 지날 땐 자연의 소리에 귀 기울이며 명상에 잠긴 적이 있다. 예사롭지 않은 모양인 데다 지석이라는 확신을 가지게 된 건 인간의 손을 탄 흔적이 있다는 점이다. 지름 5~6cm짜리와 2~3cm짜리 혈이 열댓 개 있었고, 돌의 크기로 보아 재력가의 무덤이었지 싶다.

문화도시에 사는 사람으로 고인돌을 보고 고인돌이라 소문내지 않으면 고인돌만큼 넓적한 내 오지랖을 어디다 써먹을 것인가. 하여 지인들은 물론 그곳을 지나는 이들에게 이게 고인돌이라고 말해주고는 했었다. 나는 다율리 고인돌만 아는 남자도 우리 동네 고인돌 앞으로 안내했다. 처음엔 미심쩍은 표정을 지었다. 고인돌공원처럼 안내판이 있어야 믿으려나?

나는 막대기로 성혈에 쌓인 흙을 파내며 이것이 증거라고, 돌이 거북 모양이고, 거북의 머리가 임진강 쪽을 보고 있다고 책에서 읽었던 구절을 생각나는 대로 설명한다. 그가 재차 물었다. 성혈이 있다고 다 고인돌인가? 돌에 구멍은 낸 이유가 뭐라고 생각하는가?

그걸 내가 어찌 알겠소. 연구자들 사이에 여러 가지 관점이 있지만 문자가 없던 시대라 추측만 있다. 어쩌면 저 성혈은 고대인들의 생각이 담긴 부호일진대 우리가 아직 해독을 못하고 있는지도 모른다.

1. 별에 닿을 수 없음에 무덤 덮개돌에 별을 새겨 영생할 목적.
2. 호기심 천국인 나 같은 후대 인간이 성혈을 보고 고인돌인 줄 알게 하려고.

나의 일방적인 주장을 진진하게 듣고 난 남자는 한결 고분고분해져서 내가 조금 전에 찾아냈다는 작은 고인돌이 있는 곳을 가 보자고 했다. 이삼백여 미터 떨어진 지산초등학교 후문 쪽 언덕배기에 있는 큰 함지박 크기의 돌이다. 관심 없이 보면 평범한 돌덩이일 뿐이다. 작은 성혈 세 개가 새겨있어 요샛말로 빼박! 고인돌이다.

저마다 돌의 크기만 한 신분을 가졌던 인류가 잠들었던 흔적이 파주 곳곳에 있다. 원래는 돌을 고이고 덮개돌을 얹은 형태였다. 수천 년이 흐르는 사이 괸 돌은 땅속으로 내려앉고 괸 돌 위에 얹혀있던 덮개돌이 고인돌로 불리는 것이다.

은연중 평평한 돌을 보면 그냥 지나치지 못한다. 우리 아파트, 남의 아파트 가릴 것 없이 그럴듯한 바위를 보면 성혈이 있는지를 살피게 된다. 도시를 개발하며 흩어져 있는 고인돌을 다 수습하지 못했다니 어딘가엔 있을 것이다. 고인돌공원에 있는 것처럼 펜스는 치지 않더라도 팻말이라도 세워 선사인들의 흔적을 보존해야 하지 않을까.

탐방을 끝낸 뒤 나는 뒤도 돌아보지 않고 노인에게 작별 인사를 한다. 전생에 우리는 이렇게라도 잠시 마주친 적이 있었으려나?

정가네 가마솥국밥

리철훈
1997. 9. 천료

맛있는 음식을 즐기는 것은 누구나의 소망이다. 때문에 시간이 나면 차를 몰고 맛있는 집을 찾아간다. 주말은 말할 것도 없고 평일에도 미식을 즐기는 사람들이 꽤나 많다. 나가 보면 차량 행렬이 장난이 아니다. 어쩌다 소문을 듣고 찾아가 보면 벌써 많은 사람들이 찾아와 줄을 서 있다. 나보다 훨씬 정보가 빠른 사람들이다. 살기가 좋아진 만큼 먹고 즐기는 수준도 보통이 아니다.

만나는 약속도 맛집, 여행 스케줄도 맛집, 맛집이 아니면 인기가 없다. 한 마디로 미식을 즐기는 세상이다. 사실 건강할 때 그보다 더 좋은 시간이 어디 있나 싶다. 식당이면 식당, 카페면 카페, 가는 곳마다 어쩌면 그렇게들 잘 꾸며 놓고 영업을 하는지 놀랄 때가 한두 번이 아니다. 깔끔하고 분위기 좋은 집들이 적재적소에 자리 잡고 있다. 가끔 등산을 하고 나면 찾아가는 곳이 맛집이다. 그다음은 분위기 좋은 카페에서 차 한 잔, 우리가 언제부터 그렇게 되었는지 기가 막힌다.

내가 단골로 다니는 '정가네 가마솥국밥'도 그중에 하나다. 30년 전통을 자랑하는 소머리국밥 전문점인데 그야말로 빼놓을 수 없는 맛집이다. 안으로 들어가면 한쪽 벽에 걸려 있는 문구가 눈길을 끈다.

> 먹거리는 양심입니다. 우리 업소는 국내산 토종 한우머리만을 사용합니다. 한우의 진한 보약 같은 국물 맛을 느껴 보세요. 고객님과의 약속, 양심을 걸고 지키겠습니다. - 정가네 가마솥국밥 가족 일동

우리들은 목욕을 하고 나서도 그 집, 등산을 하고 나서도 무조건 그 집이다. 시내에서 당구를 치고 나서도 그 집으로 간다. 평택에서 둔포를 지나 온양 쪽으로 가다 보면 좌측에 순박한 산수경치의 봉재리 저수지가 나온다. 그 도로변 우측에 있는 평범한 식당이 바로 그 집이다. 분명한 것은 한 번 먹어보고 나면 쉽게 외면할 수 없다는 사실이다. 선후배를 만나 점심이나 저녁을 먹을 때가 있다. 특별한 일이 없는 한 그 집으로 간다. 아마 1주일에 평균 두 번 정도는 가지 않나 싶다.

까만 서리태콩이 들어간 따뜻한 돌솥 밥은 한국인이라면 누구나 머릿속에 들어있는 밥이다. 먹을 때마다 입맛을 당긴다. 옛날 어머니가 살아계실 때 고향에서 먹던 밥, 바로 그 맛이다. 먹으면서 나도 모르게 향수에 젖는다. 반찬으로 나오는 배추겉절이와 깍두기에는 그리운 어머니의 모습이 들어있다. 거기에다 가마솥에서 우려낸 구수한 한우소머리국물은 뚝배기 음식의 진수랄까. 우리 몸에 그보다 더 유익한 국물이 또 어디 있을까 싶다. 그래서 보약 같은 국물이라 말한 것 같다. 가마솥은 옛날 시골에서 쇠죽을 끓일 때 또는 한겨울 엿을 골 때 쓰이던 무쇠로 만든 솥이다. 크고 두툼하여 웬만큼 불을 때서는 달궈지지 않는 묵직한 솥이다. 오래 끓여야만 은은히 국물이 우러난다. 그 집에서 식사의 마지막 장식은 밥을 퍼낸 돌솥에 물을 부어 긁어낸 구수한 숭늉과 눌은밥이 절정이다.

현직에 있을 때 테니스 멤버들을 데리고 다녀왔던 식당이 있다. 20여 년이 훌쩍 넘었는데도 기억이 새롭다. 중국 산동성 위해시에 있는 조선족 교포가 운영하는 보신탕집이다. 지금 우리나라에선 법으로 금지되어 앞으론 먹을 수 없게 되었지만 우리 조상들이 허약해진 몸을 보신하기 위해 드셨던 향토음식이다. 그 집은 갈비 수육과 시원한 국물이 별미다. 야채와 양념으로 우려낸 전골 국물은 먹어도 먹어도 질리지 않는다. 감히 흉내 낼 수 없는 그 집만의 국물! 그 국물에 부드러운 갈비 수육은 40도의 연태고량주를 연거푸 들이키게 만든다. 두고두고 잊을 수 없는 맛이다.

얼굴 예쁜 미인과 맛있는 음식은 같은 공통점이 있다. 은근히 사람을 끄는 힘이다. 먹는 것도 본능, 맛이 있어 자꾸만 끌려가는 것도 본능적인 현상이다. 배가 고파서 먹건 맛이 있어서 먹건 먹는다는 것은 본능적 즐거움이다. 이제 현대생활에서 맛있는 미식은 빼놓을 수 없는 필수 문화다. 여행도 미식, 운동도 미식, 만남도 미식이 아니면 즐겁지 못하다. 대화도 미식과 함께 할 때 분위기가 살아난다.

가끔 나는 일본 드라마 「고독한 미식가」를 즐겨 본다. '정가네 가마솥국밥'에서 식사를 할 때마다 내가 그 주인공이 된다. 음식을 대하는 진지한 태도는 물론 맛을 음미하는 방식과 표정 등, 자연스럽게 그 주인공이 되어 식사를 한다. 드라마에서 맛을 음미하는 그 주인공의 진지한 표정과 맛깔스런 독백은 압권이다. 볼 때마다 나도 모르게 그 장면에 매료되어 모방적 심리에 빠져 버리고 만다. 건강에 미치는 먹거리의 영향이 얼마나 중요한가를 먹을 때마다 깨닫는다. 더불어 음식을 대하는 마음가짐과 음식문화의 중요성을 모든 사람들에게 알려주고 싶다.

같은 음식이라도 어떻게 먹느냐가 중요하다. '정가네 가마솥국밥'에서 식사를 할 때마다 떠오르는 것은 음식과 건강이다. 죽을 때까지 지켜야 할 준칙이 있다면 맛있게 먹는 태도다. 역시 고독한 미식가의 주제도 그것이 아닐까 싶다. 소설 『그리스인 조르바』에서도 주인공 조르바는 세 가지 특징을 지닌 사람이다. 그중 첫 번째 특징이 주목을 끈다. 음식을 먹을 땐 다른 것은 생각하지 않는다. 오로지 맛을 음미하며 먹는다. 술이건 안주건 진지하게 음미하며 먹는 태도가 흥미롭다. 두 번째 특징은 키스를 할 때는 그 느낌만을 그리고 세 번째 특징은 탄광에서 갈탄을 캘 때는 오직 결에 따라 갈탄 채취에만 몰두한다. 주인공의 이 세 가지 특징이 자기 자신과 비교하며 읽는 독자들에게 감동을 더해준다. 「고독한 미식가」의 주인공이나 『그리스인 조르바』의 주인공 역시 먹는 순간만은 음식의 맛에 푹 빠진다는 공통점을 갖고 있다. 먹는 것은 삶의 원동력이다. 분명히 말하고 싶은 것은 맛있게 먹어야 건강할 수 있고 행복할 수 있다는 점이다.

후배와 함께 아산온천에서 목욕을 하고 돌아올 때 먹는 정가네 가마솥국밥은 정말 꿀맛이다. 먹고 나면 생기가 돌고 힘이 솟는다. 먹을 때마다 느끼는 것이지만 맛있는 음식보다 더 좋은 보약은 없다고 믿는다.

황혼의 건강

양태석
1998. 6. 천료

인생을 살다 보면, 80세 고개라는 벽을 넘어야 한다. 80세를 넘기면 누구나 한 번쯤은 신체적 쇠약이라는 인생의 장벽을 맞이하게 된다.

하지만 그 벽 앞에서 무력해질 필요는 없다. 우리의 몸이 보내는 신호에 귀를 기울이고, 작지만 실천 가능한 생활 습관을 통해 건강을 유지할 수 있다. 예를 들면 피곤하면 쉬고, 배가 고프면 먹고, 목이 마르면 마시고, 졸리면 잠을 자고, 일이 잘 풀리지 않을 땐 조금 기다리는 것이다. 단순하지만 이 다섯 가지는 건강한 삶의 기본이자 회복의 열쇠다. 노년이 아니더라도 젊은이들 역시 실천하면 좋은 지혜다.

노년이 되면 추천해야 하는 운동이 있다. 무엇보다 걷기가 가장 좋은 운동이다. 외출해서 햇볕을 쬐면 '행복 호르몬'이라 불리는 세로토닌이 뇌에서 분비된다. 하루 30분, 아침과 저녁으로 나누어 천천히 걷는 것만으로도 충분하다. 몸이 조금 불편한 노인은 지팡이나 보행기를 이용해도 좋다. 중요한 건 무리가 되지 않는 선에서 일상의 움직임을 유지하는 것이다.

운동 역시 무리하지 말아야 한다. 몸이 흔들릴 정도의 과한 운동은 피하고, 열사병이나 탈수 증상에 특히 주의해야 한다. 여름철, 고령자의 사망 원인 중 하나가 바로 그것이다.

살다 보면 안절부절 못할 때가 있다. 그런 순간엔 심호흡을 크게 하고, 소박하지만 맛있는 음식을 천천히 음미하는 것도 좋은 치유가 된다. 초조함과 분노는 오히려 수명을 단축시킨다.

음식은 충분히 씹는 것이 중요하다. 턱 주변의 근육이 움직이면 뇌에 자극이 가고, 이는 뇌의 각성과 연결된다. 기억이 흐려지는 것은 나이 탓이 아니라 사용하지 않기 때문이다. 뇌 역시 근육처럼 쓰지 않으면 점점 퇴화한다. 포기하지 않고 꾸준히 생각하고 대화하고 기록하는 일은, 뇌 건강에 무엇보다 중요하다.

고령이 되면 우울증을 겪는 사람도 많다. 그러나 인간은 원래 고독한 존재다. 나이가 들수록 혼자 있는 시간이 많아지지만, 그것을 자유라고 생각하면 오히려 마음이 가벼워진다. 누구의 눈치도 보지 않고 누구의 간섭도 받지 않는 시간이다. 하고 싶은 일만 하고 하기 싫은 일은 하지 않아도 된다. 그림을 그리거나, 글을 쓰고 노래를 부르거나, 그림과 고미술품을 수집해 보는 것도 좋은 방편이다.

80세가 되면 여러 가지 병이 침노한다. 면역력이 떨어져 병의 완치가 어려워지는 경우도 있다. 그러나 그 병들과 싸우기보다는 적당히 동행하고자 하는 마음이 필요하다. 병과 더불어 살아가는 삶은 억지보다 유연함이 이긴다.

잠이 오지 않을 땐 억지로 자려 하지 않아도 된다. 나이가 들수록 숙면이 어려워지는 것은 자연스러운 현상이다. 수면제를 습관적으로 복용하기보다, 잠들지 않아도 괜찮다는 여유가 더 도움이 될 때도 있다. 약은 병의 증세가 급하거나 꼭 필요할 때만 먹는 것이 좋다. 요즈음은 건강 보조식품이나 예방약이 많이 나오지만, 과하게 먹으면 부작용이 있다는 점을 명심해야 한다.

약은 급하고 필요할 때만 먹는 것이 좋다. 요즈음 건강 보조약이 많이 나온다. 너무 많이 먹으면 부작용도 있다.

나이가 들수록 자신에게 맞는 단골 병원과 주치의를 두는 것이 중요하다. 병도 사람처럼 궁합이 있다. 필자 역시 독감에 걸렸을 때 세 병원을 전전하다가 네 번째 찾은 동네 병원에서 고친 일이 있다.

고령자일수록 낙천적인 태도가 더욱 중요해진다. 살아가다 보면 좋은 일 나쁜 일이 교차하며 지나간다. 그것을 모두 흘려보내는 여유, '그러려니' 하는 마음이야말로 노년의 지혜이다. 그리고 그 태도는 수명 연장에도 영향을 준다.

노년기엔 그 무엇보다 규칙적인 생활이 중요하다. 필자는 지금 85세다. 몸이 예전같이 않아 일어나기 싫은 날도 많지만, 억지로라도 일어나 오전 10시 전에 인사동 화실에 도착한다. 그림을 그리고 제자를 가르치며, 여러 분야의 손님을 맞이하여 담소를 나누며, 오후 5시까지의 일과를 유지하고 있다.

특히 매주 수요일은 전시회가 몰려있는 날이다. 인사동 곳곳에서 개막식이 열리고 가끔은 네 곳 이상의 전시장을 다니며 축사도 하고 전시장을 다니다 보면 심신의 피로를 느낀다. 하지만 그 피곤함마저 내 문화예술 인생길의 낙이라 여기며, 분주한 수요일이 또 기다려지는 것이 나의 삶이다.

이제 80세를 넘겼다면, 100세 인생 중 아직도 20년이 남았다고 생각하자. 심신을 건강하게 살고자 하는 여유로운 마음 가짐이 수명을 늘리는 비법이다. 세상이 공평하지 않고 불평이 가득해도 그러려니 하고 살다 보면 어느덧 삶은 다시 가벼워진다.

폴짝폴짝 귀여운 참새

황장진
1999. 11. 천료

참새는 우리 주변에서 흔하게 볼 수 있는 텃새다. 겁이 많아 경계심이 심하다. 천적인 까치, 까마귀, 매, 족제비, 뱀 등과 멀어지려고 더 무서운 사람 가까이 숨어든다. 오늘 아침도 서너 마리가 옥상과 집 앞 전깃줄에 찾아와 "짹짹" 조잘대다 갔다. 몸집이 작아서 팔짝팔짝 날아다니는 게, 퍽 가벼워 보인다. 참새는 우리나라와 중국, 일본과 동남아시아, 유럽에 폭넓게 퍼져 있다고 한다. 새들 가운데 그 수가 절반 이상이라니 대단하다. 미국에는 집참새가 있다. 유럽에도 한국의 참새와 같은 새가 있다. 참새는 주로 산이나 들에서 산다. 아시아 참새들은 마을이나 도시에서도 흔히 볼 수 있는데, 삶터가 다르다. 참새 몸길이는 14cm 정도로 작다.

참새는 잡식성. 곡식이 아직 익지 않을 때는 벌레를 주식으로 삼는다. 해충도 즐긴다. 개미, 나방, 작은 메뚜기 같은 작은 곤충, 모기 따위를 즐긴다. 곡식이 익으면 벌레는 내버려두고 낟알을 무지막지하게 먹어 치우기 때문에 농민들에게 미움을 산다. 가품, 홍수, 태풍, 냉해 같은 자연재해보다 더 해를 끼치는 새로 본다. 논에 세워 둔 허수아비와 줄에 매단 깡통들을 쉬 볼 수 있었다. 참새는 피해도 커지면 벌레를 주로 먹어서 고맙기도 하다.

참새는 둥지를 틀고 알을 낳아 새끼를 키운다. 둥지는 덩치가 그들보다 약간 큰 정도. 전봇대, 표지판 뒤의 구멍, 건물의 틈새 등 자투리 공간에 기차게 둥지를 숨겨서 찾기가 어렵다.

참새는 환경오염에 매우 민감해 2010년대부터는 도시에서 찾아보기 어려워졌다고 한다. 그래서인지 1988년 서울 올림픽 때 비둘기를 많이 들여온 시점을 기준으로 도시에서는 새들 가운데 비둘기가 가장 많아졌다. 도시 주변에 녹지가 많은 곳에서는 참새 무리를 심심치 않게 볼 수 있다. 참새는 작아서인지 상당히 겁과 경계심이 많다. 코앞까지 다 가서야 도망치는 비둘기들과는 다르게 가까이 다가가기도 어려울 정도로 경계심이 심하다.

참새는 모래 목욕을 즐겨서 모래에 몸을 파묻고 여기저기 끼얹기도 한다. 깃털 사이의 기생충을 없애기 위해서다. 겨울과 여름철 모습이 다르다. 겨울에는 추위를 견디기 위해 털을 부풀리고 속에 공기를 채워 넣어 방열재로 쓴다. 여럿이 떼를 지어 다녀서 지저귀는 소리가 귀여우면서도 시끄럽다고 느낄 정도. 나무에 수십 마리가 앉아서 짹짹거리는데 잘 보이지 않는 데다, 쫓아내려고 큰 소리를 내거나 나무를 흔들어 대도 겁 많은 몇 마리만 푸드덕 날아가지 조금 뒤 다시 떠들기 시작한다. 시골에서는 7~80마리가 집에 가기 위해 몰려 있을 때도 있다. 오후 4~6시 사이 노을이 지면서 해가 저물어가는 무렵이다. 겨울엔 앙상한 나뭇가지 위에 올라가 있어서 잘 보인다. 마치 나무에서 통통 튀는 모습과 파닥거리는 모습, 주렁주렁 열린 듯해서 참 귀엽다. 가을 추수철에 농촌의 정미소에 가 보면, 왜 '참새가 방앗간을 그냥 못 지나친다.'라는 속담이 나왔는지 알 수 있다. 기와집은 기와 밑 공간이 참새들의 완벽한 피난처이자 아지트로 삼기도. 여름에는 일출 시간이 빨라서 해 뜨자마자 여러 마리가 시끄럽게 조잘댄다. 창문을 열고 잘 때는 아침 5~6시 이전에 잠에서 깨고 일어나야 한다. 도시 참새들은 인간으로부터 많은 영향을 받는다. 환경오염이나 소음공해 등으로 해악을 무척 많이 입는다. 사람이 살지 않던 오지에 마을이 생기면 참새 가족이 늘어난다. 사람이 없어 마을이 유령마을이 되면 참새도 사라진다. 결국 참새는 사람과 함께 사는 운명을 타고 태어난다.

참새를 쫓거나 잡아먹지 말고, 귀여워해야 한다.

이 글은 여러 가지 자료를 들춰서 정리한 것이다.

상생의 길

설복도
2000. 5. 천료

　문화예술은 생활의 꽃이다. 또한 생존전략인 동시에 원초적 본능이다.
　문화예술 행사는 연중 내내 이어져 오지만 주로 봄부터 가을까지가 그 절정을 이룬다. 지역마다 지역 특성을 살린 행사로 지역민들에게 다가간다.
　문화예술은 과학과도 병행해 왔고 우리 일상생활에도 근원적으로 접목돼 있다. 다만 깊이 인식하지 못하고 있을 뿐이다. 인간은 기본권리를 중시하는 반면 생활이 안정되고 나면 문화예술을 통하여 정신문화 순화 및 정화를 확립하여 삶의 질을 높인다.
　전 세계적으로 자국 문화의 우수성을 널리 알리기 위해 장려하는 사업 중 최고로 친다. 우리나라에도 예술문화단체 총연합회가 있고 지역마다 지부가 있다. 우리 지역에도 문학, 음악, 미술, 사진, 무용 등 9개 지부가 활동하고 있다. 시즌에 맞추어 해당 지부마다 행사를 진행하고 있지만 내가 속해 있는 문학 분야에 있어서도 봄부터 가을까지 거의 연이어 행사가 열리고 있다. 주로 작고 유명 예술인을 기리는 반면 새로운 기획으로 시민과 자라나는 후세들에게 문화예술을 접할 수 있는 기회를 제공하는 것이 그 목적이다.

문화원에서는 전통 문화예술의 발굴, 보존은 물론 새로운 생활문화의 창출에도 힘쓰고 있고 행정에서도 문화도시 조성에 심혈을 기울이고 있다. 그리고 지자체의 전문 단체마다 경쟁적으로 우수문화 콘텐츠 개발에 앞장서고 있다. 좋은 문화상품은 정부에서도 적극 지원 장려하는 것으로 그 지방의 자긍심과도 직결되는 사업이기도 하다. 행사는 각 전문 단체에 의뢰하게 되고 행정 또한 예산의 범위 내에서 적극 지원하여 그 행사가 성공할 수 있도록 도와주고 있다.

문화예술인들은 그들이 지향하는 전문 분야의 검증을 필한 장인(匠人)이다. 즉 정신문화를 선도하고 이끌어 나가는 고급 인력인 것이다.

우리 인간은 태어나면서부터 저도 모르게 문화예술의 DNA가 잠재해 있어 개발만 하면 전문인이 될 수 있다. 일상생활에서도 거부할 수 없는 한 부분을 차지하고 있다. 드라마나 영화 한 편, 노래 한 곡, 미술감상, 체육 등…. 다만 거저 주어진 것처럼 인식의 차이에서 오는 변화를 느끼지 못하고 살아가는 것뿐이다. 즉 음식의 양념 같은 것이어서 문화예술의 불모지는 상상할 수 없는 일이다. 그런데 이 행사 진행 과정에 문제점이 있어 나의 생각을 보태고자 한다.

문화예술 행사는 어디까지나 전문 단체의 기획, 운영, 집행으로 이루어지는 것이므로 당연히 전문 단체가 주최, 주관이 되어야 하고 예산을 지원하는 행정은 후원이 될 수밖에 없다. 그런데도 전국을 통틀어 봐도 이를 지키는 쪽과 주객이 전도되어 그 반대 현상도 보게 된다. 즉 주최가 버젓이 지자체 명의로 되어 있는 것이다. 지자체 내의 전문 행사지 지자체의 자체 행사는 아니지 않은가? 그래도 자긍심 가진 어떤 단체는 제대로 지키고 있어 다행이었다. 행정에서는 후원은 하되 간섭은 하지 않아야 하며 전문 단체의 자율에 맡기는 것이 효율의 극

대화를 이룩하는 길이 될 것이다. 혹여 지나친 간섭에 매료되어 따르게 되고 또 예산 문제로 잘못 길들여지면 행정에 아부하게 되고 어용(御用) 단체가 되겠기에 조심해야 할 일이다. 어쨌거나 그 지방의 명예와 문화예술의 품격을 높이는 것이기에 행정과 전문 단체는 서로 협력하여 상생의 묘를 살려야 할 것이다. 행정은 전문 단체의 기(氣)를 살려주고 전문 단체는 이를 받들어 열과 성을 다해야 할 것이다.

그래야만이 진정 생동감 넘치는 문화예술의 꽃은 피어날 것이다.

부러진 날개

박미련
2001. 1. 천료

 선택과 집중의 순간이다. 번쩍 들어 올린 골프채는 볼만 보고 직진이다. 볼은 빛의 속도로 사라지고 임무를 다한 두 팔은 왼쪽 귀퉁이에 가볍게 걸린다. 그러나 과녁을 벗어나는 무정한 볼. 고개를 떨구는 그와 숨죽인 관중들. 티를 뽑고 돌아서는 그의 뒷모습에서 부러진 날개 한 쌍이 퍼덕이고 있다. 쓸쓸한 일몰이다.
 관중은 이런 현실을 받아들일 수 없다. 홀 안으로 자석처럼 빨려들던 그의 볼을 기어이 소환한다. 2019년 마스터즈 대회 마지막 날, 빨간 티셔츠에 검정 슬랙스를 입은 그가 호랑이처럼 포효한다. 승리에 취한 관중은 하나같이 들떠 까치발로 내면의 소란을 즐긴다. 그날의 함성을 기억하는 팬은 아직 그를 떠나보낼 준비가 되지 않았다.
 PGA 투어 통산 82승, 세계 1위 683주 유지! 골프 선수 타이거 우즈는 그의 사전에 불가능 없음을 증명이라도 하듯 단숨에 기존 기록을 갈아 치웠다. 승리의 어퍼컷 세리머니를 호쾌하게 날리던 그는 우리의 한계를 몇 단계 끌어올린 영웅이었다.

그런 그도 순리를 거스를 수 없는 모양이다. 영원할 것 같던 그에게 세월은 단호해졌다. 더 이상 영웅의 자리를 내어주지 않을 심산이다. 오뚝이처럼 쓰러졌다가 다시 일어나기를 반복하더니 일어나는 횟수보다 무너지는 횟수가 더 많아졌다. 침몰하는 타이타닉을 보는 듯 불안하다.

관중의 부름을 받고 다시 무대에 서지만, 상대는 만만찮다. 영광의 면류관이 빛을 잃고 비루함만 남은 현실을 믿을 수 없는 건 그나 관중이나 마찬가지다. 가시광선에 노출된 그의 눈이 갈 길을 잃고 허둥댄다. 승기를 놓친 맹수처럼 비칠거리다 풀 죽은 채 퇴장이다.

나도 열렬한 팬으로 응원봉을 들었으나, 이제는 그의 패배를 인정할 시간임을 깨닫는다. 어쩌다 등판한 그가 반가우면서도 불안한 마음 가눌 길 없다. 더 이상 신공은 없어 보인다. 근력도 집중력도 내리막길이다. 똑바로 멀리 가던 볼은 매번 가시밭길이다. 들끓는 분노로 온몸이 들썩이나 그것도 잠시, 찾아오는 풀 죽은 어깨는 마치 우리에 갇힌 호랑이를 연상케 한다.

내 일인 양 실망하고 있는데 문득 그의 부러진 날개 위에 나의 미래가 얼비친다. 영원할 것 같은 오늘이 흔적 없이 사라져 버린다. 한계에 부딪힌 여린 영혼, 가슴이 아리고 눈앞이 흐릿하다. 어딜 향해 달려왔는지, 고지는 구름에 싸여 아득하기만 하다. 남은 세월 무슨 수로 버틸지 막막하고 쓸쓸하다.

그래서 인간에게 또 하나의 길이 주어진 걸까. 죽어서 사는 길. 아니 죽어야 사는 길 말이다. 이 패러독스가 죽음을 극복하는 비책일 수 있겠다는 생각이 든다. 어쩌면 그것이 인류 역사를 지탱해 온 동력이 아닐까.

누구나 떠나야 할 때를 알아 무심히 이별할 일이다. 타이거 우즈의 붉은 색 셔츠 위에 선운사 뒤뜰의 동백이 어려 있다. 절정의 순간에 미련 없이 고개 떨구는 그의 결단이 경이롭다. 처연하게 꺾여 다시 살아난 동백은 아름다움의 현신이다. 영웅도 그렇게 다시 태어나야 한다. 결연한 동백처럼 절정의 순간에 산화하여, 흠모하는 연인들 가슴속에 아로새겨질 일이다.

생각해 보면 모든 영웅은 영웅의 시간이 다하면 동백처럼 미련 없이 떠났다. 알렉산더는 인간의 한계를 몇 단계 끌어올린 영웅이다. 그리스 변방 마케도니아에서 페르시아를 넘어 아시아에 이르기까지 그의 정복욕은 멈출 줄 몰랐다. 몇 번의 고비를 넘겼지만, 그는 다시 우뚝 섰다. 고르디우스 매듭을 푸는 자가 아시아를 지배하리라는 신의 약속을 받들었다. 그러나 그는 안 풀리는 문제를 끌어안고 끙끙대지 않았다. 그는 과감했다. 누구나 두려워하던 금기를 깨뜨려서 매듭을 풀었다. 그의 기지로 문제를 해결한 그는 신의 약속대로 아시아를 넘겨받았다.

발상의 전환은 새로운 시대를 가져왔다. 전진만이 그에게 허락된 밀명인 것처럼 흔들림 없이 그만의 역사를 써 내려갔다. 그런 그도 32세의 일기로 영웅시대를 마감했다. 두려움 없이 살다가 한순간에 지고 말았으나 숭고한 영혼은 아직도 우리 곁에서 숨쉬고 있다.

용기의 은유가 그에게서 물결친다. 그의 무용담을 읽으면 밀알만 한 가능성이 태산처럼 커진다. 어깨가 올라가고 주먹이 불끈거린다. 나도 할 수 있겠다는 자신감이 샘솟는다. 같은 인간이기에 그의 DNA가 나의 어딘가에 숨어 있으리라는 믿음. 불가능한 상황이 분명한데 가능한 것으로 바꿔 읽는 기적을 체험한다. 그로 인해 세상이 만만해 보이기까지 한다.

영웅은 어떤 범위를 넘어서는 자들이다. 가능한 범위를 넓히는 자, 그들의 출현은 새로운 동력을 선사한다. 나 또한 영웅과 함께라면 험한 준령도 단숨에 넘을 것 같은 용기가 생긴다. 길이 안 보일 때, 그들은 없는 길도 뚫어 파라다이스로 이끌 것 같다. 그래서 종종 나약한 사람보다 거침없는 사람을 좋아한다. 그들 곁에서 곁불만 쬐어도 두려움이 사라지는 것 같다.

타이거 우즈 때문에 참 많은 순간 행복했다. 기록을 다시 쓸 때마다 막연한 가능성을 확신으로 선물 받았다. 그것이면 족하다. 명을 다한 영웅을 낭떠러지로 몰아세우는 사랑은 이제 끝내야 한다. 절룩거리면서도 남은 힘을 짜내는 그의 다리도 휴식할 시간이다.

불가능을 가능케 한 영웅들, 끝내 찾아올 일몰의 순간이 서러울 테지만, 영웅 출현은 언제나 우리를 설레게 한다.

이 몸이 새라면

서대화
2001. 3. 천료

아침 음악 방송에서 독일민요 「이 몸이 새라면」이 흐른다. 이 노래는 멜로디가 단조롭고 짧은 탓에 한 번만 들어도 금방 익히게 된다. 이 곡을 들으면 반드시 떠오르는 기억이 있다. 그만 지워질 때도 되었건만 오늘 아침도 음악과 함께 오래전의 그가 나를 찾아왔다.

60년대 중후반, 연무대 육군 훈련소를 나와 후반기 교육을 마치고 배속된 부대가 강원도 화천북방 사단 예하 연대본부였다. 전입되어 신고식을 마친 날 동료 병사 하나를 알게 되었다. 나보다 한 달쯤 일찍 배치받아 왔다는 그는 내무반의 막내로서 갖은 고된 일을 혼자서 감당하고 있었다. 그는 매사에 어긋나거나 불평하지 않았고 이치에 맞는 언행으로 선임들이나 직속상관에게 인정을 받는 신병이었다. 헌칠하게 잘생긴 외모에 비해서 방한모에 달린 일등병 계급장이 어설퍼 보였다.

한 번은 그와 내가 어떤 짐을 옮기는 일을 하게 되었다. 그의 오른손과 내 왼손이 서로 바꾸어 가며 힘을 쓰는데 그 무게가 여간 아니다. 걸으면서 내가 말했다. "만일 내가 인체의 기능을 개조시킬 수 있다면 사람 손아귀에 볼트를 채울 수 있게 만들 거야." 그가 묻는다.

"어째서?"

"무거운 짐을 옮길 때 손가락 힘이 풀리지 않게 볼트를 꼭 조이면 좋잖아?" 그 순간 근엄하던 그는 파안대소(破顔大笑)하면서 그 자리에서 무거운 짐을 놓치고 말았다. "그거 참 재밌는 발상이다." 그날부터 우리는 많은 이야기를 나누면서 친밀한 관계로 발전하게 되었다.

그는 군 입대 전 동해안 어촌마을 초등학교에서 교편을 잡았다. 어린 학생들과는 친구가 되기도 하고 가르친 것 이상 동심의 맑은 세상을 배우기도 하면서 초급교사 생활을 했는데 군 입대할 때에 어린이들과 작별의 순간이 눈물겨웠다고 했다. 두고 온 인연들과의 관계성은 모두가 사랑이었다는 것을 깨닫고 한없는 그리움에 마음 둘 곳 없을 때에 정서적으로 동질감을 느끼는 나를 만나게 된 것에 만족한다고 했다. 나 역시 그와 다름없었고 고단한 신병 생활이었기에 오히려 깊거나 더 높은 우정의 탑을 쌓을 수가 있었다.

내무반 모두가 잠든 깊은 밤, 불침번을 서면서 그날의 일기를 썼고 집으로 혹은 친구에게 보내는 편지를 썼다. 근무의 다음 순번은 바로 나이거나 그일 경우가 많았다. 내가 근무를 할 때에 그의 잠든 얼굴을 보게 되었다. 단잠에 빠진 그를 다음 순번이니 교대하자며 깨울 수가 없다. 내가 한 시간만 더 수고한다면 친구는 그만큼 많은 시간 수면을 취할 수가 있다는 생각을 하게 되었다. 우리는 서로가 똑같은 연민으로 제 몫보다 한 시간을 더 근무했고 우정은 그만큼 더 깊어져 갔다.

어느 달 밝은 밤이었다. 그는 내게 고백할 비밀이 있다며 입을 열었다. 잠깐 망설이던 그가 내게 털어놓은 내용은 그야말로 누구에게도 말할 수 없는 극비 사항이었다.

내가 부대로 전입되기 불과 며칠 전 달 밝은 밤 부대장의 숙소 외곽에서 경계근무를 하고 있었다는 것이다. 아직도 군 생활이 낯설어 마음의 안정을 찾지 못한 그 밤에 혼자서 달빛으로 물든 산천을 바라보고 있자니 불현듯 두고 온 많은 인연에 대한 그리움을 참지 못하게 되었다.

소지하고 있던 M1 소총을 풀숲에 놓고 근무 현장을 이탈했다. 어떠한 변명으로도 용서되지 않는 탈영이 분명하다. 부대 앞을 흐르는 냇물의 시멘트 다리를 신속하게 건너 차량 불빛을 피해 비탈길을 올라와 고개 정상에 이르렀다. 달빛에 젖은 부대건물을 뒤돌아보고 내리막길에 들어서려는 순간 그는 자신의 잘못된 행동을 뉘우치게 되었다. 앞으로 향하던 발길을 되돌려 근무를 서던 초소로 속히 돌아가야 한다는 강박감이 그를 두렵게 했다. 그는 고갯길을 오를 때에 비할 수 없는 공포감에 휩싸이게 되었다. 초소가 가까워질수록 마음은 극도의 불안에 떨었다. 만약에 보초근무지를 이탈한 사실이 이미 밝혀졌다면 그 엄청난 현실을 어찌 감당할 것인가. 그런데 그 누군가 다녀간 흔적은 없었고 숲속에 고이 눕혀 놓은 M1 소총도 은색 달빛을 받으며 그 자리에서 얌전하게 주인을 기다리고 있었다.

"지성이나 인내심이 평정심을 잃었었군. 어찌 그리 무모했을까?" 그는 잠시 망설이다가 변명하듯 말했다. "너무나 밝은 달빛 때문이었을 거야." 카뮈의 소설 이방인에 등장하는 뫼르소 청년은 "너무도 뜨거운 사막의 태양 탓"이었다고 살해 동기를 말했다. 나는 그의 달빛 충동을 이해할 것 같았지만 만약 나였다면 달빛에 젖어 이상적 관념으로 초병의 임무를 게을리했을지언정 근무지를 이탈할 만한 만용은 부리지 않았을 것이다. 보름달은 대낮처럼 밝았고 연대본부를 둘러싼 주변의 경치가 몽환적이어서 꿈속에서처럼 행동했던 것이 아니었나 싶었다. 그러나 그것은 군 형법에서 중형을 받아 마땅한 범죄이며 인생을 망치는 자폭 행위일 뿐이다.

  우리 뒤에 후임 사병들이 들어왔고 선임들은 여럿이 제대하고 난 뒤에 우리는 상등병으로 진급하여 시간적 여유가 생겼다. 틈 있을 때마다 책 읽기로 시간을 보냈고 내무반 안쪽 개인화기 거치대 곁에 독서실을 만들어 운영하기도 했다. 관심 있는 여러 소대원이 휴가 복귀 시에 가지고 온 책들을 모아 진열함으로 독서에 힘쓰게 되었는데 대개 세계 명작이 주류를 이루어 우리는 그 무렵에 고전문학을 읽으면서 망중한을 보내기도 했다. 그렇게 브로맨스를 쌓았고 화천 북방 부대생활에도 한창 요령이 붙어가고 있었다.

  그 무렵 나에게 인사이동 명령장이 하달되었다. 명령과 복종의 엄격한 규율만이 적용되는 군 조직 중에서 내 마음대로 할 수 있는 것은 많지 않다. 나는 후반기 교육으로 육군 부관학교를 수료한 이력이 있다. 상급 부대인 군단사령부에서 사병 인사행정을 담당해야 할 병력을 급히 차출하는데 내가 거기에 선임된 것이다. 다음 월요일 08시까지 사령부에 도착해야 한다면 내일 오후에는 본대를 출발해야 한다.

  나도 그러하지만 친구의 허전한 마음은 무엇으로 채우랴. 행정반 요원 선 후임들과 같은 내무반에서 생활하던 병사들이 서운한 마음을 감추지 않았다. 그날 밤 저녁 식사 시간 후에 마련한 음식과 막걸리 몇 잔씩을 나누어 마시고 즉흥 유흥 시간이 만들어졌다. 서무행정의 선임인 최 병장의 진정성 있는 고별사와 인간적인 석별의 마음이 분위기를 따뜻하게도 했고 서글프게도 했다.

  친구는 평소에 즐기지 않던 막걸리를 마시더니 앉았던 자리에서 벌떡 일어섰다.

    나두야 간다 / 나의 이 젊은 나이를 눈물로야 보낼 거냐 / 나두야 가련다
    아늑한 이 항구인들 손쉽게야 버릴거냐 / 안개같이 물 어린 눈에도 비치나니

/ 골짜기마다 발에 익은 묏부리 모양 / 주름살도 눈에 익은 아 사랑하던 사람들 // 버리고 가는 이도 못 잊는 마음 / 쫓겨가는 마음인들 무어 다를 거냐 / 돌아보는 구름에는 바람이 희살 짓는다 / 앞대일 언덕인들 미련이나 있을거냐 // 나두야 가련다 / 나의 이 젊은 나이를 눈물로야 보낼거야 / 나두야 간다.

무언가 불만스러울 때 독백처럼 암송하던 박용철 시인의 「떠나가는 배」 전문을 부르짖듯 낭송했다. 분위기는 조용해졌고 시를 아는 이나 모르는 이나 그의 목소리에 귀 기울였다. 그는 이어서 바리톤의 낮고도 굵은 음성으로 노래를 부르기 시작했다. "이 몸이 새라면 이 몸이 새라면 날아가리 저 건너 보이는 저 건너 보이는 작은 섬까지~" 노래는 이내 끝났지만 감성적인 그의 성격상 더 이상 계속된다 해도 이어 부르지 못했을 것이다.

세월이 빨리 흘러 그 후 60년이 지났다. 동해안 어떤 초등학교에서 교장을 마지막으로 은퇴한 그는 지병으로 수년 전에 별세했다는 소식을 인터넷을 통해서 알게 되었다. 이 몸이 새라면~ 이 노래를 들을 때마다 그 시절과 그가 간절하게 그리워진다.

마음에 바람이 분다

강미애
2001. 5. 천료

"마음에 바람이 불어."
"어떻게 알아?"
"바람 부는 날엔, 마음에도 바람이 불거든."

거센 바람이 불던 어느 날, 우연히 들어선 영화관 스크린 너머에서 흘러나온 대사다. 바람이 부는 날이라 그랬을까. 이상하게도 마음에 오래 남아 있다.

생각해 보면, 그 바람은 아주 오래전부터 내가 모르는 사이에 조금씩 불기 시작했는지도 모른다. 무심코 지나쳤던 계절의 틈, 잊은 줄 알았던 기억의 모서리에서 불쑥 고개를 드는 감정의 기류. 평소와 다르지 않은 하루인데도 문득 마음이 서늘해지고, 생각들이 낯설게 느껴질 때가 있다. 그럴 때면 나는 안다. 마음에 바람이 불고 있다는 것을. 마음에 바람이 분다는 건, 지금 나에게 내면을 들여다보라는 조용한 신호다.

바람은 예고 없이 찾아온다. 누구의 말 한마디일 수도 있고, 문득 스치는 거리의 풍경일 수도 있고, 오래된 노래의 한 구절이 될 수도 있다. 그런 순간,

내 안에서 무언가 조금씩 달라지기 시작한다. 설명할 수 없지만 분명한 느낌. 낯익은 공간이 갑자기 낯설어지고, 익숙했던 감정들이 스르르 무너지는 순간. 마치 일상의 틈으로, 작은 바람 한 줄기가 파고들며 생각과 감정을 흔들어 놓는다.

바람이 불면 세상이 흔들린다. 아니, 정확히 말하면 나의 시선이 달라진다. 오래된 감정들이 날아가고, 무심코 눌러 두었던 상념들이 드러난다. 그리고 내 안에 묵혀 있던 말들이 하나둘 들려온다. 때로는 나를 상쾌하게 흔들어 깨우고, 때로는 정리되지 않은 감정들을 흩어 놓으며 새로운 바람을 만든다. 그 바람 속에 담긴 것은 변화의 씨앗이다. 변화는 언제나 그렇게 소리 없이 시작된다.

어느 날, 연락이 끊어진 지 오래된 친구에게서 문자가 왔다.
'잘 지내지? 문득 생각나서….'
뜬금없는 안부 인사였지만, 그 짧은 메시지를 읽는 순간 마음에 바람이 일었다. 마지막으로 연락을 주고받은 것이 언제였을까. 멈춘 줄 알았던 시간 속에서, 묻어 두었던 감정이 다시 고개를 들었다. 우리는 예전에 사소한 오해로 멀어졌고, 서로 어떤 해명도 없이 헤어졌다. 나는 나의 입장만 옳다고 믿었고, 그녀도 마찬가지였을 것이다. 멈춘 줄 알았던 시간 속에서 묻어 두었던 감정이 다시 고개를 들었다. 그때의 기억을 떠올리니 후회와 서운함, 그리움이 뒤엉킨다.

답장을 해야 할까. 지금 와서 무슨 말을 해야 할까. 며칠을 고민했다. 어쩌면 친구의 연락은 내가 내 안에 쌓아 두었던 것들을 정리할 시간임을 알려주는 신호일지도 모른다. 억지로 잡고 있던 감정들, 끝났지만 놓지 못한 관계들, 나조차 이해하지 못했던 내 모습들까지. 나는 그것들을 쥐고 있느라 얼마나 많은 새로운 것들을 품지 못하고 있었던가. 사실 그 모든 것들이 마음에서 사라질 때, 비로소 내 마음은 가벼워질 것이다. 불필요한 원망은 흘려보내고, 마음에 남아야 할 따뜻함을 껴안아야 한다. 나는 조심스럽게 답장을 보냈다. 짧은 인사와 함께. 예전의 서운함을 정리하는 마음을 담아. 친구도 화답했다.
 마음에 바람이 분다는 건, 감정을 정리하라는 신호다. 그 감정들이 더 이상 나를 가두지 않도록. 억지로 붙잡고 있던 기억을 이제는 흘려보내야 할 때다. 어쩌면 우리가 붙잡고 있는 감정들은 상처보다도 더 오래 남아 내면의 여백을 잠식하는 것인지도 모른다. 가끔은 스스로에게 묻는다. 지금 내 마음엔 어떤 바람이 불고 있을까. 누군가는 변화를 거대한 폭풍처럼 이야기한다. 방향을 틀고 삶을 뒤엎고, 모든 것을 갈아엎는 파괴적 서사의 일부로 말이다. 그러나 변화는 그렇게 오지 않는다. 보이지 않지만 느껴지는, 소리를 내지는 않지만 분명히 스쳐 가는 어떤 기척이다. 아주 오래전, 혼자 견디던 어느 계절의 틈에서 그 바람은 나도 모르게 내 마음을 스쳐 지나가고, 벽을 조금씩 흔들고 어딘가 문을 조금 열어놓았을 것이다.
 감정을 표현한다는 것은 용기다. 그건 단지 말하는 행위가 아니라, 자신의 가장 여린 부분을 누군가 앞에 펼쳐 보이는 일이다. 마음의 문을 조금 열고, 그 안의 떨림과 진동을 세상의 공기에 내맡기는 일. 거기에는 수치와 두려움, 그리고 이해받지 못할 가능성까지도 함께 놓인다. 감정을 숨기는 것도 어떤 의미에서는 용기다. 겉으로는 침묵 같지만, 사실 그 안에는 셀 수 없이 많은 말들이 차곡차곡 접혀 있다. 침묵은 말보다 덜 솔직한 것이 아니라, 더 오래 숙성된 말일지도 모른다. 그래서 말로 꺼내지 못한 감정들은 내 안에서 더 깊어지고, 시간이 지나 나라는 존재의 한 결이 되는 것이다.
 나는 아직도 완전히 달라지지 않았다. 여전히 조심스럽고 여전히 두렵다. 하지만 이제는 안다. 내 마음에도 바람이 분다는 것을. 그 바람은 나를 흔들고, 깨우고 다시 돌아보게 만든다. 어제와는 조금 다른 나. 그 변화는 누구도 눈치채지 못할 만큼 미세하지만, 나는 그 변화를 기꺼이 받아들이려 한다. 오늘도 마음에 바람이 분다.

패션 오프 크라이스트

하기식
2001. 10. 천료

　오래전에 국내외적으로 엄청난 흥행으로 갖가지 화제를 불러일으켰던 멜 깁슨 감독의 영화 제목이다. 영어로 된 영화 제목을 그대로 사용한 것인데 '그리스도의 수난'이라는 뜻이다. 패션(passion)이면 보통 열정을 의미하는데 왜 수난이라고 말하느냐고 물어 오는 사람도 있다. 영한사전의 passion 부분에서 첫 줄에는 감정 열정 등으로 설명을 해 놓았고 몇 줄 아래로 더 내려가 보면 정관사 the와 함께 소문자 p를 대문자로 쓴 the Passion은 '그리스도의 수난'을 의미한다고 설명하고 있다.

　이 영화는 겟세마네 동산에서의 기도로부터 시작하여 부활하기까지 피와 땀의 고난으로 점철된 그리스도 최후의 12시간을 실감 나게 사실적으로 묘사한 걸작으로 평가되고 있다. 외국에서는 이 영화를 보다가 심장마비를 일으켜 세상을 떠난 사람도 있었다고 하며 숨어 살던 어떤 살인범이 이 영화를 본 후 경찰서에 자수했다는 소식도 있다. 기독교 교인들은 너나 할 것 없이 상영시간 내내 눈물로 시간을 보내고 비기독교인들조차도 유대인들과 로마 군인들의 잔인성에 치를 떨었다고 한다.

고난주간에 즈음하여 개봉된 이 영화는 그리스도의 수난을 성경에 나타나 있는 문자로만 이해하고 관념적으로만 인식하고 있던 기독교인들에게 그리스도의 수난의 실상을 보여 주었다는데 큰 의미가 있다고 하겠다. 우리나라에서 15세 이상 관람 가의 등급을 받기 위하여 편집을 했다니 더 잔인한 장면의 얼마나 많은 부분을 잘라내었는지 모를 일이다.

피와 같은 땀을 흘리면서 고난의 십자가의 잔을 옮겨 주기를 바라면서도 아버지의 뜻대로 되기를 기도하는 그리스도의 심정도 모르고 잠자는 겟세마네 동산의 베드로를 비롯한 제자들, 최후의 만찬 자리에서의 간곡한 경고에도 불구하고 돈에 눈이 어두워 사랑하는 스승을 입맞춤으로 팔아넘기는 가룟 유다, 눈물을 흘리기는 했어도 닭 울기 전에 세 번이나 주님을 부인하고 영문 안으로 잡혀가는 주님을 멀찍이 쫓아가 보는 베드로 등 3년간 생사 고락을 함께 한 최측근인 제자들, 이들 인간으로부터 배신을 당하는 심적 고통을 잘 묘사하고 있었다. 뿐만 아니라 하나님으로부터 외면을 당하면서 '엘리 엘리 라마 사박다니' 즉 '나의 하나님 나의 하나님 어찌하여 나를 버리셨나이까'라고 하면서 십자가 위에서 절규해야만 했던, 하나님으로부터 버림받는 고난의 표현도 참으로 인상적이었다.

그러나 이 영화의 압권은 역시 차마 눈 뜨고 볼 수 없는 끔찍한 체형으로 가해지는 육체적 고통의 장면이 아닌가 생각한다. 로마 군인들이 침을 뱉고 조롱하면서 가시로 만든 관을 막대기로 머리에 사정없이 눌러 씌울 때 이마의 찔린 부분에서 굵은 핏방울이 떨어지는 모습은 소름을 끼치게 했다. 양손을 묶어 고정해 놓고 채찍으로 내리칠 때마다 피로 그려진 채찍 자국이 등에 평행선을 그렸다. 그것도 모자라 쇳

조각을 매단 채찍으로 칠 때는 살점이 떨어져 나오고 피가 튀어 로마 군인들의 얼굴에 묻었다. 육신은 만신창이가 되고 찢어진 육체 사이로 흘러내린 피가 형장의 바닥을 흥건히 적셨다. 눈과 입을 비롯한 온 얼굴이, 손과 발 그리고 등 할 것 없이 전신이 피투성이가 된 모습에 나는 차라리 눈을 감았다. 대제사장을 비롯한 성난 군중들의 열화와 같은 요구에 따라 우유부단한 빌라도가 십자가 처형의 언도를 내렸을 때 지칠 대로 지친 몸으로 자신이 달릴 무거운 십자가를 자신이 지고 빌라도의 법정에서 골고다까지 가야 했었다. 그 일은 처음부터 무리였다. 십자가를 메게 하면서 채찍으로 쳤다. 빨리 가자고 또 쳤다. 메고 가다가 쓰러진다고 또 채찍질이었다. 힘에 겨워 넘어지면서 십자가 밑에 깔리기도 했다. 결국 구레네 시몬과 함께 십자가를 지고 골고다까지 갔다. 먼저 왼손바닥에 망치 소리와 함께 굵은 대못이 박혔다. 박힌 못을 따라 밑으로 피가 줄줄 흘러내렸다. 오른손은 밧줄로 당겨서 균형을 맞춘 후 못을 박았다. 발에도 못을 박은 후 십자가를 뒤집었다. 빠져나온 못 끝에 다시 망치질이 가해졌다. 묻어 있던 피가 또 흘러내렸다. 십자가가 황량한 돌산 골고다 언덕에 세워지고 시간이 흘러 로마 군인이 옆구리를 찔렀다. 몸속에 고여 있던 물과 피가 세차게 흘러내려 그 군인의 얼굴에 마구 쏟아졌다. 오랜 시간의 수난 중에서도 고통을 참으면서 '아하', '아하' 하고 신음하는 듯한 작은 음성이 요란한 채찍질 소리를 넘어 영화를 보는 이의 가슴을 내리치는 소리로 세차게 다가왔었다.

  나는 이런 잔혹하고 끔찍한 체형에 할 말을 잃었다. 문자 그대로 유구무언이었다. 철저한 역사적 고증을 통해 영화 속에 재현한 것이라니까 실제 상황과 크게 다르지 않을 것이다. 평소에 기독교가 고난의 종교라는 것을 알고는 있었지만 이런 차마 눈 뜨고 볼 수 없는 혹독한 고난을 구체적으로는 실감하지 못하고 있었다. 그러면 '영화에서와 같은 그런 고난을 당하면서도 그 길을 갈 수 있을까' 하고 자문하지 않을 수 없었다. 이 영화를 보고 그 다음 주일에 설교하기 위해서 강단에 선 어떤 목사님은 '나는 그런 고난의 길을 갈 것 같지 않다는 것을 솔직하게 고백한다'고 울먹이면서 '갈 수 있게 하시는 하나님께 기도할 따름이다'라고 그의 심경을 토로하였다.

그 후 나는 '십자가의 고난'이라는 말을 함부로 입 밖에 내놓을 수 없어졌다. 십자가의 고난이 의미하는 것이 어떤 것인데 그렇게 가볍게 말할 수 있겠는가? 나는 이 영화를 주의 깊게 보았다. 특히 예수 역으로 분한 주인공 짐 카비젤의 찌그러져 반쯤 감겨진 오른쪽 눈이 나의 뇌리에 지워지지 않는 영상으로 남아 있다. 겟세마네 동산에서 기도할 때까지는 괜찮았는데 쇠사슬에 묶여 빌라도의 법정에 이르는 동안 로마 군인들의 채찍질에 눈이 상했을 것이다. 그런 눈으로 빌라도를 바라보기도 하고 더욱이 자신을 세 번씩이나 부인한 게바 베드로를 바라보는 모습이 마음에 진하게 다가왔다. '십자가의 고난'을 가볍게 함부로 말할 때마다 한쪽 눈이 찌그러진 그런 얼굴로 나에게 연민의 시선을 보내고 있는 듯하다.

기차여행

손미경
2001. 11. 천료

통창 너머로 온 세상이 다 내 가슴에 안긴다. 몸의 긴장을 풀고 펼쳐진 가슴에 주워 담았다. 눈으로 느끼는 신선한 오감을 음미하는 내내 오는 행복감이 내 마음을 촉촉이 적셨다. 여행을 하는 나로서는 이 행복이 얼마나 좋은지 모른다. 몸과 삶이 점점 쇠락해 가는 듯한 날들의 연속이었다. 여행을 할 수 없었던 시간이 많이 흘러 지금의 겸손된 모습으로 세상에 나왔다.

창밖 풍경이 마음 안의 시름을 깨끗이 닦아 주는 듯했다.

괴나리봇짐 하나 달랑 메고 불쑥불쑥 떠나고 싶을 때가 얼마나 많았는지 모른다.

도시를 떠나 낭만적인 풍경 길모퉁이 마을 곳곳마다 내 고향처럼 정취가 흐른다. 푹신한 의자에 기대어 앉아 창밖 풍경에 녹아들어 빠졌다. 느긋한 휴식을 즐기고 발걸음 가볍게 천안역에 내렸다.

마음에 덕지덕지 들러붙은 시름을 닦아내고 싶을 때면 불쑥불쑥 서울행 기차에 몸을 실을 게다.

탁 트인 창밖을 보고 가는 내내 나를 살게 했다. 창밖의 정겨운 풍경 가운데 알 수 없는 정적이 흘렀다. 싱그러운 초록의 자연 앞에서 흔치 않은 짧은 외출의 경험으로 쿵쾅쿵쾅 심장이 마구 두근거렸다.

사진 폴더를 열자 감탄이 터져 나왔다. 기차는 강도 건너고 달려가는 길의 풍경이 흐르는 내내 감동으로 이어졌다. 얼마만의 즐거움인지 평안함이 나를 지배했다.

차창 밖은 온통 초록으로 싱그러움 자체다. 기차가 나를 싣고 도시를 벗어나자마자 이름 모를 풀, 꽃들이 살랑살랑 차창을 두드린다. 산과 강 계곡을 지나서 푸르름이 창밖을 가득 메운다. 초록 짙은 한여름의 풍경이다. 가는 동안 산과 들 끝없이 펼쳐진 풍요로움으로 미소를 잃지 않았다. 기차를 언제 타 봤는지 까마득한 일이다. 바깥 풍경은 정겹게 설렘을 안겨 주었다. 짧은 여정 동안 초록이 내 눈과 맘을 시원하게 더위를 시켜주었다.

오고 가는 내 마음이 요동이던 것이 기차 여행의 설렘이다. 뜨겁던 여름날들이 이사 갈 준비를 하고 있다. 신선한 가을 향기가 벌써 조석으로 불어온다.

뜨겁게 내리쬐는 햇살을 손으로 가리며 차에 올랐다. 너른 들과 산들이 시야에서 점점 멀어져 갔다. 기적을 울리며 기차는 신나게 달린다. 바쁜 일상 가운데서도 잔잔한 물결을 응시할 땐 시상이 떠오른다. 기차를 탔을 뿐인데 세상 부러울 것 없다. 내 마음 안에는 이 방 저 방 여러 방이 있다. 기차를 타고 가는 내내 일렁이며 기차여행의 설렘이었던 것이다.

잠깐 짬을 내어 기차로 떠나는 외출은 나 홀로 시간과 공간을 꿈꾸었던 일. 창밖 풍경만으로도 기분 전환하는데 한몫 톡톡했다.

늘 꽃 속에서 일을 하지만 행복할 순 없는 일상. 노동에 지친 몸과 마음은 휴식과 재충전할 시간이 간절했다. 푹푹 찌는 무더위로 지친 일상 중에 기차를 타고 떠나는 것만으로도 흥미로운 순간이다. 아무 생각 없이 기차를 탔으나 가슴이 두근거렸다. 숲의 나무와 산과 들, 아름다운 강과 들판, 숲속의 한가로운 집들과 건축들 차창 밖 곳곳이 진풍경이다.

선과 악에 대한 단상

서부길
2002. 6. 천료

요즘 난무하는 교언영색(巧言令色) 속에 사람의 가치와 덕목이 무너진 때가 또 있을까. 배신을 밥 먹듯 하고도 떳떳한 채 정의가 실종된 세태, 과연 선(善)은 무엇이며 악은 무엇인가.

반세기 전 보았던 「사랑할 때와 죽을 때」란 영화가 떠오른다. 2차 세계대전 중 러시아 전선에서 독일군 병사의 얘기다. 패색이 짙은 1944년 겨울, 고향으로 일시 귀환한 '에른스트'(존 게빈 扮)는 폐허가 된 거리를 보고 충격을 받는다. 어린 시절의 여자친구 '엘리자벳'과 재회 후 짧은 휴가 기간 중 결혼하고 전장으로 다시 돌아온다.

종전이 가까운 이른 봄날, 아내로부터 아이의 탄생 편지를 받고 기쁨과 환희에 젖는다. 그러나 잠시 대열에서 떨어져 있던 '에른스트'는 러시아 레지스탕스 3명을 생포했으나 사살하지 않고 고향으로 돌아가라고 풀어준다. 그는 본대를 찾아가며 위 주머니에서 꺼낸, 아내의 편지를 읽고 또 읽으며 미소를 짓는다. 그 순간 놓아주었던 '레지스탕스'가 등 뒤로

쏜 총탄에 쓰러지고 편지는 눈 녹은 개울물에 떨어져 천천히 흘러간다. 엎어진 채 안간힘을 다해 잡으려 하지만 닿을 듯 말 듯, 분홍빛 편지는 안타깝게도 멀어져만 간다. 그때 그가 가장 바라고 소중히 생각한 것은 생명보다 편지를 집어 드는 게 아니었을까. 떠내려가는 편지를 주시하는 일그러진 얼굴과 떨리는 손끝이 클로즈업되며 영화는 막을 내린다. 은혜가 배은으로 바뀌는 가슴 저린 순간이다.

「젊은이의 양지」란 미국 영화도 생각난다.

조지 이스트맨(몬티 扮)과 안젤라(리즈테일러 扮)가 열연했다. 조지는 가난하지만 야심만만한 청년. 그는 친척이 경영하는 공장에서 '앨리스'와 사귄다. 친척의 소개로 사교계에 발을 들여놓은 그는 대부호의 딸 '안젤라'를 알게 되고 꿈에 부푼다. 조지의 아이를 임신한 앨리스가 임신 사실을 폭로하겠다고 하자 조지는 앨리스를 '룬 호수'로 유인, 동승한 보트가 원인 모르게 전복되며 앨리스는 익사한다.

실제 마음속에는 살인 의도가 있었지만 행동으로 실행한 것이 아니므로 무죄 추정 다툼이 가능했다. 그러나 딸(안젤라)을 보호하려는 대부호와 검찰의 묵계 속에 1급 살인으로 몰려 형장의 이슬로 사라지는 조지….

유전무죄, 무전유죄가 빚어낸 허망한 꿈, 오직 신만이 진실을 알뿐, 힘과 권력에 의해 항변도 못한 채 쓰러져 간 고독한 젊은이의 모습이다. 지금도 세상에서 발생하고 있는 개연성 있는 줄거리다. '시어도어 드라이저'의 소설 『아메리카의 비극』을 영화화했다.

우리 민족의 비극 6.25 전쟁 당시 '이병형' 장군의 실전 수기 『대대장』의 한 장면이다. 그는 육사 4기로 불패의 신화를 지닌 대대장(후에 중장으로 예편)이었다. 북진 과정 중 강원도 어느 산골마을을 지날 때 마을 주민이 초주검이 된 젊은이를 마구 '린치'하고 있었다. 대대장은 사연을 듣고 악질 부역자를 처형하겠다며 산속으로 끌고 가 허공에다 총을 발사하였다.(주민들은 총소리를 듣고 처형된 줄 알았겠지) 대대장은 겁에 질려 쓰러진 그를 일으켜 세우며 '과거의 너는 죽었다' 참회하고 새로운 삶을 살라며 멀리 도망 보낸 전쟁 실화다. 생각하건대 그 젊은이는 사상을 분별하지 못한 채 '이데올로기' 혼란 속에 어쩌지 못한 생을 살아왔을지 모른다. '무지렁이' 인간을 덕과 휴머니즘으로 용서한 감명 깊은 얘기가 아닐 수 없다.

대한 제국의 고영근(高永根)을 만났다. 1895년 10월, 경복궁에서는 역사상 가장 충격적인 명성황후를 시해한 '을미사변'이 일어났다. 이때 일본 정부의 밀정(일본군, 낭인, 하버드대 출신과 신문기자 등) 40여 명을 도운 훈련도감 우범선, 그는 일본으로 피신하여 일본 정부 보조금을 받으며 일본 여인과 사이에 아들(장춘)을 슬하에 두었다.

고영근은 제주 병조참판인 아버지가 일찍 죽어 민씨 일가의 겸인(종, 노복)으로 있다가 과거 시험에 합격, 병마절도사 등을 했다. 고종의 신임을 얻은 신하가 되었고 1903년 11월 23일 일본까지 쫓아가 우범선을 즉사시켰다. 사형선고를 받았지만 고종황제의 선처와 구명운동으로 1911년 출옥했다. 끝까지 독자적인 자기 범행이라고 주장한 그는 1922년 11월, 71세 노인으로 남양주 금곡홍릉(고종과 명성황후 합장)의 능참봉으로 자원봉사하였다.

이듬해 세상을 떠난 그야말로 - 행동하는 양심 - 한국적 옹고집 - 임금과 국가에 충성한 숨겨진 인물이었다.

한편 우범선의 아들 우장춘(禹長春)은 1898년 도쿄에서 출생한 '종자 산업의 아버지'로 세계적인 식물학자, 육종학자였다. 아버지 죽음 후 일본인 어머니 밑에서 차별받으며 어렵게 자랐다. 해방 후 여러 반대에도 불구하고 조국 농민에게 도움이 되겠다고 한국행을 택했다. 그가 만든 씨 없는 수박, 배추, 무, 오이 등 병충해에 강한 작물과 원예 등 그의 연구는 오직 고국의 가난한 농민들을 위한 것이었다. 그가 고국에 있는 동안 일본에 있던 어머니가 돌아가셔 임종을 지켜보지 못했다. 어머니는 일본인이었지만 조국을 사랑하는 법을 가르쳐 준 분이었다.

장춘은 정부의 입각도 뿌리치고 오로지 농업과학의 길을 걸었다. 죄인의 자식으로 평생을 사죄하며 농업 발전을 위해 헌신 노력하면서 국가와 농민에 대한 끝없는 사랑을 베풀었다.

부산에 있는 그의 묘비명에는 '너희는 씨앗을 뿌리기만 하라'고 쓰여 있다. 생전에 그는 '나는 아버지의 죄를 씻기 위해 살지 않았다. 다만 내가 사랑한 조국을 위해 살았을 뿐이다.'라고 말했다. 범선이라는 이름은 민족을 배반한 죄의 상징이지만, 장춘이라는 이름은 용서와 희망의 씨앗이 되었다. 아비의 죄는 시대가 짓고 아들은 그것을 이겨내며 역사에 길이 남은 것이다.

열정의 채송화

임지택
2004. 3. 천료

처마 끝에 빗물이 모아 내려오면서 마당에 떨어지고 있다. 툭, 툭, 투트툭….

그래, 밤사이에 '우리 인간들의 애절한 소망이 하늘에 닿았는가 보다.' 마음씨 고운 자연계의 여러분들이 우리 인간과 온갖 생물들의 애절한 하소연을 귀담아 듣고 자비심을 베푸셨는가 보다! '기왕 베푸실 거라면 더워진 땅덩어리를 식혀주고 목말라 축 늘어진 가지를 거느릴 힘마저 빠져버린 식물들에게 생기를 주었으면 얼마나 좋을까?'

자연의 시혜는 어디까지나 자연계의 합의와 성의일 뿐 우리들의 소망과는 아무런 관계가 없었던 것이 지금까지 겪어 온 사실이다.

아침 기상과 동시에 마당 한편에 자리잡아 놓은 채소 가꾸기 텃밭을 찾았다. 목말라하는 그들을 위해 수돗물을 분사시켜 주었을 때와는 완연히 다르다. 인공을 가미한 물보다는 하늘에서 내리는 빗물이 식물들의 식성에 적합한가 보다. 그래서인지 한결 생기가 돋보인다. 토마토, 고추, 가지를 심어 놓앉는데 폭염에 버티느라 기진맥진하던 것들이 약간의 생기가 있어 보인다. 저쪽 구석에서 하나, 둘, 싹이 터서 자라던 채송화도 두 팔을 치켜들고 소리쳐 외치고 있다. '이젠 조금 살 만하네요.' '그런 생각으로 무럭무럭 자라서 빨갛게 예쁜 꽃도 피워 주렴….'

이렇게 한나절이 지나고 오후에 다시 찾아보았더니 완연히 다른 모습이다. 줄기를 한껏 밀어 올려 키를 키우고 있다. 포기를 불리고 키를 키우는 모습이 완연하다. 내일이나 모레는 꽃망울을 터트릴 것 같은 예감이 든다. 작년에 보았던 열정의 채송화 꽃을 다시 볼 수 있을 것 같다. 이 같은 모든 현상은 자연의 시혜다. 인간의 힘만으로는 한계가 있다. 그 이상의 한계점을 뛰어넘는 것은 어려움이 있다는 것을 확인하는 계기가 되었다. 그 이상은 자연이 도와야 한다. 이것을 자연의 섭리라고 말해도 되지 않을까?

이튿날이 되자 채송화의 줄기가 크게 자라 흔들거리고 있다. 이제 곧 꽃망울을 볼 수도 있겠다는 생각이 든다. 하여튼 기다려 보기로 했다.

나의 예상은 빗나가지 않았다. 옮겨 심은 화분에 두 송이, 바닥에 세 송이의 빨간 채송화가 동녘의 햇살이 비치자 기다렸다는 듯이 활짝 펴고 웃고 있다. 이같이 예쁜 꽃송이가 석양이 가까워지자 작별을 고하고 시들어버린다. 하지만 아쉬워할 건 없다. 꽃대를 밀어 올리고 있는 다른 꽃대가 배턴터치를 할 것이 분명하니까.

이렇게 피고 지는 걸 반복하던 며칠 후 여남은 송이 빨간 채송화가 피었다는 걸 어찌 알아챘는지 얼룩빼기 나비 한 마리가 날아와 이 꽃 저 꽃을 쿵쿵거리며 탐색하더니 별 볼 일이 없는 듯 훌쩍 날아가 버린다. 다음 날 낮에는 커다란 몸집의 벌 한 마리가 날아와 이 꽃 저 꽃을 두루 살피더니 나비처럼 미련 없이 날아가 버린다. 채송화 꽃에는 쟤네들이 얻어 갈 그 무엇이 없는가 보다.

채송화는 나비나 벌이 그렇든 말든 아무 상관없이 아침이면 햇살을 받아 꽃을 피우고 석양이 되면 꽃이 지기를 반복하고 있다. 그렇기에 날마다 새로운 꽃이다. 오늘은 어제의 꽃은 볼 수 없다. 날마다 새로운 꽃이다.

"채송화는 쇠비름과에 속하는 한해살이 풀이다. 채송화의 꽃말은 가련함, 순진, 천진난만을 상징한다고 한다. 이는 꽃이 작고 여린 외형과 순수한 아름다움에서 유래하며 겉모습과는 달리 강인한 생명력을 지닌다는 의미를 담고 있다. 특히 우리 집 화분에서 피고 지는 빨간색 채송화는 열정을 표현하며 강렬한 감정을 전달한다."[1)]

무더위에 지친 일상에 생기를 불어 넣어주고 있다. 우리 집 빨간 채송화는 자칫 빗나간 생각으로 잡초 취급에서 위기를 모면하고 날마다 열정을 보여주는 채송화로 인해 마음의 위안을 받고 있다면 나만의 과대평가인지 모른다.

채송화는 여러 가지 꽃말과 함께 재미있는 채송화의 전설이[2)] 전해오고 있어 소개하고자 한다.

아주 옛날 페르시아에 욕심 많은 여왕이 살았는데 보석을 너무 좋아해서 상인들에게 세금을 보석으로 바치게 했다. 이것마저도 만족하지 못해서 페르시아 백성은 누구나 죽기 전에 보석 한 개씩을 세금으로 바치라고 명령했다.

어느 날 한 노인이 보석이 담긴 열두 개의 상자를 싣고 여왕을 찾아왔다.

여왕은 보석을 보자 너무 좋아서 욕심이 불같이 타올랐다.

"여보시오, 노인 양반, 그 보석을 내게 바치면 대가는 충분히 치르겠소. 원하는 대로 드릴 테니 어서 말해보시오."

---

1) 2) 출처 : 나무위키

그러자 노인은 이 보석 하나가 페르시아 백성 한 사람 분이라고 했다. 그래서 보석 한 개를 줄 때마다 백성이 한 명씩 없어졌다. 마지막에 아주 귀하고 큰 보석 한 개가 남았다. 노인이 말하기를 "이제는 보석이 한 개 남았는데 여왕님과 바꾸면 되겠지만 그렇게 할 수는 없겠지요. 이 보석은 제가 가지고 가겠습니다." 말하고 떠나려 하자 욕심 많은 여왕이 말했다. "노인 양반! 그 보석은 나에게 주고 나를 가져가시오."

노인이 보석을 건네자 여왕은 그 보석을 보석 상자에 넣었다. 그 순간 상자가 터져서 보석이 사방으로 흩어져 가지가지 색깔의 꽃이 피었는데 그 꽃이 바로 채송화였다고 한다.

우아한 백조

임수진
2004. 9. 천료

명품을 좋아하는 친구가 있습니다. 그녀는 알뜰하죠. 커피, 음식값을 아껴 기어코 원하는 걸 손에 넣습니다. 찜해 둔 걸 손에 넣을 때 최고의 카타르시스를 느낀다고 합니다. 삶의 방향도 소비 패턴도 그녀와 다른 나는, 몸이 명품이라 그런 게 필요 없다는 우스갯소리를 하지만, 그 마음이 이해가 됩니다. 저도 샤넬 향수를 사랑하니까요.

오늘은 향수계의 혁명가라고 할 수 있는 샤넬에 대해 이야기해 보려고 합니다. 가브리엘 샤넬이 "여성의 향기를 입힌 여성만을 위한 향수"를 만들겠다는 포부로 만든 게 '샤넬 No. 5'입니다. 이 향수는 전 세계에서 30초에 한 병씩 팔려나간다는 말이 있을 정도로 인기가 있었습니다. 달콤함과 신비로움에 관능미를 입혔지요. 향도 압권이지만 배우 마릴린 먼로의 한 마디로 더욱 유명해졌습니다.

어느 하루 기자가 잠잘 때 어떤 잠옷을 입고 자느냐고, 다소 짓궂은 질문을 던졌지요. 그녀는 불쾌한 기색 없이 당당하게 말했습니다.

"난 '샤넬 No. 5'만 입어요."

그 말이 세계 각국 여성의 마음을 움직이면서 희화화되어 너도나도 향수만 입고 자는 꿈을 꾸게 했습니다. 실제로 샤넬은 매력적인 외모에 보호 본능을 일으킬 만큼 날씬합니다. 그 모습을 생을 마감한 여든여덟까지 유지했고 떠나기 직전까지 일에 열정을 보였습니다. 그랬던 그녀도 사랑하는 사람을 잃는 등 외롭고 고독한 생의 이면이 있었지요.

샤넬은 프랑스 남서부의 소뮈르라는 작은 마을에서 태어났습니다. 가난한 데다 열두 살에 어머니를 잃고 보육원에 맡겨집니다. 그곳에서 생활하면서 재봉기술을 배웠는데 습득 능력이 뛰어나고 바느질에 재능을 보였습니다. 하지만 그곳에 머물 마음은 없었다고 합니다. 보육원을 나온 샤넬은 파리 근교로 이주합니다.

당시 귀족 여성들의 몸은 코르셋에 감금되듯 억압받고 있었지요. 코르셋이 몸의 자유를 뺏고 옥죄는 만큼 가녀린 몸과 잘록한 허리는 강조되었습니다. 그뿐인가요. 모자는 지나치게 크고 챙이 넓어서 시야를 가려 옆 사람과 대화하기도 힘들었습니다. 그녀들은 자신을 한껏 꾸미고 치장하여 남편의 능력을 돋보이게 하는 게 의무이자 역할이라고 생각했습니다.

여성 스스로 주체적으로 살기보다는 남성에 종속되어 살던 때였으니까요. 그렇게 교육받아 왔고 복종한 만큼 귀족 신분으로 누릴 특혜가 주어졌죠. 코르셋이 부유층 여성의 특권으로 여겨진 건 빈곤층이나 농어촌 여성들은 일 년에 한두 번 축제 때에나 그 옷을 입을 수 있었기 때문입니다.

샤넬은 상류층과 교류하면서 여성의 몸을 자유롭게 해 줄 옷을 만들 결심을 합니다. 그녀는 몸을 망치고 활동에 불편을 주는 스타일을 과감하게 파괴합니다. 샤넬이 야심작으로 내놓은 실용성을 강조한 스타일은 몸을 조이지 않았습니다. 움직임이 자유롭고 활동성이 뛰어났습니다. 하지만 편안함을 강조한 패션은 1차 세계대전이 일어나기 전까지 외면당합니다. 이후 여성들의 사회 진출이 늘어나고 노동시장에 적극 참여하면서 샤넬의 세상이 열립니다.

샤넬 가방의 최소 가격은 천만 원이 넘습니다. 명품의 소비 욕구는 특별함 때문입니다. 명품의 가장 큰 매력은 희소성입니다. 누구나 가질 수 있는 건 귀한 대접을 받지 못할뿐더러 소비 욕구도 덜합니다. 그 바탕엔 타인의 눈에 비칠 자신의 모습이 있습니다. 인간은 자기만족보다는 타인의 평가가 있을 때 더 큰 행복감을 느낍니다. 그 때문에 기대 효과를 가져다줄 제품에 투자합니다.

오스트리아 사회학자 라우라 비스뵈크는 『내 안의 차별주의자』라는 저서에서 인간은 기본 욕구만 채워져서는 만족하지 못한다고 썼습니다. 명품 소비는 신분 소통의 수단이며 자동차, 가방, 의류나 시계와 같이 상징성 있는 상품을 이용하여 사회적 지위를 구축하고 싶어합니다. 차별성을 통해 인정욕구를 충족하고 싶어서지요.

특정 물건이 가격이 내렸을 때보다 최대치로 올라가 대중이 함부로 접근하지 못할 때 더 잘 팔리는 이유이기도 합니다. 미국 사회학자 베블런은 『유한계급론』에서 과시적 소비를 충족시키기 위함이라고 했습니다. 한정판 운동화를 사든 10만 원이 넘는 빙수를 먹든 지불 능력이 있고 낭비적 지출이 아닌 계획적 소비라면 한 번쯤 우아한 백조가 되어 보는 것도 나쁘지 않습니다. 다만 그 가치로 사람이 평가되는지는 의문입니다. 능력이 되어 명품을 갖는 건 비난 받을 일이 아니지만, 증명용이 되는 건 별 의미가 없지 않을까 싶습니다.

오늘 저는 「우아한 백조」를 쓰면서 샤넬을 만났습니다. '샤넬 No. 5'도 입습니다. 향에 기분이 좋아집니다. 나를 위한 최고의 사치며 행복입니다. 그러곤 자기 앞의 생을 최선을 다해 멋지게 살아 낸 가브리엘 샤넬을 생각합니다. 삶을 대하는 그녀의 태도가 명품입니다.

유배의 섬 노도

박건오
2004. 10. 천료

한려해상 국립공원에 점점이 떠 있는 듯한 남해 노도는 조선 시대 문인들의 유배지로 알려져 있다. 배를 젓는 노를 많이 생산했다고 하여 노도라고 불린다고 하며, 섬의 생김새가 삿갓을 닮았다 하여 삿갓 섬이라고도 불린다. 남해 상주면 벽련항에서 뱃길로 5분 거리인 이 섬은 서포 김만중 선생의 삶과 애환이 서려 있는 곳이다. 그는 조선 중기의 문인이면서 정치가로 활동하다가 섬 속의 섬 노도로 유배되어 얼마나 고통스런 생활을 하였을까? 끝을 기약할 수 없는 아득한 유배 길, 길은 안개 속처럼 어두웠고 생은 섬처럼 외로웠을 것이다. 유배는 고려 시대에도 있었지만, 조선 시대에 특히 흔했다.

유배자들은 유배지에서 다양한 시문을 남겼고 그것은 유배문학이라는 튼튼한 하나의 장르를 이루었다. 남해에는 조선 시대 문인 이백여 명이 유배되었다고 하며 이들 유배 문학인을 기리기 위해 유배 문학관이 있다. 남해유배문학관은 국내 최대 문학관으로 유배문학을 연구하고 계승 발전시키기 위해 개관

되었다. 권력도 부귀영화도 모두 빼앗긴 채 '유배'라는 백척간두에 선 절망적인 삶 속에서도 문학과 예술을 꽃피웠던 우리 선조들의 숭고한 불멸의 혼을 기리기 위해 건립된 남해유배문학관은 세월 속에 잊혀 가는 유배객들을 기리는 문학의 진한 향기가 피어나는 문학관이다.

문학기행 팀이 아닌 산악동호회 회원들과 강기재 작가와 함께 새해 연초에 노도 탐방에 나섰다. 엄동설한 통영을 출발한 관광버스가 삼천포와 창선도를 지나 인적이 드문 남해 벽련항에 도착하니 파도만 출렁이고 스산하다. 우리가 첫 손님인 것 같다. 선장이 승선 명부 대장을 주면서 모두 인적사항을 적으라고 한다. 20명이 다 승선해도 될 것 같은데 정원이 12명으로 2항차를 해 섬으로 들어갔다. 세월호 이후 엄격하게 승선 정원을 지키는 듯하다. 바다에는 칼바람이 불고 성난 파도를 헤치며 벽련항을 출항한 연락선은 운항 5분 만에 노도 섬에 도착했다. 부둣가에는 '유배의 섬 노도' 대형 조형물 간판이 상징적이다. 마을을 들어서니 김만중 선생 유허비와 마을 언덕에 저 멀리 에메랄드빛 바다를 바라보며 앉은 백 평 정도의 '노도 문화관'이 보인다. 이곳은 마을 주민들과 김만중 문학관 근무 직원들이 그림으로 엮은 스토리텔링 작품집과 각종 문학 서적들이 진열되고 커피와 좌석까지 마련돼 있는 무인카페로 관광객의 휴식 공간이다. 십여 세대가 산다는 마을 중앙에는 농촌의 번쩍번쩍 빛이 나는 경로당과는 달리 허름한 건물이 경로당인지 할머니들의 이야기 소리가 들렸다.

섬 왼쪽으로는 비경이 빼어난 남해 금산으로 켜켜이 쌓인 기암괴석과 해안 풍광이 수려하다. 노도 문화관을 나오니 그 뒤 작가창작실과 문학관으로 가는 길이 둘로 나뉘었다. 작가창작실은 작가들이 찾아와 며칠 묵으면서 작품활동을 한다고 한다. 동백숲이 우거진 오솔길을 따라 걷는다. 오솔길은 숲과 어우러져 정감 있고 운치가 가득했다. 간간이 휘몰아치는 바닷바람이 차갑다. 한참을 걸으니 양지바른 곳에 자리

잡은 노도 문학의 섬 '김만중 문학관'이다. 외딴섬에 이런 2층의 큰 문학관이…. 직원이 우리 일행을 반갑게 맞이하고 안내를 했다. 직원은 남해군에서 계약직으로 2명이 근무하고 있었다. 문학관으로 들어서니 노도에서 피어난 김만중의 꿈, 세상의 모든 일은 꿈과 같고 물거품과 그림자 같으며, 이슬과 같고 번개와도 같으니….라는 글귀가 가슴에 와 닿았다. 영상관에서 김만중 선생 일대기를 그린 영상을 관람하고 이 층으로 올라갔다. 이 층은 전시실로 내 어머니의 이야기 해평 윤씨 부인, 서포 김만중의 생애 노도 문학의 섬, 조선 시대 관직과 현대의 관직 등이 발길을 멈추게 한다. 또 구운몽 서책 사씨남정기 책을 감상할 수 있고, 문학관 직원이 십 분 정도 안내를 했다.

문학관을 나와 산 정상 야외전시장으로 올라가야 한다. 오르는 길에는 옹달 샘터와 서포 초옥으로 옹달샘에는 겨울인데도 샘물이 떨어지지 않았다. 이 높은 산에 샘물이 자연의 조화가 신기하다. 산 정상 가까이는 야외공원으로 물을 끌어 올려 연못도 만들고, 김만중의 소설 '사씨남정기' 이야기를 보여주는 조형물들이 여기저기 놓여있다. 그 옆에는 김만중의 또 다른 소설 '구운몽'을 기리는 정원으로 선생의 생애를 재현해 놓은 듯하다. 산 정상에 올랐다. 정자가 있는 산 정상은 그리움의 언덕으로 명명됐다. 서포 김만중은 이곳 정상에서 밤하늘을 바라보며 고향을 얼마나 그리워했을까? 선생은 유배 생활을 했지만 그의 문학의 발자취는 유배문학을 남기며 후학들에게 귀감이 되고 있다.

담배 연기 속에서 추억을 피우다

유기섭
2004. 11. 천료

　대낮 대로변에서 하마터면 경찰 순찰조와 실랑이를 벌일 뻔하였다. 피우던 담배를 끄려고 재떨이를 찾으며 두리번거리는데 먼발치에서 경찰 순찰조가 뒤따르는 것이 아닌가. 피우던 담배를 길바닥에라도 던지려는 순간 아차 하며 주위를 두리번거렸다. 정신이 번쩍 들었다. 조금만 방심하였더라면 그들에게 현장에서 덜미를 잡힐 뻔하였으니 긴 숨을 들이쉬며 가슴을 쓸어내렸다. 마침 그때는 거리정화 강조 기간이라 단속을 시작하던 첫날로 생각된다. 아차 방심하였더라면 단속 첫날에 경범죄를 저지르는 불상사를 맞을 뻔하였던 기억이 난다.
　그 후부터 거리에는 담배꽁초를 버리는 재떨이가 하나둘 사라지기 시작하여 오랜 시간이 지난 어느 때부터인가는 아예 재떨이도 없어지고 흡연자들은 설 자리를 잃어가기 시작했다. 그전에는 기차 안이나 고속버스 안 택시 안에도 재떨이가 마련되어 간혹 흡연을 할 수 있었는데 세월이 지나고 보니 그것들이 과거의 일로 까마득히 기억에서 가물거리며 잊혀 간다.

역사 속에서 담배에 얽힌 이야기가 많지만, 담배사업은 국가의 세입 부분에서 바탕을 이루는 전매사업으로 지정되었고 일제강점기에 접어들 무렵 일본에서 제공한 빚 때문에 우리나라가 재정적으로 어려움에 부닥쳤을 때는 그것을 갚기 위하여 국채보상운동으로 남자는 담배를 끊고 그 돈으로 나라의 재정 자립에 헌납하도록 하자는 운동이 일어나기도 하였다. 여자는 비녀와 가락지 등을 내놓으며 전국적으로 전개되었으나 일본의 방해와 과정상의 문제점으로 지속하지 못한 아쉬움을 남겼다고 한다. 어렸을 때의 기억 속에는 담배 농사철에 마을의 사람들이 일손을 도와 담뱃잎을 따고 마을 공동시설에서 잎을 쪄내는 일을 통하여 상부상조하는 미풍을 오래도록 지켜나가기도 하였다.

맨 처음 담배 피우기 시작할 때는 어떤 계기가 있어서 한 것이 아니고 주변의 또래가 하니 흉내 내며 배우게 되었다. 그 당시에는 남자의 세계에서는 술과 담배가 자기를 과시(?)하는 기준처럼 인식되어서 쉽게 빠져들었다. 몸에 해로우니 자제해야 하느니 하는 이야기는 없었다. 담배 연기 속으로 뿜어내는 마음속의 응어리를 허공에다 대고 발산하며 스트레스를 잠재우는 방편으로도 보편화하였었다. 옛날 어른들은 긴 담뱃대를 입에 물고 거리를 활보하며 자신의 신분을 과시하는 표현으로 사용하던 때도 있었다. 버릇 나쁜 손자의 행신을 바로잡기 위하여 긴 담뱃대를 사랑의 회초리로 대용하기도 하였다. 방안에는 으레 담배와 재떨이가 놓여있으며 방안 가득한 담배 연기 속에서 일상의 시름을 삭이던 남자들만의 세계가 있었다.

세상인심이 박해진다고 하여도 담배 한 대를 권하던 인심은 후할 대로 후했다. 직장에서도 처음 찾아오는 손님에게 자연스레 우선 담배 한 대를 권하며 담뱃불까지 붙여주며 초면의 서먹함을 씻어낼 수 있었다. 후한 담배 인심으로 거리감이 좁혀지고 어려운 이야기가 풀려나가는 촉매제가 되기도 했다. 항간에는 남에게 돈은 빌려주길 꺼려도 돈으로 산 담배 인심은 끝없이 후하다고들 말하기도 하였다.

  주변 사람과의 다툼으로 마음이 상할 때도 혼자 담배 한 대를 들이키며 나 자신을 되돌아보면 하찮은 일에 신경을 쓰고 마음의 문을 닫은 속 좁은 자신을 발견하고 쓴웃음을 지을 때가 많았다. 사람과의 사이에서 벽을 허물고 자신을 돌이켜 볼 수 있는 혼자만의 시간을 가지며, 내뿜는 담배 연기 속으로 마음속에 싹트는 찌꺼기를 태워서 허공에 날려 보내는 여유의 시간을 맛볼 수 있어서 좋았다. 건강상의 이유를 들어서 담배 피우는 풍조를 꺼리고 멀리하는 세태로 인하여 마음이 위축되고 설 자리를 잃어가는 담배 애호가들에게도 호의를 베풀며 함께 살아가는 사회가 되기를 추억 속에서 피어나는 연기 속으로 희망을 실어 보낸다.

살아생전 한 잔 술

안규금
2005. 4. 천료

　참 편리한 세상이다. 카톡에서 친구 생일을 알려 줘서 축하해 줬더니 고맙다며 한 턱 쏜다고 회답이 왔다.
　지난 일요일 고향 깨복쟁이 친구들과 어울렸다. 시골 장터 느낌을 주는 시장의 소문난 횟집에서 한 잔 나누며, 친구 아내의 시화전 소식을 전해 들었다. 그래, 오늘 만나면 축하해 주고 내가 한 턱을 쏴야 겠다는 마음으로 만날 장소를 확인하고 전화를 걸었다. 음악회가 자주 열리는 아파트 단지 안 호수공원 주변이다. 팔순의 친구 부인이 참여하는 동인 시화 전이니 찾아가 축하해 주고 싶었다.
　이 친구가 고려 시대의 대문호이며 학자였던, '이규보'의 「탁주 한 잔」이란 시를 문자로 보내줬다. 죽은 후 어떤 대접보다 '지금'의 중요성을 알려주는 내용이다. 올해 초, 내 생일을 맞아 친구들에게 한 턱 낸다고 했을 때, 오히려 '축하를 받아야 한다'라 고 축하해줬다.
　말년에 '이규보'가 자식과 조카에게 전한 이 시는,

'死後千秋 萬歲之名(사후천추 만세지명) 不如生時 濁酒一杯(불여생시 탁주 일배)'다. '죽은 후 천추만세까지 이름이 전해지는 것이, 살아생전에 탁주 한 잔만 못하다.'라는 뜻이다. 지당한 말씀이다. 다음 날 시화전 행사 뒤에 친구와 어울려 막걸리 한잔을 나누게 되었다. 이 시가 점점 마음 안에 자리 잡고 있다. 늘 '어이 막걸리 한잔 어떠한가?' 하고 불러낼 수 있는 친구가 있어 즐겁다.

며칠 후, 친구 부인이 척추협착증으로 통증이 심해 큰 병원에서 검진받고 왔다는 소식을 듣고, 친구 부부를 위로하기 위해 동네 음식점으로 초대했다. 우리는 막걸리 애주가인데 그 식당에서는 금방 팔리지 않으면 보관하기가 곤란하다고, 소주 맥주만 고집하는 곳이다. 주인의 양해를 얻어 막걸리를 준비해서 마실 수 있었다. '80대는 많은 분이 척추협착증으로 고생하며 병원 치료를 받고 있으니, 너무 걱정할 것 없이 의사에게 맡기자'라고 했다. 아울러, 협착증에 관한 여러 가지 정보를 나누며 위로해 주었다. 이날 친구와 나는 한잔 술이 시름을 덜어 주고 어려움을 풀어주는 만남이 되었기를 빌었다.

몇 년 전, 화가로 이름난 친구의 형님이 임종을 앞두고 있었는데, 가족들에게 '막걸리 한 잔 마시고 싶다.' 하셔서 말리다 못해, 한 잔 대접받고 돌아가셨다는 이야기를 들으며, '그럴 수 있을까? 대단한 애주가였나 보다'라고 그냥 관심 없이 들었다. 그런데, 이제 그 나이가 되어가니 그분 마음이 어렴풋이 짐작된다.

나는 아이들 집에 가면 미리 막걸리를 준비해 둘 정도로 막걸리 사랑꾼이 되어있다. 그러나 한 병이 아니고 한두 잔으로 정해 놓았다. 그놈의 전립선이 말썽을 일으켜 저녁엔 금주는 물론, 약 마실 물도 반 컵 이하로 줄이라는 단골 병원 의사의 처방을 받았다. 심지어 국물도 수저를 쓰지 말고 젓가락으로 먹으라 하니, 식사 때 반주가 생각나도 늘 접어 버리고 만다.

107

내가 막걸리를 가까이하게 된 동기는 초등학교 시절에 맛본 명절 때 쓸 제주 탓으로 생각된다. 해마다 명절이 가까워지면 제주는 상점에서 사 오지 않고 집에 직접 술을 빚었다. 원료인 누룩과 고두밥에 일정량의 물을 부은 술 항아리에, 삼베를 씌워 따뜻한 방 아랫목에 이불로 씌워 두곤 했다. 사흘쯤 지나면 항아리에서 풍기는 달콤한 냄새의 유혹에서 벗어나지 못했다. 동무처럼 같이 자란 조카랑 코를 벌름거리며 빨대를 찾아 빨아먹기 시작했다. 그러다 취하면 이불 속에 머리를 처박고 잠이 들곤 했다. 또 일꾼들의 새참을 위해 조금 찌그러진 노란 알루미늄 주전자를 들고 술을 받아오는 심부름을 할 때, 우리가 먼저 주전자 주둥이에 홀짝여 맛을 보고 가져다드렸던 버릇 때문에 일찍부터 막걸리 맛에 빠져든 것 같다.

노후에 '이규보'가 간절히 바랐던, '쌀밥에 고기반찬의 진수성찬이 아니고 부귀공명이나 불로장생도 물론 아니다. 다만 자식들이 살아생전에 목이나 축이게 막걸리 술상이나 차려주는 것뿐'이라고, 전해준 마음이 깊이 새겨진다. 우리는 반가운 친구를 만나면 우선 길거리의 주막집을 찾아, 뜨끈한 국물에 막걸리 한 잔이면 충분했다. 소주에 앞서 막걸리는 가난한 농부들의 허기를 달래주고 힘을 내게 해 주는 농민주(農民酒)다. 하루 종일 엎드려 일해야 하는 농부들의 허리 통증을 덜어 주는 치료 약이었다.

가까이 지내는 형님이 노년에 벌이가 없으니, 술을 즐기는 친구들과 어울리지 못하고 외톨이가 되었다는 푸념을 들은 일이 있었다. 오는 정 가는 정으로 주고받으며 정을 나눠야 하는데, 빈털터리가 되면 자연스럽게 멀어질 수밖에 없다. 우리의 술 문화를 잘 알기에 약간의 술값을 정기 입금해 드렸는데, 돌아가신 후에 아이들이 확인하고 돌려주기에 적극 사양했다. 몇 푼 안 되는 술값을 보내드렸는데 남겨 두고 가셨다는 소식에 지금도 마음 쓰리다. 애주가가 늘그막에 막걸리 한

잔 나누는 데 끼지 못한 허탈감은 어떠했을까? 돌이켜 볼수록 짠한 마음 간절하다.

　막걸리를 사랑하는 핑계일지 모르겠지만 홀로 외롭게 살고 있을 선배나 친구가 생각나면, 내일로 미루지 않고 불러내어 한 잔 나누는 일을 계속 누리고 싶다.

대왕목의 기를 받아

김재귀
2005. 5. 천료

　서울에서 2시간 거리인 양평, 양평으로 주말 나들이를 떠나는 사람들이 많다. 양평하면 빼놓을 수 없는 것이 바로 용문산이다. 관문의 기운을 담고 있다는 용문산에는 동양에서 가장 오래된 은행나무가 있다. 이 은행나무 앞에서 소원을 빌면 이루어진다는 이야기가 전해지면서 방문객들이 문전성시를 이룬다. 용문산에는 용문사(龍門寺)라는 절이 있다. 신라 선덕왕 때 창건한 절인 만큼 용문산과 함께 천년이 넘는 세월 동안 우리나라 역사를 지켜왔다고 해도 과언이 아니다.
　먼저 용문사에 얽힌 문인 조욱 선생의 시를 소개하겠다.

　　용문사로 돌아오는 길에 눈(雪)을 만나
　　봄바람에 눈을 뿌려 옷깃을 적시는데
　　여윈 발을 채찍질하여 산 허리에 오르네
　　깊은 골짝 층층구름 옛길 희미하고
　　맑은 풍경소리 찾아가니 절문이 보이는구나.

이 시는 조선 중기 조광조(1482~1519)의 문인 조욱(1498~1557) 선생의 시다. 덕동 골짜기 입구에 있는 세심정자의 주인이다. 이곳 평양 조 씨의 입향조다.

경기도 지자체마다 그 지역을 대표하는 8경이 있다. 양평은 용문사 천년 은행나무, 두물머리 느티나무와 황포 돛단배, 세미원 장독대 분수대와 연꽃 식재지, 석창원 등 북한강 물안개, 남한강 자전거길 전망대, 백운봉 정상, 양평생활체육공원, 화서 이항로 생가, 구둔역 등 둘러볼 곳이 많다.

그중에서 경기도 영산으로 불리는 용문산(龍門山)은 경기의 금강산으로 불릴 만큼 고산다운 풍모와 기암괴석을 두루 갖추고 있다. 어떤 이는 용문산 정상을 봉황의 머리 부분에 비유한다. 부리는 장군봉, 함왕봉 지나 백운봉, 몸통을 문례봉(폭산, 천사봉)이라고 걸면 오른쪽 날개 부분이 유명산 소구니산, 대부산, 어부산, 용천산, 중미봉이 해당된다. 그리고 왼쪽 날개 부분이 용문봉, 용조봉, 중원산 도일봉까지이고 꼬리 부분이 이름 그대로 봉미산(봉황의 꼬리)이니 서쪽으로 머리를 향한 봉황새에 비유하고 있을 만큼 용문산은 경관이 수려한 곳으로도 손색이 없다.

용문산의 원래 이름은 미지산(彌智山)이라고 전해온다. 미지는 미리의 옛 형태이고 미리는 경상도, 제주도 지방의 용의 방언이고 보면 용과 연관이 있다. 용의 옛말인 미르와도 비슷하다. 미지산에서 지금의 용문산(龍門山)으로 이름이 언제 바뀌었는지는 정확하지는 않지만 조선 태조 이성계가 용이 날개를 달고 드나드는 산이라고 해서 용문산이라고 부르기 시작했다는 설화가 전해지고 있다.

오랜 역사의 산증인 천왕목(天王木).

용문산에는 빼놓을 수 없는 것이 바로 용문사 대웅전 앞에 있는 은행나무이다. 양평의 자랑거리로 꼽히는 용문사 은행나무는 우리나라에서 생존하고 있는 은행나무 중에 가장 크고 오래된 것으로 용문사 대웅전 앞에 위치하고 있다. 수명은 약 1100~1500년으로 추정되며 높이 42m, 밑둥 둘레가 14m로 보는 사람들의 탄성을 자아낸다.

  은행나무는 역사가 깊은 만큼 전해지는 이야기도 여러 가지가 있다. 신라 마지막 왕인 경순왕이 그의 스승인 대경대사를 찾아와 심은 것이라는 설, 경순왕의 세자 마의태자가 나라를 잃은 설움을 안고 금강산으로 가던 도중 심은 것이라는 설, 신라의 고승 의상대사가 짚고 다니던 지팡이를 꽂아 놓은 것이 뿌리내려 지금의 은행나무로 자랐다는 설 등이 전해지고 있다.

  은행나무가 자라는 동안 많은 전쟁과 화재가 있었으나 이 나무만은 그 화들을 면했다고 한다. 사천왕전(四天王殿)이 불탄 뒤부터는 이 나무를 천왕목(天王木)으로 삼고 있다. 이 나무는 나라에 큰일이 있을 때마다 소리를 내어 그 변고를 알렸다고 할 정도로 신령스러운 나무로 인식되어 숭배의 대상이 되고 있다. 조선 세종 때는 정삼품(正三品)보다 더 높은 당산직첩(堂山職牒)을 하사 받은 명목(名木)이다.

  은행나무는 사람들에게 소원성취를 위한 믿음의 상징과도 같다. 옛날에는 은행잎이 싹트는 모양에 따라 그해 농사의 길흉을 점쳤고 나무가 많이 울면 마을에 재앙이 온다거나 도끼질을 하면 피가 나온다는 등의 속설이 있었다. 또한 전염병이 돌면 이 나무에 기도를 하여 퇴치하기도 하고 자식이 없으면 치성을 드려 자식을 얻을 수 있다고 믿는 신목(神木)으로 불리기도 했다.

  우리나라 용문산 은행나무는 오랜 세월 동안 조상들의 관심과 보살핌 가운데 살아온 나무이다. 생물학적 자료로서도 가치가 높아 천연기념물로 지정받아 보호하고 있으며 앞으로도 지켜야 할 소중한 문화유산이다.

배롱나무를 심으며

김수돌
2005. 6. 천료

　모정의 탑을 완성하고, 주변에 있던 옻나무 등의 잡목과 가시덩굴을 걷어냈다.
　어떤 관상수를 심을까 생각하다 배롱나무를 떠올렸다. 이 나무는 예전부터 정문이나 무덤가에 심었던 나무가 아닌가. 어머니 탑에 잘 어울리는 나무로 단정했다. 회사 건너편에 있는 열녀비 앞에 배롱나무를 보려고 갔다. 나를 기다리기라도 한 듯 활짝 웃으며 반겼다. 이 나무는 초등학교에 다닐 때부터 여기에 있었다. 꽃이 너무 좋아 동경의 눈길을 끌었다. 그러나 신작로가 나면서 못 보아 까마득히 잊고 지냈다. 가까이서 보니 나무의 몸통과 가지가 흠이 나 거친 데가 없이 아름답고 몸피는 연한 갈색에다가 흰무늬가 아롱져서 정갈했다.
　이 나무는 수령이 100년 이상으로 짐작되나 삭정이가 전혀 없어 고목으로 보이지 않았다. 키가 나지막해서 강풍에 넘어지거나 꺾어질 우려가 없었다.
　꽃이 오랫동안 피어있어서 백일홍이라고 하며 나무껍질을 손으로 긁으면 잎이 움직인다고 '간지럼나무'라고도 한다.

꽃은 양성화로서 7~9월에 붉은색 흰색 따위가 가지 끝에 피고 열매는 가을에 채취하여 이듬해 봄에 파종한다. 우량품종을 증식하기 위해서는 삽목이나 휘묻이, 포기가름하여 증식하기도 한다. 삽목, 옮겨심기는 봄, 여름이 알맞다.

꽃말은 '부귀'이고 '떠나간 벗을 그리워함'이라고 한다.

배롱나무는 정문, 무덤가에만 심어 귀했으나, 지금은 관상용으로 많이 재배하여 구하기가 쉬워졌다. 배롱나무는 뿌리로도 번식하기에 배롱나무가 있는 곳에는 묘목이 자란다.

우선 급한 대로 배롱나무 밑에 자라는 묘목을 옮겨 심었다. 나무를 옮겨 심으면 3년은 뿌리를 앓는다고 했다. 무엇이나 옮겨 놓으면 자리를 잡기까지 상당한 시일이 걸림을 비유한 말이다.

나 또한, 이곳으로 이사 와 지리를 익히고 친구들도 만나느라 바빴다. 그리고 어렵게 취업한 직장에 적응하느라 눈코 뜰 사이 없었다.

배롱나무 숲을 이루기 위해, 종자를 채취해서 뿌리고 물을 주어 튼실하게 자랐다. 네가 조성한 돌탑산이 노을처럼 붉게 타오를 것을 생각하니 벌써 마음이 설렌다.

이 산 가까이에는 십여 년 전에 등산길에 꽃무릇을 심어 가꾼 멋진 꽃무릇 길이 있다. 이 꽃도 추석 무렵에 피기에 배롱나무꽃과 동시에 볼 수 있어 기쁨이 배가 될 것이다.

그러고 보니 배롱나무는 나와 닮은 점이 많다.

키가 그다지 크지 않고 나지막하여 나와 눈높이가 알맞다. 과욕을 부려서 하늘로 치솟거나 옆으로 뻗어 다른 식물에 피해를 주지 않는다. 크게 욕심부리지 않고 가진 것에 만족하는 나와 마음과 뜻이 통한다.

그리고 생육 환경이나 토성에 크게 구애받지 않고 모래땅이나 건조한 곳에서도 잘 자란다. 주어진 여건에 적응하는 인내력이 돋보인다.

강한 인내력을 발휘하기 위하여 참을성을 기르는 것 역시 나와 상통하는 부분이다.

배롱나무는 내한성이 약해서 추운 지방에서는 월동 준비를 해야 겨울을 날 수 있다. 나 또한 추위를 많이 탄다. 앞으로 배롱나무와 추위를 나누며 함께 할 다정한 친구가 되리라. 추위도 나누면 덜하리라 믿어 의심치 않는다. 다행히 통영은 겨울은 따뜻하고 여름은 시원하니 행운이고 축복이라 여긴다.

부산 동래 화지공원에는 수령이 900년이나 된 배롱나무가 단정하고 정결하단다. 900년 세월 동안 묘지를 지켜 왔으니 신령스러운 나무이리라. 내가 심은 배롱나무도 오랫동안 건재하기를 두 손 모아 빈다.

탑의 수명을 배롱나무 수령에 맞추기 위해 돌탑에다 은빛의 강철 망을 입혔다. 길손들이 강철 옷을 입은 돌탑은 처음 본다며 은빛의 물결이 신비롭다고 했다.

'옷이 날개'라고 돌탑도 은빛 옷을 입혀 놓으니 한층 돋보인다. 학처럼 선녀처럼 살다 가신 어머님께 어울리게 은빛 강철로 날실과 씨실로 베를 짜서 옷 한 벌 지어 드렸다.

탑돌이 하면 햇빛이 윤슬같이 반짝인다. 밤이면 북두칠성은 앵돌아져 돌탑에 걸리고 은하수는 빗겨 흐르리라.

흙으로 돌아가리라

장희자
2005. 9. 천료

집채만 한 바위에 새겨진 부처님이 인자한 미소를 띠고 내려다보고 계셨다. 풍화작용으로 많이 마모됐지만, 천년이 지난 오늘까지 부드러운 곡선이 남아 있다. 어느 틈에 시선은 부드러운 곡선을 지나 관능적으로 표현한 도톰한 입술에 오래 머물렀다.

돌에 부처를 새기는 일은 공덕을 쌓는 일이다. 거대한 석불을 보면 석수장이는 부처님을 조각한 것이 아니라 신실한 불심으로 '돌 속에 계신 부처님을 모셔 온 것'이라는 말이 맞다는 생각이 든다.

석불은 자연의 일부같이 편안해 보이는데, 위풍당당하고 화려하게 치장한 봉안당은 왜 눈에 거슬릴까? 봉안당이 자연을 덜 훼손한다지만 수입 대리석은 천년이 지나도 그 자리에 버티고 있을 것이다.

며칠 전 갑자기 심장마비로 돌아가신 당숙모님의 장례를 치르며 죽음에 대해 많은 생각을 하게 되었다. 태어나면서부터 생명의 시계는 되돌릴 수 없이 돌아가고 있다. 아이들이 성장했고 재산도 늘어서 기 펴고 살 만한데…. 얼마나 억울한 죽음인가? 얄

굳게도 죽은 사람은 생각나지 않고 내 핏줄이라 그런지 상장(喪章)을 두른 상주와 눈이 마주칠 때마다 눈물이 나왔다.

사람이 죽으면 그것으로 모든 것이 끝나는 것이 아니라 살아 있는 사람이 치러야 할 절차 또한 복잡하였다. 화장장에서도 스님의 염불 소리, 기도 소리, 찬송가까지, 위아래로 가득한 소리가 거북하게 느껴졌다. 서럽게 울고 있는 옆에서는 마치 소풍을 온 것같이 끼리끼리 모여서 아무렇지도 않게 점심을 먹는다.

두 시간여 만에 유골 단지를 들고 천주교 봉안당을 갔다. 한 봉안당에 360기가 모셔져 있으니, 이름과 세례명이 빽빽하게 적혀 있다. 명절에 가족이 모이면 발 디딜 틈도 없겠고 여기도 마치 시장 바닥같이 소란스럽지 않을까. 부질없는 생각이 들었다.

묘를 쓰는 일이나 봉안당을 만드는 일도 바쁘게 사는 후손에게는 짐이 될 것이요, 좁은 국토 활용에 걸림이 될 것이다. 나무나 풀에 거름이 되고 흙으로 돌아가는 것이 좋다는 생각이 들었다.

독일의 어느 사업가는 종이로 만든 관을 쓸 것이며 자녀와 가까운 친지만 참석하여 장송곡 대신 평시에 즐겨 부르던 노래를 틀어 달라는 유언을 남겼다. 장례식에 모인 사람들은 경쾌한 음악에 맞추어 고인과의 추억을 떠올리며 축제 같은 분위기였다니 신선하다.

살아생전에 사탕 한 알이라도 더 챙겨 드리고 물 한 그릇이라도 떠 드리는 것이 효도지, 죽은 후에 넓은 묘역이 무슨 소용인가!

장례의 모든 절차를 생략하고 시신을 대학병원에 기증하거나 화장하여 조용한 곳에 뿌리면 절손되거나 이민 가는 사람도 걱정을 덜겠다.

우주 전체를 놓고 보았을 때 생명에 대한 존엄성은 인간도 자연의 하나일 뿐이다. 삶의 흔적을 남기고자 하면 이름을 남겨야 하고 육신은 흙으로 돌아가야 한다. 죽음은 자연스러운 삶의 일부로 서로 아파하는 것이다. 성공한 삶의 기준은 지위와 업적이 아닐 것이며 한때의 성공이 결코 인생의 승리가 아니다. 인생을 잘 마무리하는 것도 사는 것만큼 중요하다.

　장례를 치르는 동안은 마음고생도 많고 몸은 지칠 대로 지쳐 버린다. 이제는 시대에 맞게 장례의 문화도 바꾸어야 한다는 생각이 들었다.

사르나이

원준연
2005. 9. 천료

우리와 같은 우랄 알타이어 민족인 몽골 사람들은 우리나라를 가리켜 '솔롱고스'라고 부른다. 솔롱고스는 몽골어로 '무지개'라는 뜻을 담고 있다. 우리나라는 다양한 전통과 현대적 문화를 가지고 있으며, 그 다양성과 색깔이 마치 무지개처럼 아름답다고 하여 붙여진 이름이다. 그런데 몽골을 다녀온 분이라면 모두 느끼시겠지만, 몽골도 아주 아름다운 나라임에 틀림이 없다.

우선 눈에 띄는 광경은 끊임없이 펼쳐지는 푸른 초원이다. 사방을 둘러보아도 지평선만 보인다. 처음 마주하는 신기한 광경이다. 눈이 시원한 것은 말할 것도 없고, 망망대해를 보는 것처럼 가슴 또한 시원하다. 유목민들은 이런 초원에서 어떻게 길을 찾아 말을 달리는지 의아하다. 내비게이션 능력이라도 타고난 것인지. 초원에서 보는 맑은 밤하늘의 손에 잡힐 듯한 별 무리는 몽골 여행의 로망이다. 은하수를 비롯하여 수많은 별자리의 뭇별들이 우수수 쏟아질 것만 같다. 어릴 적 시골에서 보던 그 광경보다 더

찬란하다. 눈이 시릴 정도로 반짝이는 별빛만큼 나의 눈동자도 덩달아 반짝인다.

몽골에는 초원의 대평원만 있는 것이 아니다. 들은 기억이 크게 틀리지 않는다면, 암석과 자갈 그리고 모래로 이루어진 고비사막이 70% 정도를 차지하고 있다. 사막을 병풍처럼 둘러싸고 있는 해발 약 4,400미터의 알타이산맥 만년설 또한 장엄한 볼거리를 제공하고 있다. 몽골을 두 차례 여행하였지만 사막여행을 하지는 못하였다. 언제고 기회를 만들고 싶은데, 그때가 언제가 될는지는 알 수 없다.

달포 전에 다녀온 테를지 국립공원은 우리나라의 국립공원과 크게 다르지 않았다. 기암괴석에 쭉쭉 뻗은 나무는 초원, 강과 더불어 황홀한 풍경을 자아내었다. 열트산을 두 시간 반에 걸쳐서 트레킹을 즐겼다. 나는 공기가 너무 깨끗하여 깊은숨을 들이쉴 수 있는 것이 매우 좋았다. 일행은 공기보다 들꽃이 더 좋은 모양이다. 우리나라에서 잘 보지 못했던 앙증맞은 꽃들을 연신 카메라에 담아가며 서로 꽃 이름을 주고받기에 분주하다. 지나는 길의 암석은 모양이 하도 다양하여 무슨 이름을 붙여도 그대로 수긍이 갈 것만 같다. 코끼리 바위, 용 바위, 신선 바위, 삼각자 바위 등이다. 그런데 그 색깔도 오묘하다. 누런색과 검은색이 눈길을 사로잡는다. 철이나 황 성분 등이 풍화작용을 거치면서 생긴 모양이다. 어릴 적 가지고 놀던 활석 같은 느낌도 든다.

이렇게 매력적인 몽골은 한때 세계 최대의 영토를 차지한 적이 있다. 그 주인공은 우리에게 잘 알려진 영웅 '칭기즈 칸(Chinggis Khan)'이다. 그런데 칭기즈 칸은 '바다와 같은 강력한 통치자' 또는 '우주의 지배자'라는 뜻을 지니고 있다는 가이드의 설명이다. 칭기즈 칸(成吉思汗)의 본명은 테무친(鐵木眞)이다. 테무친이 살았던 12세기 중반이나 지금이나 몽골에는 바다가 없다. 어떻게 바다를 떠올렸는지 모를 일이다. 그런데 바다는 테무친의 성정같이 포용력이 크고 또 모든 것을 집어삼키는 무서움을 지니고 있다. 바로 그런 넓은 아량과 때론 무자비한 횡포함으로 테무친은 몽골 대제국을 이뤘을 것이다. 4박5일 동안 몽골에 대해서 열과 성을 다해서 자세히 설명해 준 가이드는 '사르나이(Sarnaikh)'다.

사르나이는 어렸을 때부터 불려 온 닉네임으로 '장미'라는 뜻이란다. 사르나이는 몽골에서는 미인 축에 드는 얼굴형으로, 장미라는 별명이 참 잘 어울린다. 사르나이의 본명은 후츠트바타르 뭉근사르인데, 몽골의 사립대학 울란바토르 대학교에서 한국어를 전공하였다. 사르나이는 우리나라의 한국학중앙연구원으로 유학하여 석사과정을 마쳤다. 논문은 '현대 몽골어 성경 번역에서 신 호칭에 관한 연구'란다. 본인은 정작 무교라고 한 것 같은데, 성경에 대한 논문을 썼다니 다소 의아한 느낌이다. 우리의 관점에서 보면 선진국에 유학하고 온 재원이다. 얼마든지 더 좋은 직장을 찾을 수도 있을 텐데…. 미상불 몽골의 대학교수로 진출할 수 있는 길도 열렸지만, 대학교수의 보수가 가이드만 못해서 가이드 길을 선택하였단다. 올해로 벌써 12년째를 맞고 있다.

그런데 이렇게 길게 사르나이를 소개한 것은 그의 투철한 직업 정신과 모국 사랑에 감동한 탓이다. 여행객 한 사람 한 사람 세심하게 신경을 쓰는 것은 물론이고, 저의 작은 힘이라도 더해서 몽골을 부흥시키고자 하는 마음이 설명 중간중간에 배어난다. 30대 중반의 기혼 여성으로 짐작이 되는데, 참으로 기특하다. 나중에는 정계에 진출하여서 몽골의 경제를 일으키는 주역이 되어보라고 격려하였다.

지금 시대는 칭기즈 칸처럼 영토로써 대제국을 이루기는 어려울 것이다. 그러나 사르나이 같은 바르고 성실하고 열정이 넘치는 젊은이들이 계속 나온다면, 분명 몽골의 앞날은 대단히 밝을 것 같다는 생각에 나의 마음도 흐뭇함을 느낀다.

뻐꾸기 소리

김형애
2006. 3. 천료

빗방울이 나뭇잎에 얹히는 소리와 함께 멀리서 뻐꾸기 소리가 청량하게 들려온다.

지난 주말에 군공무원으로 근무하는 외손자가 할아버지와 할머니와 함께 점심을 먹겠다고 장위동으로 차를 몰고 왔다. 남편은 기쁘게 그를 맞이하며 바비큐 구이를 위하여 이리저리 정원을 오가며 준비에 바쁘다.

나는 남편이 심어 놓은 상추, 쑥갓, 깻잎, 고추를 정원에서 뜯었다. 숯불이 달아오를 때에 남편은 외손자와 함께 석쇠에 삼겹살을 올려놓았다.

정원에 테이블을 놓고 상차림을 하였다. 쌈장과 대파 채, 절임 마늘, 큰 유리 그릇에 깨끗이 씻은 야채들을 담아 놓았다. 냉장고에 있는 오이와 당근도 얇게 썰어 담아 놓았다.

나에게는 친손자, 친손녀을 비롯하여 외손자 셋과 외손녀 한 명이 있어서 총 여섯 명의 손자들이 있다. 그 아이들이 다 모여서 가족 식사를 할 때에 고기를 먹으면 밥은 다 사양한다. 한데 오늘 장위동에 온 이 외손자는 고기를 먹을 때에 꼭 밥을 달라고 한다. 그래서 나는 급히 쌀을 씻어 압력솥에 넣고 취사를 눌렀다. 가스레인지 위에 된장찌개를 준비하여 뚝배기를 올려놓았다.

"할머니! 빨리 오세요. 고기 다 구웠어요." 하는 외손자의 말이 귓가에 머물렀다.

"응! 나갈게! 밥과 된장찌개 가지고 갈게."

정원 테이블 가운데에 된장찌개 뚝배기를 올려놓았다.

"서영아! 너는 고기 먹으면서 밥이 있어야지!" 했더니 그 녀석은 큰 소리로 웃으면서 "응" 했다.

코로나가 팬데믹으로 전 세계를 누빌 때 미국에서 대학을 다니던 손자와 큰딸의 둘째 아들이 귀국하였고, 이들과 함께 막내딸의 아들, 서영이가 군 입대를 하여 한두 달 차이로 제대를 하였다. 제대 후 미국에서 귀국했던 손자와 외손자는 출국하여 복학을 하였고, 서울에서 대학을 다니던 외손자, 서영이는 복학 전에 아무도 모르게 군공무원 시험을 준비하여 7급에 합격하였다. 그래서 복학은 접어두고 공무원이 되어 근무하고 있다. 흐지부지 보낼 시간 6개월을 알차게 보내고 취업을 한 셈이다.

남편은 정원에 텐트를 치기 시작하였다. 노란색의 자그마한 텐트이다.

손자들이 어렸을 적에 한여름이면 정원 분수대에서 호스로 알몸에 물을 실컷 뿌리고 텐트 안에 들어가서 여섯 명이 옹기종기 앉아 젖은 몸을 비비며 깔깔거리며 웃고 떠들었다.

아마도 남편은 서영이에게 그 추억을 되살리게 하고 싶었나 보다.

할아버지를 바라보고 있던 서영이가 빙그레 웃으며 할아버지가 친 텐트 속으로 몸을 구겨 넣었다. 이제는 커서 혼자서도 비스듬히 누워야 들어간다. 배기지 않느냐는 나의 질문에 서영이는 잔디가 있어서 푹신하다며 브이 자로 손가락을 보이며 흡족한 표정이다. 이리 뒤척

저리 뒤척이며 그는 어린 시절로 돌아갔다.

오후 5시가 다 되어서 서영이는 여친과 6시에 만나기로 하였다며, 텐트를 빠져나왔다.

노란 빈 텐트 속에 손자 녀석들의 알몸이 보이며, 웃음소리가 터져 나오는 듯하다.

정원에 살구나무 가지에 살구가 여기저기 파랗게 달려 있는 것이 보인다. 아들 내외가 작년에 사다가 심어 놓은 문빔(moonbeam)이 노랗게 웃으며 별빛을 보이고 있다. 막내딸이 가져온 꼬마 장미를 남편이 담장 옆에 심었다. 담장에 얹혀 있는 장미 넝쿨에서 분홍 빛깔의 꼬마 장미가 줄줄이 달려 소곤소곤 이야기 중이다. 라일락 나뭇잎 속에서 참새들이 짹짹거리며 수다를 떨었다.

오늘 아침 비가 부슬부슬 내리며 정원이 회색빛이다. 어느 산에선가 뻐꾸기가 뻐꾹뻐꾹 소리를 내어 내 마음에 미소를 짓게 한다.

초록 재와 다홍 재

백승희
2006. 5. 천료

리마인드 웨딩을 올린다. 턱시도를 입은 초로의 남자와 은발의 아내, 면사포에 장식한 초롱꽃이 바람에 떨린다. 아내의 볼에는 아직 수줍음이 맴돈다. 먼 길을 함께 걸어왔다.

신부는 귀밑머리만 풀린 첫날 밤 모양 그대로 초록 저고리 다홍치마로 아직도 고스란히 앉아 있었습니다. 안쓰러운 생각이 들어 그 어깨를 가서 어루만지니 그때서야 매운 재가 되어 폭삭 내려앉아 버렸습니다. 초록 재와 다홍 재로 내려앉아 버렸습니다.
　　　　　서정주 -『질마재 신화』수록「신부」의 일부

　학창 시절, 우연히 서정주 선생의 시집『질마재 신화』초간본을 샀다. 수록된「신부」라는 시가 맵고 아렸다. 믿음이 있었다면 돌아보았을 텐데. 헛된 기다림으로 스러지지 않았을 텐데. 세월의 빛이 바래 갈수록 시가 아름답다. 수묵담채화로 부부라는 한 폭의 그림을 남기게 될까, 생각해 본다.
　나는 특별한 불빛을 따라왔다. 촛불로 시작했던

그날 이후, 결혼식의 맹세를 확인하겠다는 듯 기념일을 챙기며 의미를 부여한다. 아이들이 저금통을 털어 선물을 사고, 작은 손으로 케이크를 장식한다. 해마다 늘어나는 초를 꽂고 축가를 불러주었다. 케이크에 더 마음이 갔을지도 모르지만, 서툰 글씨로 쓴 아이들의 손 편지를 받을 때마다 감동의 물결을 안았다.

아들의 고등학교 시절, 야간 자율학습 시간에 선생님 허락을 받은 아들은 내게 줄 빨간 실크스카프를 선물로 들고 집으로 향했다. 그날은 우리의 결혼기념일이었다. 하지만 염치없는 운전자가 아들의 자전거를 치고 달아나는 바람에 큰일을 겪을 뻔했다. 얼마나 놀랐는지 모른다. 아들은 괜찮다고 씽긋 웃어주었다. 그렇게 결혼기념일은 아이들에게도 특별했다. 지금도 거르지 않고 아이들의 축하 메시지를 받는다. 우리를 섞어 놓은 듯 닮아 보이는 아이들, 미운 일도 예쁜 것도 그때를 지나고 보니 다시 올 수 없는 행복, 어떻게 그 아름다운 시간이 수놓인 것인지 감사할 뿐이다.

본가는 벼 이삭의 물결이 넘실대는 전형적인 농가다. 어깨를 맞댄 씨족들의 애경사를 넘어다보며 살아가는 고장이다. 예식을 마치고 폐백은 시댁에서 드렸다. 우리는 사모관대와 활옷으로 예를 갖추어 일가친척들에게 큰절을 올리고 종가의 막내며느리 신고식을 했다. 가족을 맺는 경건하고 엄숙한 의식을 치른 것이다. 친척 어른들께서는 다산을 빌어주며 치마폭에 대추와 밤을 던져주며 덕담도 해주셨다. 그날의 뜻을 잊지 않으려고 결혼기념일은 언제까지나 초록 저고리와 다홍치마를 입기로 마음먹었다. 하얀 머리카락 날릴 때까지 초심으로 살겠다는 다짐이었다.

몇 해가 지나고 살이 불어나는 바람에 한복을 접은 대신 결혼기념일에는 여행을 떠나기로 약속했다. 서로 닮은 데가 없듯이 남편은 산이 좋고 나는 바다를 좋아한다. 그는 땀을 흘리며 정상에 오르기를 원하고 나는 바다를 망연히 바라보는 것으로 만족한다. 그렇게 엇갈리는 생각이지만 고집스럽게 여행을 다녀오곤 한다. 물도 있고 산도 있는 산정호수를 정했을 때는 첫눈을 맞으며 비색이 깃든 호수를 돌았다. 여행은 지나온 길을 돌아보며 언제 생긴 앙금인지 모를 미움도 털어낼 수 있다.

　이번 여행은 남원 쪽으로 코스를 잡았다. 최명희 선생의 『혼불』을 오래전 읽었다. 전주에 있는 선생의 생가와 한옥마을에 있는 최명희문학관을 다녀온 적이 있다. 혼불을 집필한 원고가 유리 기둥 안에 인고의 시간으로 쌓여 있었다. 그러나 기억은 멀어져 가고 그때의 감흥도 점차 사라져 가고 있을 때였다. 작가의 혼불 무대가 된 남원을 돌아보고 싶었다. 종가를 지켜온 삼대의 여인들, 혼불의 이야기를 거슬러 발로 마음으로 느끼게 되리라. 글의 배경인 서도역을 중심으로 그 고장을 더듬으면 생생한 이야기 속으로 들어설 듯했다. 일제강점기의 자유롭지 못한 세상에서 시어머님과 나의 어머니, 역시 작중 인물들과 다르지 않은 세상을 사셨다. 종가의 종부인 손윗동서와 나도 그렇게 여인의 길을 걸어간다.

　서도역을 벗어나 돌아오는 길. 비가 억수같이 퍼부었다. 그가 지름길을 찾은 듯 성큼 산길로 들어섰다. 내비게이션도 읽어내지 못한 길이다. 기껏 산을 타고 들어갔더니 막다른 과수원에서 길이 끝나 있다. 당황하여 후진하려는데 앞바퀴가 진창으로 빠져들었고 액셀을 밟아도 헛바퀴만 돈다. 둘의 힘으로는 어림없었다. 비는 그칠 기미도 없다. 주변이 어둠에 까무룩해지고 더 이상 달리 방도가 없었다. 결국 산속에 나를 남겨둔 채, 남편은 레커차를 부르러 산 아래로 내려갔다. 인가가 보이지 않으니, 한참을 걸어 내려가야 한다. 그를 기다리고 있는 단절된 차 안에서 빗소리에 젖어간다. 둘이 마음을 모으면 뭐든 이룰 수 있다고 무모하게 생각한 적이 많았다. 어느 땐 꽃길이 아니라고 투정도 부렸고, 그 시간이 길었다. 자칫 일어서지 못할 뻔했던 기억의 바퀴를 따라 한동안 맴을 돌았다. 시간이 지체될수록 차 안에 혼자 있는 게 두렵고 무서웠다. 막막할 때 그에게 의지할 수 있었음이 얼마나 다행인가. 깨달음은 더디 오는 것인지. 불빛이 꼬리를 물고 길을 밝힌다. 멀리서 경광등을 켠 그가 달려오고 있었다.

결혼은 농사와 다를 게 없다. 해마다 땅에 숨을 불어넣느라 갈아엎거나 객토한다. 그 밭에 씨 뿌리고 땀을 흘려야 알곡을 얻을 수 있다. 시절 따라서 풍작도, 흉작일 때도 있었다. 지나온 곳곳에 떨어진 추억의 이삭들을 모으며 우리만의 서사를 엮는 시간, 서로의 소중함을 확인하는 여행이다. 마음에 초록 저고리와 다홍치마를 입고 해마다 리마인드 웨딩은 계속될 것이다.

쓸쓸한 마음이 드는 날

황미연
2007. 11. 천료

깊은 산중에는 해가 긴 여름에도 밤이 일찍 찾아온다. 모기와 하루살이가 극성을 부리고 풀벌레 소리가 어둑해지기도 전에 마당으로 기어다닌다. 오동나무도 땡볕에 지쳤는지 팔을 축 늘어트린 채 별빛을 바라보고 있다. 육백 년도 넘게 살아온 노거수 회화나무는 연륜만큼이나 품위도 있어서 무덤덤하게 꽃을 피워 낸다. 아카시아꽃보다 조금 더 파르스름한 꽃이 달빛과 별빛에 반사되어 멀리서 보면 마치 하얀 눈이 소복하게 쌓여있는 듯하다. 여름과 겨울을 동시에 느껴 보는 신선한 경험으로 호사를 누리는 중이다.

대문 곁에 있는 앵두나무 아래에 평상을 놓고 누웠다. 앵앵거리는 모기를 피하려고 이불을 뒤집어쓰고 눈만 빠끔하게 내놓았다. 백조자리의 가장 밝은 별이 눈에 들어온다. 날개를 펼친 백조 한 마리가 내 머리 위를 지나 서쪽으로 천천히 날아가고 있다. 구름 뒤에 숨은 북두칠성은 끝내 온전한 모습을 보여 주지 않는다.

가난한 이들을 위하여,라는 글을 읽으며 감탄하고

있을 때 땡볕이 마당으로 굴러와 자맥질해 댄다. 방 안에서는 몇몇이 머리를 맞대고 '서울역은 서울이 아니라 모든 사람의 고향'이라는 말에 고개를 끄덕이고 있다. 서울역은 만나고 헤어지는 사람들, 꿈을 좇아 올라오고 성공하여 금의환향하는 사람들이 첫발을 내디딘 발판이 되었다. 서로에게 꿈을 이루었냐고 물었다. 아직도 꿈을 꾸는 중이라고, 생이 다하는 날까지 꿈을 놓지 않을 거라는 목소리에 진중함이 배어들었다. 살아 보니까 꿈은 그렇게 거창한 것만이 아니더라. 저마다 추구하는 게 다를 뿐이지 누구에게든 꿈은 현재진행형이다. 원대하든 소소하든 하나가 이루어지면 또 다른 꿈을 만들기 때문이다.

꿈을 실현 중이라는 당신을 혼자 두고 떠나야만 했다. 물까치 떼가 달리는 차 앞을 가로막아 섰지만, 멈출 수가 없었다. 내가 빛을 향해 나아갈 때, 당신은 어둠 속으로 깊어졌다. 회화나무 아래에서와는 다르게 나는 커지고 당신은 점점 작아졌다. 뭐가 그리 급했는지 단숨에 내리막길을 지나고 구불구불 산허리를 돌아 마을 초입에 있는 저수지까지 앞만 보고 달렸다. 그제야 생각이 나서 룸미러를 올려다보았지만, 멀어지는 나를 향해 손을 흔들던 당신은 보이지 않았다.

날마다 자연이 주는 선물을 받는 게 어떤 마음인지 아냐고 묻던 생각이 난다. 어느 날은 뒤꼍에서 마당으로 기어 나오던 뱀을 보고 놀라서 돌을 던졌다고 고백한다. 뱀도 순하게 생긴 당신이 기겁하고 몰아치니까 저도 놀라서 도로 구멍으로 들어가더라며 웃음을 짓는다. 던진 돌을 주워서 그 구멍에 처박아 놓고선 정신없이 밟고 났더니 발에 통증이 몰려와 며칠을 앓았다며 볼멘소리로 들려준다. 어디서 그런 말을 찾았는지 다시 한번만 더 나오면 찢어 죽일 거라고 벼르고 있던데, 그 뱀은 어떡하고 있을까.

아직 그 이후의 소식은 듣지 못했다. 그들의 전쟁은 다시 시작되었을까, 휴전 중일까. 뱀이 그런 말에 무서워하지는 않을 것 같아 상황이 재미있어진다. 또다시 슬금슬금 기어 나와서 이번에는 혼비백산한 당신을 방 안으로 도망치게 만들지는 않을까 염려스럽다. 직접 눈으로 확인하고 싶은데 도저히 무서워서 가 볼 수가 없다. 뱀은 내 최초의 기억 속 동물이라서 말만 들어도 몸이 오그라든다.

  초등학교에 입학하기 전이었으니 예닐곱 살쯤 되었을까. 오지 중에서 오지라는 청송 할머니 집에 갔다가 그림책에 있던 뱀의 실물을 난생처음 보았다. 흙 계단을 막 내려가려는데 움푹한 곳에 서리서리 똬리를 틀고 앉아 고개를 바짝 쳐들고 있었다. 식겁해서 뒤로 나자빠지고 말았다. 할머니를 불러야 하는데 말이 나오지 않았다. 모르고 발을 내디뎠더라면 어떻게 되었을지 생각만으로도 소름 돋는다. 어린 발목을 내주고선 어린 왕자가 독사에게 물렸을 때처럼 '쨍' 하고 쓰러졌을까. 어린 왕자가 소행성 612로 돌아갔듯이 나도 아버지 등에 업혀서 소도시에 있는 우리 집으로 보내졌을 테다. 상상만으로도 진저리가 쳐진다. 숨 참으며 털썩 주저앉은 것까지는 기억나는데 그 이후는 생각나지 않는다.

  가끔 기억은 왜곡되기도 하고 자라기도 하던데 아직도 그때 그 모습이 지워지지 않아 뱀만 보면 무섬증이 되살아난다. 세월은 흘러도 생생한 기억만 온전하게 남아 있어서 뱀에서 벗어나기 어렵다. 당분간 당신도 그 동물에게서 벗어나지 못할 것 같아 신경이 쓰인다.

  올해는 너무 무덥고 예년보다 비가 많아서인지 회화나무에 꽃이 피지 않는다고 걱정이 이만저만 아니다. 그 와중에 벌써 가을이 내려왔다고 반색하며, 국화가 피었다고 카톡을 보내왔다. 품 안에 들기만 해도 넉넉해지는 계절엔 또 어떤 소식이 날아올지 기대된다.

  자연과 더불어 살고 있으니 하루하루가 소풍 같고 길섶 풀 한 포기, 꽃 한 송이, 나무 한 그루, 마당을 기웃대는 날짐승까지 날마다 안겨드는 선물 같다던 당신은 이 가을을 또 어떻게 보내고 있을까. 쓸쓸한 마음이 드는 날 그곳으로 찾아가 인생론 한 자락 펼치며 차 한잔 나누고 싶다. 혹시 모르니까 긴 장화 한 켤레 준비해서 가야겠다.

손이 말을 건네다

구영례
2008. 5. 천료

아리스토텔레스는 인간은 도구를 사용하는 동물이라고 하였다. 인간에게 특별하고 섬세한 손이 있기에 가능하다. 인공지능(AI)이 세상을 주도해 가는 현실에서 우리들의 손은 어떤 방향으로 미래를 이끌어갈 것인가.

타인과 악수를 할 때 손의 촉감으로 상대방과 교감을 느끼고 관계를 형성하게 된다. 손은 사람이 세상과 관계를 맺는 가장 직접적인 도구로서 창조, 노동, 교육, 정신적 의지 표현 등의 다양한 역할을 수행한다.

손은 우리의 일상생활에서 절대 필요한 존재가 될 뿐만 아니라 인간의 정신과 문화를 구현하는 매개체로서 역할을 한다. 고대에서 현대에 이르기까지 인류의 모든 문명은 인간의 손을 통해서 발전을 거듭해왔다.

손의 섬세함은 원시시대에 돌도끼, 창, 돌화살 등의 도구에서 현대에 컴퓨터와 핸드폰에 이르기까지 인간이라 가능한 손의 역사이다. 손은 창조와 소멸의 이중성을 가졌다. 투박한 돌덩이에서 혼이 담긴 예술품이 창조되는 반면에 핵무기와 총의 방아쇠를 당겨 인간을 살상하는 전쟁의 폭력을 상징하기도 한다.

손은 사람이나 원숭이류의 팔 끝에 이어져, 물건을 잡거나 만질 수 있는 부분. '손을 흔들다', '손을 들다'와 같이 어떤 동작이 팔의 일부 또는 전체와 함께 이뤄질 때에는 '팔'을 포함해서 가리킨다고 정의한다.

손은 제2의 두뇌이다. 크기는 작지만 강력한 구조로 손등, 손바닥, 손가락, 손톱, 뼈, 근육, 인대, 혈관 등으로 이루어졌다. 한쪽 손에 총 뼈 27개의 구성으로 수근골은 8개의 손목뼈, 중수골은 5개의 손바닥뼈들로 손목의 유연성과 안정성을, 지절골은 14개의 손가락뼈로 정교하고 다양한 기능을 한다.

손바닥은 몸의 축소판으로 오장육부와 연결된 곳을 지압하면, 인체에 면역력을 높여주고 혈액 순환과 장기 기능을 촉진시킨다. 손바닥 안쪽에 엄지손가락은 간, 발바닥에 효능, 검지는 손바닥, 호흡기, 치통에 효능, 중지는 얼굴, 기관지, 심장, 폐, 스트레스에 효능, 약지는 팔꿈치, 소변불통, 피로회복에 효능, 새끼손가락은 딸꾹질, 식체, 무릎 통증에 효능, 이외에도 위, 대장, 신장, 췌장, 방광, 자궁, 생식기 등의 부위가 있다.

결혼하여 40여 년을 김장을 손수 맛있게 담갔는데 근래에 갑자기 팔이 아파서 자녀들에게 김치를 보낼 수가 없어서 안타까웠다. 고생을 한참 하다가 아픈 손목과 팔이 얼마나 소중한 존재인가를 깨달았다.

"나의 사랑하는 손이여! 기계도 연식이 오래되면 고장날 만한데 고희가 코앞인데 그동안에 너무나도 고생 많았어요. 이제는 욕심을 내려놓고 쉬어가면서 임무를 수행하겠어요. 정말 미안합니다."라고 마음을 전하고 싶었다.

손은 그 사람의 삶의 가치와 궤적이 엿보이는 상징적 존재이다. 대가족을 부양한 부친은 큰 손바닥에 굳은살이 박여서 거칠었다. 모친은 육 남매를 키우느라 손마디가 굵어지시고, 손등에 파란 힘줄이 칡넝쿨처럼 엉켰던 두 분의 희생적인 손길이 나를 세상에 존재하게 하였다.

문득, 두 손을 모아 간절히 기도하는 「기도하는 손(Betende Hande)」 명화가 생각난다. 독일 르네상스시대 위대한 화가 알브레히트 뒤러 (Albrecht Durer. 1471~1528)와 프란츠 나이스타인의 감동적인 우정이 예화로 전해온다. 이들의 위대한 우정은 동양의 관포지교(管鮑之交)를 떠오르게 한다.

두 사람은 화가 지망생이었지만 가정 형편이 어려워서 우여곡절 끝에 나이스타인은 배움을 포기하고 친구의 학비를 벌어서 도와줬다. 뒤러는 왕실의 화가로 성공하여 친구에게 미술 공부를 권유하였지만, 그는 감각이 둔해진 거친 손으로 그림을 그릴 수가 없다며 거절한다. 오히려 친구가 더욱 훌륭한 화가가 되도록 간절히 기도하는 소리에 뒤러는 눈물을 쏟고 말았다.

뒤러는 친구의 두 손을 스케치하여 세기의 명작을 남겼다. 합장한 두 손을 스케치한 「기도하는 손」(29cm×20cm)을 보고 있노라면 가슴이 뜨거워진다. 오스트리아 빈의 알베르티나 박물관에서 500여 년이 지났지만 수많은 관람객들에게 경건함과 감동을 전한다.

30여 년 전에 어린 자녀들을 키우면서 불시에 불청객으로 찾아온 위장병은 나의 삶의 질을 너무나도 떨어트렸다. 하지만 위기를 기회로 삼아 배드민턴 운동으로 건강을 되찾으며 인생의 큰 활력소가 되었다. 건강한 두 다리와 발이 손을 도와 온몸의 지체를 건강하게 도운 것이었다.

거위깃털 16개로 만든 셔틀콕이 체육관 천장에서 팡팡 경쾌한 소리를 내며 날아다니는 모습은 내가 하얀 새가 된 듯하다. 배드민턴은 손뿐만 아니라 기술을 필요로 하는 두뇌 싸움과 엄청난 속도와 순발력으로 운동량이 많다.

셔틀콕의 무게는 4~5g으로 아주 가볍지만 스매시할 때 눈 깜짝할 사이에 날아가서 상대방에게 내리꽂힌다. 스트로크(stroke)에 따른 셔틀콕의 비행 형태는 클리어, 드롭, 스매시, 푸시, 헤어핀, 드라이브 등의 기술이 다양하다.

　배드민턴에서 손목 스냅과 라켓의 유연한 반발력의 만남은 순간적으로 강력한 스매시가 나간다. 남자 복식 경기는 엄청난 속도의 빠른 공격과 완벽한 수비의 대결은 눈 깜박할 시간 속에 진행되어 매우 흥미진진하다.

　남녀 혼합복식은 팀플레이의 호흡이 매우 중요하고 각자 역할 속에서 공격 포착의 아기자기한 묘미가 흥미롭다. 단식 경기는 공격과 수비를 혼자 해야 하고 엄청난 체력 소모로 빠른 두뇌 플레이와 실수를 최대한 줄여야 한다.

　배드민턴 셔틀콕의 속도는 모든 구기종목에서 가장 빠르다. 인도의 랭키레디(Satwiksairaj Rankireddy)는 셔틀콕 최고속도 565km/h(351.07mph)을 2023년에 수립하여 기네스 세계기록에 등재된 남자선수이다.

　한국 배드민턴 선수들의 실력은 세계 최강인데 특히 여자단식 세계 1위 안세영 선수는 2024년 프랑스 파리 하계올림픽과 세계대회 8개 대회에서 우승하였고, 현재 세계 제패를 연승으로 기록하는 중이라 너무나 자랑스럽다.

　존 키츠(John Keats) 시인은 손은 마음의 도구라고 하였다. 내 몸의 수많은 지체 중에서 가장 수고하고 애쓰는 두 손에 경의를 보낸다. 더럽혀진 발과 몸을 항상 깨끗이 씻겨 주고 토닥여 주는 손의 노고가 너무나도 가상하다.

　아가를 품에 안은 부모의 손, 불우한 이웃을 돕고 위로하는 손, 예술 작품을 창작하는 예술가와 장인의 손, 악기를 연주하는 손, 평화를 위해 봉사하는 손 등등 세상에는 장하고 거룩한 손길이 헤아릴 수 없이 많다.

　우리에게 가장 아름다운 손길은 어떤 의미와 가치가 있는가를 생각하게 하였다. 뒤러의 진정을 다하여 기도하는 손이 가장 깨끗하고, 가장 위대하다는 말이 내 마음에 오래도록 여운을 남긴다.

한라산

이성숙
2010. 1. 천료

바다보다는 산이 좋다.

물보다는 나무들이 좋고, 새소리 바람 소리 들으면 마음이 편안해져서 더없이 좋다. 그럼에도 불구하고 누군가가 산에 갈래, 바다 보러 갈래 물으면 바다다. 끝없는 바다를 보고 있으면 잡생각이 없어지니 최고다. 공자님 말씀에 산을 좋아하는 사람은 인덕이 있고 바다를 좋아하는 사람은 총명하다 했다. 총명하지는 못해도 인덕이 있는 것을 보면 바다보다는 산이 나에게 맞는 것이 분명한데, 선택을 할 일이 생길 때마다 굳이 고를 필요 없이 다 해 보자는 마음으로 살았다. 가지 못한 길에 미련을 남기기 싫어서이다. 욕심을 부리느라 제대로 해 본 것이 없다. 산다운 산 정상을 애써 올라 본 적도 바다에서 수영은 고사하고 발도 제대로 담가 본 기억이 없다.

언저리만 기웃대다 보니 결핍이 심해졌다. 더 늦기 전에 열정을 불태울 무엇인가가 필요했다. 우리나라에서 제일 높다는 한라산 등산을 하기로 했다. 산을 좋아하지 않아도 누구나 한 번쯤은 꿈꾼다는 한라산 정상에 가서 백록담을 보고 오면 산을 좋아할 자격이 충분하지 않을까, 없던 자신감도 생길 것 같았다.

여덟 시간 이상 걸린다는 한라산 등산길을 친구와 나섰다. 성판악 코스 입구에 내리니 보슬비가 내린다. 예약번호를 보여주니 빗길이라 미끄러우니 절대로 무리하지 말라는 당부를 하며 친절히 안내한다. 아무리 먼 길도 친구와 함께라면 가장 빨리 갈 수 있다고, 정담 나누며 한참을 걷다 보니 비도 그쳤고 넓은 쉼터에 도착했다. 벤치에 앉아 잠시 쉬었다 다시 오르니 이제부터 돌길이다. 좀 전에 쉬었던 쉼터를 진달래 대피소로 착각을 하고는 여유를 부리며 걷고 있으니 하산하는 사람이 그렇게 걸어서는 제시간에 진달래 대피소를 통과하지 못할 것이라며 으름장을 놓는다. 좀 전에 지났다고 했더니 그곳은 속밭대피소라며 아직 멀었단다. 두세 명에게 다시 물어도 시계를 보고는 손사래를 친다. 한 시간 반이나 남았는데도 불가능하다니 그래도 최선은 다해 봐야지, 앞만 보고 걷기 시작했다. 점점 더 거칠어지는 내 숨소리만 들으며 걷고 또 걸어도 끝이 보이지 않는다. 주저앉고 싶을 만큼 힘들어서 잠깐 숨을 고르며 서 있으니 젊은 청년이 내려오며 날씨가 좋아 정상이 너무 잘 보인다며 주먹을 불끈 쥐어 보인다. 얼마를 더 올랐을까 이제부터는 나무도 없이 민둥산이 보인다. 끝없는 계단이 하늘과 맞닿아 보이는 곳에 서서 옆을 보니 한라산 고지 1700이라는 안내판이 인사를 한다. 정상이 보이니 가슴이 벅차오르는데 발걸음이 떨어지질 않는다. 지팡이 하나 들 힘 없다는 친구 몫까지 챙겨 들고 이제부터는 계단과의 씨름이다. 내려오는 사람들이 대단해 보이는데 한 여인이 조금만 더 힘내라며 한곳을 가리키는데 쳐다보니 구름이 위를 향해 서서히 올라오고 있다. 여기까지 와서 백록담을 못 본다는 것은 있을 수도 없는 일, 사진으로 본 백록담을 떠올리며 발끝만 쳐다보며 오르고 또 올랐다.

세 시간 반 만에 한라산 정상에 섰다. 백록담이 또렷이 보였다. 기대만큼 웅장하지도 멋지지도 않았지만 신기했다. 이렇게 높은 산 속에 있는 물도 신기했고 움푹 파인 형태도 신비로웠다. 날씨가 맑고 깨끗하니 작은 것들도 한눈에 보인다. 사슴이라도 보일까 두 눈 크게 뜨고 보아도 움직이는 것들은 하나도 없다. 백록담 표지석을 끌어안고 사진을 찍었다. 친구의 손을 잡고 성공의 브이 자를 하고 온갖 포즈로 사진을 찍고는 챙겨 간 컵라면을 먹으며 3대가 덕을 쌓아야 본다는 백록담을 한 번 만에 보았다며 여기저기 사진을 보냈다.
　간식을 먹는 사이에 구름이 올라와 산 정상을 가렸다. 불과 30분 사이에 누군가는 백록담을 보고 어떤 이는 구름만 실컷 보고 하산하게 생겼다. 구름이 짙어져 내려가는 길도 보이지 않을까 걱정을 했는데 다행히도 내려가는 길은 훤해져 편하게 하산하기 시작했다.
　한 번 등산에 양쪽 코스를 다 보고자 올라갈 때는 완만하고 짧은 성판악 코스로, 내려가는 길은 가파르고 험하다는 관음사 쪽을 택했다. 내려오는 길은 역시 가파르고 험했다. 최소한 네 시간은 걸어야 된다고 생각하니 벌써부터 지치는데 친구의 발걸음은 나비 같다. 올라갈 때는 내가 앞섰고 내려갈 때는 친구가 또 앞장을 섰다. 가다가 멀어지면 기다려주고 도란도란 수다에 발맞추며 걷다가 또 뒤처지는가 싶으면 잠시 숨 고르며 산세를 바라보며 기다려준다. 쉼터 평상에 누워 하늘을 바라보니 신선이 따로 없다. 서로에게 힘이 되어 오르내리니 여덟 시간 만에 한라산 정복을 했다. 남들은 열 시간 걸렸다고도 하고 또 누군가는 아홉 시간이 걸렸다고 하는데 진달래 대피소 사건을 계기로 초인간적인 힘을 냈던 것 같다.
　12시 30분까지 도착 못하면 더 이상 오를 수 없다던 진달래 대피소처럼 때를 못 맞추어 안타깝게 무산되거나 실패로 끝난 일들이 살면서 얼마나 많았던가. 인간관계도 조건만 보고 상대를 평가해서 무안을 당하기 일쑤였고 사소한 일들로 상처를 주고 받으며, 내가 좀 낫다는 착각 속에 살다가 어느 순간 정신을 차리고 보면 상대방이 저만치 앞서 가고 있어 민망했던 적 역시 부지기수다. 대자연 앞에 서면 모두가 겸허해진다. 철저하게 준비하고 계획해도 막상 닥치면 예외가 생기기 마련. 작은 일이라고 우습게 보다가는 세상사 내 뜻대로 되는 일이 하나도 없다.

정상에서 무사히 내려와 한라산 등정인증서를 뽑아드니 실감이 났다. 뿌듯함도 크지만 무엇이든지 하면 된다는 열정이 되살아났다. 산이냐 물이냐이기 전에 산을 제대로 즐기는 법을 배운 한라산, 그래도 또 누군가가 바다 갈래, 산에 갈래 물으면 바다다. 이제는 바다에서 멋지게 파도타기를 하는 내 모습이 눈앞에 아른거린다.

무궁화 피고 지고

최천숙
2010. 4. 천료

　서울 가는 고속버스 창밖으로 무궁화 꽃이 피었다. 키가 크지 않아 눈앞에서 바로 보이고 둥글게 다듬어진 잎새에 꽃이 피어 예쁘고 정겨워 고개를 뒤로 돌려가며 보았다. 흰색, 분홍색, 보라색 꽃이 빠르게 지나갔다. I.C로 들어가기 전 길가에 가로수로 늘어서 꽃을 피우고 있었다.
　이제 7월이 되어가니 10월 추위가 오기 전까지는 피고 지고 하겠지.
　내가 사는 동네의 성당 담장 아래 한 귀퉁이에 무궁화나무가 두 그루 있는데 하나는 흰 꽃이 다른 하나는 분홍 꽃이 핀다. 담장 위의 붉은 장미가 지고 나면, 무궁화가 피어 길을 지나다니며 관심 있게 보았다. 어느 날 나무 아래 땅 위에 꽃봉오리가 많이 떨어져 있어 의아해했다. 무궁화는 한 송이 한 송이가 매일 아침 해를 보고 피었다가 저녁이면 오므라들어 봉오리 모양으로 떨어진다. 매일 새로운 꽃이 피어나는데 여름 내내 2, 3천 개의 꽃을 피운다고 한다.

서울 종로구에 있는 자하문로와 세종대왕 탄생지가 있는 옥인동, 효자동 길도 무궁화 가로수 길이다. 청와대 로터리 주변에 궁정동 '무궁화동산'이 조성되어 더위에도 시민들이 많이 찾는다. 경복궁 등 정부청사가 자리하고 있는 곳이라 하기에는 무궁화나무가 그리 많지 않았다.

무궁화는 우리 민족의 역사와 함께 자라온 꽃으로 우리나라꽃 즉 국화이다. 『천부경』에서는 '유구한 민족혼의 상징'이라 했고, 『산해경』에서는 '무궁화가 피기 시작한 것은 2000년이 넘은 아주 오랜 옛날부터이다'라고 했다. 조선 세종 때 학자 강희안은 '무궁화는 단군이 개국할 때부터 나라꽃으로 숭상했다'고 기록했다. 고조선의 건국 정신이며 사상적 뿌리이고 민족의 얼이 담긴 삶의 공간이었다. 신라시대 학자 최치원이 당나라에 보내는 문서에서 우리나라를 '근화향(槿花鄕)'이라 지칭했으며 승정원일기에는 '근역(槿域)'이라며 무궁화가 많은 땅이라고 기록되어 있다. 중국 기록에는 '군자국지방천리다목근화(君子國地方千里多木槿花)' '군자의 나라 천리에 무궁화나무가 많다' 하고 '조개모낙화(朝開暮落花)' '북방의 군자나라에는 근화가 아침에 피었다가 저녁에 진다'라고 했다.

무궁화는 우리 「애국가」에서도 '무궁화 삼천리 화려강산'을 후렴으로 부르듯 민족의 꽃이다. 끈질긴 생명력으로 피고 지는 꽃으로 옛말에 무궁화는 일만 육천세를 산다고 하여 '무궁하다'고 했다. 고귀하고 지조 있는 군자를 상징하는 꽃 중의 꽃으로 영광을 의미하는 우리 국화(國花)이다.

예부터 우리나라를 일컬어 '동방예의지국'이라며 '군자의 품격을 갖춘 사람들이 사는 보석 같은 나라' '백의민족으로 무궁화가 삼천리에 아름답게 피는 나라'라고 예찬했다.

이렇듯 오랜 역사 속에서 피어온 무궁화가 많은 땅이라 했는데 지금은 그리 많지는 않다. 일제 강점기 식민지 정책으로 우리 민족의 혼을 말살시키기 위해 무궁화를 눈병, 진딧물이 많다는 등으로 폄훼하여 없애버리고 대신 벚꽃을 많이 심은 듯하다. 일제의 잔재는 역사와 풍습에도 오래 남아 있다. 이제 무궁화를 장점은 살리고 단점은 보완하여 전국 방방곡곡에 심어 '무궁화의 나라'라는 명성을 되찾고 싶다.

"무궁화 삼천리 화려강산
대한 사람 대한으로 길이 보전하세"

날개를 펼쳐라

이기화
2010. 9. 천료

직원들이 2인 1조가 되어 한 달에 2~8번 후원자 모집을 하러 나갔다.

어느 날은 마로니에공원, 서울대공원, 에버랜드 등도 가고 그날은 의왕역사로 갔는데 유난히 더웠다. 출구로 이어지는 밖인데 지붕이 플라스틱으로 되어 있어 햇빛이 쏘았다.

얼굴이 새빨갛다. 송글송글 땀방울이 맺히더니 바로 흘러내린다. 가쁜 숨이 목까지 차오른다.

날씨가 제일 더운 삼복더위였는데 1.5리터 물병을 냉동실에 얼려 간다. 얼굴에다 부어도 그때뿐 열기는 식을 줄 모른다. 열기는 몸을 달군다. 좀 나아질까 하고 잠깐 은행에 가서 몸을 식히고 오기도 한다.

그렇다고 멈출 수는 없는 법. 누군가를 위해 참고 견디어야 했다. 행사에 나가 모금한 것으로 독거노인과 저소득층, 미혼모, 결식자 노숙자 등을 도왔다.

신림동에 있는 베이비 박스에 놓여진 아기들에게도 후원금을 보내야 한다. 이종락 목사님께서 운영하시는 베이비 박스에 후원금 전달을 하러 갔었다.

　내가 안아 본 아기는 OO이다. 얼굴이 핼쑥하고 몸이 말랐다. 눈도 안 보이고 말도 못하고 귀도 안 들리는 중장애를 가지고 있다. 낳자마자 베이비 박스에 버려졌다고 했다.

　얼마 후 연차를 내어 딸과 함께 주사랑공동체에 봉사를 하러 갔다. 시설이 많이 좋아졌다.

　딸과 같이 청소를 하고 아기를 봐주는 시간이다. 시각 장애가 있는 여자아기는 눈이 함몰되어 있었는데 손으로 자기 입술을 만지작거린다. 부드러운 촉감을 느끼고 살아있다는 것을 확인하고 싶어서일까.

　OO이는 많이 자라 있었다. 수술도 여러 번 했다고 했다. 좀 나아졌다고 하지만 정상으로 회복하기는 어렵단다. 베이비 박스는 겨울에 아기가 얼어 죽지 말라고 따뜻하게 보온이 되어 있고 불도 켜져 있다. 아기 엄마가 아기를 놓고 갈 때 버튼을 누르면 직원이 벨 소리를 듣고 바로 나가 아기를 데려온다.

　경찰이 와서 아기가 온 것을 확인한 후 시에 신고를 한다. 주사랑공동체는 위기영아일시보호소이다. 일정 기간 있다가 위탁가정에 가서 어느 정도 자라면 보육원으로 옮겨진다. 만 18세가 되면 독립을 해도 고아라는 꼬리표는 평생 붙어 다닌다.

　부모가 출생신고를 했더라면 좋은 가정에 입양되어 사랑 받으며 행복하게 살 수도 있었는데. 참 안타까운 일이다.

　텔레비전을 보니 CBS 방송국 「새롭게 하소서」 프로에 고아 출신 한국고아사랑협회장 이성남 님이 나온다. 고아들이 성인이 되어 독립할 때 나라에서 주는 자립지원금 500만원을 못 받고 나오는 경우가 있었다. 원장이 착복을 한 것을 받게 도와주었다고 한다. 감동이다. 고아들의 든든한 형님이다. 22년도에는 자립준비청년이 운명을 달리한 적이 있었는데 얼마나 힘이 들었으면 그랬을까.

대한민국 헌법 2장 10조에 모든 국민은 인간으로서의 존엄과 가치를 가지며 행복을 추구할 권리를 가진다고 되어있다.

사람이 산다는 것은 무엇인가. 불행해지려고 세상에 태어난 사람은 한 사람도 없다. 태어나다 보니 미혼모한테 태어난 거다.

누구는 귀하게 태어나고 누구는 천하게 태어났는가. 베이비 박스에 아기는 버려진 아기라고 생각할 수 있는데 생명을 지키기 위해 온 아기다.

자립청소년들이여. 날개를 펼쳐라.

오늘 유난히 행사가 잘될 것 같다.

장미 구경

김성윤
2010. 9. 천료

오경자 교수님이 "성윤 씨, 우리 중랑천에 장미 구경 가자"고 하신다. 혼자 가기는 쉽지 않다고 말씀하신다. 몸이 불편한 나에 대한 배려이다. 항상 고마운 분이다. 문우들과 함께 갔다.

꽃 중에 제일 예쁜 것이 장미꽃인 것 같다. 다양한 빛깔들이 정말 아름답다. 장미 향기가 정말 좋다. 많은 사람이 오고 가고 구경들을 한다. 그 속에 다리를 절룩거리는 사람, 전동 휠체어를 탄 사람도 가끔씩 지나간다. 어떤 중년 여인이 휠체어에 할머니를 태우고 다니기도 한다. 그런데 아무도 유심히 쳐다보거나 뭐라고 나쁜 말을 하지 않는다. 그런 것이 예의다. 아무도 편견 차별이 없는 천국을 보는 것 같다. 장미꽃들을 구경하면서 그들의 몸과 마음이, 힘들고 아픈 상처들이 좀 치유가 되었으면 좋겠다.

장미꽃은 아름답지만, 가시가 있어서 더 매력이 있는 것 아닐까? 장미꽃의 가시처럼 모든 사람이 살아가면서 받은 상처와 아픔들이 있을 것이다. 그런 각자의 아픔들을 견디면서 살아간다. 아프지 않은 사람이 있을까? 그 아픔들은 숨기고 웃으면서 살아가는 것이다. 그런 아픔들을 건드려 나보다 못하다고 빈정거리는 사람이 있다. 나보다 못한 사람들을 감싸주거나 모르는 척하면 안 되는지? 요즘 살기 싫을 만큼 사람들에게 상처받았다. 그것도 성당 교우들에게서다. 이젠 아무리 도와준다고 해도 내가 거절을 할 것이다. 아무나 봉사를 하는 것이 아니다. 봉사하면서 불편한 사람의 마음을 헤아리지 못하는 사람들이 있다. 봉사한다고 하다가 더 큰 상처를 주어서 봉사하지 않는 것보다 못한 결과가 온다.

 장미꽃 구경을 다 한 뒤, 카페에 가 이근영 선생님이 아이스 카페라테를 사 주셨다. 감사히 마시면서 이런저런 이야기꽃들을 피웠다. 많은 사람이 시원한 커피를 마시면서 아픈 마음들이 녹아서 시원하게 뚫고 나갔으면 좋겠다. 문학을 해서 글 벗들과 이런 아름다운 구경을 할 수 있다는 것이 참으로 행복하다.

 집에 와서 작은 노란 장미 미니화분을 주문했다.

 세상이 장미꽃처럼 아름다웠으면 좋겠다.

장유유서 흔들흔들

안명영
2010. 11. 천료

떡국 먹는다! 나이 먹는다!

섣달 그믐날 온 식구가 화장실까지 포함하여 대청소한다. 눈썹이 희게 된다고 잠을 이기려 얼마나 눈꺼풀과 씨름했던가. 새해 첫날 새벽 찬물에 세수하고 때때옷 차려입고 부모님께 세배하면, 빠지지 않는 말씀이 "의젓하구나. 이제 몇 살 먹었느냐?" 나이가 모든 것을 해결하는 듯 큰 소리로 대답한다. 떡국을 먹으면 나이 올라간다며 집안 어르신께 세배하고 먹는다. 그런데 몇 집을 다녀 보아도 배는 부르고 나이의 한계점은 한 살이다.

노인은 나이에 따라 지혜의 동산을 쌓아 놓고, 찾아오는 사람에게 나누어 주려 기다린다. 우러러보며 가까이 더 가까이 동네 꼬마들이 모여든다. 떡국은 눈으로 보면서 숟가락으로 떠서 입에 넣고 씹으며 맛을 음미한다. 과연 나이를 눈으로 보고 만져 본 사람이 있는가? 떡국을 먹는다는 표현이 무난하지만, 셀 수는 있어도 볼 수 없는 나이를 왜 '먹는다'했을까.

구기종목에서 팀의 전력을 비교할 때, 약한 팀을 골 많이 먹을 팀이라 한다. 음식은 먹고 토할 수 있지만 경기에서 먹은 골은 이전으로 되돌릴 수 없다. 축구 경기에서 골인되면 철통 수비 키퍼가 최대 피해자가 된다. 단체 종목 경기에 골을 '잃었다'는 것이 무난하지 않을까.

국어사전에 겁(怯)은 무서워하는 마음. 또는 그런 심리적 경향이다. 그리고 '겁먹다'는 무섭거나 두려워하는 마음을 가지는 것이다. 잔뜩 겁을 먹어서 기를 '못쓴다'라 한다. 음식을 '먹는다'는 다툼의 여지가 없지만, '겁먹다'는 글쎄.

나이를 어떻게 산출하는가? 나이는 사람이나 동·식물 따위가 세상에 나서 살아온 햇수를 말하는 것으로 편리함에 정한 것이다. 나이 기준점은 자궁에서 세상으로 나오는 시점이고, 생일에서 다음 생일까지 시간을 1년으로 정한 것이다. 나무도 나이를 먹어 나이테 수로 나타내고, 죽으면 나이는 먹을 수 없는 것이다.

일본의 선승 이큐(一休)는 왕자로 태어나 궁중에서 쫓겨나 출가하고, 향을 팔아 목숨을 연명해 나갔다. 어느 봄날 까마귀 울음소리를 듣고 깨달음을 얻어 선시를 짓는다.

> 벚나무의 가지를 부러뜨려 봐도 / 그 속엔 벚꽃이 없다./ 그러나 보라. 봄이 되면 / 얼마나 많은 벚꽃들이 피는가.

겨우내 죽어 있던 벚나무 가지 속엔 벚꽃이 없다. 어, 어디에 숨어 있다가 봄이 되자 활짝 피어났지. 실상은 봄이 오는 것이 아니라 그것을 보고 있는 사람이 오며, 꽃이 피고 지는 것이 아니라 그것을 보는 사람이 태어나고 죽음을 반복하는 것이다.

시간을 보았다는 사람은 보지도 듣지도 못했다. 다만 사람들이 바늘이 있는 시계를 생활에 도입하여 초침이 증가하여 분침이 움직이고,

시침이 이동하는 것을 시간이 '흐른다'로 하지 않았겠는가. 사람과 시간은 어떻게 얽히게 될까?

물은 예나 지금이나 낮은 곳으로 흐르고 시간은 어제에서 오늘로 내일로 흐른다. 사람은 시간이라는 배에 오르는 순간 태어나며 내리면 죽는 것. 시간이란 배에 탄 사람이 앞쪽을 보면 멀리 있던 경치가 다가와 지나간다. 앞을 미래 그리고 뒤는 과거로 되는 것이다. 뒤를 보고만 있다면 다가오는 경치는 보지 못하고 멀어지는 경치를 보게 되며, 한참 후에 돌아보면 강 언덕이고, 바야흐로 과거는 커지고 미래는 짧아진다. 반면에 앞만 보고 있으면 과거는 보지 못하는 것이다.

나이가 경험 축적의 지표로 여기던 시대에서, 휴대폰 속에 정보와 자료가 저장되는 세상이 되고, 경험보다 빠른 손놀림을 중시한다. 노인이 지식의 동산을 지니고 있던 시절에는 찾아 공손하게 얻어간다. 그러나 오늘날은 많은 정보를 꺼내어 사용하는 검색의 시대이며, 나이 순서로 대접받던 시절은 지나고 있다. 공손하게 물어야 하며, 모르는 것을 묻는 노인은 나이를 뛰어넘는 아름다움이 있다. 어제를 길게 보는 사람은 내일이 짧아지며, 과거에서 헤어나기 어렵게 된다.

인생의 내리막에 들어서면 친구는 멀어지며, 반갑지 않아 피하고 싶은 병원을 자주 찾게 되는 것이다. 나이를 먹을수록 가슴에 주렁주렁 훈장이 아니라 마음의 주름이 늘어만 간다. 노인은 조마조마하고 젊은 간호사는 능수능란하게 팔뚝에 고무밴드로 조이고, 피 뽑는 주사기에 집중한다. 노인은 혈압, 당뇨 등을 체크하고, 젊은 의사에게 다가서 두 손을 모으고 공손히 고개 숙인다. 의사가 컴퓨터 마우스를 작동할 때마다 포물선이 나타나고 옮겨 겹치고 확대축소를 반복한다.

노인은 조심스럽게 "선생님! 가려야 할 음식이 무엇인가요?" 그래프를 보고 또 보고는 엄숙하게, "나이 빼고 다 먹어도 됩니다."

"가리지 말고 잘 먹으란 말씀인가요?"

"허둥지둥 나이를 먹을 건가요!"

한참 만에 노인은 알았다는 듯 빙그레 웃는다. 병원을 나서며, "아하, 나이로 대접받는 시대는 지났지. 장유유서 흔들흔들하는구나."

노인의 상상력은 치솟는다. 나이순으로 저승에 간다면, 나이를 속이기 위하여 변칙이 난무하지 않을까. 저승사자에게 건강 확인증을 보이겠는데….

많이 먹어 좋은 것이 아닌 나이를 제대로 먹는 비결은 무엇일까?

언제든지 뺄 수 있게 나이를 '더한다'라는 표현은 어떨까!

개구리자리

서정애
2011. 1. 천료

초록 얼음꽃이다. 개구리자리가 봇도랑 얼음 속에서 세 갈래 잎을 펼치고 있다. 모진 추위를 딛고 겨울 무채색에 맞서 존재를 알린다. 푸른 결기에 발길을 멈춘다.

개구리자리는 미나리아재비과의 두해살이풀이다. 개구리들이 좋아할 만한 논 주변 수로나 도랑, 하천 언저리에 자란다. 놋동이풀, 늪바구지라고도 한다. 꽃말은 '님의 모습'이다.

아버지 장례를 마치고 친정 분위기를 바꾸기로 했다. 도배와 장판을 새로 깔고 환한 색의 커튼을 달았다. 화장실 창문과 주방 싱크대도 갈았다. 묵은 가재도구를 들어내는데 낡은 나무 의자가 눈에 들어왔다. 생전의 아버지가 무료할 때면 즐겨 앉던 곳이다. 주인 잃은 의자는 구석에 방치된 채 있었다.

부모님은 계단을 사이에 두고 교의(交椅)에 앉아 나란히 뜰을 내려다보곤 했다. 각각의 자리에서 계절 따라 오가는 꽃과 함께 아침을 열었다. 봄의 수선화, 여름 담장을 물들이는 능소화와 파초, 가을의 보랏빛 쑥부쟁이가 계절을 수놓았다. 돋아난 새싹, 어제보다 푸르러진 이파리, 하루하루 도톰해지는 꽃망울과 줄기, 피어나는 꽃을 보며 두런두런 얘기를 주고받았다. 불화했던 지난날은 언제 그랬냐는 듯이 삶의 황혼기에 들어 부모님은 각별한 정을 나누었다. 그 모습이 보기 좋아 새로운 꽃과 관목류를 심어드렸다.

젊었을 적 아버지는 손대는 일마다 곤두박질쳤다. 그것은 엄마의 실패이기도 했다. 옆에서 지켜보며 뒷수습의 고통을 당하다 보면 억울함이 밀려왔을 것이다. 가장의 역할은 엄마가 고스란히 감내해야 할 몫으로 얹혔다. 마음을 지탱해줄 자리가 있었다면 견뎌내기가 수월했을 텐데 어디에도 기댈 곳이 없었다.

아버지 귀천(歸天) 후 엄마는 한동안 곡기를 끊다시피 했다. 하루 한 끼, 그것도 물에 밥을 말아 두어 술 뜨면 그만이었다. 어지럼증은 갈수록 심했고 기억력이 현저히 떨어졌다. 마당에 넘어져 아찔했던 적도 있었다. 하루 한 번 복용해야 하는 뇌졸중 약을 잊어버리고 두 번 먹은 것도 원인이었으리라. 홀로 우두커니 당신 의자에 앉아 있거나 방으로 들어가 눕는 것이 일과였다. 가까이 지내던 이웃 노인들을 집으로 청했지만 어울리지 못했다. 대문 밖이 천 리라도 되는 듯 나가려고 하지 않았다.

엄마는 곧 툴툴 털고 일어날 것이라고 여겼다. 불편한 다리로 힘들었을 아버지 병간호에서 놓여나니 홀가분함도 있을 것이라는 내 생각은 빗나갔다. 아버지와 추억을 떠올리며 자주 눈시울을 붉혔다. 늘그막에 아버지 따라 시작했던 운동과 함께했던 여행에 대해, 한평생 원망만 했는데 알고 보니 자상함이 많았다는 것, 새삼 지아비 사랑을 많이 받았다는 얘기를 밑도 끝도 없이 꺼냈다. 자주 다투는 것을 보아왔던 터라 그 모습이 생경했다.

떠나는 것들은 스스로 흔적을 지운다. 한 치 앞을 분간할 수 없을 정도의 물안개가 아침 햇살에 감쪽같이 사라지는 일, 물길 남기지 않고 흘러가 버리는 개울물이 그렇다. 그러나 사람이 남긴 흔적은 그렇지 않다. 사라진 자리를 바라본다는 것은 쓸쓸한 일이다. 하물며 지아비가 머물렀던 자리임에야…. 가만히 누워있으면 구석구석 아버지 손길이 느껴지고 함께 나누었던 대화가 떠오른단다. 부쩍 아버지가 그립다고 했다.

친정 주방엔 두 분만의 작은 식탁이 있다. 엄마는 큰마음 먹고 장만한 것이라며 매우 아꼈다. 처음 몇 년간 식탁에 조금만 자국이 나도 쓸어보며 언짢아했다. 갈수록 젓가락이나 칼자국, 아버지가 얇은 종이를 대고 글씨 쓴 흔적까지 더해졌다. 당신은 더 탄탄한 것을 사지 못한 것에 대해 후회했다. 오랜 세월이 지나자 흔적들은 추억으로 남아 특별해졌단다. 아버지 생각에서 벗어나지 못하는 엄마가 조금씩 이해되었다.

삼청동 초입에 있는 두가헌(斗佳軒)은 매우 아름다운 집이란 뜻이다. 1910년대에 지어진 한옥 맞은쪽에 러시아식 붉은 벽돌 건물이 있는 독특한 풍경이다. 한 울타리 안에 한옥과 양옥이 공존하지만 충돌하지 않도록 높이와 크기를 조정하여 조화를 이룬다. 각자의 자리를 지키면서 이색적인 멋을 풍긴다. 생판 다른 두 사람이 만나 질곡의 세월을 건너 회혼식까지 훌쩍 넘긴 부모님의 인연도 그런 것인지 모른다.

존재는 자리를 남긴다. 가 버린 시간은 공간에 남아 한때의 흔적을 드러낸다. 꽃이 머물다 간 곳엔 자태와 향기로, 사람이 머물다 간 자리엔 억양과 몸짓 등이 남는다. 한때 아버지가 머물렀던 자리는 이제 그 어떤 것으로도 다시 채울 수 없다. 엄마는 아버지의 흔적을 지우지 못해 '그립다'라는 말로 대신하는 것일까. 당신은 건너편 빈 의자를 바라보며 아득한 표정을 지을 때가 많다. 여전히 아버지가 그 자리에 계시는 듯 많은 얘기를 주고받는지도 모르겠다.

당신은 요즘 뜰에서 많은 시간을 보낸다. 불편한 몸을 구부려 웃자란 원추리와 쑥부쟁이 줄기를 베고 무성한 금낭화를 솎아내며 꽃을 가꾼다. 수시로 찾아드는 허망함을 붙잡아 매려는 안간힘 같은 것인지도 모른다.

"고생만 시키면서 나를 무시한다고 원망했는데 너거 아부지는 멋도 있고 잔정이 많았다. 생각해 보니 나는 가진 게 참 많은 사람이다. 이만하면 복 많은 노인네다."

매일 내게 전화하는 엄마의 목소리가 한결 밝아졌.

개구리자리 동글 납작한 잎은 개구리가 앉기에 안성맞춤이다. 꽃이 피면 청개구리가 그 속에 있는 것처럼 보일 때도 있다. 매끈한 꽃잎은 샛노란 색종이처럼 반짝인다. 타원형 녹색 씨방은 수많은 씨앗을 담아 겨울을 난다. 엄마는 평생 아버지의 자리가 되어준 줄만 알았는데 돌이켜 보니 아버지가 당신의 든든한 '자리'였나 보다.

부부는 수많은 갈등과 고민, 역경을 넘어 서로에게 곁을 내주면서 행복을 느끼는지도 모르겠다. 남남으로 만나 평생을 함께하는데 어찌 내 마음 같을 수 있겠는가. 삶의 벌판엔 예기치 않은 폭우와 태풍이 있기 마련이다. 어느 한쪽의 일방적인 희생으로 자리를 내주는 것이 아니라 서로 기댈 수 있을 때 비로소 온전하지 않을까 싶다. 두 분은 평생 싸우는 것처럼 보였지만 돌아가신 아버지를 그리워하는 엄마를 보면서 생각한다. 개구리자리는 개구리의 의지처라고 생각했는데 어쩌면 그 반대가 아니었을지도 모르겠다.

봄이 되면 '초록 얼음꽃' 개구리자리는 수많은 꽃을 피울 것이다. 곧 추세운 긴 줄기 끝에 또 다른 줄기를 내며. 그때쯤 개구리들이 다시 찾아와 두런두런 옛이야기를 나누는 모습을 그린다.

공생의 법칙

김순덕
2011. 1. 천료

우리 집에 새가 집을 지었다.

하루 한 번씩 꼭 다녀오는 세컨하우스 현관 앞에 문만 열면 닿을 듯한 처마 밑에다가 새가 집을 짓고 버젓이 새끼를 까서 기르고 있다. 하필 넓고 넓은 곳을 놔두고 이 협소한 자리를 택해서 둥지를 틀었을까?

아직은 공포가 뭔지를 모르는 천진난만한 새끼들은 제법 짹짹거리며 어미를 기다리는 눈치다. 어미는 삼엄한 경계를 품고 불안감으로 애가 타는지 먹이를 물고 와 주위를 맴돌곤 한다. 그럴 때는 사람이 알아서 비켜주어야 새끼들에게 안심하고 먹이를 먹여주게 된다.

어미는 먹이를 물고 와서 후루룩거리고 새끼들은 하나같이 주둥이를 빼 물고 야단법석을 떤다. 그래도 어미는 차례차례 서열을 두고 골고루 먹이를 먹이는 모양이다. 크고 작은 놈 없이 고르게 커 가는 모습을 보니 저 새집 안에도 질서의 리듬은 있겠다 라는, 생각이 든다. 골고루 먹이를 얻어먹었는지 크기도 비슷하니 말이다.

며칠 지나더니 제법 깃털을 세우고 야단법석을 떤다. 비행을 꿈꾸는 녀석들을 보노라니 서너 살 아기들이 천방지축으로 자기 행동을 시험하고 있는 것 같이 보여 앙증스럽다. 저렇게 비행 연습하다 보면 멀지 않아서 둥지를 떠날 것 같다. 새들은 한번 날아가 버리면 제 둥지를 다시는 찾아오지 않는다.

장마가 온다는 일기예보만 있지 비는 내리지 않고 날씨만 후덥지근하다. 벼 포기가 벌써 이삭을 내밀고 있다. 가을이 문턱까지 도달했다는 생각에 실감이 난다.

한두 마리가 보이던 고추잠자리 개체수가 늘어난다. 그들은 어찌하여 이 변화무쌍한 세월의 감각을 먼저 감지하고 있을까?

한낮에 고추밭을 비행하는 고추잠자리 병정들은 바람에 휘둘리다가 나뭇가지에 내려앉아 앉은뱅이 그림을 그리는 녀석들도 있다. 면경 알 같은 둥근 눈알이 빛을 발사할 때마다 햇볕이 쨍쨍하게 끝장을 띠면 날아오르지 않고는 견딜 수 없는지 소슬바람 한 자락에도 양쪽 날개로 좌우를 조정하며 날아다닌다. 잠자리 떼를 보다가 보니 문득 어릴 때 생각이 난다. 잠자리 꽁지를 잘라내고 가느다란 꼬챙이를 끼워 날려 보내면 그래도 끄떡도 없이 날아가곤 했다. 놀이문화가 어설펐던 우리 어린 시절엔 잠자리들에게 괴롭힘을 주며 즐겼다니 얼마나 아팠을까? 장애를 입었던 잠자리의 최후는 어땠을까 하는, 곤충들도 어엿이 생명을 지녔는데, 철없는 나이에 몹쓸 짓을 했었다는 생각이 든다.

고추밭 이랑에 깔아 놓은 덮개 틈새로 개미 떼가 입에 먹이를 물고 한 줄로 길을 내며 기어간다. 장마가 올 모양이다. 비가 오려고 하면 개미가 먼저 감지하고 안전지대로 이사 간다고 한다. 끊어질 것 같은 잘록한 허리에 비해 무거운 엉덩이, 그 무게에 지쳤는지 꽤 한참 쉬고 있다. 어쩜 행선지 이탈로 길을 잃고 방향을 조율하고 있을지도 모른다.

옛날 어른들은 하잘것없는 곤충들의 움직임을 포착하고 그날 날씨를 예측했었다니 얼마나 슬기로웠나. 일기예보를 접하지 못했던 시대엔 만물의 영장을 살피며 대처해도 큰 불편 없이 살아내셨다.

해종일 달려온 지친 햇살도 목말라하는데 비는 여러 달째 내리지 않고 계속 가뭄이 드는데 개미 떼를 보니 심상치는 않다는 생각이 든다. 장마가 오긴 오려나 보다.

먼지로 덮개 앉은 밭이랑은 고추를 따기 위해 엉덩이에 떠 붙이고 다니는 손수레 때문에 고속 도로로 변했다. 개미 몇 마리가 바퀴에 깔려 죽어가는 모습이 고통스럽게 보인다. 비가 올 것 같으니 안전한 곳으로 살기 위해서 이사를 가다가 변을 당한 것이다. 나 때문에 당한 개미들의 죽음이 괜히 애잔해 보인다.

이 땅의 모든 생명체는 함께 공생하며 살아간다는 일치를 볼 때는 우주의 섭리는 우리 인간의 머리로서 감지하고 헤아리기엔 한계가 있지 않을까 하는, 생각도 가져 본다.

하늘엔 새들이 땅엔 여러 가지 생명체들이 인간과 함께 공생하며 각자 자기들의 생활 법칙을 지키며 이 우주 공간을 질서 현란하게 공유하며 살아가는 것이다. 모두가 함께 살아가는 공생의 법칙이다.

김유정역에 눈이 내린다

정금지
2011. 3. 천료

　오늘은 독서 모임이 있는 날이다. 정오가 되면서 갑자기 눈이 펑펑 쏟아지기 시작했다. 집을 나서기가 망설여졌지만, 친구 전화를 받고 용기를 냈다. 우리는 서울로 가는 전철을 탔다. 차창 밖으로 보이는 눈 내리는 정경은 마음을 설레게 했다. 더 가고 싶은 마음을 뒤로 하고 다음 역에서 내렸다.
　김유정역이다. 눈앞에 설국이 펼쳐졌다. 눈 덮인 작은 마을은 깊은 잠에 빠진 듯 고요했다. 얼마 만인가. 가을이 지나면 어김없이 겨울이 왔지만, 예전의 겨울이 아니었다. 근래에 들어서는 눈다운 눈을 보지 못하고 그냥 지나간 적도 있어서 어쩌면 이제는 이런 눈을 볼 수 없을지도 모른다는 생각을 한 적도 있었다. 다행히 겨울 초입에 들어서자 이렇게 많은 눈이 내려 계절이 다시 돌아온 것 같아서 반가웠다. 눈 내리는 시골 풍경이 마음을 푸근하게 하고 아늑한 느낌으로 다가왔다.
　어느새 또 한 해를 보내야 하는 12월, 한 장 남은 달력의 반이 지나고 있다. 오늘은 김유정역에 있는 문학열차에서 매월 한 번씩 열리는 유정독서모임 마지막 날이다. 역사를 나와 왼쪽으로 향했다. 눈 덮인 얕은 담장 사이를 지나 그림으로 서 있는 귀여운 꼬마역장을 만나고, 몇 걸음 더 가자 두 번째 문이 위태롭게 서 있다. 기둥 옆에 있는 강아지 머리와 등에도 하얀 털처럼 눈이 얹히고, 같이 있는 노신사도 모처럼 눈을 맞고 있다. 검은 베레모에 검은 외투를 입고 지팡이를 짚은 실루엣으로 서 있는 노신사, 그는 누구인가. 눈을 맞고 서서 누구를 기다리는가. 무엇을 기다리는가. '기다림이란 희망의 나무에 시간과 약속의 물을 주는 것'이라고 쓰인 긴 외투를 입고 있다.

가깝게 보이던, 서 있는 문학열차는 앞으로 달려가고 있는 것처럼 눈발에 가려 뒷모습만 아득하게 보였다. 눈앞에 하얀 눈길이 길게 뻗어 있다. 순백의 길 위에 발자국을 내기가 망설여졌다. 눈을 맞으며 천천히 걸었다. 지나간 날들 속에 눈과 함께 추억할 수 있는 날을 떠올려 보려 하지만 머릿속이 텅 빈 거 같다. 눈앞에 보이는 풍경이 그 빈자리를 채웠다. 옆으로는 은퇴한 철로가 나란히 누워 눈을 맞고 있다. 같이 있으면서도 영원히 만날 수 없는 평행선의 운명을 함께 하려는 듯 레일 위에도 눈이 소복하게 내렸다. 하얀 길을 걸어 도착한 문학열차 안에는 낯익은 얼굴들이 많이 보였다. 눈길을 뚫고 이렇게 모인 걸 보면 열정이 대단하다. 유 교수의 얼굴에도 환한 미소가 번졌다.

1차시에는 강원도 출신 작가들 이태준, 이효석, 김동명, 박인환과 현재 활동 중인 이순원, 김별아 소개에 이어 이태준의 생애와 문학적 특징에 대한 강의를 들었다. 이효석의 「메밀꽃 필 무렵」, 김동명의 「파초」, 박인환의 「지금 그 사람 이름은 잊었지만」 정도는 쉽게 떠올릴 수 있지만 나는 한국의 모파상으로 불리는 이태준을 알게 된 건 얼마 안 되었다. 유 교수는 1904년 철원 출생 소설가 이태준에 대해 많은 시간을 할애했다. 그의 불우했던 생애 그리고 월북, 쓸쓸한 마음으로 창밖을 내다보았다. 여전히 눈이 내리고 우리는 출발을 모르는 열차 안에서

한 사람 이야기에 흠뻑 빠져들었다. 옆으로 전철이 지날 때마다 신작로에 먼지가 일듯 눈보라가 일었고 지나는 열차 위로 굵은 전깃줄에 얹혀있던 눈이 밤송이처럼 떨어져 내렸다. 탄성이 저절로 나왔다.

2차시에는 이 마을 김유정 문학촌의 이야기일 수도 있는 1935년에 발표된 김유정의 「아내」를 돌아가며 낭독했다. 남편이 보기에도 요만치도 이쁘지 않은 아내. 이마가 훌떡 까지고 둥글넓적이 내려온 하관에 멋없이 쑥 내민 입, 먼 산 바라보는 도야지의 코를 한 아내가 똘똘이를 낳고 나서는 밥을 두 사발이나 먹고도 남편 사발에서 한 구덩이 더 떠먹는다. 그런 아내가 들병이로 나가겠다고 훌륭한 생각을 했다. 남편은 그 말을 듣고 소리를 가르치기 시작했다. '밑지는 농사보다 이 밥에, 고기에, 옷 마음대로 입고' 호강을 해 보고 싶다. 아내는 얼굴이 박색이라도 수단이 있으면 된다고 한다.

남편은 읍에 가서 나무를 팔고 밤길 삼십 리나 걸어오는데 눈이 푹푹 쌓여서 발모가지는 떨어져 나가듯이 저리고 곧 쓰러질 듯이 허기가 졌다. 얼른 집에 가서 밥 한 그릇 먹고 소리를 가르칠 생각을 하는데 술청 옆을 지나다가 바깥방에서 나는 아내의 웃음소리를 듣는다. 문틈으로 보니 뭉태하고 술을 먹고 있다. 술상을 걷어차고 아내를 끌고 나와 눈에다 틀어박았다. 먹고 사는 문제는 예전이나 지금이나 눈물겹다.

두 시간 모임이 끝나고 문학열차에서 내렸다. 눈은 그쳤다. 철길 건너에 흑백 사진처럼 구 김유정역사가 있다. '신남역'이 지금의 '김유정역'으로 바뀐 건 2004년이다. 간이역이 정겹다. 가슴에 '나신남'이란 명찰을 달고 그림으로 서 있는 뚱뚱한 역장은 청량리행 5,200원 무궁화호 열차표를 들고 있다.

우리는 왔던 길로 되돌아섰다. 그사이 눈길에는 발자국이 많이 보였다. 친구한테 고마운 마음이 들었다. 오길 잘했다. 눈 내리는 날 김유정역에 가 보자. 선물 같은 시간이 기다릴 것이다. 전철을 타고 돌아오는 길은 너무 짧아서 아쉬웠다. 영원히 기억될 꿈 같은 시간이었다.

새로운 시작을 할 수 있는 나이

유경희
2011. 4. 천료

드디어 끝났다. 모레면 '이야기 활동가' 수료증을 받는다. 수업은 일주일에 한 번, 두 시간씩 10주 동안 도서관에서 무료로 진행되었다. 그중 마지막 2주는 실습이다. 실습이 가나다순이어서 나는 지난주에 이미 발표를 마쳤다. 이번 주는 가벼운 마음으로 가서 한 시간은 다른 사람의 발표를 듣고, 그 후 진행되는 수료식에서 수료증과 자격증만 받아들고 오면 된다.

처음 구청 소식지에서 모집 공고를 볼 때 가슴이 뛰었다. 내가 잘할 수 있는 분야인 것 같아서다. 이전에 방과후학교에서 책을 읽어 준 경험이 있어 자신 있었다. 그때 내 목소리에 집중하는 아이들을 보며 신기하고 뿌듯했다. 어린이집이나 유치원, 도서관에서 동화책을 읽어주고, 수입도 생긴다니 일석이조가 아닌가. 더군다나 손주가 태어나면, 등장인물에 어울리는 목소리로 책을 읽어주는 할머니를 좋아할 것 같아 배우고 싶었다.

신청 당일 깜짝 놀랐다. 60세 이상 중랑구에 사는 시니어들만 모집하는데 3분도 안 되어 마감되었다.

10시가 되자마자 신청했는데 접수 번호가 끝에서 두 번째다. 첫 수업 날 강의실에 들어가 보니 우리 나이로 63세인 내가 거의 막내다. 환갑이 넘은 나이에 새로 배우고 도전하는 사람이 이렇게나 많다는 사실에 세월의 변화를 실감한다.

2025년 통계청에서 발표한 '2024 한국의 사회지표'에 의하면 2023년 한국인의 기대 수명은 83.5세이다. 사람들은 이 평균 수치에서 병이나 사고로 사망한 사람들을 제외하면 기대 수명을 120세 정도로 생각하는 것 같다. 이젠 '골골 100세'라는 말도 옛말이다. 평균 수명이 길어진 만큼, 정년 이후에도 활발하게 제2의 삶을 살아가는 사람들이 많아졌다. 환갑을 넘긴 후에 새로운 시작을 하는 사람, 정년을 마치고도 일터를 떠나지 않는 사람이 늘고 있다.

매달 셋째 주 목요일에 만나던 대학 동아리 동기들의 모임이 올 들어 네 번째 주 토요일로 바뀌었다. 만남의 시간도 유연하다. 시간이 되는 사람은 일찍 만나서 박물관이나 미술관, 궁궐 등의 해설 관람을 하거나, 숲을 걷는 등 문화 활동을 한다. 그 후 4시쯤 카페에 가고, 5시 30분쯤 식사를 하는데 일정을 단톡방에 올리면 각자 참석 가능한 시간을 표시한다. 직장에 다니던 때는 저녁 6시 모임에 나올 수 있던 친구들이 자영업이나 시간제 근무를 하게 되면서 평일 6시에 오기 힘들게 된 데다 토요일에도 근무하는 사람들이 여러 명 생겼기 때문이다.

요즘 들어 퇴직한 친구들이 하나둘씩 하고 싶던 일을 시작하는 모습을 본다. 일을 놓은 빈자리를 취미로 채우기도 한다. 그림을 그리거나 등산, 봉사활동 등 젊을 때는 바빠서 하지 못 했던 일들을 시작하며 생활의 리듬을 찾고 행복해 한다. 그런 친구들을 보면 인생 2막은 자신이 좋아하는 일에 시간을 투자하는 것이라는 생각이 든다. 퇴직 전에는 '해야 하는 일'이 삶의 중심이었다면, 퇴직하고 나이를 먹은 지금은 '하고 싶은 일'이 중심이 되는 것 같다.

물론 연금을 많이 받거나 모아 놓은 자금이 많은 사람이 아니고서는 살아가기 위해 일을 놓을 수 없는 경우도 있을 것이다. 그래도 지금은 인생 2막이 더 이상 '남은 삶'이 아니라, 내가 선택하고 꾸려가는 '새로 고른 삶'이라는 표현이 더 어울리는 시대다. 주변에는 60세가 넘어 제과제빵을 배워 빵집을 운영하는 사람도 있고, 자격증을 따 박물관에서 해설가를 하는 친구도 있다. 미술관에서 자원봉사를 하는 지인도 있고, 실버 모델을 하는 이도, 기술을 습득해서 지금까지와는 전혀 다른 업종에 도전하는 사람도 있다. 도전은 어렵고 두렵지만, 그들은 그 속에서 충만함과 활기를 얻는다. 그러고 보면 60대는 하던 일을 끝내는 시기가 아니라, 오래 미뤄뒀던 일을 비로소 시작할 수 있는 나이인지도 모른다.

나이가 들면 하고 싶은 일이 줄어드는 줄 알았다. 그런데 막상 나이가 드니, 하고 싶은 일이 더 많아졌다. 시간이 많아진 탓이다. 체력과 경제력이 따라주지 않는 게 문제이지, 의욕만은 젊은 시절보다 넘친다. 아이들 키우며 바쁘게 살던 시절에는 생각조차 못 했던 것들을 이제는 시작할 수 있는 여유가 생겼다.

〈이야기 활동가〉 과정을 듣고 자격증을 받겠다고 생각할 때는 뭔가 새로운 일을 시작할 수 있을 것 같았다. 그런데 막상 과정을 끝내고 나니 과연 나를 채용해 줄 곳이 있을까 싶은 걱정이 앞선다. 인물의 목소리를 형성해 내는 일도 생각보다 어려웠다. 우습게도 내 나이의 할머니 목소리를 내는 일이 제일 힘들다. 지금의 내 목소리가 아닌 옛날 옛적 꼬부랑 할머니의 목소리를 내야 하니 말이다. 그래도 하길 잘 했다. 비록 이 길로 나가지 못할지라도 10주간의 도전은 재미있고 의미 있었다. 뭔가를 배워서 써 먹지 못하더라도, 새로운 것을 배우고 알아가는 재미 또한 쏠쏠하다. 우리 삶은 아직도 많이 남았다. 이제부터 그 시간을 알차게 채우는 건 내 몫이다.

여행은, 지우기

임대순
2011. 7. 천료

스페인과 모로코, 유럽 남쪽 끝으로 해서 아프리카 북쪽까지다. 이렇게 멀고 긴 여행은 처음이다. 중간 기착지(카타르 도하 공항)에서 가진 커피 타임이 좋았다. 이제 막 여행이 시작되었다는 넉넉함이 좋았고, 그런 우리를 따라 하는 일행이 있어 좋았다.

이베리아반도는 넓다. 특히 바르셀로나에서 지브롤터로 가는 길은 멀다. 말이 반도지 우리나라 열 배도 넘는 작은 대륙이다.

자연히 창밖을 보게 된다. 온통 올리브밭이다. 넓은 들판이 가로수를 뒤로 스쳐 보내며 함께 달리는 것 같다. 그 끝으론 지평선에 허리가 반쯤 잘린 산들이 보였다 사라지곤 한다. 확실히 먼 산이 덜 검고 푸르다. 가만히 보니 산들도 움직인다. 올리브밭을 밀어내며 느리게 느리게 나랑 같은 방향으로 달린다.

함께 달려 다다른 곳 지브롤터, 유럽의 남쪽 땅끝 마을이다. 스페인 땅이지만 영국령이라 또 한 번의 출입국 도장을 여권에 남긴다. 수에즈 운하가 있기 전엔 지중해 바깥 바다 대서양으로 나갈 수 있는 유일무이한 통로, 그 목젖을 지금도 영국이 누르고 있다.

뱃길로 40분, 건너가 보고 알게 되지만 모로코 북부는 아프리카가 아니다. 그냥 유럽의 큰물 건넛마을이다. 좀 높은 곳에서 보면 건너편 산이 보일 정도로 가깝다. 늘 서로를 지켜보던 지브롤터 해협, 그곳을 건너온 카르타고의 한니발 장군에 한때 로마가 식겁을 했고, 결국은 건너온 이슬람 세력에 굴복한 스페인은 800년 동안이나 같은 이슬람 국가로 살아간다.

이윽고 카사블랑카다. 영화로 더 잘 알려진 두 남녀의 감동적인 재회와 희생적인 이별이 녹아있는 도시다. 비록 영화 속 하얀 집 그 카페는 아니지만 같은 바다 대서양을 바라보며 여유로운 시간을 가질 수가 있어 좋았다. 대서양의 일몰은 길고 느리다. 젊은 날 영화로 반하고 노래에 취했던 카사블랑카. 희미한 노랫말이 파도에 밀려나간다. 한번은 오고 싶었던 곳이지만 현실은 항만 크레인들이 즐비한 모로코 제일의 항구도시일 뿐. 오랜 로망 하나 지운다.

다시 스페인이다. 이동하는 도시에서마다 보는 성당, 이젠 헷갈리기 시작한다. 외국인들이 우리 사찰과 일본 사찰을 구별하지 못하는 것처럼. 가이드의 소매치기 조심하란 말은 여전하고 물과 화장실 불편한 것도 달라지지 않는다. 이러니 유럽 사람들이 모든 게 편리한 서울을 좋아할 수밖에 없다. 등급이 있다는 호텔도 살짝 허술하다. 콘센트 위치도 제멋대로고 헤어드라이어도 가끔 고장이 나 있다. 살피러 온 직원들은 명랑은 하나 둔한 편이다. 섬세함은 서울이 한 수 위다.

하기야 사는 방식이 먹는 문화부터 다르다. 우리는 뭘 하기 위해 먹지만 그들은 먹기 위해 먹는다. 하루에도 네다섯 번 먹으며 담소하는 게 삶의 큰 부분이다. 어느 쪽이 더 나은 삶인 건지는 또 다른 문제겠지만.

모로코 어느 카페에서였나 마을 풍경을 찍는데 살짝 비켜주던 앞자리 두 여인, 아마도 모녀 같았던. 선글라스 아래로 보이던 싱그러운 미소와 모스크 정문을 지키며 사진 포즈를 취해 주던 기마병의 표정, 길을 알려주곤 우리가 골목 끝을 돌 때까지 지켜보던 주름 깊은 남자의 얼굴. 오래 기억될 것 같다. 모름도 그렇게 모름인 채로 오래 간직할 수 있음이라.

꼭 와 보고 싶었던 곳, 무엇보다 이제 여기 생각을 더 하지 않아도 될 것 같아 좋다. 이래서 여행은 오랜 생각 하나 지우는 것이기도 하나 보다.

파도 없는 바다

송창윤
2012. 9. 천료

　강풍이 휘몰아치고 싸락눈이 흩날리는 날, 제주시 도두항을 찾았다.
　선착장에 묶인 고깃배와 요트, 제트보트들이 출렁이고, 방파제에 걸려 부서지는 파도의 하얀 물거품이 솟구쳤다가 이내 사라진다. 갈매기들은 제철을 만난 듯 끼룩거리며 군무를 펼친다.
　몇 해 전, 초등학교 다니는 손주들과 함께 하롱만 해양공원을 다녀왔다. 하노이에서 165km 떨어진 통킹만에는 카르스트 지형의 섬들이 점점이 흩어져 있다. 1천600km²에 달하는 에메랄드빛 바다 위로 3천여 개 기암괴석이 수석처럼 떠 있는 곳. 삼다(三多) 섬 제주와 함께 2011년 '세계 7대 자연경관'으로 선정된 섬들의 숲이다.
　뚜언저우엉 선착장에서 손녀 손자와 목조 판옥선을 타고 섬 숲을 산책한다. 잔잔한 물결 위로 바위의 그림자가 드리우고, 새들의 날갯짓 소리가 들리는 듯하다. 바다 내음을 호흡한 지 20여 분, 대나무처럼 뾰족하게 솟은 바위들이 하나둘 모습을 드러낸다. 손을 뻗으면 닿을 듯한 기암괴석 위로 푸른 나무와 녹색 식물이 어우러진 거대한 자연의 석부작(石符作)을 이루고 있다. 원숭이들이 바위와 나무를 하나인 듯 오르내리고, 이름 모를 맹금(猛禽)이 한가롭게 선회하며 먹이를 찾는다. 물 위에 섬들을 펼쳐 놓으신 창조주의 솜씨를 경탄하며 사방을 둘러보았는데, 왠지 갈매기는 보이지 않는다. 갈매기 없는 바다가 있을까.

처음엔 뱃멀미를 걱정하던 손주들이 삐걱거리는 갑판을 운동장처럼 뛰어다닌다. 촘촘한 섬들 사이로 수상 가옥들이 하나둘 다가오자, "저 사람들은 어떻게 살아요?" 하고 손자가 묻는다. 빗물을 받아 식수로 쓰고, 배설물과 음식물 쓰레기는 '청소 배'가 거둬 간다는 설명에 아리송한 표정을 짓는다. 이번에는 선상 학교에서 공부하는 아이들에게 시선을 주더니, 우리는 방과 후에 컴퓨터를 배우고 댄스 스포츠와 축구도 하는데, 이 아이들은 무엇을 할까 하며 궁금증을 이어간다.

수상 마을에서 시나브로 멀어질 즈음, 4학년 손녀가 뱃머리로 다가서더니, 영화 타이타닉의 케이트 윈슬렛처럼 두 팔을 벌리고 파도 없는 먼바다를 바라본다. 그 모습을 보는 순간 영화 장면이 겹치며 「My Heart Will Go On」의 멜로디가 절로 흘러나온다. 손녀의 연출을 바라보며 황홀경에 젖은 것도 잠시, 홀연 안개가 구름처럼 밀려오는 게 아닌가. 순식간에 섬들 사이에 자리한 바위들이 옅은 안개에 휩싸이며 몽환적인 분위기를 자아낸다. 이곳에서 큰 위험은 풍랑이나 폭풍, 암초가 아니라 짙은 안개로 인한 충돌 사고라 한다. 문득 한 생각이 떠올랐다. 인생의 바다에서도 항해하노라면, 어느 순간 심해에 숨겨져 있던 위험이 너울처럼 수면 위로 떠오르는 게 아닐까 하고.

깟바섬(하롱만의 가장 큰 섬) 주변을 둘러보아도 간간이 맹금이 보일 뿐 갈매기는 보이지 않는다. 바닷속에는 집시돔, 병어, 은상어, 객주리, 다금바리 등 1천여 종의 어류가 서식한다는데, 어째서 갈매기는 없을까.

"이곳은 사방이 섬들로 둘러싸여 바람이 없습니다. 바람이 없으니 파도가 일지 않고, 파도가 없으니 깊이 10m쯤 되는 바다에서 떠오르는 어류가 없죠. 먹이가 없으니 갈매기도 없는 겁니다." 결국, 파도가 없으니 갈매기가 없다는 가이드의 설명이다.

'파도 없는 바다'를 묵상하는데, 어디선가 작은 보트가 기척도 없이 판옥선 가까이 닿는다. 지친 얼굴의 엄마는 아기를 업은 채 노를 젓고, 일곱 살쯤 보이는 딸아이는 바나나와 생수병을 들고 "원 달러~ 원 달러~" 하며 손을 내민다. 검게 탄 얼굴, 까만 눈빛, 앳된 목소리가 애처롭다. 이 아이도 고요의 바다에서 평생을 살아가겠지…. 손녀 손자는 이 아이를 보며 어떤 생각을 하고 있을지. 보트에서 서서히 멀어져 가지만 "원 달러~ 원 달러~" 하는 음성이 환청처럼 들려온다.

인생은 일엽편주에 몸을 싣고 망망대해를 항해하는 여정이라 했던가. 때로는 광풍에 휩쓸려 좌초되기도 하고, 짠물을 마시며 표류하기도 한다. 그럴 때마다 다시 힘을 내어 노를 저어가지만, 설상가상 또 다른 파도가 밀려와 일어설 힘조차 없이 덮칠 때도 있다. 삶은 크고 작은 파도의 연속이다. 그리고 그 파도 하나하나는 우리가 맞닥뜨리는 도전과 역경의 조각들이리라.

'빨간 말 등대'를 향해 걸음을 옮긴다. 방파제 삼발이에 부딪혔다 솟구치는 파도의 포효, 그 위를 두 날개 저으며 날아오르는 제주 바다 갈매기들. 밀려오는 하얀 파도를 응시하고 있노라니 묵언의 소리가 귓전에 닿는다. 바다는 파도가 칠 때 바다이듯, 인생도 파도가 있어야 인생이 아닐까. 참된 행복은 윤슬 반짝이는 고요한 바다의 삶이 아니라, "거친 풍랑 속에서도 바람을 잠잠케 하고, 큰 파도에 재갈을 물리시는 주님"(시편 107:29)을 의지하고, 그 파도를 벗 삼아 살아가는 삶이 아니랴.

시린 겨울이 꽃망울을 키운다

이용희
2012. 9. 천료

사람은 태어나서 어디로 가는지 모른다고 이야기한다.

그렇지만 그 과정 동안 누구나 꿈을 꾼다. 꿈속에서 잠을 깨면 언뜻 떠오르는 그날그날의 계획, 일정들이 머릿속에서 불을 켜고 밝아진다. 그 등불의 색깔과 모양에 따라 어느 날은 행복하기도 어느 날은 힘이 들기도 한다.

때문에 잠자리에서 일어나는 몸이 젖은 솜처럼 무겁기도 새털처럼 가볍기도 하다. 그 일상들이 이어져서 날들을 채우고 달력 한 장을 찢다가 보면 일 년 또 이 년이라는 세월이 가고 저마다의 일생이 채워진다.

나에게는 꿈이 있는지도 몰랐다. 그렇지만 생활인이라는 나의 자리를 털고 일어나 보니 나에게도 꿈은 있었다. 예쁜 것을 보고 웃고 아름다운 것을 보고 환호를 지르며 고통스러운 날은 물에 풍덩 빠지고 싶던 그날들을 적어 내고 싶었다. 허덕이며 살아가지 않아도 되는 한가한 날은 오고 나는 글을 쓰기 시작했다.

　수필 반에서 이 년 동안 공부를 하며 수필인이 되었고 시를 십여 년 배우다가 시인이 되었다. 응모를 하여 아동문학 신인상을 타며 아동문학가도 되었고 시조시인들의 담장을 넘겨다보다가 시조시인도 되었다. 이렇게 나의 꿈은 현실이 되었고 바람 같은 소망은 손에 잡혔다. 하루에도 몇 편씩 수필을 쓰기도 하고 하루에도 몇 권씩 남의 글을 읽기도 한다.

　그렇게 쌓인 나의 꿈들은 한 권으로 묶어지고 나는 꿈에도 그리던 저자가 되기도 하였다. 지인들은 새싹처럼 돋아나 무성해지고 나는 이제 작가가 되어서 누구인가에게 맛깔스럽고 영혼을 덥힐 수 있는 글을 쓰려나 했는데 며칠 전에 커다란 바윗덩이 하나가 발등을 찧는 일이 생겼다.

　친구다. 분명 친구라는 명칭으로 부를 수밖에 없는 여고 동창생이다. 중학교도 함께 졸업을 하여 더 가깝게 느껴왔던 친구를 만났다. 그동안 몇 년인가 못 보는 사이에 나는 두 권이나 신간을 냈고 어느 모임에서 기쁜 마음으로 그 두 권의 책을 전해주었다. 그런데 바로 그 책을 곁에 있는 다른 친구에게 불쑥 내민다.

　"너 이거 가져, 나는 이런 것 필요 없어."

　그 뒤에 일어난 일은 나의 모든 상황을 바꾸기에 충분했다. '그럼 이리 줘. 내가 도로 가져 갈게.' 얼른 받아 가방에 넣으며 당황했다. 방어의 태세도 취할 새 없이 뺨이라도 맞은 듯 어안이 벙벙해진다. 겸으로 책을 받아 넣을 뻔했던 그 다른 친구가 돌려준 책들이 내 가방에서 입양 갔다가 쫓겨난 아이처럼 운다.

　아이를 보듬고 앉아 그 상황을 알 듯도 한 친구에게 이른다. 그 친구의 말인즉 나의 첫 수필집에 수록된 어느 작품에 그 친구가 배경이 되었고 그것 때문에 화가 난 것 같다는 이야기다. 그랬다. 나의 이야기를 쓰다가 그 친구의 상황을 한 꼭지 덧붙여 이야기했던 적이 있다. 수필 인이 이웃에 있으면 누구나 겪는다는 피해의 상황이 나의 글에서도 나타났나 보다.

신분이나 이름은 물론 밝히지 않았지만 가까이 있는 친구라면 알 수도 있는 그 한 꼭지의 사실들이 그 친구는 몹시 부끄러웠나 보다. 나의 글에서 거론되었다는 일이 지금까지 나에 대한 미움과 원망으로 남아 있다는 것을 알고 나니 할 말이 없다. 뭐라고 이야기를 해야 할지 용서를 구해야 할지, 이해하여 달라고 부탁을 해야 할지 정리가 안 된다.

어느 시인이 했던 이야기다.

"너무 적나라하게 표현하는 것이 싫어서 나는 수필은 안 써요."

그렇지만 그 시인의 시에서도 가정사나 그의 생활이 엿보이는 것은 어쩔 수 없는데 진실이 생명이라는 수필이라는 장르의 특성 때문에 나도 수필은 쓰지 말아야 하는 것일까. 몇 날 며칠을 두고두고 생각했다. 간혹 내 글을 읽고 좋은 평을 해 줄 때에는 힘을 얻을 때가 있기에 접기에는 아깝고 아쉽다.

죽을 때까지 꾸어야 하는 꿈은 어느 누구에게나 있고 그 꿈을 발휘하기에는 나만의 세상이 필요하다고 생각한다. 그 나만의 세상이 타인들에게 상처를 주기도 피해를 주기도 하듯이 나만의 꿈을 펼치다가 간혹은 누구인가를 다치게 할 수도 있다는 것을 이번에 경험하였다. 소년이 재미로 던지는 돌에 맞는 개구리의 심정을 나는 어떻게 헤아려야 하는 것일까.

글을 쓰며 살아가는 재미로 이 세상 어디라도 헤엄치며 다니고 싶다. 그러기 위해서는 내 이웃에게 줄 수도 있는 피해를 어떻게 피해가야 할지가 숙제다. 다행하게도 나는 여러 장르를 이리저리 오갈 수 있는 능력이 있다. 그렇다면 수필은 이제 접어야 할까?

'나의 친정 수필'이라는 제목으로 강원문인협회 연간집에 냈던 작품이 말하듯이 내 글의 친정은 수필이라고 생각한다. 친정을 버릴 수는 없다. 그렇다면 이제부터는 신변잡기를 붓 가는 대로 쓰는 수필이 아닌 에세이를 써 보아야 할까 생각한다.

 설령 누구인가는 재미없다고 읽어 주지 않을지도 모르지만 나의 꿈과 노력은 더 든든하고 숙련된 모습의 수필을 출산할 수 있을 것 같다. 생각지도 않은 사건은 내 꿈의 기류를 바꾸어 놓는다.

 바람이 차다. 나의 경솔로 이루어진 오류로 가슴 아파했을 친구의 얼굴이 아른거린다. 내 글이 친구에게 위안이 될 날은 언제일까. 차가운 겨울비가 아니라면 새봄에 대한 꿈도 꿀 수 없을 것 같은데 새봄에 피어날 꽃망울이 가슴속 가득하다.

내 군번은 0007342

윤 석
2012. 10. 친료

1950년 6.25전쟁은 나라 안을 온통 죽음의 공포에 떨게 했다. 나는 처음 19살에 군입대 영장을 받았다. 그러나 손위 형의 기발한 아이디어로 살벌한 징집을 다행히 면제받아 얼마나 감사했는지 모른다. 그때 군에 끌려갔더라면 죽음은 받아놓은 밥상이었다. 그 후로는 학교를 다닌다는 이유와 1953년 휴전으로 징집 영장이 발부되지 않았다. 그러다가 1958년 이승만 정부가 병역법을 개정해서 불가피하게 학적 보유자로 26살의 늦은 나이로 군 생활을 하게 되었다. 내 군번은 일반인과 달리 0007342이며 군 복무 기간은 1년 6개월로 짧았다. 다만 후방근무는 용납되지 않고 의무적으로 최전방으로 배치되어 근무하게 되었다.

나는 1958년 7월 무더운 한여름에 목포 유달산초등학교에 집결하여 엄격한 군 통솔하에 기차 화물칸에 짐짝처럼 실려 논산 훈련소에 입소했다. 도착하자마자 머리를 깎이고 군복으로 옷을 갈아입었다. 이제 군인이 된 것이다. 무섭게 호령하고 말을 잘 듣지 않으면 오리걸음으로 전체 기합이었다. 우리 일행은 전원이 대학 학적 보유자로 부잣집 자식이라 하여 더 심하게 굴리고 다그쳤다.

나는 논산 훈련소 22연대에 배치되었다. 훈련소가 아직은 공사 중이어서 어수선하고 훈련 나가기 전에 수통에 물 받는 것이 병사들 간에 싸움 거리였다. 훈련 중에 가장 힘들었던 것은 철조망을 통과하는 화생방도 힘들었지만 저녁 점호 시 위생병의 터무니없는 억지 기합이었다. 처음에는 파리를 100마리 잡아 오라고 했다. 안 잡아 오거나 미달하면 2배 3배로 늘어났다. 하는 수 없이 훈련 중 산에 갈 때면 개미를 잡아 위장 검열도 받았다. 그러나 계속되는 파리 소동은 잦아들지 않았다. 마침 우리 소대에 전북대학교 출신이 많았는데 가족들이 면회올 때 파리를 좀 잡아 오라고 했다. 그래서 우리 소대는 힘들었던 파리 기합을 좀 피해갈 수 있었다.

나는 논산 훈련소에서 소정의 훈련을 마치고 춘천 3보충대로 이송되었다. 역시 이곳의 군기가 엄했다. 맨손으로 산에 올라가 취사용 나무를 해 오라고 명령했다. 군대는 명령에 복종해야 한다. 산에서 칡넝쿨로 나무를 묶어 짊어지고 내려왔다. 그러나 검열 장교의 마음에 들지 않으면 무조건 엎드려뻗쳐를 하고 엉덩이를 두들겨 맞았다. 나도 참나무 몽둥이로 5~6대를 맞아 며칠간 통증이 심하고 절룩거렸다.

나는 4~5일이 지나서 이곳 3보충대에서 12사단에 배치되었다. 12사단은 강원도 양구에 있었다. 12사단은 일명 꽃 사단이다. 사단 보충대에서 7일이 지나 말단 소총 소대로 배치되었다. 사단 보충대 막사는 비가 샜다. 숙소에는 나팔수가 서너 명이 근무하고 있었다. 비가 새면 나팔수가 와서 밤낮을 가리지 않고 빗물을 받으라고 했다. 우리 병사 5~6명은 고통스럽게 눈물을 머금고 해냈다.

나는 막창인 소총 소대로 배치되고 나니 꼭 집에 온 기분이었다. 소대원들이 무척 반겨주었다. 최전방까지 대학생이 오는 경우가 없다면서 놀라워하고 깍듯이 친동생처럼 맞아 주었다. 소대원들은 다들 6.25전쟁에 참전했다가 살아남은 잔병들로 소대에 근무한 지 며칠 안 되었다. 사단 전원이 양구에서 경기도 가평까지 행군하게 되었다. 우리 신병은 군장을 꾸리는 것도 서툴렀는데 선배 동료 군인들이 서슴없이 달려들어 군장을 꾸려주고 행군 요령도 자상하게 가르쳐 주었다. 얼마나 감사하고 고마운지 모른다. 나는 철모를 쓴 머리가 아프고 총을 멘 한쪽 어깨가 뻐근하고 아팠다. 발바닥에 빨랫비누를 바르면 발이 덜 아플 것이라고 해서 그 방법도 써 보았지만 소용없었다. 가평 시민들이 길가에서 물병을 들고 박수를 쳐 주었다. 몸은 지칠 대로 지치고 피곤했다. 하지만 승리의 개가를 부르며 기뻤다.

나는 7~8개월 소총 소대에서 근무했던 그 기간이 가장 마음이 평안했다. 게다가 소대장이 졸업한 지 4년밖에 안 된 육사 2회생이라 우리와 소통이 잘되고 마음이 편했다. 나는 소대원들에게 영어를 가르치고 신문을 읽어 주었다. 학력이 낮은 소대원들은 영어 알파벳을 외우고 점호를 받았다. 하물며 때에 따라서는 소대원들의 편지를 대필해 주기도 했다.

어느 날 밤 곤히 잠든 나를 깨웠다. 어리둥절했다. 무조건 따라오라고 했다. 부대 가까운 마을에 들어갔다. 농가에서 지붕을 이을 이엉을 잽싸게 하나씩 메고 분대까지 줄행랑을 쳤다. 그리고 돌아와서 짚다발로 해체했다. 다음날 농가 봉사로 구했다고 말하고 다시 이엉으로 엮어 숙소 지붕을 말끔히 씌웠다. 군대 명령은 불가능이 없다. 어떤 방법을 동원해서라도 명령을 완수해야 한다.

어느 날 병역 근무 연한이 확정되어 일시에 선배 동료들이 제대하는 바람에 중요 빈자리가 생겼다. 나는 우연찮게 중대 기관 요원으로 피택 근무하게 되었다. 군 생활에서 배고픔이 가장 힘든 일이다. 그런데 나는 중대의 급량계를 맡게 되었다. 나는 체구도 크고 튼튼한 3명의 병사를 데리고 급량계를 운영했다. 매일같이 식재료를 수령하여 병사들에게 맛있는 식사를 제공했다. 하루는 한우 한 마리를 잡아 많은 고기를 가져왔다. 부식계가 시래기를 넣고 훌렁하게 국을 끓여 병사들에게 배식했다. 취사병들은 보통 막사에서 자지 않고 취사장에서 취침하는데 밤에는 꼭 나를 불렀다. 그동안 모아 두었던 누룽지도 먹고 소고기가 나오는 날이면 뼈에 붙은 살을 맛있게 먹곤 했다. 나는 취사장 근무를 하면서 일반병에 비하여 잘 먹고 훈련도 거의 받지 않고 편안하게 임기를 채워 제대했다.

어느 날은 철모도 안 쓰고 신발 뒤꿈치를 구겨 신고 다니다가 대대장 눈에 잡혀 권총 끈으로 호되게 얻어맞은 기억이 잊히지 않는다. 그리고 사단이 최전방으로 이동할 때 지오피까지 식자재를 운반했다. 그때가 가장 힘들었던 것 같다. 똑같은 그 시간에 인민군도 식재료를 차로 운반했다.

1년 6개월의 짧은 복무 기간을 마치고 부대를 떠날 때 기쁜 눈물이 핑 돌고 병사들과 나누었던 마지막 따뜻한 악수가 새록새록 떠오른다. 나의 군 생활은 몇 발의 총도 제대로 쏘아 보지 못하고 제대한 셈이다.

향

안경환
2013. 1. 천료

　색은 약간 다르지만 개나리 꽃잎처럼 생긴 4개의 꽃송이가 하나씩 차례대로 톡 하고 떨어지며 마지막 이별을 고했다. 향도 꽃잎도 사라졌다.
　오래전 구멍이 숭숭 뚫린 푸른 도자기로 된 난 화분 4개가 우리 집에 실려 왔다. 결혼한 둘째의 시집에서 시조부님이 기르던 난을 손자며느리에게 키우라고 주었단다. 우리 딸은 키울 자신이 없다고 보내온 것이다. 나도 꽃 보기는 좋아하지만 애착을 갖고 키우는데 자신이 없는 것은 마찬가지다. 가끔 죽지 않을 만큼 물을 찔끔찔끔 주었을 뿐이다. 겨울에는 거실에, 여름에는 베란다로 옮겨져서 가끔 해 맛을 볼 뿐이다. 푸른 잎 그대로 몇 년이 지났다. 어느 날 하나의 난분에서 가냘픈 꽃대를 올리더니 꽃을 피웠다. 너무 신기해서 꽃 이름을 검색했더니 소심난이라고 나온다. 꽃 향은 황홀 그 자체였다.
　세상의 어느 것도 영원한 것은 없었다. 그 여름 꽃향기만 날리고 멀어져 간 소심이었다. 올여름 더위가 한풀 꺾인 9월 초순 물 한 바가지 들고 4개의

분에 물을 나눠 주었다. 물을 주며 중얼거렸다. 소심보다 더한 무심아 년 어찌 그리 무심하냐고 혼자 소리를 하는 데 줄기 어딘가 쯤에서 통통하게 알밴 기운이 전해져 오는 걸 느꼈다. 나의 중얼거림이 전해졌는지 몇 년 전 첫 번째 꽃을 피우고 올해 두 번째 꽃이 꽃망울을 맺었다.

그 난 분만 간택되어 조심스레 거실로 품어 옮겼다. 하나씩 차례대로 피어나는 꽃의 향기는 거실을 가득 메웠다. 안마기 앞 코 높이에 난 분을 두었다. 킁킁 대지 않아도 난향은 콧속에 스며들었다. 난향이 천리를 간다더니 실제를 경험했다. 퇴계 이황의 난 사랑이 이해가 되기도 했다. 4송이가 수직으로 피어 향기를 퍼뜨렸다. 장미꽃 향과 아카시아 꽃 향이 어우러진 향이랄까? 참말로 형용하기 어려운 향이 단내를 풍겼다. 한 송이가 지고 또 한 송이가 져서 화분 위에 떨어졌다. 3주간 행복을 주는 향은 사라졌다. 난향을 모아서 가둘 수만 있다면 어떤 짓이라도 하고 싶을 만큼 아쉬웠다. 이런 절실한 아쉬움이 있어서 향기를 모으고 향수가 나온 게 아닐까 생각해 본다.

오래전에 읽은 독일 소설가 파트리트 쥐스킨트의 소설 『향수』가 떠오른다. 그루누이라는 주인공은 몸에서 나는 향기는 없지만 뛰어난 후각인이다. 살인을 불사하고 향기를 찾아 향수를 제조하는 연쇄 살인자의 이야기다. 2천만 부 이상이 팔렸다는 독자 속에 나의 존재도 한 몫 했지만, 그 당시 다 읽고 나서 드는 생각은 분명히 번역이 잘못되었을 거라는 생각을 한 것 같다. 아무리 소설이지만 있을 수 없는, 사람을 도구로 향수를 만드는, 구토가 날 것 같은 줄거리가 많다. 나중에 영화로도 나온 걸로 알고 있지만 영화로는 볼 용기가 나지 않았다.

꽃의 향을 추출해서 향수를 만들어도 자연의 향만큼은 어림없다. 소설 속의 그루누이도 향을 쫓다가 아무런 향에도 만족을 못하고 여성들 속에서 향을 찾는 이야기가 전개된다.

사람에게도 분명 향이 있다. 품위, 개성, 매력, 살아오면서, 나이가 들수록 풍기는 향이 있다는 생각을 해 본다. 화려한 옷을 입지 않아도 기품이 있는 향! 곱게 익어가는 향!

수필 첫 집이 나올 때 처음 소심 난은 꽃을 피워 향기를 전해 주었고 이번 2집 때 두 번째 꽃을 피운 게 우연의 일치일까? 행운의 꽃인 건 맞는 것 같다. 등 굽은 소나무가 선산을 지킨다는 말이 있다. 꽃을 준 난을 가까이서 보니 난 분 자체가 약간 기형으로 비뚤어져 있고 난 줄기도 한쪽으로 치우쳐 있다. 그 어려움을 견디고 2번의 꽃을 보여준 난이 대견했다. 사랑을 주지 않아 꽃을 보여주지 않은 난에게는 미안했다. 꽃을 보여줘야만 사랑하게 되는 나의 이기심이 한없이 미웠다. 꽃에게도 배울 게 있었다. 어떤 때는 병 모양이 예쁜 겐조의 향에 살짝 빠지기도 했고 샤넬 넘버 파이브 향수를 선물 받은 적도 있었다.

손자 부성이의 머리와 몸에서는 늘 좋은 향기가 난다. 어떤 샴푸와 섬유유연제를 쓰느냐고 며느리한테 몇 번인가 물어보았다. 우리와 같은 것을 쓴다 했고 어느 때는 같은 걸 사 주기도 했지만, 우리에게는 부성이에게 나는 향은 절대 나지 않았다. 아이들에게서 나는 향은 그냥 좋다. 아무리 좋아도 인위적인 향보다 본연의 향이 좋다. 또 얼마의 세월이 흘러 소심 난이 뿜어내는 자연 향을 맡게 될까 기대해 본다. 그때는 내게서도 향이 날 수 있으면 좋겠다.

Letter Case

한혜정
2013. 3. 천료

요즘 글벗들은 여행을 다녀와서 기행수필을 많이 써온다. 생각해 보니 십여 년 동안은 1박 2일 내지 2박 3일 정도의 짧은 여행은 다녀왔으나 날짜가 긴 패키지여행은 가지 못했다. 돌이켜 보면 5, 60대에 해외여행을 제일 많이 다녔던 것 같다. 여행은 어디를 가든지 볼거리가 많고 특색이 있어서 즐거웠다. 그중에도 더 재미있었고 애틋하게 기억나는 여행을 회상해 본다.

지금부터 30년 전 일이다. F초등학교 모임에서는 여름 방학 기간을 이용하여 괌, 사이판으로 4박 5일 여행을 다녀오자고 했다. 그때의 선생님들과 아름다운 추억을 잊을 수가 없어 이름을 기억해 보면 김기숙, 김희숙, 유재숙, 조희란, 이부자, 김영자 나까지 7명이다. 그런데 남편들도 희망하면 같이 가면 좋겠다고 했다. 마침 그 해가 우리 남편의 회갑을 맞이한 해이다. 회갑여행으로 같이 가자고 하니, 뜻밖에도 좋다고 하며 "언제 또 휴양지로 이름난 괌, 사이판을 가 보겠나"라며 잘 되었다고 했다. 그리고 막내인 김영자 선생 남편이 합세하기로 해서 모두 9명이 떠났다.

괌에 먼저 도착했다. 날씨는 아주 쾌적하여 기분 좋게 숙소에서 여장을 풀고 아름다운 해변을 걸었다. 물속이 훤히 들여다보이는 바닷속의 예쁜 물고기와 식물들을 보며 감탄사가 나왔다. 저녁식사 후 야경을 보다가 시원한 수영장에 들어갔다. 화려한 불빛과 군데군데 음식을 팔며 악기를 연주하여 여행객들의 흥을 한층 북돋아 준다. 우리는 물속에서 목표를 정해 놓고 폼에 상관없이 누가 먼저 헤엄쳐가나 시합을 했다. 심판은 우리 남편이 했다. 먼저 가려고 물장구를 팡팡 치는 분도 있고 예쁘게 수영하는 분도 있다. 폼은 예쁘지 않아도 힘이 센 내가 일등을 했다. 다음엔 매트를 가지고 언덕으로 올라가 물이 흐르는 터널 속에서 매트를 깔고 누워서 물 따라 내려가면 수영장으로 풍덩 떨어진다. 유 선생님은 한 번 체험을 하고는 죽음의 위협을 느꼈다며 두 번 다시 안 하지만 스릴을 좋아하는 사람들은 계속하기도 했다. 밤이라 그런지 수영장엔 사람들이 몇 명 안되어 우리가 거의 독차지했다. 다음은 나무로 만든 큰 원반 두 개를 띄워 놓고 한 사람씩 올라가 밧줄을 서로 잡고 조절하여 상대방을 떨어트리는 것이다. 중심을 잡지 못하면 자기가 먼저 떨어진다. 한 사람씩 떨어질 때마다 폭소가 터졌다. 아이들처럼 신나게 놀았더니 배가 고팠다. 남편은 괌 특유의 간식인 우동, 맥주, 아이스크림 등을 사 주어 맛있게 먹는 재미도 쏠쏠했다. 밤늦게까지 흥청거리는 사람들과 바닷가의 야경에 취하기도 했다. 내일은 민속촌과 식물원에 가는 일정이 있어서 서둘러 취침에 들어갔다.

이튿날, 아침에 덜컹거리는 지프차를 타고 민속촌을 향해 달리다 보니 넓은 잔디밭이 나왔다. 우리는 약속이나 한 듯 "야, 달리기 시합하자."라고 소리쳤다. 그냥 지나치기엔 너무나 아까운 잔디밭이다. 한 줄로 서서 출발 신호에 맞추어 힘껏 달렸다. 목표물인 바위를 돌아 일등으로 달리는데 내 뒤를 바짝 따라오는 소리가 나서 살짝 돌아보니 나보다 일곱 살 위인 김기숙 선생님이다. 몇 초 차이로 겨우 일등을 했지만 김기숙 선생님은 달리기 선수였단다. 맑은 공기를 마시며 파란 잔디밭에서의 달리기는 잊지 못할 추억이 되었다. 수영이나 달리기나 한 선생을 당할 수가 없다고 모두 한마디씩 한다. 다시 지프차를 타고 시원한 바람을 맞으며 민속촌에 도착했다. 비취색 바닷물이 정말 아름다웠다. 모래사장도 거닐고 비치파라솔 아래에서 원주민들이 구워주는 고기와 야채를 실컷 먹었다. 여러 나라의 여행객들이 많았다. 민속촌의 해변을 만끽하며 다시 지프차를 타고 숲속으로 한참을 달려서 온갖 꽃들이 색색 가지로 피어있는 식물원에 도착했다. 맑은 햇빛을 받아 꽃들이 반짝거린다. 식물원 직원은 여러 가지 과일과 예쁜 꽃잎을 넣어 만든 시원한 화채를 내놓으며 우리를 반겨주었다. 뼛속까지 시원했다.

나무마다 탐스러운 꽃들이 피어있어 사진을 찍느라고 바쁘다. 회갑여행이라고 우리 부부를 많이 찍어 주었다. 끝도 없이 피어있는 꽃나무다. 나무에 올라가서도 찍고 꽃나무 속에서도 찍었다. 천국이 이보다 더 아름다울까? 떠나기 싫은 식물원을 뒤로하고 숙소로 돌아왔다. 막내인 김영자 선생 남편은 몸이 좋지 않다고 주로 호텔방에서 지냈다.

다음날 국내선 비행기로 사이판에 도착했다. 괌보다 규모는 작지만 아름답기는 괌 못지않았다. 멀리 보이는 바위 위의 납작한 건물이 일본군이 생체실험을 하던 곳이라고 한다. 끔찍한 장면이 상상되어 돌틈 사이로 흘러온 바닷물에 발을 담그고 말들이 없다. 우리 일행들은 바닷가에서 점심도 먹으며 사이판의 광경들을 사진에 담았다. 예쁜 물고기 그림을 코팅한 열쇠고리를 여러 개 사 가지고 다시 괌으로 왔다. 서울로 가는 날 아침 가이드에게 인사하기 위해 편지봉투가 필요했다. 편지봉투의 영문단어를 몰라서 어떻게 말해야 봉투를 구해올 수 있을까 의논 중이었다. 그때 "내가 편지봉투 받아 올 테니 기다려요." 하고 괌 직원들이 있는 사무실로 갔다. 큰소리치고 왔지만 나 역시 신통한 단어가 생각나지 않아서 머뭇거리고 있으니 직원들이 무슨 일인가 나를 살핀다. 얼떨결에 "Please Letter Case."라고 하니 직원들이 하하하하 크게 웃으며 친절하게 편지봉투를 가져다주었다. 부끄러웠지만 나도 같이 웃으며 "Thank you."하고 일행들 앞으로 왔다. 어떻게 봉투를 얻어왔는지 궁금해했다. 그래서 "프리이즈 레터 케이스."라고 했지요. 일행들도 한바탕 웃으며 기발한 생각이라며 칭찬을 했다. "모로 가도 서울만 가면 된다는 말이 있잖아요?" 그 후로 한동안 만날 때마다 "레터 케이스."라고 놀렸다. 지금도 가끔 그때의 추억을 회상하면 웃음이 폭발한다.

여행 다녀온 며칠 후 빨간 장미 61송이가 담긴 꽃바구니가 도착했다. 우리 모임에서 보내온 회갑 선물이란다. 참으로 예쁘고 고마웠다.

괌, 사이판에 여행하면서 사진도 찍어 주며 그곳의 향토 음식을 사주었던 남편도 가고, 달리기할 때 내 뒤를 바짝 따라와 2등을 했던 제일 큰 언니 김기숙 선생님도 고인이 되었다. 옛 추억의 주인공들이 아른거리며 애틋한 감정만 쌓인다. 임들이여, 하늘나라에서 평안하소서!

*편지봉투: Letter envelope

동물원 우리 속에 사람이 있어요
- Homo sapiens

김종복
2013. 8. 천료

손녀 손자는 열 살 되기 전에 가장 예쁘다고 한다. 딱 그 나이대의 손자 손녀들과 어린이날을 함께 보내고자 대전에 있는 아들 집을 찾았다. 나들이 장소로 청주동물원을 골랐다. 마치 우리나라 어린이들이 다 모인 듯 온통 아이들 세상이다. 까르르 웃고 즐거워하는 아이들의 환성을 듣자니, 나도 덩달아 아이처럼 활기가 솟았다. 아이, 엄마 아빠, 그리고 할머니 할아버지, 삼대가 어우러지는 동물원의 풍경은 정말 보기에 좋았다. 천국이 있다면 이런 모습일 것이다.

동물원 안내판에는 병들고 버려진 동물들도 데려와 잘 보살피고 있다고 적혀 있었다. 그 문구를 보니 청주동물원이 더욱 정겹게 느껴진다. 나는 이번이 세 번째 방문인데도 여전히 좋다. 입구를 지나 가장 먼저 만나는 다람쥐원숭이 때문일지도 모른다. 작고 귀여운 몸집으로 이리저리 민첩하게 뛰어다니며 재롱을 부리는 다람쥐원숭이를 보고 있으면, 시간 가는 줄 모른다. 다른 동물을 보지 않아도 될 만큼, 나는 이놈들의 열렬한 팬이다. 다람쥐원숭이는 뇌와 체중의 비율이 1:17이다. 동물 중에서 비율상 가장 큰 뇌를 가지고 있다. 작아도 아주 영리한 녀석들이다. "할아버지, 얘네가 나보다 더 똑똑한 거 아냐?" 안내판을 읽은 손자의 말에 절로 웃음이 난다. 농담도 할 줄 아는 일곱 살 아이가 그저 대견하다.

청주동물원의 산책길은 완만한 동산을 따라 이어진다. 길을 따라 미어캣, 스라소니, 반달곰, 호랑이, 사자, 홍학, 공작, 앵무새 등 다양한 동물의 우리를 지나게 된다.

호랑이는 정말 위풍당당하다. 무심한 듯 바라보는 눈빛엔 카리스마가 넘친다. 사냥할 때 소리가 나지 않게 하는 푹신한 쿠션형 큰 발바닥은 무척이나 인상적이다. 유리창을 사이에 두고 호랑이가 다가오는데 아이들은 겁도 없이 더 가까이 다가선다. 호랑이는 무슨 생각을 할까? "이거 참 난감하네." 호랑이 말이 들리는 듯하다.

하룻강아지 범 무서운 줄 모른다는 속담이 떠오른다. 이 아이들도 이 말의 뜻을 곧 알게 되겠지. 삶이 어린 시절처럼 만만하지 않다는 걸 알아야 어른이 될 테니.

호랑이를 보고 있던 손자가 나를 힐끗 올려다본다. 내가 호랑이띠라는 걸 떠올렸나 보다. 이 아이가 어릴 적, 모두가 받아주는 응석 버릇을 고쳐주려고 내가 한 번 단단히 꾸짖은 적이 있다. 그날의 할아버지 호통은 무척이나 큰 충격이었을 것이다. 그때의 일을 아직도 마음에 담고 있는 나 자신을 보면, 아이도 역시 기억하고 있을 것이다. 금쪽같은 내 손자. 이 아이의 마음을 풀어 보려고 그동안 이렇게 저렇게 무던히도 애썼다. 손자를 만날 적마다 굳이 팔씨름을 벌이고 번번이 져 주었다. 녀석은 한 번도 내게 진 적이 없다. 늘 이기며 기뻐하는 아이가 언젠가는 할아버지의 깊은 속내를 알아주기를 그저 바란다.

관람객들이 유독 많이 모여 웃음꽃을 피우는 철창 안 동물이 무척 궁금해 서둘러 다가갔다. 그런데 그 안에는 동물이 아니라, 아빠와 아이들이 들어 있었다. 어떤 아이는 익살스러운 표정으로 창살에 얼굴을 들이대고, 엄마는 활짝 웃으며 사진을 찍고 있었다.

"이게 도대체 무슨 상황이지?" 의아했지만, 철창 앞 안내문을 읽고 서는 저절로 웃음이 났다. "청주동물원에서는 좁은 공간들을 더 이상 동물 사육에 사용하지 않기로 했습니다. 양쪽 입구로 자유롭게 들어오셔서 '동물원의 동물'이 되어 보시기 바랍니다. 이곳은 스라소니가 살던 공간입니다." 아울러 창살에 부착된 '동물 정보'는 아주 압권이다.

    학명 : 사람 (Homo sapiens)
    수명 : 83년 (개체 간 편차 큼)
    서식지 : 전 대륙 분포
    특징 : 복잡한 의사소통이 가능하도록 청각과 발성기관이 발달함.
         엄마 말 잘 안 들음.

"엄마 말 잘 안 들음." 이렇게 유쾌한 '인간 요약'이 또 있을까? 딱한 줄의 그 글로, '사람 우리'는 내게 성찰의 '인생 학교' 공간처럼 여겨졌다. 내가 초등학생 때 등하굣길은 철길을 무단 횡단하지 않으면 엄청 많이 돌아가야 했다. 절대로 철길을 건너지 말라고 엄마는 말했지만, 나중에 나는 그 철길을 넘어서 다녔다. 내가 엄마 말을 안 들은 최초의 위험한 행동이었다.
    기차가 오는지 안 오는지 충분히 살피고 철길을 건너가는 용의주도함과 용기는 엄마가 가르쳐 주지 않은 나 혼자만의 '꾀'였다. 어쩌면, 아이는 엄마 말을 잘 안 들으면서 '꾀'를 스스로 키워 어른이 되어가는 지도 모른다.
    청주동물원은 단지 동물만 보는 곳이 아니다. 그 안에서 우리 자신을 다시 들여다보는 곳이기도 하다. 동물들을 향한 '측은지심'과 유머가 살아있는 청주동물원 직원들에게 큰 박수를 보낸다.
    집으로 돌아오는 길에 손녀 손자가 내 손을 꼭 잡으며 말했다. "할아버지, 우리 내년 어린이날에도 또 오자." 내년에도 다시 온다면, 나도 'Homo sapiens' 우리 안에 들어가 보고 싶다. 엄마 말을 잘 듣지 않았던 내가, 엄마 말을 잘 듣지 않는 창살 밖 사람들을 보고 싶다.

사이보그(cyborg) 인간이 되다

지창식
2014. 4. 천료

징…, 징….

딱딱 딱 딱딱 딱.

뼈를 깎는 드릴 돌아가는 소리, 해머로 뼈에 무언가 박는 소리.

또다시 징….

잠깐 뼈가 타는 듯한 누린내가 코를 스쳐 가기도 했다.

딱딱 딱 딱딱 딱.

나는 무릎관절을 인공관절로 바꾸는 수술을 하기 위해 수술실에 누워 있었다. 척추 마취를 해서 몸이 전혀 아프지 않고, 몸을 고정한 상태여서 몸은 움직일 수 없으나 수술실에서 나는 소리는 죄다 들렸다. 귀에 소리가 들려오는 분위기는 드릴 돌아가는 소리와 해머 부딪치는 소리로 인해서 이곳은 병원이 아니라 완전히 대장간 같았다.

그렇게 얼마 후에, 옆에 있던 간호사가 경과를 알려줬다.

"이제 중요한 수술은 다 끝났어요. 봉합만 하면

돼요. 잘 참으셨어요." 간호사의 말에 비로소 긴장했던 마음이 조금 놓였다.

　몇 달 전이었다. 평소 늘 다니던 동네 정형외과에 갔었다. 그날은 일상적인 물리 치료를 하기 전에 의사 선생님이 엑스레이를 찍어 보자고 하였다. 의사 선생님은 엑스레이 사진을 그전에 찍은 사진과 비교해 보더니 깜짝 놀라서 말씀하셨다. "이 사진은 5년 전에 우리 병원에 처음 왔을 때 무릎 사진이고, 이 사진은 지금 찍은 사진입니다. 그때는 아직 수술할 단계는 아니라고 했습니다. 수술 아닌 방법으로 최선을 다해 보자고 제가 얘기했었습니다. 그러나 지금은 무릎 연골이 다 없어져 버렸어요. 수술밖에는 방법이 없습니다. 수술할 병원을 알아보셔야겠습니다. 환자분의 연세도 지금이 인공관절 수술하기에 딱 적기입니다." 엑스레이 사진은 비전문가인 내가 보기에도 무릎 연골이 없어져서 무릎의 위아래 뼈가 거의 맞닿아 있는 상태였다. 5년 전의 사진과 한눈에 비교가 되었다. 그 사이 무릎이 안 좋아서 항상 조심하고 크게 무리한 일도 없었는데, 도대체 왜 이렇게 되었는가? 하여간 의사 선생님도 놀랐지만 나도 깜짝 놀랐다. 의사 선생님께서는 수술 병원을 선택하는 데 필요한 약간의 도움말을 주셨고, 이번에 이 병원에서 수술하게 되었던 것이다.

　수술이 끝나고 회복실로 옮겼다. 조금 지나자 마취에서 깼는지 확인하기 위해 발가락을 움직여 보라고 했다. 마취에서 깨서 통증이 느껴지면 즉시 이야기하라고 했다. 조금 더 지나 마취가 깨자 곧 먼저 있던 병실로 옮기고 무통 주사를 조치했다. 병실 간호사가 수술한 첫날은 아무리 무통 주사 조치를 하고 진통제를 추가로 맞아도 아플 것이라고 했다. 반면에 하루만 잘 넘기면 다음 날은 통증이 절반으로 줄어든다고 했다. 그런데 무통 주사 덕분인지 아프긴 아파도 못 견딜 정도는 아니고 참을 수 있는 정도의 아픔이었다. 그나마 어떻게 하다가 한

잠 잠깐 눈을 붙였다가 떴더니 통증의 정도가 훨씬 덜하였다. 그다음 날에는 통증의 정도가 절반이 아니라 거의 안 아픈 상태가 되었다. 살아있는 사람의 굵은 뼈를 드릴로 깎고, 망치로 두드리는 큰 수술이었지만 통증관리가 참으로 잘 되고 있다고 생각했다. 수술하기 전에는 옛날에 다른 병원에서 큰 수술 하고 난 다음에 며칠 동안 지독한 통증을 겪으며 고생한 적이 있어서 걱정했는데, 이번에는 별로 아픔을 느끼지 못했다. 걱정은 전혀 쓸데없는 것이었다.

몸이 통증에서 벗어나자 가만히 누워 이런저런 생각을 하기 시작했다. 이제 몸의 일부를 인공 기구로 바꾼, 이른바 '사이보그(cyborg) 인간'이 됐다는 생각이 들었다. 그런데 현재의 인공관절은 공상과학소설에 나오는 인공 부품처럼 성능이 뛰어나지 못하고, 타고난 천연 관절보다 기능이 부족하며, 일종의 소모품으로 수명이 있다고 했다. 요즘은 옛날보다 기술이 좀 더 발전하여 평균 20년 정도로 본다고 했다. 인공관절의 수명이 영구적이지 않고, 기능도 제한적인 것이 불만스럽고 걱정되었다.

물론 인공관절은 자동차 부품처럼 기간이 되면 무조건 교환하는 것이 아니라 관리를 잘하면 그 기간을 훨씬 넘어서도 문제없이 거의 반영구적으로 사용할 수 있다고 했다. 나도 인공관절을 잘 사용하여야 한다. 그러기 위해서는 무릎에 큰 충격을 가하는 행위는 앞으로 절대로 해서는 안 된다. 내가 옛날에 즐겨하던 산을 오르내리는 등산과 스키, 그밖에 격렬한 운동은 해서는 안 된다. 앞으로는 항상 몸을 조심조심 살아야 한다. '아! 나도 좋은 시절이 다 갔구나' 마음 한편 섭섭하고 서러운 생각을 지울 수 없었다. '하긴 옛날에는 나는 보통 사람들이 가 볼 수 없는 곳을 많이도 가 보았다. 전국 100 명산도 다녀오고, 평범한 사람은 전혀 생각할 수 없는, 험한 산도 많이 다녀왔다.' 그렇게 생각하니 이제는 그런 곳을 가지 못한다고 하여도 조금 위로가 되었다.

그러나 앞으로 옛날처럼 몸이 완전히 자유로울 수 없다는 것과 현재의 인공관절 기술은 한계가 있다는 것이 생각할수록 아쉬웠다. 많은 사람들은 평생 이런 수술을 안 하는데, 나는 왜? 이 수술을 해야만 하는가? 슬며시 화가 나기도 했다. 젊었을 때부터 조심했으면 이 수술을 안 할 수 있지 않았을까? 모를 일이다. 세상일도 그렇지만 질병은 조심해서 예방할 수 있는 것도 있지만 유전적인 요인 등 어찌 할 수 없는 것도 있다. 나도 지난 몇 년 사이에 특별한 이유 없이 무릎 연골이 다 사라져 버린 것을 어떻게 설명할 수 있단 말인가? '이것도 운명, 운명으로 받아들이고, 순응하는 수밖에.' 그렇게 생각하기로 했다.

경인 아라뱃길을 가다

류춘영
2014. 11. 천료

오늘은 오류동교회 성가대 대원 20명이 교회 봉고자동차로 경인 아라뱃길을 찾아갔다. 인천여객터미널에서 유람선(4,000톤)을 타고 김포여객터미널까지 승선하여 좌우를 살피면서 하루를 즐겼다. 경인 아라뱃길은 인천 서구 오류동(서해)과 서울 강서구 개화동(한강)을 연결하는 운하이다. 이 운하는 오랫동안 계획은 하여 왔으나 2011년 10월에 완공되어 2012년 5월에 정식 운행을 시작하였다.

총 2조2,458억 원의 사업비를 투자하여 운수로의 길이는 18km이며, 폭은 80m~100m이고 수심은 6.3m이다. 현재 여객터미널은 2개인데 인천터미널은 245만㎡이고 김포터미널은 170만㎡이다. 횡단 교량이 14개가 있으며, 경관 도로가 15.6km(폭 30.6m, 왕복 2차선)이 있고 자전거 도로가 41.3km(폭 5~8m)가 있다. 그리고 경관 시설로는 수항 8경이 있다. 1경(서해. 요트장), 2경(인천여객터미널 일대), 3경(시천 가람터 일대), 4경(아라 마루. 아라폭포), 5경(수향원. 큰장어 조형물), 6경(두리머리 생태공원. 옛 건물 누각), 7경(김포여객터미널

일대), 8경(한강 둔치. 수상레포츠시설) 또한 파크웨이, 선착장, 포켓파크 등이 있다.

인천여객터미널 주변에 있는 아라타워전망대(76m)로 올라가서 동쪽을 바라보니 영종대교와 멀리 인천공항이 보였으며, 인근 지역에 있는 화력발전소 굴뚝에서 배출되는 하얀 연기가 대기를 계속 오염시키고 있었다. 남쪽에는 아라서해 갑문과 서해의 푸른 바다와 작은 섬들을 멀리까지 바라볼 수 있었고 서쪽에는 국립생물자원관과 환경테마공원이 보였다. 그리고 인천여객터미널 1층과 2층에는 아라뱃길 소개, 항만물류, 세계운하, 갑문과학 등과 재미있게 이해할 수 있도록 구성된 전시 체험실 등이 있었는데 문화관에서 특히 눈길이 간 곳은 수에즈 운하와 파나마 운하의 시설 현황이었다.

수에즈 운하는 프랑스인(레셉스)의 집념과 추진력으로 27년간 구상하고 10년간 공사하여 1869년에 164km에 이르는 운하를 완공하였다. 그리고 파나마 운하는 태평양과 대서양을 잇는 길이 82km의 운하인데 매우 난공사였기 때문에 처음에는 프랑스인들이 1880년 시작하였으나 실패했고 21,900명의 노동자가 죽었다. 그 후 1900년에 미국이 재시도해서 1914년 8월 15일에 완성했다. 이 운하를 건설하는데 프랑스와 미국의 노동자가 27,500명이 사망하였다. 또한 네덜란드는 총연장 6,800km의 운하를 가졌고 내륙운하의 화물 운송 비중이 2005년에 3억 1,764만 톤으로 30.6%를 기록하였다.

그리고 강릉 정동진의 대칭 위치로 인천 서구에서 조성한 해넘이 관광명소로 매년 연말이면 해넘이 축제가 개최되는 정서진광장이 있고 국토 종주 자전거 길의 출발점이며 자전거 마니아들의 기념 촬영지로 각광을 받고 있는 633광장이 있으며, 서해에서 아라뱃길로, 아라뱃길에서 서해로 진입하는 항로의 주요 관문인 아라서해갑문이 있다.

김포여객터미널 주변에는 수상 136척, 육상 58척의 요트 계류장과 국내 최초 선박 주유소, 선박 수리소를 갖춘 도심형 아라마리나 시설이 있으며, 대형 공연무대와 원형 바닥분수가 갖춰진 수변문화광장과 아라자전거 길의 종점부와 낙동강까지 국토 종주가 가능하도록 연결하는 판개목쉼터가 있다. 그리고 한강에서 아라뱃길로 진입하는 항로의 주요 관문이며 홍수 시 한강물의 유입을 막는 역할을 하는 아라한강갑문이 있다.

현재 인천여객터미널에서 여의도 선착장까지 선박이 운항할 수 있도록 모든 시설이 갖추어 있고 김포 선착장에서 해외로 나가는 4,000톤(자동차 400대 화물)의 큰 선박이 운항할 수 있도록 모든 준비를 다 갖추고 있다고 하였으며, 현재는 여의도까지 유람선이 운항 중이라고 하였다. 이 운하의 개통으로 주변에 있는 상시 수몰지역이 수도권 매립지로 많은 토지가 조성되었으며, 주변 관광지도 많이 개발되었다.

주변 관광지인 국립생물자원관은 국내 생물자원의 체계적인 수집 및 발굴과 보존 관리를 위해 환경부 소속기관으로 설립되었다. 소장된 표본 수는 총 175만여 점이며, 전시된 표본도 6,500여 점에 달하며, 한반도 생물의 다양성, 주요 생태계 등의 주제별 전시관이 있다. 그리고 국립생물자원관 맞은편에 위치한 환경테마공원은 쓰레기 매립지의 기능을 최대한 유지하는 가운데 환경생태공원 조성을 통해 매립지의 자연성 회복과 환경 보호에 중점을 두고 있다고 하였다. 또한 녹청자 도요지는 구석기 시대에 제작된 토기를 비롯해 도기, 와당, 자기, 옹기 등이 전시되어 있어 한국의 도자기 변천사를 한눈에 파악할 수 있었고, 선사 박물관은 선사시대 유물들과 청동기 시대 집터 및 돌널무덤을 발굴 당시 모습 그대로 이전해 놓았으며 어린이와 청소년들을 위한 체험학습교육장이 있었다.

금번 이 아라뱃길을 다녀와서 느낀 점은 이러한 훌륭한 시설들과 주변 관광지에 대하여 우리나라 국민들이 잘 알 수 있도록 홍보를 하여야 하고 이러한 시설을 국민들이 많이 이용하여야 한다고 생각되었다.

별자리를 없애려 하다니

이제홍
2015. 3. 천료

여기는 카시오페아 자리, 큰곰자리는 저기, 그럼 안드로메다는 어디에 있지. 천천히 살펴보니 헤아릴 수없이 많은 별자리가 여기저기에서 독특한 아름다움을 뽐내고 있었다. 내일은 여름 하늘 별자리 중 가장 아름답다는 왕관자리도 찾아보리라. 테세우스에게 버림받은 크레타섬의 아리아드네 공주를 달래려고 술의 신 디오니소스가 일곱 개의 보석이 박힌 금관을 선물했다지? 별자리를 찾아보고 그에 얽힌 전설을 알아보는 재미가 이렇게 쏠쏠하다니.

계절에 따라 관찰할 수 있는 별자리도 달라지니 심심할 틈이 없다. 봄에는 목동자리, 처녀자리, 사자자리를, 여름에는 거문고자리, 독수리자리, 백조자리를 볼 수 있다. 맨눈으로 볼 수 있는 가장 먼 별인 안드로메다자리는 가을에 볼 수 있단다. 매일매일을 변화무쌍한 별자리와 함께하니 이 또한 기쁘지 아니한가? 계절은 하늘의 별자리뿐만 아니라 내 얼굴의 별자리에도 변화를 가져오니 거울을 보는 재미가 바로 이 맛이렷다.

우주는 시간이 지나면서 팽창한다는데 우주가 팽창하면 별의 숫자도 늘어날까? 아니면 별의 크기가 커질까? 우주의 변화는 어떤지 모르지만 내 얼굴 속의 별은 숫자도 늘고 크기도 커지는 것 같다. 언젠가부터는 새로운 은하수도 나타났다. 그것도 한두 개가 아니다. 이런 변화 때문에 별자리를 찾는 대신 새로운 은하수의 변동을 살피는 버릇이 나타났다. 어제보다 더 커졌는지, 혹은 별의 밀도가 높아졌는지….

몇 달 만에 만난 친구의 얼굴이 훤하다. "좋은 일이라도 있어? 신수가 훤하구먼." 하자 친구가 "좋은 일은 무슨 좋은 일. 병원에 가서 점 뺐어."라고 대답했다. '단지 점을 뺐을 뿐인데 10년은 젊어 보인다고?' OK! 그럼 나도 점을 빼야지. 그러면 매일 은하수의 변동을 살필 이유도 없어지겠지?

병원에 가려니 왠지 쑥스러웠다. 몇 곳의 병원에 전화 상담을 요청하자 대답이 시원찮다. 직접 상태를 봐야 한다는 것이다. 그렇게 해서 점 하나 빼는데 11,000원쯤 든다는 것을 알았다. 거울을 보며 점의 개수를 세어 봤다. 하나, 둘, 셋…. 너무 많다. 그럼 얼마야? 마침 지인이 귀한 정보를 줬다. 점 하나에 1,100원, 빼야 할 점이 많으면 20~30만 원에 해 준다는 병원을 소개해 준 것이다.

겨울이 가기 전에 시술받을 요량으로 병원을 찾아갔다. 대기실이 환자(?)들로 가득했다. 점 빼러 온 사람이 이렇게 많다니…. 오랜 기다림 끝에 의사와 상담할 수 있었다. 그는 내 얼굴을 대강 살펴보더니 한 번에 치료할 수는 없고 몇 차례는 더 방문해야 한다고 말했다. 다른 병원보다 비용이 훨씬 저렴하기는 해도 집에서 먼 곳까지 여러 차례 다녀야 한다는 사실이 부담스러워 집 근처 피부과에서 한 번 더 상담을 받았다.

비용은 다른 병원과 마찬가지로 점 하나에 11,000원. 의사는 내 얼굴을 찰흙 인형 다루듯 사정없이 만지며 살펴보더니 뜻밖의 말을 했다.

"피부암 소견이 보이니 대학병원에 가 보세요." 그는 요청하지 않은 진료의뢰서도 작성해주었다. 피부암이라니? 마음 졸이며 2주를 기다린 끝에 종합병원에서 진료를 받았다. 의사는 꼼꼼하게 살피더니 "누가 암이래요? 아무 증상도 보이지 않으니 신경 쓰지 말고 시술받으세요."라며 대수롭지 않다는 듯 말했다.

피부암이 아니라니 마음이 놓였다. 그런데 왜 이런 일이? 혹시 어떤 절대자가 수많은 별자리를 없애려는 내 음모를 알아차리고, 경거망동하면 피부암이 생길 수 있다는 '경고'를 보낸 것인가? 하긴 지금껏 별자리 찾아보는 재미가 쏠쏠하기는 했지. 마음을 바꾸었다. 생긴 대로 살자고….

우리 시대의 윌리 로먼을 위하여

최승희
2015. 3. 천료

초연된 지 반세기가 훌쩍 넘는, 그래서 어딘지 구닥다리 같다는 선입견마저 생기는 작품인데도 이번엔 꼭 직접 봐야만 할 것 같았다. 꽤 오래전이긴 해도 영화로 이미 봤기 때문에 줄거리도 대충 다 기억나는 터라 새로울 것조차 없는 내용이었지만 이 공연을 놓치면 두고두고 후회할 것 같다는 생각이 강하게 들었다.

배우 박근형이 연극 「세일즈맨의 죽음」의 주연으로 다시 무대로 돌아온다는 뉴스를 접하자마자 서둘러 예매를 했다. 이미 좋은 좌석은 동이 난 상태였지만 그저 그런 자리라도 우리에게까지 차례가 돌아왔음에 감사했다.

환갑이 넘은 세일즈맨 윌리 로먼은 평생을 바친 회사에서 퇴물 취급받는다. 윌리는 시대의 변화에 밀려 설 자리를 잃고 겨우겨우 벼랑 끝에 매달려 있는 중이다. 한 번만 더 할부금을 내면 25년 만에 주택융자가 끝나는 윌리의 이층집에서 연극은 시작된다.

윌리의 두 아들은 성인이 된 후에도 여전히 삶의 방향을 찾지 못하고 있으며, 이들 부자간의 갈등을 중심으로 극은 진행된다. 특히 한때 촉망받는 미식축구 선수였지만 지금은 자리를 잡지 못하고 방황 중인 장남 비프는 아버지의 과도한 기대와 부담에 억눌려 도벽 증세까지 보인다. 게다가 학창 시절 아버지의 외도를 목격한 이후 트라우마에 시달리고 있다. 차남 해피는 유흥에 탐닉하는 스타일이다. 윌리의 아내 린다는 헌신적이지만 수동적이고 안정지향적이기만 하다. 로먼 가의 사람들은 서로 현실을 회피한 채 겉도는 대화만을 나누고, 소통의 부재 속에 갈등은 극으로 치닫게 된다. 조현병 증세를 보이며 과거의 기억과 환각 속을 오가던 윌리는 가족들에게 사망보험금을 남겨주기 위해 자살을 선택한다.

미국 대공황 시기를 배경으로 했으니 거의 100년 전 일인데도, 어찌하여 사람 사는 모습은 이토록 달라진 것 하나 없이 소름 끼치게 닮아 있는 걸까. 죽는 날까지 허덕이게 하는 주택대출금, 피땀 흘려 부은 할부가 다 끝나갈 때쯤 되면 구식이 되어 버리는 냉장고와 자동차, 어릴 땐 별 볼 일 없어 보였는데 다 커서 보니 어엿한 변호사가 된 남의 집 아들… 마스터피스가 가진 보편성과 공감의 미학인건지, 정말 놀라우리만치 현대사회의 모습과 비슷해 이 '보통 사람의 비극'은 더욱 절절하게 다가온다.

연극의 마지막, 린다는 남편의 무덤 앞에서 절규한다, "오늘로 집은 우리 것이 되었어요. 바로 오늘 말이에요. 그런데 집에 살 사람이 없잖아요. 우린 이제 자유라고요. 더 이상 할부금 낼 필요가 없다고요." 솔직히 진부하기 짝이 없는 대사였지만, 관객에게 전달되는 비애감의 농도만큼은 순도 100%였다.

3시간의 공연이 끝나고 이어진 마지막 커튼콜, 객석을 가득 메운 관객들과 동료 배우들의 박수갈채를 받으며 허리 숙여 인사하는 노배우들을 보니 경외심인지 숭고함인지 알 수 없는 감정들이 연극의 메시지가 주는 착잡함과 뒤섞여 가슴이 뻐근해져온다.

윌리 로먼은 문제가 많은 인물이다. 그는 외도를 저질렀고, 잘못된 양육 방식으로 아들을 키웠다. 변화하는 시대에 유연하게 대처하지도 못했다. 타인을 깎아내리는 것으로 자신의 자존감을 채우려 하는 못난 모습도 보였다. 삶의 최후마저도 어리석었다. 하지만 우리 중에 감히 누가 그를 비난할 수 있을까. 가장으로서의 책임감, 생활자로서의 무게감, 시대의 변화에 대한 두려움. 윌리의 흠결은 우리도 결코 자유로울 수 없는 부분이기도 하다. 어느새 나도, 함께 연극을 본 35년 지기 내 친구들도, 노장 배우 박근형도, 우리 앞좌석을 채웠던 초로의 관객들도, 내 부모도, 내 남편도, 모두 윌리 로먼 위로 오버랩되고 있다.

연극이 끝나고 난 뒤, 이대로 헤어지기 아쉬웠던 우리는 광화문의 한 식당으로 자리를 옮겼다. 길고도 짧은 인생, 어떻게 나이를 먹으며 어떻게 살아가야 할 것인가, 정답을 알 수 없는 질문을 주고받으며 술잔을 기울인다. 더스틴 호프만이 윌리 역을 맡았던 영화를 본 게 고등학생 때였던가. 그땐 윌리를 이해하지 못했다. 꽉 막힌 아버지에게 짓눌려 살던 비프를 동정했었다. 이젠 아버지 윌리도, 아들 비프도 그저 등 토닥이며 모두 안아주고 싶어지는, 우리 나이 오십 살. 이제 함께 술잔을 부딪히고 싶을 뿐이다. 힘한 세상의 다리를 함께 건너고 있는 우리 애달픈 윌리 로먼들을 위해 건배…!

버킷리스트

양호인
2015. 3. 천료

죽기 전에 꼭 해야 할 일이나, 하고 싶은 일을 버킷리스트라고 한다. 나의 버킷리스트를 말하면 웃긴다고 할지도 모르겠다.

첫 번째 자동차 경주의 드라이버가 되고 싶다. 두 번째는 사우디 사하라 사막에서 시작하여 중국, 몽골을 거쳐 시베리아까지 달리는 Off Road 드라이버, 셋째는 우유니 소금 사막을 가 보는 거다. 사람들은 말할 거다. 그게 될 거 같냐고. 사실 지금은 너무 늦었는지 모른다. 그래도 가슴이 뛰는 걸 어쩌란 말이냐.

장마가 끝나고 본격적인 무더위가 시작된다는 소서이다. 며칠 전부터 계속되는 열대야에 잠 못 드는 밤을 보내고 있다. 에어컨을 틀어 놓고 김춘수의 시 전집을 읽고 있었다. 1,000페이지가 넘는 시 전집의 반을 넘기고 있다. 한편 뿌듯하고, 한편 이 더위에 뭐 하는 짓인가 싶던 차이다. 영화 F1이 생각났다. 대리만족이라도 하자. 특히 나의 최애 배우 브래드 피트의 영화여서 더욱 마음이 끌렸다. 30년 전 영화

「가을의 전설」에서 말을 타고 가을 들판을 달려오던 모습이 아직도 눈에 선하다. 이제 그도 60이 넘었다. 나만 나이를 먹는 건 아니었다. 그런 그가 F1의 카레이서라니, 생각만 해도 멋질 것은 자명하다. 물론 「벤자민 버튼의 시간은 거꾸로 간다」에서의 그의 모습은 낯설지만, 또 다른 아름다움이었다.

영화관으로 갔다. 동네 영화관 '아리랑 시네시티', 경로석이라 단돈 4,000원에 시원해도 너무 시원한 극장 안, '소서는 가라'라고 명령하는 소리도 없는데 더위 따윈 없다.

관객은 단 3명, 내 좌석 두 줄 앞쪽으로 여자분 1인, 뒤쪽으로 두 줄 건너 남자 1명이다. 조명을 끄자, 홈시어터인 줄 알았다. 이 정도라면 나도 홈시어터 하나 마련해도 좋겠다는 객쩍은 생각을 했다. 관객이 없어서인지 광고도 없이 본 영화 시작이다.

전설적인 드라이버 소니 헤이스(브래드 피트)가 수년 만에 F1 서킷에 복귀하면서 시작되는 영화는 시작부터 자동차 레이싱을 화면 전체에 음향과 함께 올리며 내 가슴을 뛰게 했다. 시간이 지날수록 맥박수를 올린다. 자금난과 성적 부진, 기술적 한계 등으로 고전하던 팀은 새로운 변화를 모색한다. 팀의 신예 드라이버 '조슈아 피어스'와의 갈등, 또 다른 구성원 간 갈등을 겪지만, 서로에 대한 배려와 헌신으로 난제를 극복하고 한 팀이 되어 간다. 소니가 젊은 시절 사고를 당해 트랙에 방치되었던 비디오를 보며 피어스는 소니를 다시 보게 되고, 조슈아 피어스가 다쳤을 때 모든 걸 팽개치고 달려가 구해준 후 소니에 호감을 느낀다. 마지막 경기에 나갈 선두 주자를 뽑기 위한 카드 게임에서 소니는 거짓으로 젊은 신예를 선두에 서게 한다. 소니는 조슈아 피어스에 '꼬맹이 달려'라고 하며 1등을 권하고 뒤따르는 경쟁자들을 방해하며 3등으로 달리고 있었다. 조슈아 피어스와 전 F1 챔피언 주자와의 막상막하 드리이빙 중 조슈아가 차를 부딪친다. 사실 피어스는 소니를 위해 희생한 거다. 일등 상 수상 시 '나는 1등을 할 날이 많이 남아 있다'고 하며 끈끈한 인간애의 위대한 승리를 알린다.

어쩔 수 없는 상황이 된 소니 헤이스(브래드 피트)는 달렸다. 바퀴가 다 닳았다고 기술진이 한탄하지만, 그는 달렸다. 여성 최초의 자동차 제작자인 그녀가 말했다. 자동차가 날고 있다고. 그랬다. 다 닳아 버린 바퀴로 달리고 달리다 보니 어느새 날았고 1등을 거머쥐었다. 화면은 카레이서와 자동차가 트랙을 질주하는 모습을 클로즈업했고 음향은 클라이맥스를 울렸다. 그 소리만큼 내 심장은 뛰고 또 뛰어 터지는 줄 알았다.

2001년인가 대진 고속도로 대전-진주 구간이 개통되었을 때이다. CCTV도 미처 달지 못했던 때다. 진주, 통영으로 사진 촬영을 가는 길이었다. 1,500CC 소형차로 떠난 길이다. 그렇게 한가할 줄 몰랐다. 신호등도 없을 줄 몰랐다. 동행은 잠이 들었고, 내 발을 자꾸만 액셀러레이터를 밟았다. 시멘트 포장도로여서 소리는 더 컸다. 달리고 달리다 보니 게이지 최고 속도가 230km인 자동차 게이지가 190을 향해 떨고 있었다. 그때 알았다. 지나친 과속을 하면 자동차가 마치 나는 거 같다는 거. 자기부상 상태가 될 수도 있다는 거. 단 몇 분의 속도 속에 희열과 흥분과 두려움이 막 섞이고 있었다는 거.

중국의 바단지린 사막, 사하라 사막으로 촬영하러 갔던 13년 전의 일이다. 사막으로 들어가기 위해서 우린 세 명씩 지프에 탔다. 차 안에는 70밀리 파이프가 사방으로 설치되어 있었다. 낡은 토요타 지프이다. 사막에 가서 알았다. 그 파이프가 우릴 보호하기 위한 거라는 걸, 자동차는 가파른 모래 언덕을 오르다 구르기 일쑤다. 안전벨트를 하고 있고 모래사막이니 굴러도 다칠 염려는 없겠다고 여기면서도 미끄러지고 구르는 차 안에서 괴성이 난무했다. 처음엔 무서웠지만, 싱긋 웃는 기사의 얼굴을 보며 어느새 즐기고 있는 나를 흐뭇해했다. 정상에 오르니 '사하라 Off Road' 표지석이 있었다. 그때 나도 Off Road를 해 보고 싶다고 생각했다. 때마침 쌍용자동차의 무쏘와 현대 갤로퍼의 Off road 광고가 한창일 때다.

영화의 마지막, 꿈의 F1 챔피언이 된 소니 헤이스(브래드 피트)는 사막의 Off Road 사업자에게 드라이버를 구하지 않느냐며 찾아갔다. F1 챔피언임을 알아챈 그들이 돈을 많이 주지 못한다는 말에 관심 없다고 일축하고 다시 Off road 드라이버가 된다. 사막에서 Off Road 자동차를 탄 자유분방한 브래드의 모습이 클로즈업되며 영화는 막을 내렸다.

왜 그는 이 영화에서 두 번씩이나 나를 설레게 했던 거야, 약 오르게. 나는 이제 정말 하고 싶어 할 수밖에 없는데.

그래도 오늘은 시원한 영화관에서 마치 홈시어터에서 보는 것처럼 터질 듯 가슴 뛴 영화 관람이라도 할 수 있어 그것으로 만족하자고 나를 토닥인다.

버킷리스트 그거 꼭 사실적이라야 되는 건 아니니까.

우유니 소금 사막엔 갈 수 있을까? 고산병을 앓는 주제에, 모르겠다, 기회가 되면 그때 고민하자.

선물, 그 진정한 의미

심솔희
2015. 4. 친료

듣기만 해도 가슴이 설레는 말이 있다. 학창 시절 국어 시간, 우리는 교과서 속 한 구절을 외우곤 했다. "청춘! 이는 듣기만 하여도 가슴이 설레는 말이다. 청춘!" 하지만 내게는 그보다 더 가슴을 뛰게 하는 말이 있다. 바로 '선물'이다.

'선물'이라는 단어는 그 자체로 마음을 설레게 한다. 누군가에게 주는 것, 혹은 받는 것, 그 자체가 작은 기쁨이 된다. 어떤 사람은 주는 기쁨을 더 크다고 여기고, 어떤 사람은 받는 순간을 더 소중하게 생각하기도 한다. 나 역시 선물을 받는 순간이 가장 설레곤 했다. 하지만 선물이 항상 기쁨을 주는 것은 아니다. 때로는 마음을 무겁게 만들기도 한다.

몇 달 전, 오랜만에 반가운 사람에게서 연락이 왔다. 한때 나의 직장 상사였던 분이었다. 젊은 날 함께 땀 흘리며 일하던 순간들이 떠올랐고, 나는 기쁜 마음으로 약속 장소로 향했다. 옛 친구를 만난 듯 반가운 마음에 우리는 지난 추억을 나누며 웃었다.

그렇게 몇 번의 만남이 이어졌고, 그는 매번 내게

선물을 건넸다. 처음에는 그저 오랜 정이려니 하고 감사한 마음으로 받았다. 그런데 어느 순간부터 집 앞에 값비싼 과일 바구니가 놓이기 시작했다. 포장이 정성스럽고 하나같이 최고급이었다. 하지만 시간이 흐르면서 마음속에 작은 의문이 자라났다. '왜 나에게 계속 선물을 주는 걸까?'

그 의문은 머지않아 풀렸다. 그는 내게 부탁이 있었다. 법적 문제에 얽혀 있는데, 내게 증인이 되어 도와달라는 것이었다. 처음에는 단순한 증언이라고 했다. 한때 함께했던 시간과 쌓아온 정을 생각하면 못 할 것도 없다고 여겼다. 더욱이 그는 천만 원에 가까운 벌금을 물게 될 위기라고 간절히 부탁했다. 안타까운 마음에 힘이 되어주고 싶었다.

그러나 증언 내용을 자세히 들여다보는 순간, 가슴이 쿵쾅거리기 시작했다. 단순한 사건이 아니었다. 그의 법적 문제의 상대방 또한 내 지인이었고, 내가 해야 할 증언은 '그가 결백하다'는 확신을 담아야 하는 것이었는데, 나는 지나간 일이라 그때의 일을 명확히 기억할 수 없었다. 확신할 수 없는 말을 하는 것은 옳지 않았다.

나의 망설임을 눈치챘는지, 그는 더욱 간절하게 애원했다. 그리고 선물은 점점 더 많아지고, 더 값나가는 것들로 변해갔다. 하지만 나는 더 이상 받을 수 없었다. 결국 선물을 거절하기 시작했다. 그러자 퇴근도 하기 전에 집 앞에 선물이 놓여 있었다. 마치 나의 양심을 시험하듯. 나는 그 선물들을 모른 척했다. 시간이 흐르면서 싱싱하던 과일은 썩어갔고 꽃은 시들어갔다. 그러나 나는 차마 그것에 손댈 수가 없었다. 그것은 진정한 선물이 아니었기 때문이었다.

'선물'이라는 단어는 듣기만 해도 기분 좋지만, 진정한 선물이 되려면 목적이 없는 순수한 것이어야 한다고 생각한다. 선물이 대가를 바라게 되는 순간, 그것은 거래가 되어 버린다. 주는 이가 무엇인가를 기대하는 순간, 선물의 의미는 퇴색된다.

그렇다면 좋은 선물이란 무엇일까? 그것은 어떤 조건도 없이 오직 마음을 담아 주고받는 것이다. 받는 사람도 주는 사람도 부담 없이 기뻐할 수 있는 것. 그것이야말로 진정한 선물이 아닐까.

진정한 선물은 물질이 아니라 순수한 마음에 있다고 생각한다. 때로는 누군가에게 건네는 따뜻한 말 한마디, 함께 나누는 웃음, 힘이 되어주는 위로가 그 어떤 값비싼 물건보다 더 소중할 수 있기 때문이다. 어쩌면 우리가 서로에게 줄 수 있는 가장 값진 선물은 진심 어린 마음인지도 모른다.

마지막 산문

최정숙
2015. 6. 천료

생각보다 괜찮습니다. 덕분에 이렇게 화창한 봄의 끝자락에서 사랑하는 당신들을 떠올립니다. 당신들에게 가장 큰 바람이자 간절한 부탁은 슬퍼하지 말기!입니다. 당신들 앞에는 겪어야 할 지루한 장마와 무더위, 혹한과 폭설이 더 남아있습니다. 칠정 오욕의 풍랑도 한 번은 더 만나게 되겠죠. 나는 온갖 시끄러운 것으로부터 벗어나 완전한 자유와 안식의 나라로 떠나는 것입니다. 정의롭고 온전하게 돌아가는 좋은 세상에서 당신들을 기다리고 있겠습니다.

소설가 박경리가 '다시 젊어지고 싶지 않다, 늙어서 편하다, 버리고 갈 것만 남아서 홀가분하다.'고 했다는 말을 들었을 때, 해 놓은 일 많고 잘 살다 가는 사람의 여유 같아서 아닌 게 아니라 얄미운 생각이 들었는데 이제는 이해가 갑니다. 사람도 물건도 감정도 다 놓아 버리고 홀가분히 떠나렵니다. 근래에는 물건 둔 곳을 기억하지 못해서 찾느라고 고생을 많이 했는데 더 이상 그럴 필요가 없다는 것도 얼마나 좋은지 모릅니다.

내 인생 나쁘지 않았습니다. 마냥 평탄하거나 달콤 말랑하기만 하진 않았지만 딱 두 부류로 나눈다면 온실 속의 화초처럼 산 케이스라는 것을 인정하겠습니다. 선거철에 길가에 서서 쇼를 하지 않아도 되었고 노구를 끌고 폐지를 모으러 다니지 않아도 되었으니 감사합니다. 살이 덜 찌는 체질이라 마음껏 먹을 수 있던 것도, 키가 큰 편이라 높은 수납장의 물건을 어렵지 않게 꺼낼 수 있던 것도 감사하고, 종종 몸 한 구석에 문제가 있었기에 다른 사람 마음 다치게 할 만큼 기운 휘두르지 않은 것 같아 그 연약함도 감사합니다.

세상 만사가 나쁘기만 한 것도 없고 좋기만 한 것도 없다는 것을 말하고 싶습니다. 내 남편은 대부분의 세월을 새벽부터 밤까지 혼자만의 시간을 좋아한 사람입니다. 아주 자주, 끔찍이도 나를 외롭게 했습니다. 당신들이 남편 손잡고 외식하러 나갈 때 나는 혼밥을 했고 혼자서 낯선 나라들을 유랑했습니다. 그 사람의 지나친 무던함과 아랑곳없는 성격 때문에, 시아버지가 그리 부당한 차별 대우를 하는데도 말 한마디 못하고 꾸역꾸역 제 역할을 하느라 고생했습니다. 맏이인 우리가 지방에 떨어져 살고 작은아들이 당신 가까이 산다는 이유로 강남의 고급 주택을 작은아들에게 주어서, 아랫동서가 큰체를 하는 집엘 때마다 가서 일을 했습니다. 당시에는 남편 입장이 딱해 보여 참았는데 이제 와 보니 그럴 필요 없는 일이었습니다. 이 사람은 나보다 자기 아버지와 동생의 행복을 더 생각했기 때문에, 오로지 자신의 안일을 생각했기 때문에, 유산도 안 찾아왔습니다. 나름대로 받고 누린 것을 생각해 참고 넘어갔지만 두고두고 아쉬웠습니다. 암튼, 남편은 대학 진학을 말리며 결혼을 종용한 것부터 원망스럽고 아쉬운 것이 많지만 이젠 다 괜찮습니다. 그 사람 덕분에 세계 여행을 하면서 인생 반경을 넓혔고 다소의 재능을 살리는 일을 했습니다. 결국 학위도 챙겼습니다. 재미는 없지만 높은 정신의 남자와 살다 가는 것이 감사합니다. 나는 철이 늦게 든 대신 깊이 든 것이 아닌가 싶습니다. 나에게 주어진 환경을 겸허하게 받아들이고 작은 것들에도 감사했습니다.

아들아, 내 묘지에 이팝나무를 심어다오. 햇빛 좋은 날 이팝나무의 함박웃음이 너에게 위로가 되기를 바라. 내 아버지 떠나셨을 때의 나처럼 되지 말고 누구나 흙으로 돌아간다는 것을 받아들이고 죽음을 이해하는 지혜를 얻었으면 좋겠다. 어떤 이유로도 괴로워하거나 자책하지 마라. 엇나가기 전까지는 제법 자랑스러운 아들이었고 본래 너는 바탕이 좋고 살가운 사람이다. 혼자라서 외롭긴 했지만 가족과 친지들에게, 지나가던 사람들에게까지도 사랑을 많이 받은 아이였다는 것을 기억하기 바라. 어린 나이에 너를 낳아서 열심히 키운다고 애는 썼지만 잘못된 것도 많았고 미안한 것도 많았다. 무엇보다 형제 없는 외로운 사람이 되게 한 것이 한없이 미안하다. 네 안에 아직 서럽고 아픈 기억이나 원망이 남아있다면 오늘 흘리는 눈물로 다 씻어 버려라. 더불어, 네가 누린 것과 받은 것에 늘 감사하면 좋겠어. 정말 힘들고 안 좋은 환경과 씨름하며 사는 이들을 보기 바란다.

장례가 끝난 다음 날에는 새로 태어난 것처럼 말끔한 마음으로, 자신 있고 용감하게, 그리고 여유롭고 편안한 마음으로 살아가거라. 오늘 할 일에 충실하며 훗날의 목표를 바라보고 너의 방식으로 유유히 걸어가는 배짱과 지혜를 갖기 바라. 언어가 그렇듯, 무언가를 배운다는 것은 열쇠 하나를 얻는 것과 같다는 것을 기억하고 끊임없이 배우고 공부하기 바란다. 신앙도 잘 지키고. 고난이 닥쳤을 때 버티는 힘이 된단다. 무엇보다, 너의 작은 습관들이 모여서 너의 인생을 만든다는 것, 너의 행복과 불행이 다 너의 조종사이고 주인인 너에게 달렸다는 걸 늘 기억하기 바란다.

여러분 모두 감사합니다. 안녕!

이제 멈출 때다

우승순
2017. 9. 천료

예전과 비교해 보면 판타지 세상이다.

나는 1950년대 중반에 태어난 베이비부머 세대다. 태어나 보니 강원도 산골이었고 시절도 집안도 가난했다. 어디를 둘러봐도 사방이 산으로 둘러싸여 하늘은 동전만큼 보였다. 들에선 온갖 새들이 지저귀고, 강물은 바닥까지 훤히 보일만큼 투명했다. 어쩌다 신작로로 트럭이라도 지나갈 때면 먼지가 뽀얗게 일었지만 곧 조용하고 한적해졌다. 먹을 것이 귀해 늘 허기졌지만, 사계절 눈부시게 아름답고 청정한 자연 환경에서 자랐다. 맑고 순수했던 시절이었다.

1960년대 시골에선 쓰레기도 귀했다. 생활용품 자체가 부족했던 시절이라 버릴 것이 거의 없었다. 많지 않던 음식 쓰레기도 대부분 가축의 먹이로 소비되었고, 조리나 설거지로 생긴 개숫물도 울타리나 밭가에 심은 나무에 거름으로 주었다. 헌옷은 기워서 입고 도저히 입을 수 없게 되면 행주나 걸레로 재활용했다. 어쩌다 생긴 빈 병은 깨끗이 씻어서 들기름이나 참기름을 담았고 그러고도 남는 병은 가위를 두드리던 엿장수 아저씨께 고물로 되팔아 재활용되었다. 쓰레기 매립장이나 소각장도 필요 없던 그 시절이었다.

나무를 땔감으로 사용했던 당시엔 아궁이에서 퍼낸 나뭇재를 재래식 화장실에 수북이 쌓아 두었다가, 분뇨와 섞어 밭에 거름으로 사용했는데 위생적으로 종종 문제가 발생하기도 했다. 밭에서 나는 푸성귀를 날것으로 먹다가 발효가 덜 된 분뇨에서 기생충 알이나 세균이 감염되어 질병이 발생하곤 했다.

초등학교 시절, 대변을 받아 가면 기생충 검사를 해주고 구충약을 나누어주었다. 한 학급이 50명 남짓했고 검사 결과는 선생님이 한 명씩 이름을 부르며 "아무개, 회충", "아무개, 요충" 하는 식이었다. 그런데 어쩌다 예쁜 여학생 이름과 함께 "동양모양선충"이 불릴 때는 정말 묘한 기분이 들었다. 누구에게나 흔히 있던 회충이나 요충이면 몰라도, 이름도 처음 들어 보는 동양모양선충이라니! "도대체 뭘 먹었기에 저렇게 예쁜 소녀의 배 속에 그런 게 들어있을까?" 그 여학생에겐 주홍글씨가 되었다. 요즘 같으면 교실에서 이름을 부르며 공개적으로 알려주는 것은 학생들의 프라이버시 보호 차원에서 상상도 할 수 없는 일이지만, 그때 그 시절엔 그저 그런 일상이었다.

비료 산업이 발달하면서 인분을 거름으로 쓰는 일은 점차 줄어들었고 구충약이 널리 보급되면서 기생충도 차츰 퇴치되어 갔다. 그러나 농약 사용량이 급증하면서 생태계와 건강에 오히려 더 치명적인 상황에 노출되고 있다.

예전엔 집안에 쥐가 참 많았다. 특히 시골집 천장은 밤새 "우두두", "찍찍" 하는 쥐들의 놀이터가 되었고, 쥐의 배설물로 여기저기 얼룩이 지곤 했다. 그 당시 시골집은 천장이 나지막하여 요즘 아파트에서 문제가 되는 층간소음보다 훨씬 더 시끄러웠지만 매일 반복되고 익숙해지다 보면 자장가가 되기도 했다.

쥐는 전염병을 옮기는 매개체 역할도 하지만 전국적으로 보면 식량 손실도 만만찮았기 때문에 정부에서도 수시로 전 국민 '쥐잡기 운동'을 전개할 만큼 골치 아팠고 에피소드도 많았다. 시골 학교에서는 방학 숙제로 학년에 따라 쥐꼬리 개수를 정하여 개학 날 1인당 몇 개씩 가져가야 했고, 그걸 모아 놓으면 정말 보기 흉했다. 간혹 수업 시간에 쥐가 나타나면 여학생들의 괴성으로 교실은 아수라장이 되기도 했다.
　집집마다 쥐약이 상비품이 되었고 어둑어둑 해 질 무렵이면 감자나 옥수수 알갱이에 쥐약을 묻혀 음습한 곳에 놓아두곤 했는데, 간혹 고양이나 개가 먹고 죽기도 했다. 요즘의 반려견이나 반려묘에게는 섬뜩한 전설 속의 이야기다.
　풍족하고 편리한 만큼 대가가 따른다. 늘 배가 고팠던 시절은 가고, 먹고 남은 음식 쓰레기가 산더미처럼 쌓이고 그걸 처리하는데 엄청난 돈을 쓰는 시대다. 비만이 가장 흔한 질병이 되었다. 어릴 적 물밑까지 훤히 보일 만큼 투명했던 강물은 발을 담그기도 꺼림칙할 만큼 오염되어 물이끼가 허옇다.
　어쩌다 자동차가 한 대 지나갔던 신작로엔 반듯하고 널찍한 아스팔트 도로가 뻥 뚫렸고, 줄을 잇는 자동차의 매연과 소음으로 성가시고 시끄럽다. 풀냄새, 솔향기로 상큼했던 시골의 공기는 방방곡곡 미세먼지로 뿌옇다.
　흰 구름이 쉬어 넘던 산등성이엔 낯선 철탑이 괴물처럼 서 있고 긴 줄들이 주렁주렁 연결되어 있다. 그 대가로 다양한 기능이 탑재된 휴대폰을 애용하고 온갖 정보를 손바닥 안에서 찾는다. 도시에는 플라스틱 쓰레기가 넘쳐나고 농촌에는 폐비닐이 바람에 날려 여기저기 걸려 있다. 온갖 먹거리가 넘쳐나지만 농약과 미세플라스틱과 환경호르몬을 걱정해야 한다. 물질은 풍족해졌는데 마음은 점점 더 강퍅해지고 여유가 없어지는 것은 무슨 까닭일까?

지난 시절을 생각하면, 지금도 충분하고 넘친다. 그러나 언제부턴가 더 빠르고, 더 편리하고, 더 고급스러움을 찾는 욕망의 브레이크가 고장 났다. 게다가 인간의 욕망에 편승한 상업화는 '발전'이라는 미명으로 교묘하게 포장되어 끝없이 변화를 부추긴다. 지난 50년이 그 이전의 500년보다 더 큰 변화를 가져왔다. 50년 후엔 과연 어떤 모습일까? 지구촌의 환경은 이미 기후 위기라는 한계에 도달하고 있다. 되돌릴 수 없다면, 멈춰야 한다.

화산과 서안 묘

한정남
2018. 1. 천료

2025년 새해 아침이다. 우리는 세배드리고 덕담을 나눈 뒤, 호텔 식당에서 도가니탕에 찐만두를 넣은 간단한 아침 식사를 마쳤다. 샐러드도 곁들인 뒤, 화산으로 향하는 버스에 올랐다.

중국 오악(五嶽) 가운데 하나인 화산은 서안 근교에 자리한 험준한 산이다. 해발 1,600미터의 거대한 화강암 산으로, 그 경사가 심해 오르내릴 때 특히 주의가 필요하다고 한다. 매표소에서 티켓을 끊고 셔틀버스를 타고 15분쯤 달리니 케이블카 승강장이 나타났다.

입구에 들어서자, 마을 사람들의 새해맞이 행사가 한창이었다. 붉은 옷에 금박 장식을 입힌 옷을 입은 사람들이 배 모양의 금괴 모형을 들고 서 있었고, '福(복)'자가 적힌 판을 든 남성들과 왕관을 닮은 화려한 모자를 쓴 어른들이 정겹게 인사를 건넸다. 영화 속 장면처럼 예쁘게 꾸민 붉은 드레스를 입은 어린이들까지, 축제의 분위기는 이국적이면서도 따뜻했다.

우리가 다가가자, 그들은 붉은 홍등을 건네며 새해의 복을 나누자는 듯 웃음을 지었다. 우리도 기쁘게 받아 들고, 화산 주민들과 함께 춤추며 새해 아침의 기쁨을 나누었다. 그들과 춤을 추며 순간순간을 사진에 담고 나서, 우리는 케이블카에 몸을 실었다.

여섯 명씩 탄 케이블카는 약 10분 동안 가파른 능선을 따라 올랐다. 상부에 도착하자마자 눈앞에는 가파른 계단이 아찔하게 펼쳐졌다. 15분 남짓 걸어 올라가자 드디어 화산 정상에 도착했다. 사방을 둘러보니 거대한 바위 봉우리들이 중첩되어 장대한 풍경을 이루고 있었다. 산 전체가 거친 화강암으로 이루어져 있어 위압적인 느낌을 주었고, 푸른 나무 하나 없는 눈 덮인 봉우리는 장엄하면서도 어딘가 쓸쓸한 분위기를 자아냈다.

정상에는 진무대제를 모신 진무전이 자리하고 있었다. 이렇게 험준한 산봉우리 위에 신전을 세웠다니 신비롭고 경이로웠다. 그러나 매서운 바람은 우리를 오래 머무르게 두지 않았다. 따뜻한 마을 사람들과 정을 나누었던 아침과 달리, 정상의 찬 기운 속에서 우리는 화산의 위엄을 가슴에 새기고 서둘러 하산했다.

점심 식사 후에는 도교의 성지인 서안 묘를 찾았다. 이곳은 도교의 창시자인 장포형이 춘추전국시대에 세운 유서 깊은 사원이다. 불교에서 대웅전이 중심인 것처럼 도교에서는 '호령 전'이 가장 크고 중심이 된다. 지붕 위에는 날개를 펼친 학이 조각되어 있는데, 이는 장 도령이 학을 타고 하늘을 올라갔다는 전설을 상징한다고 한다. 그 영향으로 도사들이 학을 타고 날아다니는 모습이 영화 속 장면으로 종종 등장한다는 설명도 흥미로웠다.

한 나라 시기, 한무제는 빈번한 자연재해와 쇠약해진 국운을 타개하기 위해 서안 묘에서 기도와 제사를 올렸다. 놀랍게도 이후 모든 일이 순조롭게 풀리자 황제들은 해마다 이곳을 찾아 국태민안을 기원하게 되었고, 서안 묘는 국가적 성지로 자리매김하였다.

청나라 건륭제가 서안 묘를 방문했을 때, 사원은 많이 훼손된 상태였다. 그는 2만 냥이라는 거금을 들여 대대적인 보수를 진행하였고 이를 기리는 공적비가 거대한 거북이의 등에 세워져 있었다. 수많은 세월 사람들이 쓰다듬었는지, 거북이 머리와 엉덩이는 반들반들 윤이 나 있었다. 반짝이는 거북이를 보자 막냇손자들이 그 윤기 나는 부분을 신기해하며 연신 만지고 웃는 모습이 무척 사랑스러웠다.

가이드는 거북이에 얽힌 전설을 들려주었다. 어느 날, 삼정 법사가 강을 건너려 할 때, 강물이 깊고 넓어 건너기 어려운 상황이었다. 그때 거북이 한 마리가 나타나 "내 등에 올라타시오"라며 그를 도우려 했다. 그러나 이는 요괴의 속임수였다. 거북이는 삼정 법사를 물속으로 빠뜨렸고, 화가 난 법사는 거북이에게 천벌을 내리고, 그 업장을 씻도록 비석을 지고 있게 했다는 이야기였다. 나는 그 이야기를 들으며, 성경 속에서 아담과 하와를 유혹한 뱀, 그리고 그 머리를 짓밟는 성모 마리아의 형상이 떠올랐다. 인간의 탐욕과 속임수, 그리고 정의의 심판이 동서양의 문화 속에서 비슷한 방식으로 전해져 내려온다는 사실이 참으로 흥미로웠다.

만수각으로 가는 길가에는 천 년을 넘게 살아온 측백나무 몇 그루가 하늘을 향해 곧게 뻗어 있었다. 여행을 많이 다녔지만, 이런 나무들은 처음이었다. 넋을 잃고 쳐다보았다. 특히 1,040년 된 거대한 측백나무 앞에서는 말문이 막혔다. 내 나이의 열세 배를 살아온 나무, 나는 조심스레 손을 얹고 나무의 거친 결을 어루만졌다. 천년이 지나고, 두 세기로 흘러가는 그 자리에서 온갖 비바람을 견뎌온 그 나무들의 생명력에 절로 숙연해졌다. 나는 그 앞에서 기념사진을 남기며 묵직한 감동을 가슴에 새겼다.

만수각은 황제들이 머물며 기도했던 장소로, 3층 높이의 웅장한 건물이었다. 황제를 상징하는 노란색 기와가 지붕을 덮고 있어 그 위엄을 더하고 있었다. 왕들이 이곳에서 밤을 보내며 나라의 안녕과 번영을 기원했다고 하니, 신비로운 기운이 감도는 것 같았다. 우리는 그곳에서 가족사진을 찍었다. 문득 고개를 돌리니, 아침에 올랐던 화산이 안개 속에서 희미하게 모습을 드러내고 있었다. 1,900여 년 전, 어떻게 이런 건축물이 가능했을까? 옛사람들의 지혜와 장인 정신이 새삼 경이롭게 느껴졌다.

만수각에서 내려와 옆 계단을 오르니 성벽 위를 걷는 길이 나타났다. 우리는 황제들이 걸었던 길을 따라 천천히 걸으며 잠시나마 그 시대의 정취를 느껴 보았다. 높은 성벽 위에서 내려다본 마을 풍경은 정겨웠다. 보리밭에는 파릇한 새싹이 자라고 있었고, 마을 사람들은 붉은 종이에 글귀를 써서 대문에 붙이고 있었다.

낮에는 성벽을 거닐며 풍경을 바라보고, 밤에는 달과 별을 올려다보며 옛사람들은 무슨 생각을 했을까? 과거와 현재가 교차하는 순간, 우리는 역사의 한 페이지 속을 거니는 듯한 감동에 젖었다.

백암산 케이블카

이종명
2018. 4. 천료

날씨가 후덥지근하다. 6월 초이지만 30도를 오르내리는 무더운 날이다. 백암산 케이블카를 탑승한다는 즐거움에 더위도 잊은 채 마음이 들떠있었다. 나는 백암산 케이블카 탑승 신청을 하고 셔틀버스 출발지에 갔다가 비바람이 많이 불어 취소되어 되돌아온 경험이 있다. 이번에는 그런 일이 없으리라 생각하고 우리 일행 10명은 화천으로 출발하였다. 오늘은 기온이 높지만 전체적으로 날씨가 좋아 전망대에서 관망하기 좋을 것 같은 생각이 들었다.

우리는 화천 공영버스 터미널 2층 매표소에서 예매한 후 셔틀버스를 타고 케이블카가 있는 백암산으로 이동하였다. 버스에는 우리 일행과 울산과 제주도에서 온 관광객 17명, 모두 27명이 타고 있었다. 제주도에서 온 관광객 중 한 분이 60대로 보이는데 사병 생활을 이곳에서 하였고, 부부모임 회원들과 같이 옛일을 회상하며 화천 관광과 더불어 케이블카를 타기 위해서 왔다고 한다.

버스에는 해설사 한 분이 함께하여 이동하면서 주

변의 시설과 환경을 자세히 설명해 주어 이해하는 데 도움이 되었다. 해설사가 출발하여 50분이면 탑승장에 도착한다고 하였다. 케이블카 탑승 거리는 약 2.2km이며, 편도로 15분, 왕복 30분 소요된다고 하였다.

 백암산은 6.25전쟁의 마지막 전투인 금성전투를 치른 역사적 전쟁터였다. 당시 중동부 전선 최고 높이의 고지였다.

 백암산 케이블카는 대한민국 최고 높이의 케이블카로 2014년 착공하여 8년 만인 2022년 10월 22일부터 운행을 시작하였다고 한다. 대한민국 최북단 케이블카이며 DMZ(비무장지대) 위에 해발 1,178m에 위치한 대한민국 최고 높이의 케이블카로 평화의 댐과 북쪽의 임남댐과 금강산을 동시에 볼 수 있는 유일한 장소라고 한다.

 오랜 기간 동안 민간인의 출입이 금지되어 있는 민통선(민간인 출입 통제선) 이북지역으로 비무장지대에 시설이 있어 이동 중에 군인 초소에서 인원 확인과 검문, 출입 절차를 거친 뒤에 탑승장에 도착하였다.

 케이블카를 타고 전망대에 오르는데 찬바람이 옷깃을 스친다. 에어컨을 틀었나 살펴보니 살짝 열려 있는 창문 틈으로 바람이 들어와 찬기를 느끼게 한다. 화천 읍내와 달리 기온도 낮고 날씨가 다르다. 밖을 내다보니 수묵화를 그려 놓은 듯 아름다운 자연의 모습이 장관을 이루고 있다. 초록빛 푸르른 구름 위에 둥실 떠 있는 느낌이다. 해설사의 이야기로는 봄, 여름은 보는 그대로 푸른 숲이 장관을 이루고 가을은 단풍으로 겨울은 설산으로 아름다움을 더한다고 소개한다. 운이 좋으면 이곳에 살고 있는 산양이나 사향노루, 멧돼지 등을 볼 수 있다는데 그런 행운은 없었다.

 백암산 케이블카 전망대에 도착하니 기대와는 다르게 흐린 날씨 탓으로 밖을 조망할 수 없었다. 설치되어 있는 망원경으로 북쪽을 보니 흐리게 보였지만 그곳은 비가 오고 있었다. 해설사가 조형물을 보고 자세하게 안내하며 설명을 하는 것으로 위안을 삼았다. 이곳이 가곡 비목(碑木)의 탄생지라며 일화를 설명하다가 오늘 밖을 볼 수 없는 마음을 달래주겠다며 비목 노래를 들려주었다.

   1절
   초연(硝煙)이 쓸고 간 깊은 계곡, 깊은 계곡 양지 녘에 / 비바람 긴 세월로 이름 모를, 이름 모를 비목이여 / 먼 고향 초동(樵童) 친구 두고 온 하늘가 / 그리워 마디마디 이끼 되어 맺혔네
   2절
   궁노루 산울림 달빛 타고, 달빛 타고 흐르는 밤 / 홀로 선 적막감에 울어 지친, 울어 지친 비목이여 / 그 옛날 천진스런 추억은 애달파 / 서러움 알알이 돌이 되어 쌓였네

노래를 듣다 보니 일편단심 나라를 지키려다 연기처럼 사라진 호국용사의 비극이 가슴을 아프게 한다. 화천은 한국전쟁의 격전지로 수복한 땅이 많고 6.25전쟁의 쓰라린 흔적이 남아 있는 곳이다. 다시 한번 나라를 지키려다 목숨을 잃은 용사들에게 감사의 마음을 전하고 싶다.

백암산은 아름다운 자연과 함께할 수 있는 곳으로 케이블카를 타고 오르내리며 멋진 풍경을 감상할 수 있다.

해설을 듣고 전망대에서 나와 가림막으로 막혀 있는 테크에 세워진 백암산 정상석에서 사진을 찍었다. 이곳에서는 사진은 허가된 장소에서만 촬영할 수 있었기에 아쉬움이 있었지만 기념으로 한두 장 찍었다.

오늘 출발할 때의 기대와는 달리 흐린 날씨로 눈으로 볼 수 없었던 평화의 댐과 북한의 임남댐, 금강산을 만나러 다시 와야 할 것 같다. 백암산 전망대에서 육안으로 보면 사계절 모두 특별한 풍경을 만날 수 있다고 한다. 케이블카를 타고 내려오며 단풍과 함께 어우러지는 풍경이 아름답다는 가을에 가족과 함께 다시 한번 찾아올 것을 기약해 본다.

고향친구

임성규
2018. 11. 천료

시골 중학교 동기 단톡방에 부고가 떴다. 고인이 분명히 학교를 같이 다니던 친구 같은데 카톡엔 아무런 반응이 없고 애도한다는 조문의 댓글 하나가 올라오지 않는다. 상을 치르는 상주로 딸 하나뿐인 것 같고….

1950년대 중반 내가 다닌 시골 초등학교의 시설은 열악했다. 교실도 부족하고 교실에는 학생들의 책걸상도 아예 없었다. 어쩌다 대청소를 하는 날이면 아이들이 집에서 마른 걸레와 양초 토막을 가져와 교실 마루에 양초를 먹이고 마른 걸레질을 해서 윤이 반짝반짝 나게 했다. 말이 대청소이지 그날의 교실은 놀이터였다. 서로 밀고 넘어뜨리고 야단법석들이었다.

6학년 때였다. 대청소를 하다가 나의 발 장난에 그 친구가 벌렁 넘어졌다. 아프다고 죽는 시늉을 했다. 장난인 줄 알았는데 다음날 팔에 깁스를 하고 나타나 우리 집에 같이 가자고 했다. 친구는 학교까지 걸어서 1시간이나 걸리는 산골 마을에 사는데 학교가 가까운 우리 집은 부자인 것 같으니 가서 치료비를 받아오라고 했다 한다. 눈앞이 캄캄했다. 우리 집에 가 봐야 뻔한데…. 친구가 앞장서고 나는 뒤에서 쩔쩔매면서 집으로 왔다. 집에는 아무도 없었는데 친구가 "야, 너희 집도 우리 집만큼이나 못 사는구나. 엄마에게 그렇게 말할게." 하고 씩 웃었다. 그러나 난 그 이후 한참 동안이나 그 친구 눈치를 보며 지낸 것 같다. 친구와 시골 중학교에 같이 입학은 했는데 어느 날 아무런 말도 없이 사라졌다. 집이 부산으로 이사 갔다고 했던 것 같았다. 그리고 소식이 끊겼다. 동기회 모임에도 나타나지 않고 소식을 안다는 동기들도 없었다. 아마 친구 가족들이 무작정 부산에 이사 가서 잔뜩 고생만 하고 살았지 않았나 싶다. 물론 다니던 중학교도 제대로 마치지 못했을지도 모르겠고….

요즘 젊은 세대들, 말하길 좋아한다. 아버지 세대는 못 살고 못 먹고 힘들게 살았다고 말하지만 그때는 우리나라가 성장기라 직장도 많았고 일할 기회도 많았다. 그래서 지금 다들 잘 살지 않느냐. 하지만 지금 젊은 세대는 일자리도 없고 할 일도 없어서 젊은 저희들 세대가 더 힘들다고 말한다. 그리고 그때 밥을 굶었다고 하면 왜 라면이라도 먹지, 바보같이 굶고 있었느냐고까지 말들을 한다. 그래, 우리 세대 잘 살았다. 다들 성공했고 지금도 잘 산다. 그러나 너희들만의 이야기고 우리 세대에도 친구같이 고생만 하고 힘들게 살다가 그냥 잊힌 사람이 못지않게 많다는 사실을 너희 세대들은 모를 것이다.

모르는 번호로 문자가 왔다. "부친 ○○○님의 딸 ○○○입니다. 덕분에 아버지 잘 모시고 왔습니다. 아버지가 계시진 않지만 나중에라도 일이 있으면 꼭 연락 주시기 바랍니다. 진심으로 감사합니다."라고.

'그래, 그 인사 고맙다. 비록 의례적인 인사라 하더라도 내가 보낸 그 성의 그것은 네 아버지 친구로서 보낸 부의가 아니고 어린 시절 내가 너희 아버지께 빚진 치료비인지도 모르니 고마워할 필요는 없다.'
혼자 이렇게 중얼거렸다.

나 죽기 전에 얼굴 한번 보자

이종옥
2019. 1. 친료

아침 일찍부터 고향에 갈 준비를 했다. 오랜만에 하루 휴가를 내어서 가려는데 마음은 벌써 그곳에 닿아 있었다.

오빠에게 드릴 용돈을 봉투에 넣고 주스와 초콜릿도 가방에 챙겼다. 오빠 친구분들과도 점심을 함께 하겠다고 전화를 드렸는데, 웬일인지 없는 번호라는 차가운 기계음이 들려 왔다. 계속 걸어 보았지만 반복되는 음성이었다.

때때로 전화하면 "언제 내려오냐, 매월 15일 오빠 친구들 오찬 모임이 있는데, 너도 한번 와서 너 사는 얘기를 들려줘라." 그랬던 오빠인데, 그런데 지금은 왜 없는 번호라고 하는가. 불길한 마음에 알 만한 친지에게 연락했다.

유헌종 선생님은 교육자로서의 확고한 가치관을 가지고 학생 교육을 위해서 묵묵히 살아온 시골 교장 선생님이다. 그리고 지역 발전과 어르신들을 위해서 크고 작은 일에 지대한 공헌을 했다. 우리 집이 오빠의 진외가인데도 집안 간의 화목을 위해서도 애써 주었다.

  우리 가족이 고향을 떠나 40년을 청주에서 살다가 고향에 다시 돌아왔을 때, 오빠는 부모님에게 참으로 각별하게 잘해 드렸다. 연로하신 부모님은 고향에는 모두가 낯선 얼굴들만 있어서 외로우셨는데, 오빠 덕분에 위로가 된다고 상당히 고마워하셨다. 나에게도 유달리 살갑게 대해 주셨다. 친정의 대소사에 한 번도 빠지지 않고 찾아 다녔다. 그럴 때마다 만나는 오빠가 늘 고마웠다.

  그 오빠가 사범학교를 졸업하고 병천초등학교에 부임했을 때, 나는 5학년이었다. 특별활동 시간에 "1전이요, 2전이요…"라고 하면서 빼기 더하기를 주판알 다섯 개로 이리 올리고 저리 내리고 하는 방법을 가르치던 모습이 생생하다.

  그런 관계의 오빠가 지난 2월 느닷없이 전화를 걸어서 "종옥아, 나 죽기 전에 얼굴 한번 보자"라고 했다. 그 말이 귓가에 맴돌았다.

  부모님 돌아가신 후 특별한 일도 없고, 서울에서 고향까지 왕복 600리 길을 운전하면서 다녀오기가 쉽지 않아 차일피일 미루었다. 그러다 오늘 어렵게 휴가를 내어 가려던 참이었다.

  하지만 오빠는 지난 3월에 세상을 떠났다고 했다. 순간 맥이 풀리고 눈물이 나서 멍하니 하늘만 바라보았다. 사람이 살았다 해도 이렇게 끝이 나는가 보다. 오빠 얼굴도 못 보고, 음성도 들을 수 없는 먼 길을 다녀와야 하나. 그래도 마음먹은 김에 오빠의 흔적이라도 보고 와야겠다. 언제 고향 땅을 밟을 수 있겠는가.

  10년이 지나서 가 본 고향은 많이 변해 있었다.

  나도 늙었지만, 고향은 나보다 더 늙어 있었다. 산천초목도 바뀌어 있었고, 보이는 얼굴은 낯설고 집들도 옛집이 아니었다. 만나 볼 오빠가 없어 내 마음이 우중충하다 보니 고향 모습도 늙은 고목 같은 풍경으로 늙어버린 나를 대한다.

93살 된 올케를 만났다.

시집올 때 수줍어하던 모습이 떠올랐다. 허리가 구부러진 그 올케와 손잡고 눈물을 닦으며 지나간 추억을 나누었다.

고향 땅, 병천 아우내 장터, 1919년 유관순 열사가 3·1운동을 일으킨 역사적인 장소다. 그곳에서 오빠는 고향을 지키며 살고 있었다. 연세가 많아 바둑 둘 친구가 없어 제자에게 바둑을 두자고 했던 모양이다. 그런데 그만 복지관 문턱에 걸려 넘어져서 그렇게 됐단다. 며칠 병원에 입원해 있다가 곱게 가셨다고 올케가 담담하게 들려줬다.

95세인 오빠가 내가 오길 기다릴 수가 있겠는가. 오랫동안 기다리다 보내준 신호를 미처 깨닫지 못한 내 생각이 모자랐던 거다.

너나없이 나이 들어 넘어지면 그렇게 되기가 십상이다.

갈까 말까 망설이다 다녀온 고향길, 보고 싶은 얼굴은 보지 못해 슬펐지만, 다녀온 것으로 위로 삼았다. 올케라도 보고 오니 마음은 한결 가볍고 자유로웠다.

사람이 사는 것이 무엇인가. 얼굴 한 번 보고 물 한 모금 나눠 마시고 지나간 이야기도 나누면서 사는 것이 사람이 사는 세상이 아닐까. 먹고 사느라 바쁘다고 시간을 제대로 내지 못하다 보니 그리운 얼굴도 마주 대하지 못하고 세상을 떠났다. 마음 한구석이 시려온다. 누가 80 넘은 날 보고 이름을 불러 가면서 "얼굴 한번 보자"라고 할 것인가. 내가 어른이 된 처지인데, 그런 말조차 듣기 어려워졌다. 눈물을 흘리며 고향 한 바퀴 돌아보았다. 내가 살던 고향인데, 지난 세월만큼이나 늙어 있었다.

그때가 언제였을까.

다니던 병천초등학교 교문을 바라보고는 중학교까지 가다가 중간에서 포기하였다. 나를 맞아 줄 얼굴 없는 곳까지 가서 무엇을 하겠다는 것인가. 더 허탈해질 것 같아서 되돌아 나왔다.

그리움도, 슬픔도 학교 가는 길 고향 냇물에 훌훌 흘려보냈다.

이제 고향에 대한 그리움을 잊기로 하자. 그리움의 대상이지만 이제는 멀어진 나의 뿌리, 그래도 왠지 그곳을 떠올리면 가슴 한구석 아련히 떠오르는 마음의 안식처 같다. 그래서 고향은 그리움으로 남게 되는가 보다.

사라질 듯 피어나는 꽃

허남국
2019. 3. 천료

괜스레 마음이 바빠진다. 매년 3월 중순이 지나면 정선으로 동강할미꽃을 보러 가기 때문이다. 단지 아름다운 꽃 사진을 찍기 위해서만은 아니다. 올해도 잘 있는지 궁금한 마음으로 겨울 끝자락 동강으로 달려간다. 보라색 꽃이 바위 절벽에서 소복하게 미소 짓는 모습은 말로 표현할 수 없도록 예쁘고 아름답다.

백운산 절벽 끝 바위틈 동강할미꽃이 피는 곳은 사람 살 곳은 아예 못 되고 식물이 자라기도 너무나 가혹한 자리다. 겨울이면 동강 찬 바람이 매섭게 몰아치고 여름이면 가뭄에 숨이 막힌다. 이슬 한 방울도 귀한 그곳에서 동강할미꽃은 해마다 어김없이 피어난다. 마치 아무 일도 없었던 듯 조용히 무엇을 간절히 비는지 하늘을 향해 활짝 피었다.

내년에도 때가 되면 또 달려갈 것이다. 그 꽃이 사라지지 않고 피어있는지? 겨울을 잘 났는지? 안부도 물어보고 그동안 궁금증을 풀어야 속이 시원하다. 그것은 꽃만을 위해서가 아니다. 내 삶을 위한 일일지도 모른다. 어떤 날은 실망에 빠진 날도 있다. 작년에 찍은 사진을 보며 올해는 이렇게 연출해 보아야지 생각하고 살펴봐도 바위만 보이고 꽃은 보이지 않을 때가 있다. 매년 피는 꽃도 햇살과 날씨에 따라 피는 시기가 조금씩 달라진다. 며칠 후 다시 갔을 때 연분홍과 자주색 꽃이 나란히 서서 강변 봄바람에 살랑이는 춤사위가 그렇게 예쁠 수가 없다. 동강할미꽃은 역경을 이기고 사라질 듯 다시 피어났다.

출사 다니는 몇 년 동안에도 몇 군데 꽃이 죽었다. 겨울에 도로 제설을 위한 염화칼슘 살포로 도로 가까이 있던 꽃이 무더기로 죽었다. 정말로 가슴 아픈 일이다. 도로 주변 낮은 곳과 도로 아래 바위틈 개체 보존 대책이 절실하다고 느꼈다.

바람이 매서운 이른 봄, 흙 한 줌 없는 바위틈에서 밤이면 다시 얼어붙는 동강할미꽃은 그곳을 자신이 택했다. 꽃잎과 줄기를 감싸고 있는 은빛 솜털은 마치 겨울 외투처럼 꽃을 추위로부터 보호하고 있다. 바위는 낮 햇살 기운을 받아 안고 있다가 밤이면 그 온기를 조금씩 되돌려 주고 있는 것이 꽃이 얼지 않고 일찍 피게 하는 비결 같았다.

세계에서 오직 정선 동강 백운산 뼝대(절벽의 정선 방언) 끝 바위틈에서 자생하는 동강할미꽃을 찍을 수 있는 개체수는 수백 본 정도이다. 절벽 끝 바위틈에서 바람에 살랑이는 꽃잎을 볼 때면 깊은 생각에 잠긴다. 왜 굳이 이토록 힘든 곳을 택하였을까? 따뜻하고 기름진 비옥한 땅도 있었을 터이고, 따뜻한 바람이 부는 늦은 봄도 있는데 잔설이 성성한 이른 봄부터 꽃을 피우느라 그 고생을 하고 있을까? 그래도 동강할미꽃은 불평불만 없이 그 자리에 해마다 다시 피어난다. 작고 여린 꽃이 어떻게 이 모든 역경의 험한 시간을 견뎌냈을까? 얼마나 목이 말랐을까? 얼마나 외로웠을까?

꽃은 마치 내 삶의 한 단면 같아 애착이 더 간다. 누구 한 사람 알아주지 않아도 이른 봄이 오면 다른 꽃보다 먼저 깨어나 꽃피울 준비를 한다. 찬바람을 견디어야 하고 추위를 이겨내며 피워낸 꽃 하나가 말없이 전해주는 위로가 내 마음을 움직였다. 그래서 나는 매년 그 꽃을 만나러 간다. 그리고 무언의 사랑을 주고받는다. 자연을 사랑하는 자연애愛 마음으로.

사진은 예술이다. 기다림의 미학이다. 사진은 언제나 한 편의 시요 예술이다. 사진은 시간과 순간을 정지시켜 소리로 보고 빛으로 들으며 담아내는 한 편의 시다. 사진으로 나를 만나고 나를 생각한다. 눈으로 보고 마음으로 느끼며 담아내는 한 편의 디카 시이기도 하다. 사진은 기술도 중요하지만, 꽃잎이 열릴 때 바람과 빛의 각도와 주변 환경을 잘 활용하면 아름다운 사진을 담을 수 있다. 매년 같은 장소에서 같은 꽃을 찍어도 다르게 나오는 것도 사진을 찍는 묘미이며 재미이다.

동강할미꽃은 세상에 늦게 알려졌다. 1997년 한 사진작가의 렌즈에 처음 담긴 그 꽃은 2000년에 이르러서야 식물학적으로 '동강할미꽃'이라는 이름을 얻었다. 정선 동강 절벽 끝 바위틈에서 그토록 아름답게 피어나던 보라색 동강할미꽃을 아무도 그전까지는 몰랐다. 몇 년 전부터 해마다 3월이 되면 두세 번 꽃을 찾아가 사진을 찍고 글로 쓴다. 그럴 때면 매번 같은 질문을 던진다. 왜? 이토록 척박한 석회암 절벽에서 피어났을까? 겨울 한파와 여름 가뭄을 침묵으로 어떻게 잘 견디고 있을까? 자신만의 방법으로 존재를 증명하는 기적 앞에서 나는 오늘도 고개 숙여 자연에 감사한다.

해마다 다른 빛 다른 느낌 다른 표정으로 피어난 꽃들 사진은 단지 기록이 아니라 내가 그 꽃 앞에서 느꼈던 경외와 다짐의 결과물이다. 매년 때가 되면 찾아가 아름다움을 찍다 보니 오랫동안 사귄 절친이 되었다.

볼 때마다 더 반갑다. 어쩌면 그리도 사랑스럽고 예쁠까?

아름다운 세상을 그리며

김선환
2019. 3. 천료

요즈음 세상에서 아름다운 글을 쓴다는 것이 가능한 일인지 생각해 본다.

인간들 세상이 아름답게 보이지 않은 지 오래전이다. 지구 여러 곳에서 갖은 명목으로 상대방을 압살하려는 전쟁이 끊임없다. 중재도 불가능한 시대이다. 양측 나름대로 이유가 있으나 결국 돌아오는 것은 황폐한 도시와 자연 그리고 죽음을 맞이하는 인간들이다. 유사 이래 전쟁은 인간의 유전자에 새겨진 특성처럼 대를 물리며 지속되고 있다. 지구상의 어느 동물종이 인간처럼 집단으로 싸움을 하는지 아는 바가 없다.

자연에서는 인간이 지난 300년 동안 발전시킨 문명의 폐해로 지구온난화가 가속되어 이제는 누구도 막을 수 없는 예측 불허의 대변동이 일어나고 있다. 내부에 불덩어리를 품은 지구 외피는 점점 가열되어 지구 자체의 자연 특성까지 변화시키고 있다. 이 과정에서 문명을 이룩한 인간은 혹독한 대가를 치르게 되었다. 지난 30년 동안 과학계가 지구 평균 온도 상승에 문제를 제기한 후 각 나라들이 모여 이산화탄소 배출 감소 대책에 대해 갑론을박하다가 오늘의 상황에 직면하게 되었다. 더 큰 문제는 기후 변화로 일어나는 현상이 최근 몇 년간의 재해로 끝나는 것이 아니라 이제부터 시작이라는 점이다. 지구의 변화는 언제나 있어 왔지만 동식물은 물론 인간이 대처할 수 있을 정도로 아주 느리게 진행되어 왔기에 잘 적응하면서 살 수가 있었다. 그러나 상황은 급박하게 변해가고 인간들이 제대로 대처하기 전에 누적되는 막대한 피해로 지역적 붕괴의 수준까지 갈 것으로 예상된다. 우울하기 짝이 없는 상황이다. 우울하다는 것은 개인적인 삶이 걱정이 되는 것이 아니라 후손들이 황폐한 자연과 파괴된 문명 속에서 생존을 위해 투쟁을 하다 결국 불행한 종말을 맞이하게 될 것 같은 예감이 들기 때문이다.

미래를 그리는 영화는 좀 더 처절하다. 기후 변화로 인한 대재해의 영화들은 이미 오래전부터 만들어져 왔다. 대부분 인류의 멸종 수준에 해당하는 세상이 출현한다고 결론을 짓는 영화가 많다. 기후 변화로 지구가 이전과 같이 안정되지 못하고 고온의 날씨로 농작물 재배가 안 되어 식량 부족으로 멸망한다거나 이상 기후로 얼어붙은 지구에서 겨우 살아가는 모습을 보여주는 영화도 있다. 대지진과 화산의 폭발로 인류가 위기에 처하는 내용에 더해 미래 어느 시기에 세계대전 수준의 핵전쟁이 발발하여 지구가 파괴되고 단지 소수의 생존자들만 살아남아 삶의 투쟁을 벌이는 내용도 있다.

지구의 문제나 전 세계적인 갈등의 문제를 떠나서 대한민국의 미래 역시 밝지 않다. 경제적으로는 전 산업계가 정점을 찍고 하향곡선을 탈 것으로 예상된다. 지금도 인력 부족으로 인건비가 상승하고 그나마 사람을 구할 수 없어 동공화 되는 산업 분야가 많아지고 있다. 해외 원재료비 상승으로 수출을 해야 되는 우리나라 산업계는 이웃나라에 경쟁력을 상실하고 있다. 앞으로 더 가속화될 것으로 예상된다. 또한 인공지능 기계가 사람의 일을 대체하는 경우가 많아져 필수적인 일자리가 자연스레 줄고 있다. 이런 이유로 젊은이들의 취업이 쉽지 않다. 치솟는 아파트 값과 취업의 어려움으로 혼인 건수가 줄고 신생아의 출생률이 세계 최저 수준이다. 현 규모 이상의 인구수를 유지해야 국가의 방위력과 대외경쟁력을 유지할 수 있다. 인구수가 적어지다 보니 전통 산업계에 도전하려는 사람이 드물어 기술이나 노하우를 전수할 수 없다. 노동력이 필요한 산업 현장은 나이 든 이들이나 외국 노동자들로 채워지고 있다. 앞으로 나이 든 이들이 사라지면 상당수 산업의 기반이 완전히 무너질 것이다.

해외여행에 지나친 가치를 부여하고 매년 천만 명 이상의 해외 출국인의 수를 경신하는 요즈음 필자는 달러의 귀함을 기억한다. 해외여행이 쉽지 않던 시절이 불과 몇십 년 전이었다. 과거 산업화시대에는 산업 기반이 약해 달러를 많이 벌어들이지 못하니 제한을 둘 수밖에 없었다. 젊은이들은 과거 어려웠던 시절을 아예 모를 것이다.

정치적인 문제는 다들 피하는 문제가 되었다. 가벼운 담론도 불가하다. 의견이 다르면 아무리 친해도 싸움으로 번진다. 이와 같은 이유는 정치꾼들이 만들어 놓은 편 가르기에 있다. 결과적으로 사회를 건전하게 만들지 못하고 기존의 정치 질서나 공적 도덕을 붕괴시킨다. 중립을 유지하고 국가를 책임을 져야 할 삼권의 일부 사람들조차 편 가르기에 나서니 나라의 앞날이 걱정된다.

국민이 할 일은 나라의 올바른 미래를 생각해서 누구의 편을 들거나 추종하는 일은 당장 그만두고 각 지역의 정치인들을 검증하고 비판해서 격에 맞지 않은 이들을 퇴출시켜야 한다. 돈과 권력을 사랑하는 이가 많을수록 나라는 건전하지 못하고 쇠망한다는 것은 역사에 수없이 되풀이되어 온 일이다. 앞으로 나타나는 부정적인 결과는 모두 열심히 살고 있는 국민에게 전가될 것이다.

마음이 피곤할 때는 좋은 글을 쓰기 어렵다. 세상이 불편해도 마찬가지이다. 문학을 비롯한 예술 전반에 진출한 인공지능의 역할이 확대되어 그 결과가 대단하다. 시와 수필 미술 음악 모든 분야에서 인간을 뛰어넘는 일들을 해내고 있으니 아이러니하고 개인의 능력에 무력감이 느껴진다. 부지런하게 배우고 익혀 잘 활용하지 않으면 시대에 뒤떨어지고 창의성 없는 작가로 전락할 것이다.

우리가 직면하고 있는 세상은 결코 아름답다고 할 수 없다. 사리 판단이 복잡한 문제들과 도덕적 법적 기준이 사라진 세상을 보는 것도 사람을 지치게 한다. 그러나 무엇이 닥쳐와도 둔탁해진 감정으로 일관하는 일이야말로 황폐한 세상을 가속화시킨다. 빠르게 변하는 사회의 제반 현상에 대한 핵심 원리를 파악해야 각 개인의 바른 대처가 가능하다. 시간을 내어 사색을 많이 하고 내가 중심이 되어 세상을 멀리 바라본다면 아름다운 마음으로 살아있는 좋은 글을 쓰게 될 것이다.

세월의 맛

박태희
2019. 3. 천료

무르익는다. 과일이나 곡식이 제대로 여물어갈 때 쓰는 말이다. 벼는 익을수록 고개를 숙이고 과일은 익을수록 맛이 더해진다. 초록빛이 도는 토마토를 따서 며칠 두면 빨간빛으로 익는다. 딱딱한 감도 오래 두면 말랑말랑한 홍시가 된다. 이렇듯 수확한 후에 숙성이 되는 과일이 있다. 이들은 시간이 지나면서 단맛이 높아진다. 바나나, 귤, 자두, 사과 등이 후숙 과일이다.

모든 과일이 후숙되는 것은 아니다. 무화과와 포도, 수박 등은 후숙되지 않는다. 녹색의 무화과는 며칠이 지나도 단맛이 생기지 않는다. 더구나 보관 기간이 짧아 덜 익은 상태로 시들어 부패하기 쉽다. 파인애플 경우도 다르지 않다. 지금껏 파인애플을 살 때 과육이 단단하고 녹색 잎이 싱싱해 보이는 것을 골랐다. 신선한 것을 사서 집에 두고 익혀 먹겠다고 생각한 것이다. 그러나 실망스럽게도 숙성되거나 단맛이 오르지 않았다. 수확한 이후에는 더 이상 익지 않기 때문이다.

익음은 육체적 정신적 성숙이다. 옛말에 밖에 내놓으면 익어가는 놈이 있고 썩을 놈이 있다고 했다. 육체적 성숙은 이뤘을지언정 정신적 성숙이 따라오지 못하는 사람이 있다. 나이 들어가면서 안정된 인간관계를 맺는 것에 소홀하기 때문이다. 사람은 혼자서 살 수 없다. 주변 사람들과 어우러지는 것이 관계의 시작이다. 가깝고 친한 사람일수록 더 신경 쓰고 조심해야 함에도 이를 간과한다. 오히려 가족이라는 이유로, 친구라는 이유로 함부로 대할 때가 있다. 소중한 인연을 함부로 대하는 나쁜 버릇이, 나이 들어도 고쳐지지 않아 남들과의 관계가 좋지 않게 되는 것이다.

　사랑하는 마음이 밑바닥에 깔려 있음에도 불구하고, 가족에게 살가운 말은 쑥스러워서 하지 못하는 때가 많다. 특히 아내에게는 오랜 세월을 같이 살아 잘 안다고 생각하여 고맙다는 말조차 하지 못한다. 가족인데 뭘 사랑한다고 말해. 수시로 사랑을 확인시켜 주고 격려해야 하는데, 왜 그리 마음 씀에 인색했는지. 나이가 듦에도 아내를 대하는 마음이 땡감만큼이나 떫기만 하다. 마음이 너그러울 때는 온 세상을 다 받아들이지만 옹졸해지면 바늘 하나 꽂을 자리가 없다고 했다. 끊임없이 스스로 갈고닦으며 상대를 존중하고 배려해야 했는데, 여전히 옹졸한 나는 잘되지 않는다.

　얼마 전 지하철에서의 일이다. 혼잡한 시간대는 아니었지만, 빈 좌석이 없는 칸에 나이 지긋한 어른이 탔다. 서 있는 어른이 안쓰러웠지만 선뜻 일어나지 못했다. 내가 앉은 맞은편이기도 했거니와, 가야 할 역이 아직 많아 서서 갈 엄두가 나지 않았기 때문이다. 힐끔 주변을 둘러보았다. '요즘 젊은것들은 양보란 걸 몰라. 이 나이에 내가 자리를 양보해야 하나.' 작은 양심이 갈등하는 순간이었다. 그때, 학생인 듯한 청년이 일어났다.

　"여기 앉으세요."

그런데 어른의 반응이 의외였다.

"아니야. 나 아직 서서 갈 만해. 피곤할 텐데 앉아서 가."

나이가 벼슬인 양 생각하고, 나잇값 못해도 나이대접을 바라며 젊은 사람에게 무조건 양보를 강요하는 어른답지 않은 어른들과는 사뭇 달랐다. 돈 내고 탄 젊은이라도 공짜로 탄 노인에게 자리를 양보해야 한다는 공경의 어설픈 논리가 필요 없는 순간이었다. 오랜만에 단맛 나는 숙성된 어른을 만났다. 양보하고 배려하는 마음은 나이와 상관이 없다는 걸 알았다. 머뭇거린 내가 부끄러웠다.

인생살이 그럭저럭 살다 보니 흰머리 나고 주름살만 늘었다. 아직은 아저씨여서 할아버지라고 불리기는 이르다고 생각하는데, 엘리베이터 안에서 마주한 아이 엄마가 '할아버지께 인사해야지' 하는 소리에 헛웃음이 난다. 세월 앞에 장사 있나. 닿을 수 없기에 더 애틋한 젊은 시절, 뒤돌아보며 미련 둬 봐야 돌이킬 수 없는 것을. 남에게 폐 되지 않게 삼시 세 끼 먹고 살았으면 됐다고 스스로 위안한다. 자식 잘된 친구, 돈 많이 번 친구, 잘 생겨서 여자들한테 인기 있던 친구, 부럽던 그들이 이제야 그리 대단하지 않다는 걸 알 것 같다. 세끼 먹고 제집에서 잠자는 그들, 세끼 먹고 내 집에서 잠자는 나. 사는 게 별거던가.

육십 대를 기년(耆年)이라 부른다. 노(老) 자에 달 감(甘) 자를 붙여 만든 글자가 늙은이 기(耆) 자다. 무르익어 단맛이 나는 나이란 뜻이다. 이제 남은 삶은 떫었던 마음 후숙에 기대어 달콤하게 익어갔으면 한다. 세월이 남긴 얼굴의 주름이야 어쩔 수 없으니, 마음 주름이나마 생기지 않도록 게으름 피우지 말아야 할 텐데. 맛 들기는 베풀고 자신을 낮추는 데서 온다. 남에게 양보할 수 있는 너그러움이 성숙한 나이 맛이 아닐까. 나이만 먹은 성인이기보다 나이답게 행동하는 후숙된 어른이 모여 살아가는 단맛 나는 세상을 기다린다.

하치 동상 앞에 서서 뽀숙이를 떠올리며

김순자
2019. 3. 천료

도쿄 시부야역 앞, 그 복잡한 거리에서 나는 발걸음을 멈췄다. 세상에서 가장 북적이는 횡단보도라 불리는 이곳은 눈부신 네온사인과 사람들의 웃음소리로 가득했지만, 내 시선은 오직 한 곳에만 머물러 있었다.

사람들 틈새로 보이는 동상 하나. 꼬리를 살짝 말고 앉아, 묵묵히 앞을 응시하는 충견 하치. 하치코라고도 불리는 아키타견의 동상이다. 수많은 관광객이 연신 사진을 찍고 지나가는데도, 하치는 여전히 그 자리에서 한 방향만 바라보고 있었다.

나는 동상 주변을 서성이며 마음을 진정시켰다. 언제부터인가, 하치 동상은 내게 단순한 여행 명소가 아니라, 무언가 애틋하고 뭉클한 감정을 일깨우는 특별한 장소가 되었다.

세상을 떠난 주인을 십여 년 동안이나 기다렸다는 하치의 이야기는 일본뿐만 아니라 전 세계에 깊은 울림을 준다. 그 이야기를 처음 책으로 읽었을 때도, 그리고 영화 속에서 하치가 눈 내리는 역 앞에서 하염없이 역의 출입구 쪽을 바라보던 장면을 보았을 때도, 내 가슴 한편은 뜨겁게 저려왔다.

나는 하치 동상 앞에 서서 우에노 교수와 하치의 일상을 떠올렸다. 여느 날 아침처럼 시부야역에서 인사를 나누고 헤어졌던 그 둘! 하지만 교수는 다시 돌아오지 못했다. 이후 하치는 주인과 함께했던 그 자리에서 십 년이라는 긴 세월을 버텨야 했다.

하치가 보여 준 사랑은 묵묵하고 순수하다. 인간의 사랑보다도 더 애틋한 그 마음이 나에게 큰 울림으로 다가왔다. 사랑이란 결국, 끝없는 기다림과 때로는 아픔을 감수해야 하는 것임을 하치는 가르쳐 주었다.

문득, 영화 속 장면들이 눈앞에 펼쳐졌다. 눈발이 흩날리던 어느 겨울, 사람들로 붐비는 역 앞에서 하치가 작은 몸을 떨며 문 쪽을 바라보던 그 애절한 눈빛이 또렷이 떠올랐다.

하치의 동상은 바쁜 세월 속에서도 그 자리를 꿋꿋이 지켜온 듯한 단단함을 풍기고 있다. 각국에서 온 여행객들은 동상 앞에서 사진을 찍고 잠시 머물다가 금세 자리를 떠났다. 하지만 나는 쉽사리 그곳을 떠날 수가 없었다.

이번 일본 여행을 도쿄로 정한 이유 중 하나가 바로 하치 동상을 보고 싶어서다. 그 작은 동상 안에 담긴 기다림의 무게가 내 마음을 꽉 붙잡았다.

그러다가 나는 자연스레 나의 애견 '뽀숙이'를 떠올렸다. 17년이라는 오랜 세월을 한 가족처럼 함께 했던 개였다. 뽀숙이는 세월의 흐름을 이기지 못하고 점점 노화가 찾아오면서 여러 잔병을 치르다가 결국 내 곁을 떠났다.

하치 동상 앞에서, 나는 하치의 눈망울을 바라보는 중 뽀숙이의 모습이 겹쳐져 보였다. 그 순간, 내 가슴속에서 뜨겁게 뭔가가 '울컥' 치밀어 올랐다.

생전에 뽀숙이는 내가 외출했다가 집에 돌아오는 시간을 정확히 알아서 현관문 앞에 앉아 나를 기다리곤 했다. 이제는 뽀숙이의 '끙끙'대며 나를 맞아주던 소리를 집안 어디에서도 들을 수 없다.

하치가 보여 준 사랑의 방식은 곧 뽀숙이의 사랑이기도 했다. 늘 같은 자리에서 나를 기다려 준 존재! 아무 말도 하지 않았지만, 그 눈빛 하나로 피곤을 풀어주고 내게 위로를 해주던 그 자체였다.

영화 속 장면 하나가 다시 뇌리를 스쳤다. 눈 덮인 시부야역 앞에서, 하치가 멀리 떨어져 앉아 역 출입구 쪽을 향해 계속 눈빛을 주고 있다. 돌아오지 않는 주인을 마냥 기다리던 가엾은 모습이 아련하게 떠오른다.

쉼 없이 사람들로 넘실거리는 도쿄의 거리 한복판에서, 하치 동상은 내게 수많은 이야기를 속삭여 주었다.

"기다림이란 단순히 어떤 결과를 바라는 것이 아니라, 누군가를 사랑한다는 가장 순수한 증거다."

"나는 지금 누구를 기다리며 살고 있을까? 혹은 누군가가 나를 이렇게 기다리고 있진 않을까?"

하치의 동상 앞에서 나는 스스로에게 질문을 던졌다. "나는 언제나 한결같이 같은 자리에서 계속 누군가를 기다려주는 사람이 될 수 있을까?"

책 속에서 보았던 글귀 하나가 문득 떠올랐다.

"사랑은 함께 있지 못해도 기다리는 것이다."

그 말처럼 사랑은 곁에 있든 없든, 결국 기다림으로 완성되는 것이 아닐까 싶다.

하치 동상 앞에서 나는 다시 한번 내 기억 속 저편에 있는 뽀숙이를 불러보았다. 내 곁을 떠났지만 하치가 곧 우리 뽀숙이 같아서 도저히 하치 동상으로부터 발을 뗄 수가 없었다.

"세상 속 수많은 사랑 이야기 중, 하치와 우에노 교수의 사랑이야말로 가장 숭고하고 지고지순한 사랑이 아닐까?"

나는 조용히 하치와 뽀숙이에게 마지막 작별 인사를 건넨 뒤, 천천히 그 자리를 떠났다.

뒤돌아보지 않아도 그 따뜻한 눈빛과 기다림은 오래도록 내 마음속에 남아 있을 것이다.

우주에서 온 듯한

계영연
2019. 4. 천료

요즘 병원에서 자주 마주치는 사람이 있다. 진료를 받는 시간이 비슷해서 그런 것 같다.

처음에는 눈인사만 나누다가 조금씩 이야기를 시작하게 되었다.

나이가 들면서 말수가 더 많아진 것 같다.

어느 날 그녀가 아들 어렸을 적 이야기를 들려주었다.

초등학교 저학년에 선생님으로부터 아들이 도벽이 있는 것 같다는 말을 들었다. 가슴이 덜컥 내려앉았다고 한다. 당시 여러 이유들로 해서 아이를 잘 돌보지 못했다고 한다. 마음 같아서는 아들이 가는 곳마다 따라다니고 싶었지만 그럴 수도 없는 노릇이었다. 아들에게는 말 한마디도 안 했다고 한다.

학교 앞 문구점이 다른 데로 이사한다는 말을 듣고 고심 끝에 문구점을 인수 받았다고 한다. 문구점을 열기 전 아들에게 차근차근 설명해 주었다고 한다.

공장에서 물건이 만들어질 때 여러 공정과 많은

사람들의 수고가 있었다고 말해 주었다. 다 만들어진 물건은 도매 과정을 거쳐 우리 문구점까지 오게 되었고, 세상에 공짜로 생겨난 물건은 하나도 없으며 상품마다 꼭 값을 지불해야 가질 수 있다는 것을 강조하였다고 한다.

학교 수업이 끝나면 아이들이 학교 앞 문구점으로 우르르 모여들었다. 도벽이 있는 아이들은 많은 학생이 붐비고 있을 때 주인이 못 보는 틈을 타서 슬쩍 한다고 한다. 이제 아들은 주인이 된 입장에서 물건을 도둑맞지 않으려고 감시하는 역할로 바뀌었다는 것이다.

어떤 날은 일부러 아들에게 맡기고 외출하였다고 한다. 돌아와 보니 금고 밑바닥에 지폐를 몇 장 깔아 놓았다고 한다. 속이 부글부글 끓어오르면서 소리 지를 뻔한 적이 한두 번이 아니었다고 한다. 모른 척 한마디도 안 했고 인내하며 끝까지 믿어 준 결과 도벽이 사라졌다고 한다.

지금은 결혼해서 두 아이의 아빠로 잘 살고 있다고 한다.

이야기를 듣고 나서 나는 충격과 같은 울림이 있었다. 나라면 그렇게 모른 척 끝까지 기다려 줄 수가 있었을까. 말이 끝나기도 전에 화부터 내놓고는 뒷수습을 하느라 진땀을 뺀 적이 한두 번이 아니었다. 깊은 반성과 함께 그녀에 대한 감동이 채 사그라들지 않았던 며칠 후 병원에서 그녀를 만났다.

그녀를 본 순간 나와는 다른 심성을 가진, 아니 다른 공기를 마시고 사는 우주에서 온 듯한 그녀가 다가오고 있었다. 닮고 싶은 마음에 아직도 존경의 눈초리로 그녀를 대하게 된다.

키도 작고 체구도 자그마한 친구가 있다. 알고 지낸 지 그리 오래되지 않았지만 친한 사이가 되었다. 어느 날 지나간 이야기보따리를 풀어 놓았다.

처음 결혼했을 때 시집에서는 연탄과 석유를 팔고 있었다고 한다.

그때는 연탄을 집집마다 배달해 주던 시절이었다.

아버님이 연탄을 주문한 집 앞에 실어다 놓으면 시어머님과 함께 대문 안으로 옮겨 쌓아 주었다고 한다. 누가 시키지는 않았지만 열심히 연탄을 날랐고 쉽지 않은 일이었다고 한다.

점차 시대적으로 연탄 사업이 기울면서 새로운 직업을 찾아야 했다고 한다. 한창 아파트마다 알뜰시장이 열렸는데 남편과 함께 알뜰시장이 열리는 곳마다 따라다니며 기존 상인들과 겹치지 않으려고 오징어, 늙은 호박을 팔았다고 한다. 집 앞 작은 공터에서 번데기 장사도 하고 옥수수도 쪄서 팔았다고 한다. 새벽에 도매 시장에 가서 액세서리, 옷을 사다가 좌판에 놓고 팔았다고 한다. 강원도에 가서 감자, 콩, 옥수수, 배추 농사도 몇 년 지었다고 한다.

남편이 물류업을 시작하면서 피자 가게에 납품한 것이 계기가 되어, 피자 매장을 운영하게 되었다고 한다. 마침 피자 열풍에 힘입어 성공하게 되었다고 한다. 그 후 가난해서 중단할 수밖에 없었던 공부를 계속할 수 있었고 지금은 상담사로 활발하게 활동하고 있다.

역경 속에서도 어떻게 한결같은 긍정 에너지로 헤쳐 나올 수 있었을까. 나로서는 상상만으로도 벅차다.

우리들은 살아가면서 많은 사람을 만나게 된다. 겉으로는 평범해 보이지만 지나간 이야기를 듣다 보면 상상도 못할 일들로 가득하다. 세상에서 규정지어진 행복이 아닌 다른 색깔과 향기를 지닌 행복을 만나게 되기도 한다. 우주에서 온 듯한 이들을 만나면서 감동과 깨우침을 받기도 한다. 살아가면서 우연하게 다가올 또 한 사람의 우주를 기대해 본다.

주인공

이재명
2019. 4. 천료

"난 내가 대단한 사람이 될 줄 알았는데 이젠 뭐…."

지천명(知天命)이 거의 다 된 지인이 얼마 전 나에게 했던 말이 뇌리에 박혀서 좀처럼 빠질 줄을 모른다. "형은 지금도 대단해요."라든가 "앞으로 하시면 되죠(뭘 해야 하는지도 모르지만)."라고 뻔한 말을 하면서 나의 긍정적 마인드를 발현해 볼까 잠시 망설이기도 했지만, 기실(其實) 그 말은 나에게도 해당되는 것이었기에 가만히 있어야 했다. 지인과 헤어진 후 나는 앞날에 대한 신나는 상상보다는 과거를 단편적으로 톺아보며 반추하는 것이 이제는 좀 더 자연스러워짐을 느낀다. 삶의 흔적들을 소환하면서 작열하는 태양 앞에 달아오른 내 표정은 왠지 모르게 쓸쓸하다.

어느덧 사춘기의 아우라(aura)가 풍기는 초등학생 딸이 주변 친구들과의 관계에 신경을 쓰며 고심하는 모습을 보며, "초등학교 친구는 어차피 나중에 의미가 없어. 너무 신경 쓰지 않아도 돼."라고 말해 주고 싶지만 이내 너무 직설적이다 싶어 마음을 접는다. 그럼 딸이 중학교나 고등학교에 진학했을 때에는 어떤 조언(?)이 가능할지 생각해 보니, "중학교 친구도 어차피 나중에 의미가 없어."가 될 수도 있고, "고등학교 친구도 뭐…." 나아가 대학교 친구는?

내 머릿속에서 생각이 꼬여 버린다. 이런 방식으로는 도대체 언제가, 그리고 무엇이 의미가 있는 것이고, 그 '의미'의 의미는 무엇인지 반문하지 않을 수 없다.

우리가 나름 통찰을 한답시고 마지막 단계의 결론에 천착(穿鑿)하여 그 과정을 간과하거나 도발하려고 한다면 그 사람은 조물주의 역린(逆鱗)을 건드리는 것이 될 수도 있다는 생각이다. 예를 들어 젊은 남녀가 서로 처음 만났는데, 어느 한쪽이 '어차피 우리는 결혼을 전제하는 관계로 만난 것'이라면서 서서히 알아가는 과정을 생략하기를 강요한다면 그것은 상대방에게 큰 무례를 범하는 것이다. 이렇게 되면 원만히 이루어질 인연도 오히려 어긋나기가 쉽다.

우리는 과정을 지루해한다. 청년은 하루하루를 힘들어하며 죽지 못해 사는 것이라고 말하기도 한다. 중장년은 삶의 재미보다 자식들 키우기 위해 어쩔 수 없이 살아가는 것이라 하며, 노인은 외롭고 무미건조한 일상을 보내는 노년의 시간의 쓸데없이 길다고 투덜댄다. 그렇다면 모든 인간은 어차피 죽게 될 텐데 그토록 열심히 살아가는 이유가 무엇인가? 인류, 아니 지구 또한 먼 훗날에는 태양의 팽창으로 결국 사라지고 만다는데, 우리가 결론을 어렴풋이 알지라도 그 과정을 쉽게 포기할 수 없는 것은 결론보다 과정을 더 중요하게 여기고 있다는 방증일 수 있다.

결론에 집중하게 되면 두려움과 포기, 그리고 지루함에 따른 불평과 원망만이 결정체로 남는다. 과정, 즉 삶의 매 순간에 충실하며 더 나은 자신과 주변을 꿈꾸는 것이야말로 순리대로 사는 삶이라 할 수 있다.

비록 그 마지막의 내가, 그동안 자신이 바라던 모습이 아닐지라도 말이다. 지금의 내 모습과 바라던 모습과의 간격과 괴리. 나는 그것을 다른 말로 '고통'이라고 부르고 싶다. 평소 살아있다는 것에 감사하며 긍정적으로 명랑하게 살아가는 나의 입에서 '인생은 고통'이라는 말이 나왔을 때 내 주변인들은 놀라는 눈치였다. 물론 나는 행복을 만끽하며 작은 것에 감사하고 기쁨으로 살아가고 있다. 하지만 우리들의 삶은 결국 고난이라고 표현함을 전혀 주저하지 않는다. 그렇다면 독일의 철학자 '아서 쇼펜하우어(Arthur Schopenhauer, 1788~1860)'와 같이 '인생은 고난의 연속이다.'라고 외치는 것으로 다 끝이란 말인가? 결코 그렇지 아니하다. 인생이 고통임은 분명하지만 그 고통을 우리는 문자 그대로 해석하지 않고 암호를 풀어내듯이 그 속에 숨은 의미를 찾아내야 한다. 고통은 조물주가 우리에게 보내는 '암호'이며, 고통이 있을 때는 해석이 수반되어야 하는 것이다.

내가 바라왔던 삶이든 그렇지 않든 내 인생의 주인공은 어차피 나일 수밖에 없다. 오감(五感)과 사고 작용의 주체가 오롯이 나이기에 이는 자명한 이치이다. 하지만 헤르만 헤세의 「데미안」에 나오는 싱클레어처럼 인생의 주체는 자신이지만 타인에게 결정적인 영향을 받아 성숙해 가는 것도 그리 나쁘지는 않다. 오히려 우리에게는 타인이라 할 수 있는 '멘토'나 '롤 모델'이 우리를 과도하게 방황하지 않게 해 주는 안전장치일 수 있는 것이다.

문제는 내 삶을 주도적으로, 충실히 살지 않고 남의 인생을 살아가는 데에 있는데, 대표적인 것이 부모의 자녀에 대한 지나친 관심과 개입으로 양쪽 모두의 인생을 해롭게 하는 경우이다. 상세한 예시를 들 것도 없이 이는 부모나 자식에게 둘 다 자신들의 인생을 온전히 영위하지 못하게 만드는 것임을 우리는 이미 잘 알고 있다. 비단 부모와 자식 간의 관계뿐만 아니라 나와 지인들 사이에도 질투와 시기, 미움이 가득 차 있으면 그때부터 내 인생의 주인공은 더 이상 내가 아닌 것이다. 누구나 수없이 경험해 보았을 이러한 주객전도의 현상은 우리 인생의 소중한 순간을 피곤하게 낭비해 버린다. 오늘을 살면서도 그 사람을 떠올리며 원망과 저주를 하고, 그 사람이 잘못되기만을 상상하는 우리…. 그 사람이 먼저 나에게 모욕감을 주었다고 가슴 속에서부터 울분에 찬 항변이 튀어나오지만, 침을 튀기는 나의 모습에서 아벨의 형 카인의 그림자가 보이는 것은 왜일까.

조물주는 인간을 죽음이라는 결론이 아닌 주인공으로서 살아가는 삶의 과정에 방점을 두었다. 자타(自他)가 보기에 초라한 나일 수 있다. 내 삶이 비극으로 치닫는 연극일 수도 있다. 하지만 인생이라는 연극에서 주인공은 언제나 나뿐이며, 아무리 근사하고 화려한 타인일지라도 조연 이상은 될 수 없다는 것. 이 사실만 잊지 않는다면 비록 마지막에 죽게 되는 주인공일지라도 분장실에서는 환하게 웃으며 볼터치를 할 수 있을 것이다.

그리움은 기다랗다

이근영
2019. 8. 천료

곧 추석인지라 아내를 따라 시장에 갔다. 오후에 아이들이 오면 함께 명절 음식을 할 것이다. 명절 음식이라고 해야 매번 전 부치고 잡채 하고 감주 담그는 정도지만, 그래도 한 반나절 북적거리고 나면 나름 명절 기분이 난다.

나는 백화점은 잘 따라가지 않지만 재래시장은 즐거이 따라간다. 둘 다 쇼핑하는 건 같은데 왜 그런지 백화점은 금방 피곤해진다. 층층이 오르내리는 불편함도 있지만 한마디로 재미가 없다. 무엇보다 백화점 사람들은 표정이 건조하다. 마치 친절 교육 잘 받은 유니폼 입은 AI들 같다.

시장은 다르다. 투박하긴 해도 진지하다. 백화점 사람들과는 달리 시장 사람들은 길바닥 노점상조차 다 주인이다. 다음은 취나물을 사는데, 주인아주머니는 뭔가 먹던 입을 한번 훔치고는 '얼마나?' 하면서 성큼 나물을 집어 저울에 올린다. 두어 번에 바로 무게가 맞은 건지 봉지에 담는 손놀림이 확신에 차 있다. 가게 판때기만큼이나 세월 먹은 얼굴, 어릴 적 우리 가게 맞은편 노점에서 채소 팔던 아주머니 모습과 조금도 다르지 않다.

오늘 같은 날 정육점은 몹시 붐빈다. 그래도 번호표 하나 없이 질서정연하다. 주부들의 오랜 구력이 느껴진다. 주인이 아내에게 눈인사를 건넨다. 단골손님 안다는 표시이고 조금만 기다려달라는 신호다. 사람을 알아봐 준다는 건 기분 좋은 일이다.

재래시장에선 물건값 깎는 사람이 잘 없다. 백화점에서도 가끔 현금을 들이대며 물건값 깎는 사람이 있는데, 재래시장 특히 난전에선 물건을 더 달라고는 해도 값을 흥정하는 이는 보기 힘들다. 이건 아내도 철저하다. 내 은퇴 직후에 잠깐이지만 프랜차이즈 가게를 해 봐서일 것이다. 난전은 영수증 같은 것도 필요 없는 원시림 같은 곳이다. 군데군데 이런 산소 밭이 있기에 헐떡이는 도시도 숨을 쉰다.

백화점에 들어서면 좀 느긋해지기도 하건만 재래시장에선 나도 모르게 서두르게 된다. 손님도 가게 주인도 다 똑같다. 종종 발걸음부터 빠른 손놀림에 주고받는 말까지 모든 동작이 바쁘다. 10분 단위로 올라가는 지하 주차장 요금 때문도 아니고 집에서의 조리가 급해서도 아니다. 시장이란 곳 본래의 호흡과 맥박이다.

장을 다 보고 빠져나오는 시장 골목이다. 길거리에까지 진열된 상품과 호객하는 상인들, 그 사이를 비집고 드나드는 사람들이 서로 엉킨다. 그래도 아랑곳없다. 사람들은 그저 사고파는 일만 생각한다. 이런 게 사람 사는 냄새다. 시장에는 백화점엔 없는 사람 냄새가 있다.

가끔 대구에 가면 서문시장 옛날 가게가 있던 곳을 찾아본다. 점포가 있던 자리엔 이미 높은 건물이 들어서 있지만 다니던 시장길은 그대로다. 맞은편이 포목상 골목, 조금만 내려가면 군고구마 팔던 난전이 있었다. 그랬다, 학교를 마치면 용돈을 타내느라 매일같이 가게에 들렀다. 내가 지금도 재래시장을 좋아하는 건 시장길 기웃거리며 털레털레

집으로 가던 어린 시절이 그리워서인지도 모른다. 지난 사람 생각하다가 그 사람보다 그때 풋풋했던 내 청춘을 더 생각하게 되듯이. 그리움은 내게 대한 오랜 상념이다.

베란다 창밖으로 한가위 보름달이 보인다. 얼마 만인가, 절구 찧던 토끼가 없다는 걸 알고부터는 거의 쳐다보지 않던 달이건만. 휘둥그레 밤하늘에 걸린 모습이 마치 환한 거울 같다. 오늘따라 유난히 커 보이는 건 지난 세월 쌓인 그리움 때문일까. 홍시 발라주던 할머니 생각이 난다. 이젠 내 나이가 할머니 그때 나이보다 더 많건만. 달 저편 너머가 궁금하다. 그리움은 기다랗다.*

*그리움은 기다랗다 : 정재찬 시인의 시 제목을 따옴.

괜한 걱정

김휘규
2020. 1. 천료

요즘은 과거와 달리 인터넷과 SNS를 활용한 모임이 활발하다. SNS는 각종 모임의 구성원들과 관련 분야의 의견을 교환하고 정보와 일정을 공유하며 회원의 소식을 다수에게 빠르게 전달할 수 있어 편리하다. 이러한 기능 때문에 동창회, 향우회와 별의별 이름의 친목회, 그리고 각종 스포츠와 음악, 미술, 문학 등 예술 분야의 동호인 등 성격이 다양한 모임이 SNS를 이용하여 소통하고 교류한다. 해외여행 중에도 가족과 일정을 공유하며 안부를 전하기 위해 이용하는 메신저이다. 또 가까운 지역의 동창이나 친구들의 소식은 물론 시도를 넘어 전국, 혹은 외국에 살고 있는 동창이나 친구들과 소식을 주고받을 수 있어 글로벌 네트워크 시대를 실감할 수 있는 공간이다. 특히 수해나 화재, 지진, 해일 등의 재난 위험 상황을 긴급하게 알리며 범죄를 예방하는 기능까지 갖추고 있어 오늘날 활용도가 다양하다. 이처럼 SNS는 시간과 공간에 제한을 받지 않고 새로운 사람들과 만나고 소통할 수 있고, 지인들과 간단한 인사와 안부를 주고받으며 교통 체증, 위험 정보 등을 실시간으로 빠르게 공유할 수 있어 생활필수품이 되었다.

그런데 생활필수품인 SNS가 갈등과 분열의 장으로 변한다. 특히 단체 SNS에서 그런 경우가 자주 발생한다. 가장 논란이 되는 부분은 우리의 일상생활과 밀접한 관계가 있는 종교와 정치에 관한 것이다. 그런데 좋은 내용이라고 SNS에 게시하는 글이나 사진, 영상물이 오히려 공감을 얻지 못하고 쓰레기 정보가 될 뿐만 아니라 갈등과 다툼의 요인이 된다. 종교와 정치, 사회적 문제 등에 관한 견해는 백인백색(百人百色)이기 때문이다.

예부터 동양에서는 나라를 태평하게 하고 백성을 편안케 하는 것을 하늘의 뜻으로 여기는 천명사상(天命思想)과 애민사상(愛民思想)이 정치의 근원이었다. 오늘날에도 크게 변함이 없기에 누구든 관심이 크다. 하늘의 뜻은 바람과 구름과 비, 물과 불을 다스리고 땅의 만물을 지배하는 전능한 신(神)의 뜻으로 해석했었다. 그런데 문제는 신의 뜻을 왜곡하여 정치에 활용하여 신뢰를 잃고 각종 루머를 생산하여 공동체가 분열하고 해체의 위험을 겪고 권력이 바뀌는 역성혁명이 빈번했었다.

또 서양의 전쟁사를 살펴보면 종교의 이름으로 혹은 종교 세력 간에 전쟁을 치른 사례가 제법 많이 있다. 얼마 전 동유럽의 유명 여행지 중에 여러 곳에서 그리스도교를 믿는 사람들이 남긴 종교 전쟁의 역사적 흔적들을 볼 수 있었다. 30년 종교 전쟁은 부패한 종교의 개혁을 외쳤던 세력에 대한 탄압이 원인이 되어 발발한 전쟁이었다. 같은 하느님을 경배하며 하느님 말씀을 기록한 성경을 믿고 이웃을 네 몸같이 사랑하라는 계명을 품고 사는 그리스도교인이 서로가 적이 되어 30년 동안 전쟁을 치렀다니 아이러니도 이런 아이러니는 없을 것이다. 결국 종교 전쟁은 1648년 구교와 신교가 유럽에 종교의 자유를 보장하는 베스트팔렌조약을 맺고서 끝났다.

종교적 갈등과 정치적 분쟁은 현재도 계속되고 있다. 불과 수년 전인 1991년에 발칸반도의 유고슬라비아는 종족과 종교 갈등으로 치열한 내전을 겪었고 여러 나라로 분열하였다. 내전 중인 1993년 보스니아에서 세르비아인이 수천 명의 무슬림을 학살한 사건과 코소보 지역에서는 다른 민족에 대한 인종청소 차원의 무력 공격으로 무고한 사람들이 희생된 사건이 있었다. 내전의 원인은 민족과 종교였다. 지금은 세르비아, 슬로베니아, 크로아티아, 몬테네그로, 보스니아, 북마케도니아 등 새로운 이름의 여섯 나라로 갈라져 봉합되었다. 하지만 2000년의 디아스포라에서 가까스로 옛 조상들의 터전으로 돌아온 유대교의 이스라엘 민족이 주변의 아랍인들과 원수지간이 되어 수시로 전쟁을 벌이고 있듯이 역사적으로 기록된 민족과 종교적 갈등의 깊은 상흔은 마치 휴화산처럼 불안한 미래로 작용할 것이다.

SNS는 각계각층의 다양한 사람들과 자유롭게 어울리는 소소한 정보나 소식을 교류하는 공간이다. 편리하고 유용하게 이용하려면 상당한 주의와 예의가 필요하다. 예를 들면 농담이 지나쳐 오해를 살 만한 댓글이나, 인종 차별, 선정적이거나 폭력적인 글, 사진, 영상 등은 다수에게 불쾌감을 주는 행위이다. 특히 주야(晝夜)를 가리지 않고 일방적으로 편리한 시간에 무분별한 정보를 알리거나 모임의 성격에 맞지 않는 글이나 사진, 근거가 불분명한 영상물을 게시하는 행위도 마찬가지이다. 빈번한 알림 소리는 중요한 업무나 창작 활동 혹은 숙면이 필요한 사람에게 방해가 된다.

사실 종교와 정치 문제는 오롯이 개인의 인식과 선택 영역이다. 따라서 나의 믿음과 신념을 사랑한다면 나와 혹은 단체 의식과 다름을 비난하거나 비판하기에 앞서 타인의 믿음과 신념도 존중하고 인정할 줄 알아야 한다. 우리나라는 성인의 40%가 다양한 종교를 믿고 있어 종교나 종파, 신앙에 대한 비난은 갈등과 다툼의 원인이 되기 쉽다. 그런데 SNS 공간을 편향적인 종교, 정치, 인종이나 지역 문제로 오염시키려는 사람들이 있다. 좋은 음식도 자주 먹으면 맛을 잃고 싫증을 내듯, 아무리 좋은 정보라도 자주 들으면 불쾌하게 여긴다. 만약 종교적 믿음이나 정치적 신념을 표현하고 싶다면 특별히 마련된 그들만을 위한 SNS 공간에서 자유롭게 할 수 있을 것이다.

앞서 종교 전쟁의 사례에서 보았듯이 종교와 정치 문제는 가족과 친구, 지역 공동체, 더 나아가서 민족과 나라 사이에 갈등과 분쟁의 씨앗이 된다. 요즘 우리나라는 이미 80년 전 정치적 이념으로 갈라지고 전쟁을 겪었던 수치스러운 역사의 가르침을 잊고 정치 세력 간에 첨예한 대립으로 불안하다. 그런데 SNS에서 타인의 이야기에는 경청하지 않고 일방적으로 자기주장을 펴는 사람들이 있어 걱정스럽다.

혼술

장은영
2019. 12. 천료

"저기, 마흔 살쯤 돼 보이지?"
"이혼했을 거 같은데."

식사 주문을 하고 덩그러니 앉아 있던 나는 안쪽에서 열무를 다듬으며 속닥이는 여인네들의 상상력 덕분에 마흔 살 돌싱이 되어있었다. 언젠가 늦은 점심을 하러 갔을 때 안주인이 혼술을 하고 있었다. 그 모습이 처량해서 '조만간 술 한잔할까요.'라고 말하고는 이내 경솔함을 후회했다. 술을 즐기지도 않으면서 무슨 소리람. 그러나 수습할 새 없이 돌아온 대답, "저야 좋죠!"

이렇게 해서 잠정적인 약속이 생겼다. 내 쪽에서 제안했다는 이유로 책임감이 뭉근하였다. 그랬더니만 정말 술 마실 일이 생긴 걸까. 평소에도 없던 대학생 아들과의 말다툼으로 울적해진 날, 술로 달래볼까 생각이 든 것이다. 식당 안주인과의 약속도 지켜야겠다 싶어 단골식당으로 향했다. 한가로운 오후 3시, 문을 밀고 들어갔더니 안주인의 친구들이 열무를 다듬고 있었던 것이다. 돌아갈까 하다가 에라 모르겠다, 혼술이라도 할 테다, 풀썩 자리에 앉았다. 그러고는 맥주 한 병 달라고 외쳤다. 어쩐 일이래요, 안주인이 웃으며 다가왔다. 열무 다듬던 일행도 호기심 어린 기색이었다.

"답답한 일 있으면 들어줄게, 말해 봐요."

일행 중 한 사람이 다가와 호기롭게 마주앉았다. 그들의 상상대로 이혼녀의 푸념이라도 들을 줄 알았을까. 일손을 마친 다른 일행도 합류했다. 난데없이 판이 벌어진 것이다. 이렇게 된 김에 가 보자, 처음 본 여자들과 술잔을 기울이는 나의 도발에 놀라면서. 잔을 주고받으며 분위기가 무르익는데, 내 이야기를 듣고 있던 여자가 아무것도 아니란 듯이 한마디 한다.

"아직 안 온 거야? 내 보기엔 아들이 늦은 사춘긴데."

한 쾌의 처방전에 고여 있던 눈물이 쏙 들어갔다. 누가 보면 십년지기는 될 성싶은 '급조된 술친구'의 조언에 의하면, 사춘기는 나비의 한살이처럼 누구나 거치는 과정인지라 순한 아들인들 올 것이 왔을 뿐이니 받아들이라는 것이었다. 심란한 속까진 헤아리지 못해도 기다려줄 순 있지 않느냐는 말과 함께.

"흔들리고 다투면서 제자리를 찾는 거야. 자기 생각이 뭔지도 모르고 어른이 되어 버리면 어쩌려고 그래. 결혼한 뒤에 사춘기가 오면 마누라가 그 모습을 봐주겠느냐고. 독립하기 전에 부모가 겪어 보는 게 나아."

듣고 보니 그렇기도 했다. 사춘기는 안팎의 변화로 생긴 불안을 직면하는 성장통의 시기이다. 그런 혼란도 모르고 자란다면 훗날 어떤 갈등에 대응하기 어려울지도 모른다. 비단 사춘기뿐일까. 살면서 질풍노도의 감정을 몇 번이나 경험하지 않던가. 인생 통틀어 사춘기라 해도 과언이 아닐지 모른다. 청소년기에 처음 겪다 보니 십 대의 전리품으로 여길 뿐.

"그래도 이 집 아들은 착실했나 보네. 울 아들은 4학년에 왔다니까."

빈 병이 늘어났다.

"자기 좀 믿어달란 소리겠지. 알아서 할 기회를 줘야 돼."

다른 이가 한마디 거들자 안주인도 덧붙인다.

"그러다 보면 늠름해져 있더라고요. 걱정 말아요."

인생 선배들의 말을 들으니 어수선한 마음이 누그러드는 것 같았다. 훈육이라는 이름으로 아들에게 못미더운 감정을 내비치진 않았는지. 저마다 입장 차이가 있어 한 걸음씩 물러서면 원만해질 것을. 세상사 별 것 없다는 생각이 들어버린다.

"아까부터 궁금했는데, 몇 살이에요?"

시선이 내게로 모였다. 둘러앉은 모두가 나이를 밝힘으로써 언니, 아우가 조성되었다. 그들이 나를 보고 지레짐작했던 말들을 이실직고하며 머쓱해한다. 스칠 뻔했던 사람들이 마주앉아 속내를 터놓는다니 이런 만남도 있구나 싶어 신기했다. 우리는 나이만큼의 무게를 풀어놓았다. 무엇이 그토록 중요하고 무엇을 안달하며 살아왔던가. 크고 작은 어려움은 기회가 가면 쓰고 찾아오는 것. 발생하는 모든 일은 더 잘되기 위함인지도 모른다. 전에 없던 아들과의 말다툼도 부모 된 자리의 아집을 해체하고 스스로에게 충실해지라는 변환기의 신호인지도 모를 일이었다.

그나저나 정말일까, 십 년이나 어리게 보았다는 말. 내친김에 서른까지 넘보는 건 어떨지. 능청스러운 욕망이 스멀스멀 피어오르자 사념은 욕망을 앞지르고 시대를 거슬러 머나먼 고구려에 가닿는다. '여수장우중문시'. 수나라 적장 우중문에게 보냈던 을지문덕 장군의 시 한 구절이 떠오르는 것이다. '만족한 줄 알고 그만두길 바라노라.' 그 정도면 됐지 뭘 더 바라는가. 뜻밖의 자리에서 구겨진 마음을 펴고 근심을 해소했으니 그것으로도 감사하지 않은가. 그럼에도 '더'를 외치는 인간의 욕망이란! 마음공부에 끝은 없겠다. 쾌청한 맥주 한 모금이 자작자작 타오르는 심보를 지그시 누르며 목구멍을 타고 내려갔다.

아이와 일, 그 사이에서

신영숙
2020. 3. 천료

"아직 아이가 어려서 엄마를 필요로 할 텐데, 일을 할 수 있겠어요?"

면접관의 질문에 잠시 머뭇거렸다. 같은 질문을 다른 면접에서도 들었기 때문이다. 아이를 둔 엄마로서, 일을 시작하는 것에 대한 불안과 고민이 있었기에 그 질문을 다시 듣게 되자 마음이 더 무거워졌다.

경력 단절을 선택한 이유는 아이를 키우기 위해서였다. 아이가 어릴 때는 온전히 그 시간에 집중하고 싶었다. 나의 선택은 잘못된 것은 아니었다. 하지만 시간이 지나면서 또 다른 삶을 찾고 싶었다. 아이가 조금씩 자라면서 이제는 내가 어떤 일을 하고 싶은지, 가진 능력을 어떻게 다시 펼칠 수 있을지를 생각하기 시작했다. 그러나 여전히 사회는 '아이를 둔 엄마'라는 이유로 내게 한계를 물었고 그 한계가 나를 가로막는 것만 같은 기분이 들 때가 많았다.

면접관의 질문은 단지 업무와 가정 사이의 균형을 묻는 것이겠지만, 그 속에는 나에 대한 의문을 던지는 듯했다. 여전히 엄마로서의 역할에 충실히 하고자 했기 때문이다. 아이가 아플 때, 학교 행사에 참여할 때, 무엇보다도 아이가 성장하는 모든 순간을 함께하는 것은 내게 중요한 일이었다. 하지만 그와 동시에 내가 가진 꿈을 이루고, 내 능력을 다시 발휘할 기회를 얻고자 하는 마음도 간절했다.

"네, 아이가 아직 어리긴 하지만, 엄마가 필요로 하지 않는 나이는 없다는 생각이 듭니다. 나이가 들어서도 엄마는 늘 필요한 존재이기 때문입니다."

대답하는 내 목소리가 떨렸다. 나는 진지하게 일에 대한 열망이 있다는 것을 확신할 수 있었다. 엄마라는 역할도 중요하지만, 나 자신으로서 세상에 다시 도전하고 싶은 마음이 컸기 때문이다. 아이가 필요로 할 때, 그 순간에 맞춰 언제든지 그 자리를 지켜나가며 그 외의 시간에는 내가 가진 능력과 경험을 바탕으로 할 수 있는 일들을 찾고 싶었다.

얼마 전, 친구의 딸 결혼식 날. 친구의 얼굴에는 기쁨과 함께 약간의 긴장감이 서려 있었다. 딸이 결혼하는 날은 누구에게나 특별한 날이다. 하얗고 화사한 드레스를 입은 아이의 모습은 아름다웠다. 그 순간, 처음 그 아이를 만났을 때의 기억이 떠올랐다. 친구의 등에 업혀 있는 아이는 작은 얼굴에 큰 눈망울을 가지고 있는 모습이 마치 천사와 같았다. 아이가 성장하는 모습을 지켜보며, 친구가 어떻게 힘들고 기쁜 날들을 보내왔는지를 알기에 더욱 애틋한 마음이 들었다. 친구는 항상 딸에게 최선을 다하며, 자신의 삶을 열심히 살아왔다.

친구의 딸이 사랑하는 사람과 새로운 가정을 꾸리기 위해 발걸음을 내딛는 모습을 보며, 눈물이 났다. 친구의 마음은 어떨까 싶었다. 친구의 얼굴에는 엄마로서 느꼈던 기쁨과 걱정, 그리고 이제는 그 사랑이 새로운 가족으로 이어지는 것에 대한 자부심, 그 모든 감정이 얼굴에 오롯이 담겨 있었다. 이제는 자녀들이 새로운 인생을 시작하는 모습을 지켜보는 모습도 소중하게 다가온다.

17년 전, 새로운 일을 도전하면서 겪었던 일들과 면접관의 질문이 마치 어제의 일 같다. 그때의 나는 일과 가정, 엄마와 내가 되고 싶은 나 사이에서 끊임없이 방황하고 고민하며 조화를 이루려 노력하며 살아왔다. 그 균형은 언제나 완벽할 수는 없었지만, 엄마로서, 또 한 사람의 직장인으로서 고민하며 오늘도 그 길을 걸어가는 중이다.

주례사가 끝나자, 사람들의 박수를 받으며 신랑 신부가 행진한다. 행복한 가정을 이루어 가기를 간절히 기원했다. 이제 가족을 이루고 새로운 인생이 시작될 것이다. 그때의 나와 친구가 그랬던 것처럼….

꿈 메모리

사혜나
2020. 4. 천료

우리는 모두 꿈을 꾼다. 어떤 꿈은 짧은 영화를 한 편 보게 된 느낌으로 오랫동안 기억 속에 남기도 하고, 또 어떤 꿈은 금방 잊히기도 한다. 그래서 나는 꿈을 메모한다. 꿈이 들려주는 이야기들을 받아 적기 위해 노트 한 권을 준비하여 '꿈의 기억 저장 노트'라고 이름을 붙였다. 꿈으로 나는 나의 심리와 바이오리듬을 추정해 보기도 하고, 꿈의 해몽을 찾아 꿈속의 상징으로 그날 하루 일상의 형태나 색채를 예상한 후 좀 더 생활에 주의를 기울이거나 현재보다 나은 미래를 예측해 보기도 한다. 그러던 중 예지몽은 지혜가 겸비되어야만 알아볼 수 있다는 것도 알게 되었다. 나와 정반대로 꿈을 잘 꾸지 않으며 꿈을 꾸더라도 기억이 잘 나지 않는다는 남편은 이런 나를 간혹 재미있게 바라봐준다. 그리고 나의 꿈에 관련한 이야기를 재미나게 들어주기도 하니 다행이라는 생각이 든다.

도서관에서 꿈에 대한 책을 보던 중 "꿈은 단순한 잠의 연장선이 아니다."라는 구절을 읽고 공감했다.

좋은 꿈을 꾸고 난 다음날은 예쁜 말들과 미소가 하루 종일 기분 좋은 멜로디가 되어 흐르지만, 그 반대의 날에는 하루가 무겁게 흘러가던 것을 기억해 내고 꿈의 작용도 함께 생각해 보게 되었다. 칼 융은 꿈을 무의식이 의식에 전달하는 통로로 보았다. 꿈은 우리가 누구인가를, 우리의 내면을 알아가는 열쇠라는 말에 의미를 되새기는 말로 들려왔다. 꿈의 원리에 마인드플러스라는 것이 있는데, 그것은 꿈을 꾸는 도중 상징적이고 은유적인 방식으로 자아탐구에 들어서는 과정을 말한다고 한다.

꿈이라는 단어를 사전에서 찾아보면 첫째 실현시키고 싶은 이상과 희망으로 불리는 것, 둘째 잠을 자는 동안 두뇌의 활동으로 깨어 있을 때와 같이 어떤 영상이나 소리를 보고 듣는 현상이라고 설명되어 있다. 나는 생각해 보았다. 하나는 낮에 신체활동을 하면서 꾸는 꿈이고, 또 하나는 밤에 뇌의 작용으로만 꾸는 꿈이다. 그런데 그 두 개의 꿈이 서로 연결되는 부분이 있다는 생각이 든다.

문득 동화 '꼬마요정과 구두 가게' 이야기가 떠올랐다. 구두가 팔리지 않아 어려움을 겪고 있는 노인 부부의 구두 가게에 요정들이 밤새 만든 구두를 매일 선물하여 구두를 사러 온 손님들이 요정들이 만든 구두를 사 가고, 그것으로 노인 부부가 다시 행복을 되찾는다는 이야기이다. 동화는 상상의 세계를 내비치지만, 그것은 동화작가의 염원이 담긴 꿈이 아니었을까 하는 생각이 들었다. 동화의 결말 부분에서 요정들에게 고마운 마음이 들어 옷을 지어 선물했더니 요정들이 그 후로는 오지 않았다는 것이 말하는 것은 바라던 일이 이루어져 되풀이되는 꿈을 다시는 꾸지 않게 되었다는 것을 의미하는 것은 아니었을까 하는 추측도 하게 되었다.

누구에게나 소망을 이루어낼 수 있는 시기는 그 정체성을 직시할 수 있을 때라고 한다. 나만의 정체성은 현실에서 이상을 실현시킬 때 중요한 재료로 쓰이는 것이기에 더더욱 중요한 요소라는 느낌도 생겨났다. 만일 동화책처럼 나의 간절한 소망을 잠의 상자 안에 담아 넓은 꿈의 세계, 나만의 정체성이 만들어지는 꿈의 공간으로 가져간다면 나의 소망도 이루어질 수 있을까 하는 생각과 상상도 함께 해 보았다.

『수필문학』에서 원고 청탁을 받고 글감을 생각해내려 하던 때였다. 나는 그때 비슷한 꿈을 여러 번 꾸었던 것 같다. 그러던 어느 날 꽤 괜찮은 수필 한 편을 쓰게 되는 꿈을 꾸었다. 그 글을 가지고 나오고 싶었지만, 잠에서 깨어나자 꿈속의 글도 함께 사라져 버렸다. 그러나 다행히도 그것은 책 읽기와 글쓰기에 무한히 게을러졌던 나에게 글을 쓰는 감각을 다시 살며시 일깨워주는 계기가 되었고, 한 편의 수필 쓰기를 시작하는 시점이 되어주었다.

꿈에 관한 영화나 소설책들을 찾아보면 흥미로운 것들이 많이 있다. 그 가운데 이전에 읽었던 '달러구트 꿈 백화점'은 꿈을 파는 백화점 이야기이다. 나는 잠이 오지 않던 참에 그 책을 다시 꺼내들었다. 그곳은 잠이 들어야만 갈 수 있는 곳으로, 사람들은 꿈을 사기 위하여 백화점을 방문하고 신입사원 페니에게 추억을 되살리거나 환상의 세계를 여행하거나 용기를 주는 등 다양한 꿈을 산다. 달러구트 백화점은 행복한 감정의 정도로 값이 매겨지고, 감정과 기분을 화폐처럼 사용하는 곳이다. 나는 책을 읽는 과정에서 오늘 만일 꿈을 꾸게 된다면 달러구트 백화점에 가서 내일 하루를 최대로 즐겁고 행복한 감정으로 보낼 수 있는 꿈을 구입하면 어떨까 하는 상상을 하던 중 나는 이미 그곳에서 환상의 여행을 하면서 꿈과 용기를 사 온 것을 기억하고 몇 개월 전의 시간으로 돌아갔다.

올해 2월 초에서 3월 말까지 두 달 동안의 시간은 나에게 소중한 시간들이었다. 인천공항에서 탑승 수속을 마치고 비행기에 처음 혼자 오른 순간부터 꿈은 현실이 되었다. 나리타공항에 도착하니 입국장에는 딸아이가 환영한다는 피켓을 들고 기다리고 있었다. 나는 도쿄에서의 이색적인 분위기에서도 편안하게 일상을 보내며, 삿포로와 삿포로역에서 기차를 타고 도착한 하코다테의 여행도 다녀올 수 있었다. 모두 JLPT 1급 자격증을 가진 딸아이의 덕분으로 언어의 다국적인 효과를 알게 되는 기회였다. 동양의 북유럽이라 불리는 삿포로에는 우기에 소낙비가 내리듯이 많은 눈이 쏟아졌다. 홋카이도대학교 박물관에 갔을 때 딸에게 실내의 여러 전시물에 대한 설명을 들으며 박물관 전체를 둘러보는 중에도 밖에는 많은 눈이 내려 대학교 전체가 만년설 같았다. 이유는 모르겠지만, 그날 밤 나는 꿈을 꾸었다.

어떤 나뭇가지의 고치에서 노랑나비들이 나타나 아름다운 포지션을 그리면서 날아다녔다. 탈바꿈한 노랑나비들의 모습이 또렷하게 각인되었다. 나는 노트에 꿈을 메모한 뒤 꿈의 해몽을 찾아보았다. 나열된 단어들은 새로운 시작과 변화의 상징이었다. 오랜 시간부터의 바람과 희망을 바다와 낯선 공기에 실어 먼 곳까지 여행하는 지금의 나를 잘 설명해 주는 것 같았다. 또 별과 해와 달도 딸과 함께 하는 장소와 공간과 시간들을 비추며 우리를 환상적인 변화의 물결 한가운데로 안내하고 있다는 생각이 들었다.

우리는 모두 꿈을 실현하기 위하여 시간을 탐험한다. 나는 오늘도 꿈을 낚기 위하여 고요히 수면의 바다로 향한다. 내일은 또 다른 밝은 태양의 하루가 뜨기를 바라며.

'전달자'의 착각

나종경
2020. 5. 천료

　뜨거웠던 7월. 폭염 속에 흘러나온 한 뉴스가 가슴을 더 답답하게 했다. 민생회복 소비쿠폰을 나눠주던 한 광역자치단체가 선불카드를 배포하면서 금액에 따라 카드의 색상을 다르게 제작해 배포했다. 소득 기준 상위 10%와 일반 시민은 '분홍색 카드'에 18만 원이라고 적힌 카드를 받았다. 차상위계층과 한부모가족은 '연두색'으로 33만 원, 기초생활수급자는 '남색' 카드에 43만 원이 명시돼 있었다. 단순한 카드였지만, 색깔은 사람들의 '형편'과 '계층'을 구분 짓는 표시가 되고 말았다. 색은 결국 누군가를 드러내고, 또 누군가를 숨게 했다. 마트에서 연두색 카드를 내면 한부모가족의 아이라는 것을 금방 알 수 있었다. '인권감수성'은 어디에도 없었다. 대통령마저 나서 "전형적인 행정편의주의"라며 질타하고 시정됐지만, 마음이 편치 않았다. 과연 단순 실수였을까. 복지에 대한 잘못된 인식과 관행 때문은 아니었을까 하는 생각 때문이다.

복지란 무엇인가. 사는 게 고단한 이들 곁에 잠시 앉아주는 일, 손을 잡아 체온을 나누고, 무너지지 않게 어깨를 받쳐주는 것이다. 하지만 우리는 오랫동안 복지를 '주는 것'이라 여기는 시혜의 언어 속에 가두고 살아왔다. 주는 자는 당당하고, 받는 자는 조심스럽다. 그 위아래의 간극 사이로 '낙인'이 스며들었다. 어릴 적, 월사금이나 기성회비를 제때 내지 못한 친구들이 있었다. 서너 달씩 못 내 학교를 쉬는 일이 흔했고, 담임선생님은 교실에 들어서며 말했다. "○○는 또 안 냈더구나." 그 말은 공기를 바꾸고, 시선을 모았다. 수업 시간엔 "그렇게 하니까 돈도 못 내지."라는 말로 이어지기도 했다. 잘못된 학습은 계속됐다. 친구의 얼굴엔 깊은 그늘이 가득했다. 그건 훈육이 아니라 분명한 '낙인'이었다. 그 말들, 그 분위기, 그 눈빛. 그것은 하루만의 일이 아니었다. 교무실에서 납부 실적을 따질 때가 되면, 반복되고 되풀이됐다. 그 시절, 지목당했던 친구는 가슴속에 잊을 수 없는 '낙인'을 안고 살았다고 토로했다.

나이가 들어서도 사정은 다르지 않았다. 지금도 구청이나 행정복지센터에 갈 일이 생기면, 나는 반드시 정장을 입는다. 옷차림이 응대의 태도를 바꾼다는 것을 알기 때문이다. 허름한 옷차림으로 가면 무시당할 수 있다는 현실을 나는 수없이 겪었다. 국민의 세금으로 운영되는 공공기관에서, 국민을 향해 위세를 부리는 사람들이 있다는 사실이 씁쓸하지만 쉽게 나아지지도 않는다.

광주 빛고을노인건강타운과 효령노인복지타운의 본부장으로 일할 때의 일이다. 당시 하루 5,000명이 넘는 어르신들이 200여 개의 프로그램에 참여했고, 1,000원만 내면 식사와 목욕 등을 할 수 있었다. 그곳에서 수많은 어르신의 아픔을 만났다. 노인은 경제적 어려움, 건강 문제, 외로움, 할 일 없음의 고통을 안고 산다. 이때 가장 깊은 상처를 받는 것은 자존감을 상하게 하는 전달자의 태도였다. 한 어르신은 "그냥 살고 싶을 뿐인데, 관청이 나서서 왜 더 상처를 주나요?"라는 충격적인 말을 했다. 행정기관의 복지정책이 그렇다. 대부분 '주는 자의 시선'으로 설계된다. 따져 보면 '주는 자'도 아니고 복지서비스 '전달자'에 불과한데, 행정 편의상 수혜자는 쉽게 선별되고 구분되는 존재로 다뤄진다. 기초생활수급자, 차상위계층, 한부모가족에게 제공되는 서비스도 때때로 권위적으로 전달된다. "받을 만큼 받으셨잖아요." "기준이 그렇잖아요." 그들은 항상 '갑'이고, 그 말들 속에 감춰진 무례함은 인격에 상처를 남긴다.

　존엄을 잃은 복지는 구호에 불과하다. 복지 선진국은 '규모'보다 '전달 방식'을 중요하게 여긴다. 그 방식이 사람을 위로하고, 살아갈 용기를 주기 때문이다. 복지는 '무엇을 주느냐'보다 '어떻게 주느냐'가 더 중요하다. 색깔로 구분된 카드는 단순한 실수가 아니다. 그 안에는 사회를 바라보는 공급자 중심의 시선, 받는 이를 '을'의 존재로 여기는 의식이 배어 있다. 2024년, 우리나라는 초고령사회에 진입했다. 노인요양병원과 요양원은 급증했고, 현장에는 사회복지사, 요양보호사, 간호사, 간병인이 있다. 하지만 신체적, 정신적으로 저항할 수 없는 노인들에게 가해지는 폭력, 방치, 학대를 막을 제도적 장치는 아직도 미흡하다.

　이제는 질문을 바꿔야 한다. "복지를 알고 하십니까?" 이는 복지를 설계하고, 전달하는 이들, 즉 '주는 자'에게 던지는 질문이다. 그들의 시선과 말 한마디가 수혜자의 자존감을 무너뜨리고 있지는 않은지 살펴야 한다. 복지는 존엄을 지켜주는 일이며, 우리가 언젠가는 받게 될 가장 인간적인 손길이다. 그 손길은 따뜻해야 한다. 그것이 서비스 전달자의 역할이다. 전달자의 착각으로 '낙인'을 찍는 복지는 더 이상 안 된다.

구름사다리 위에서

임혜순
2020. 6. 천료

아이를 낳지 않으려 한다. 저출산으로 인한 국력의 약화, 인구의 소멸 등 미래를 예측하면 별로 밝은색이 아니다. 요즘은 국가가 얼마나 많은 지원을 하는지 혜택이 많다. 산전휴가, 육아휴직, 배우자의 출산휴가, 모성보호시간, 임신전후 휴가 등등 수많은 혜택이 있다.

이 엄청난 혜택! 꿈도 못 꾼 우리들 시절, 근무에 차질이 없도록 애쓴 나의 과거를 허탈한 생각으로 추억해 본다.

셋째 아이를 가져 임신 7개월이었지만 남의 눈에는 별 부담을 주지 않을 정도의 체격이었다. 가벼운 몸으로 학교 근무를 잘했다. 좀 큰 키에 적당한 볼륨이 있는 긴 블라우스를 입으면 별로 볼썽사납진 않았다.

안동교대부국에 근무할 시절이었다. 영남산 중턱에 자리 잡은 학교로 출근할 때는 한참 숨을 헐떡이며 올라가야 했다. 쫓기는 아침 출근 시간은 1분이 무서워 경사가 가파른 왼쪽 지름길로 올라간다. 앞에 한 짐 안고 언덕을 다 오르면 땀과 헐떡임으로 한참은 제정신이 아니다.

그날은 체육이 든 날이다. '교실에서 했으면 좋겠는데'라고 생각하고 있는데 아이들은 기어이 나가서 하자고 한다. '임신 중인 선생님이라 체육도 잘 안 한다.' 하는 소리를 들을 것도 같아서 "그래 운동장으로 내려가자."

운동장은 한 10여m 언덕 아래에 있어서 항상 조심해서 내려가야 했다.

자유 대형으로 준비체조가 끝나고 순환 운동을 시작하자 아이들이 분단별로 달리기, 오리걸음, 게걸음, 정글짐 오르내리기…. 등으로 운동장을 한 바퀴 돌고 제자리에 모였다.

"여러분, 오늘은 구름사다리에 올라 방향 바꾸어 내리기를 하겠어요."

그때 그 구름사다리는 반원형으로 된 무지개사다리였다. 오르는 부분과 내리는 부분은 낮고 경사도 완만하였지만 한가운데는 지면에서 한 2m가 훨씬 넘는 높이었다.

"누가 한번 올라가 볼까요?" 했더니 많은 아이들이 "저요, 저요." 하면서 서로 하겠다고 해서 몸이 좀 날렵한 남학생 한 사람 지명했다.

신이 나서 좋아라! 하며 올라간 아이는 한중간까지는 잘 올라갔다.

거기서 방향을 바꾸어서 뒷걸음으로 내려가야 하는데 그냥 아래쪽으로 머리를 두고 내려가려고 한다. 앗, 위험하다 싶어 사다리 아래에서 발돋움을 해 붙잡았다.

"방향을 바꾸어야지, 자 이 손을 먼저 옮기고 그 다음에 발을 하나씩 따라 옮겨."

손을 옮기고 난 아이는 발을 못 옮기고 있다. 몸을 틀어 방향을 바꾸어야 하는데 마음대로 잘 안 되는 것 같았다.

"얘, 손을 꼭 잡아, 손만 안 놓으면 괜찮단다. 꼭 잡아."

간신히 방향을 바꾸었다. 그다음 뒷걸음으로 내려가는 것은 안전하고 쉬워서 잘 내려오게 되었다.

"여러분, 선생님이 한 번 할 테니까 잘 봐요." 하면서 구름사다리를 한 칸 한 칸 올라갔다. 처음 시작은 너무나 쉬웠다. 반원의 중간쯤 이르자 눈앞이 좀 아찔하고 현기증이 났다. 올망졸망 눈을 반짝이고 쳐다보는 아이들을 내려다보니 도로 내려갈 수도 없고 '별 탈이야 있을까?' 생각하고는 힘을 내서 "자, 방향을 바꾸겠어요." 하면서 오른손을 왼손 쪽으로 보내고 오른발을 옮기려 하니 발이 떨어지지 않았다. 구름사다리의 폭도 좁았고 배가 부르기 때문에 발을 떼는 순간의 평형을 자신할 수 없었다. 그야말로 오도 가도 못 하는 상태에 눈앞이 캄캄해졌다. '손만 꼭 잡고, 손만 꼭 잡으면 된다.' 머릿속으로 생각하며 오른발을 간신히 옮기면서 구름사다리 가름대를 얼마나 꽉 잡았던지 온몸에 진땀이 쫙 났다. 그 순간 많은 것이 나의 뇌리를 지나갔다. 공포, 죽음, 아기…. 일단 방향을 180도로 바꾸고 나니 언제 위험을 당했던가? 곧 푸근한 안도감을 느끼며 쉽게 뒷걸음으로 한 걸음 한 걸음 조심해서 내려왔다.

선생님이 얼마나 큰 공포를 맛보고 내려왔는지를 아이들은 알 턱이 없었다. 나는 가운데서 방향 바꾸는 것을 도와주면서 아이들이 그 순간 머뭇거리고 겁을 내는 것을 마음속으로 잘 이해하게 되었다.

그날 교실로 올라갈 때 다리가 조금 후들후들 떨렸지만 별 탈은 없었다.

요즈음은 직장을 가진 임산부들에게는 얼마나 좋은 혜택이 있는가? 국가의 밝은 미래를 위해서는 적어도 둘은 낳아야 될 것이 아닌가?

행복 길라잡이

이다경
2020. 9. 친료

내가 좋아하는 단어 중 하나는 '행복'이다. 학창 시절에도 주변 친구들이나 선생님께서 장래희망이나 나중에 어떠한 사람이 되고 싶냐고 물으면, 다른 친구들은 의사, 교수, 간호사 이러한 대답을 할 때 난 행복한 사람이 되고 싶다고 대답하였던 기억이 난다.

지금까지 지내온 삶의 과정과 여정을 살펴보면 나름 행복하게 지내왔던 것 같다. 그리고 그 행복을 놓치고 싶지 않아 자기계발 에세이도 많이 읽고, '긍정심리학'과 같은 나의 행복에 도움이 될 것 같은 도서들을 구입하여 읽어 보기도 하였다.

그런데 희한하게 너무 행복을 좇다 보면 힘든 상황이 조금만 생겨나도 그것을 이겨내지 못하고 넘어지는 경우도 종종 있었다. 어쩌면 행복은 어려움도 극복해 나갈 수 있는 면역을 키워서 그것을 딛고 일어서는 것까지도 포함되는 것이 바로 진정한 행복이라고 할 수 있는 것 같다. 즉, 좋은 것만 모인 것이 아니라 모든 것들이 잘 어우러지는, 그러한 조합이 바로 내가 생각하는 행복의 길라잡이이다.

　인생은 희로애락이라고 하지 않는가. 그렇다, 기쁨만 있는 인생은 사실 보기 드물다. 하루 중에도 낮이 있고 밤이 있으며, 세상에는 빛이 있으면 어둠이 있듯이, 그리고 오히려 그 어둠 가운데 비추어지는 빛이 더욱 선명하고 밝게 빛나듯이 우리는 다양한 상황과 환경을 잘 조화시키는 것이 필요하다.

　사실 우리는 행복해지는 방법을 어느 정도는 알고 있다. 적절한 운동과 충분한 수면, 건강에 좋은 음식 섭취, 모든 부분의 적당한 절제의 생활, 여가와 독서 등 우리의 행복을 채울 수 있는 것은 매우 다양하다.

　그리고 요즈음에는 행복과 관련된 에세이집도 많이 나와 우리의 마음과 정서를 가다듬는 데에도 도움을 받을 수 있는 경로가 많이 있다. 지금도 나는 성숙해 가는 단계에 있겠지만, 요즈음 생활하면서 느낀 점이 있다면 내가 생각하는 행복이 어쩌면 행복이 아닐 수도 있고, 그렇지 않다고 생각한 것이 오히려 지나고 보면 행복일 수도 있다는 것이다.

　예를 들어 내가 많은 사람에게 영향을 끼치고 조금 눈에 띄는 사람이 되었다고 과연 행복할까? 물론 틀렸다고 볼 수는 없다. 그리고 그 당시에는 무언가 유명세와 인기로 행복하다고 느낄 수도 있다. 하지만 지나고 보면 지극히 평범하고 소소한 삶이 더욱 행복한 모습으로 다가올 수 있을 것이다. 옛말에 평범한 것이 가장 어렵다는 말도 있으니, 어쩌면 이것이 참 행복이라고 이야기해도 과언이 아닐 것 같다.

　나도 가끔은 다른 사람의 삶이 나보다 더 좋아 보이고 안정적으로 보여 소심한 부러움을 가질 때도 있다. 하지만 가장 큰 행복은 우리의 현재 주어진 삶에 최선을 다하며 그것에 감사하는 삶이라고 생각한다.

　어떠한 도서에서 읽었는데, 좋은 이벤트가 있는 날도 좋지만, 무탈하게 하루를 잘 보냈다면 그것이 진정한 행복이라고 정의하는 작가를 본

적이 있다. 또 「어른의 행복은 조용하다」라는 책도 읽어본 경험이 있는데 결론은 아무 일 없이 지나가는 오늘, 지금이 가장 행복하다는 결론이었던 기억이 난다.

앞에서도 말했지만 난 행복을 추구한다. 그것은 나쁜 것이 아니라고 생각한다. 이왕 살아가는 인생, 행복하고 즐겁고 감사하며 생활하면 좋지 않은가?

하지만 지나친 과장이나 포장으로 행복을 추구하면 그것이 어느 순간에 가서는 스스로 지쳐 버린다는 것 또한 잘 알고 있다.

중용이 중요하다. 긍정적인 생각과 감사하는 마음, 그리고 적당한 운동과 규칙적인 식사 습관… 이 모든 것은 우리가 지켜야 할 것들이다. 하지만 은근히 유지하기 어렵다는 것 또한 우리는 잘 알고 있다.

나는 오늘도 운동복을 주섬주섬 가방에 담아 본다. 솔직히 집에서 쉬고 싶고 좋아하는 주전부리를 먹으며 놀고 싶은 마음이 굴뚝같다. 그래도 운동을 하고 났을 때의 개운함을 알기에 가야 할 것 같다.

또 내가 좋아하는 에세이집을 펴 본다. 그 책은 「너만의 명작을 그려라」라는 도서이다.

오늘이 최고의 날, 그리고 내가 최선을 다하는 그 순간이 행복하다는 것을 잊지 말아야 하겠다. 미래를 생각하는 것은 바람직하지만, 지나치게 미래를 좇느라 주어진 현재를 놓치는 실수를 범해서는 안 된다.

그런 의미에서 오늘 직장에서 열심히 수업을 하고 돌아온 나는 행복한 사람이다.

다가올 미래도, 꿈도 기분 좋게 상상하며 맡겨 본다.

어떻게? 현재에 감사하고 만족하며, 그리고 주어진 삶에 충실하면서 말이다.

오늘따라 시원하게 부는 바람과 예쁜 하늘이 더욱 멋있어 보이는 건 왜일까?

창피함도 모르고

원광호
2020. 10. 천료

깡통 거지가 배고픈 절규를 웅변으로 토해낸 버릇이 국회의원에서 국제 강사가 되어 나의 인생 여정을 담은 『깡통 거지가 국회의원』 책을 냈다. 이제는 창피함도 없이 수필을 사랑하는 분들께서 읽어 주었으면 하는 마음으로 정리해 보았다.

책머리에서 밝힌 것처럼 나는 강원도 원주 귀래 백골 촌놈이다. 나면서부터 살아남을 가능성이 없는 병자에서 간신히 살아나, 따듯한 부모님 품속에서 사랑을 듬뿍 받을 어린 나이에 집을 떠나야 했고, 밤이면 잠잘 곳을 걱정해야 했고 끼니때가 되면 고픈 배를 움켜잡고 깡통을 들어야 했다.

국회의원이 되어 나 같은 거지를 없애겠다는 꿈을 야무지게 다지며 최고의 연사로 많은 대중 앞에서 연설하는 게 꿈이었다.

그 꿈은 어느덧 현실이 되어 100여 장이 넘는 상장이 대변해 주듯 웅변대회에 나갔다 하면 1등이요, 이 웅변술은 기술이 아니라 가슴으로 쏟아내는 호소력으로 국회의원 후보부터 당선될 때까지 수많은 관중 앞에도 서 봤고 그보다 몇 갑절 많은 대통령 선거(정주영 후보)의 유세장에서 찬조 연설원으로 대중을 사로잡는 연설도 하였다. 지금은 지구촌을 누비고 다니는 한글, 한국어 국제 강사가 되었으니 내 꿈을 크게 이룬 것으로 생각된다.

1987년 하와이 주립대학을 시작으로 뉴욕, 시카고, 중국 등 127개 대상 여러 나라를 순회 강연하며 바쁘게 활동하고 있으니 여간 기쁘지 않다. 여기에 그 대표적인 강연 사례만 소개한다.

2016년 1월 27일 태국 탐마삿국립대학교 컨벤션에서 열린 2016 국제청소년 월드캠프 강사로 초청받았다. 태국을 비롯한 주변 국가 대학생과 교수 총장 등 4천5백여 명이 참석한 자리였다.

여기서 '한글의 과학적 우수성 논증'이라는 제목으로 강연했다. 한글이야말로 세계 유일 우수 문자요, 세계문맹퇴치 문자로 선정되었으니 활발히 보급하자는 주문과 함께 말은 있으되 문자가 없거나 모르는 채, 기록 없는 비문화, 정보 없는 어둠 속에 살고 있는 7억 4천만여 명 문맹자에게 한글을 가르쳐 희망을 주자고 역설하였다. 이들을 위해 젊은 청년 대학생들이 한글 교사로 나서 달라고 호소로, 많은 박수갈채로 동의를 얻어냈다.

한편 현지 언론은 물론 국내 언론 등을 통해 앞으로 아프리카, 인도, 러시아 등 세계 127개국 현지를 순차 순방 강연 계획을 밝히고 국내외 뜻있는 분들의 적극적인 지원과 후원을 바란다고 말했다.

이어 러시아 강연 역시 대성황을 이루었다.

「한류열풍에 한글, 한국어 세계화 바람」이라는 제목으로 러시아 언론이 크게 보도했다.

이렇게 세계를 돌며 태국, 라오스, 캄보디아, 필리핀, 인도, 네팔 등 각 나라의 현지 국민들, 수많은 학생, 교수, 총장, 일반 교민 등 수천 명이 모인 가운데 열정을 담은 큰 목소리로 외치며 한글의 과학적 우수성과 세계의 왕 중 왕 세종대왕을 자랑하는 강연을 하여 더없는 감동을 주고 칭찬을 받았다.

나는 이런 국제 강연을 통해 이 세상에 태어난 가치와 지난날 고난의 역사를 치유하며 오늘도 내일도 변함없이 더욱 활발한 나의 강연 여행은 계속될 것이다.

더불어 언제 어느 곳에서 누구를 만나든 한글 자랑이 우선이다.

백골 촌놈의 마지막 남은 꿈은 자랑스런 대한민국 이 땅, 넓은 대지 위에 우리나라 전통의 멋을 살린 한옥으로 '국제한국어대학'을 설립하여 세계 유일 문자 언어연구 교육기관으로서 세계 으뜸 문자언어 학자를 배출하는 학교를 세우는 것이다.

이번에 내는 『깡통 거지가 국회의원』 책도 이 목적을 위한 몸부림이다.

본디 인연

박찬승
2020. 11. 천료

사람은 누구나 행복하게 살고 싶어 한다. 그런데 그것이 잘 안 된다. 노년의 길을 걷고 있는 나는 과연 행복의 문을 열었을까? 어찌 생각하면 문고리를 잡은 것도 같고, 무언가에 쫓겨 살다가 한세월 보낸 것도 같다.

행복의 문을 여는 가장 중요한 요소는 무엇일까? 지나온 세월을 생각해 보면, 그 무엇도 아닌 인간관계, 즉 좋은 인연을 만나는 것이었다. 그중에서도 예정되어 있거나 자연스럽게 이어진 '본디 인연' 말이다.

사람은 태어나면서부터 많은 인연이 만들어진다. 하지만 모두가 좋은 인연이 되지는 않는다. 그냥 잠시 시간과 공간에 머물렀다 가는 경우가 많다.

김형석 교수는 인간관계에 대해 괴테의 말을 인용한다. "인격이 최고의 행복이다. 사람은 자기 인격만큼 사랑을 누린다"면서 인격은 인간관계에서 사랑을 쌓아야 완성할 수 있다고 했다.

오늘은 어머니의 기일(忌日). 어머니는 내 인생 최

초의 본디 인연이었다. 6.25 전쟁 중에 태어난 나는 어머니의 절대적 영향을 받았다. 어머니가 밭을 매실 때면 나는 한 걸음 앞서가며 보리밭에서는 깜부기를 뽑았고, 콩밭에서는 새삼 덩굴을 걷어 올렸다. 그럴 때 하신 말씀이 평생 뇌리에 남는다.

"네가 그런 것 하지 않더라도 공부만 잘한다면 엄마는 더 바랄 게 없다."

어머니를 가슴 아프게 해 드렸던 일도 많다. 사춘기인 중학생 시절, 나는 사과나무와 감나무를 뒤꼍에 심고 싶었으나 어머니는 강하게 반대하셨다. 결국 내 고집대로 심었다가 모두 뽑아 버린 후, 호된 야단을 맞은 적이 있다. 성인이 된 후에는 결혼 말씀을 하시려고 예산에서 근무지인 태안군 몽산포까지 물어물어 오셨는데, 대학원 가는 것이 먼저라면서 물 한 잔도 못 드리고 그냥 되돌아가시게 한 일 등은 평생 후회로 남는다.

어머니는 평소 인자하신 모습이었다. 하늘에 빛나는 뭉게구름처럼 우아하고 포근하며 기품이 있으셨다. 조그만 석경(石鏡)을 문지방에 기대 놓고 긴 머리를 틀어 올려 비녀를 꽂으시던 그 모습이 생생히 떠오른다. 그때 내가 크면 저 플라스틱 같은 비녀를 버리고, 금비녀를 꼭 사 드려야겠다는 맘을 먹었었다. 결혼 후 어느 날 집에 와 보니, 어머니의 쪽머리는 파마머리로 바뀌어 있었다. 그때의 아쉬움과 한스러움은 오랫동안 지속되었다. 새삼 어머니의 모습을 회상하니, 풍수지탄(風樹之嘆)의 심정으로 후회와 번민이 앞선다.

또 다른 본디 인연은 인생 최대의 변곡점이 될 소중한 배필을 잘 만나는 것이다. 며칠 전 친구 모임을 가졌다. 이런저런 이야기를 나누던 중에 아내를 먼저 보낸 친구들 이야기가 나왔다. 한평생을 같이 하기로 한 '사랑새'의 한쪽 날개가 꺾인 친구들 이야기다.

"사는 재미가 없어. 아파트 들어가기가 두려워…."

무거운 침묵이 흘렀다. 아내가 먼저 세상을 떠나면 자식들이 고생한다는 말이 있다. 생텍쥐페리는 그의 소설 『인간의 대지』에서 '사랑한다는 것은 두 사람이 서로를 마주 보는 것이 아니라, 함께 같은 방향을 바라보는 것이다'라 했다. 그래야 부부간에 다툼이 일어나지 않고 행복의 문을 함께 찾아갈 수 있다는 것이다. 젊었을 때는 서로 사랑하고 좋아했다가 나이 들면 사랑이 시들해지고 '님'이 아닌 '남'처럼 생활하게 되는 것은 문제다. 비록 사랑의 호르몬이 노화되더라도 정(情)을 쌓았던 경력으로 행복을 만들어 가는 것이 중요할 것 같다.

좋은 친구를 만나는 것도 중요하다. 사회적 인간관계는 잠시 머물렀다 가는 인연이 많다. 어울려 친분을 나누다가도 혼례와 상례가 끝나면 관계도 저절로 끊어져 버리는 경우를 종종 본다. 하지만 나에게는 이런저런 친구 중에 본디 인연 같은 친구가 있다. 구담(친구의 호)이다. 대학 다닐 때 학과는 달랐어도 ROTC를 같이하면서 맺어진 인연이다. 성격이 온유하고 겸손하며 정이 많다. 클래식 음악을 좋아하며, 좋은 글귀를 보면 붓으로 옮긴다. 학군단 훈련이 끝나면 시장에 들러 막걸리 잔을 기울이면서 미래를 설계하던 친구다. 이제 노후를 보내면서 주일에 한 번씩 만나 산행을 즐기고 인생을 논하고 있다.

포근한 행복을 늘 누리려면 자녀나 형제자매와의 관계도 좋아야 한다. 자녀와는 사랑과 공경으로, 형제와는 우애로 이어져야 한다. 성경에도 형제와의 관계를 강조하는 말씀이 많다. '경건에 형제 우애를, 형제 우애에 사랑을 더하라'라고 언급한다.

사람들은 행복의 문을 열기 위해서 노력을 많이 한다. 수많은 인간관계 속에 끼어서 순탄하게 직진하는 사람도 있고 몸부림치는 사람도 있다. 그러면서 부(富)와 명예, 권력을 얻으려 한다. 하지만 그 과정에서 부작용이 속출하여 인생을 망치는 사람도 있다.

이제 70대 중반의 고개를 넘다 보니, 많은 생각이 스쳐 간다. 행복했던 순간보다는 아쉽고 괴로웠던 순간이 더 많이 떠오르는 과거. 종이에 적어 보면 쓸 만한 일도 많았는데, 왜 머릿속은 항상 아쉬운 생각만 맴돌까?

  생각해 보면 가족과 친구와의 인연이 성공 인생과 행복을 결정짓는 가장 큰 잣대인 것 같다. 이 두 관계가 좋은 사람은 노후를 행복하게 보낸다. 돈과 명예, 권력보다도 건강과 좋은 인연을 만나 바위처럼 단단한 인간관계를 갖는 것이 행복 인생의 상위 가치인 것 같다.

그런 세상이라면

신영애
2020. 12. 천료

　수필문학에서 우편물 발송 작업을 하고 모두 수고하였다는 마음에 저녁 식사를 하기로 했다. 봄은 벌써 와있는데, 쌀쌀한 바람이 옷깃으로 파고든다. 나름 맛집이라고 검색하여 찾아간 식당 앞에는 젊은 사람들이 여기저기 모여있었다. 대기 줄을 서서 기다리고 있노라니 우리보다 늦게 온 일행은 들어가는데, 우리에게는 들어가도 된다는 말이 없다. 이상하여 직원에게 물어보니 키오스크에서 대기자로 등록하면 카톡으로 연락이 갈 거라는 건조한 말만 남긴 채 들어가 버렸다. 식당 내부는 넓고 여유로운 듯한데, 한 팀이 나갈 때마다 자리를 정리하는 시간까지 염두에 둔 듯하였다. 디지털 문화에 익숙하지 않은 세대라 그런가, 왠지 대놓고 소외되는 느낌이 들었다. 불과 10년 전만 해도 없던 앱으로 예약 및 주문, 결제하는 식당들이 많아졌다. 인건비를 줄일 수 있는 데다가, 손님들은 언제일지도 모르는 기다림을 하지 않아서 나름 효율적이라고 생각하는 듯하다. 직원 앞에서 무엇을 선택할지 고민하는 불편함 없이, 자리에 앉아서 결제까지 모두 할 수 있으니 편하다는 생각이 들 수도 있겠다. 하지만 앱 이용에 익숙하지 않은 사람들은 이런 선택에서 어려움을 호소하는 경우가 많다.

 강남구청역 지하철 역사 내에는 테이크아웃 카페가 있다. 주로 사무실에서 커피를 내려 마시지만, 어쩌다 한 번씩 나는 긴 줄을 서는 기다림을 감내하며 커피를 사서 출근하기도 한다. 계단을 오르는 동안 풍겨오는 커피 내음이 나의 발걸음을 유혹한다.

 오늘은 음료가 나오기를 기다리는 사람들이 열 명 남짓 있는 것으로 봐서 그리 오래 기다릴 것 같지 않다. 주문하는 줄에 서서 기다리자 금방 내 차례가 왔다. 늘 주문하던 대로 메뉴를 누르고 카드를 넣어 결제한 다음 번호표를 받아 들고 대기 줄에 와서 섰다. 그러자 나보다 네댓 명은 앞에 섰던 아주머니 한 분이 갑자기 줄에서 나와 주문하는 키오스크 앞으로 갔다. '이걸 먼저 주문하는 거였나?' 혼잣말인 듯한데 옆 사람이 들을 수 있을 만한 소리로 중얼거리면서 키오스크 앞에 섰다. 그러나 몇 번을 해도 계속 기계는 삐삐거리면서 그 아주머니의 주문을 허락하지 않았다. 그러는 사이에 그 아주머니 뒤로 주문하기 위해 기다리는 사람들이 늘어나기 시작했다. 그 아주머니는 당황한 기색이 역력한 채로 '이게 아닌가? 이게 왜 이러지?' 하는 소리로 계속 중얼거리고 있었다. 나도 저런 경험이 많은데 생각하니 알려드리고 싶어졌다.

 언제부터였는지, 집 앞 패스트푸드점에는 키오스크로 햄버거를 주문한다. 어느 날 처음 키오스크, 그 이름조차 생소한 기계 앞에서 어떻게 선택하고 주문해야 하는지를 몰라서 계속 버튼만 누르고 있었다. 언제까지 기다리게 할 거냐는 듯한 따가운 눈총을 뒤통수로 고스란히 받으면서, 결국 누구에게도 물어볼 엄두를 내지 못하고 그냥 나와 버렸다. 그러다가 어느 날 딸아이와 그 앞을 지나가다가, 햄버거 하나 먹고 가자며 손을 이끌고 들어가서, 아이가 주문하는 것을 보면서 알게 되었다.

그때의 내가 생각나서 나는 아주머니에게 다가갔다. 마시고 싶은 음료를 선택한 다음 이렇게 체크하고 제일 마지막에 카드를 넣고 결제하면 대기 번호표가 나오는데, 그 번호표를 들고 옆의 음료 나오는 줄에 서면 된다고 알려주었다. 그 아주머니는 "아이고, 감사합니다. 이런 걸 써 봤어야지요." 분명 다른 곳에서는 주문해 보았을 것이다. 기기가 조금씩 다르니 당황하였을 수도 있을 테다. 그날 저녁 아이들에게 키오스크로 주문하는 게 너무 어렵다고 얘기하자, 본인들도 어떤 곳에 가면 어려움을 겪기도 한다면서, 나이 드신 분들은 이제 외식도 어렵게 되는 세상이라며 안타까워했다. 모르니까 서툴 수밖에 없는 것인데, 스스로 알아서 하도록 지켜보기만 하는 친절함이 자칫 무례한 불편함으로 느껴지는 것은 어쩔 수 없다. 직장 생활을 하다 보면 이도 저도 못하면 눈치라도 있어야 살아남는다는 말을 많이 한다. 그런데 이제는 먹고 사는 단순한 일에도 적당한 눈치가 있어야 무엇이든 제대로 먹는 세상이 되었다. 참 글씨를 모르는 것도 아닌데….

가히 인공지능의 시대에 살고 있다고 해도 과언이 아니다. 사람처럼 말하는 기계가 우리 삶 가까이에 와 있는 시대가 되었다. 사람과의 대화는 없고 기계와 눈을 맞추고 손가락으로 대화한다. 사람이 하던 일을 인공지능이 대체하면서 직업군에도 변화가 올 거라고 한다. 그럼에도 인공지능이 사람을 대신하기에는 부족한 부분이 분명히 있지 않을까. 타인이 있기에 나 또한 사람임을 잊지 않게 되는 것인데, 인공지능만 대하다 보면 어느 순간 성장이 멈춰버리는, 건조한 우리를 만나게 될까 봐 걱정이 앞선다. 아무리 어쩔 수 없는 시대의 흐름이라고 하더라도, 아직은 서툰 우리를 이해하고 존중해주는 사람이 함께 했으면 좋겠다. 또한 기술이 아무리 발전하더라도, 그럼에도 불구하고 기계가 아닌 사람의 온기를 전달받을 수 있는 곳이 어딘가에 계속 남아있기를 바란다. 그런 세상이라면 좋겠다.

농사와 게임

장연희
2021. 1. 천료

　서울살이 50년이 다 돼 가다가 덜컥 창릉천으로 이사 오게 되었다. 딸네와 가까운 창릉천은 북한산에서 발원하여 한강으로 흐른다. 젊은 시절 내내 남한산성 주변만 살다가 북한산 자락에 살게 되니 산세의 웅장함이 송파에 비할 바가 아니고, 어딜 가나 시야가 툭 터진 데다가 손주들 보는 재미까지 더해져서 송파로 출퇴근하는 불편쯤이야 감수할 만하다. 늙어서 자식 옆으로 이사 가는 사람들 마음이 이해가 간다. 그런데 덤인 양 또 다른 재미도 생겼다. 이제 막 신도시로 개발되는 북한산 아래 사는 사람들의 농사 흔적을 바라보는 그것.

　제일 먼저 출근길에 눈에 띄는 것은 고추 농사다. 이 집은 대문을 중심으로 양쪽 담벼락을 지름이 60cm나 되고 높이는 그보다 더 높은 화분으로 에워쌌다. 그리고는 화분마다 고춧대를 세워 한 나무에 열린 고추가 얼핏 봐도 100개는 넘어 보인다. 이런 화분이 두 줄로 섰으니 당당한 고추밭이다. 한 나무에 열린 고추가 하도 많아 보여 시골 사는 고모에게 물어보니 많이 따면 300개도 너끈히 딴단다. 그런 화분이 70여 개나 되고 몇몇 군데에 도라지며 참깨도 서 있고, 그 아래에는 부추도 자란다. 이 집 농사의 끝은 어디인지.

그리고 세상에, 그 모두가 끝나가는 곳 즉 이 집 말고 다른 집 담장이 시작되는 곳의 전봇대에는 나팔꽃이 올라가고 있다. 장미 튤립처럼 우아하지는 못하나 '꽃은 꽃'인 나팔꽃들이 전봇대를 휘감다가 주변 잡풀을 기어오르는 중이다. 심지어 아까 그 집 고춧대에도 엉겨 붙어 오르며 하늘 높은 생명력을 자랑하고 있으니 서울 도심이라면 당장 민원이 들어갈 법도 하련만 이곳은 그런다.

고추 농사 풍경은 이렇게 끝이 나고 전철을 타려면 좌회전을 하게 된다. 그러면 또 다른 집 담벼락이 나오는데 이 집은 고추 농사보다는 덜 전투적이다. 우선 규모 면에서 소출에 방점이 있지는 않아 보인다. 야담하면서도 높지 않은 고무통에 배추를 한 포기씩 심었는데 모두 네 포기와 가지 나무 두 그루까지 합하여 화분 6개를 담 밑에 두었다. 무얼 많이 거두겠다는 욕심보다 그저 농사 손맛이나 잃지 않으려는 쥔 양반의 마음이 아닐까. 그러나 내가 이 집을 진짜 주목하는 것은 그 화분들을 공가 놓은 시멘트 벽돌에 핀 채송화이다. 뚫어진 벽돌 구멍마다 메운 흙에 뿌리를 박은 채송화는 제 몫은 책임지고 살아내고자 결심들이나 한 건지 모양도 야무지고 색깔도 선명하다. 애초 쥔 어른이 경제성은 없는 자기들을 심어준 배려에 보답이라도 하려는 것일까? 줄기 하나에 꽃 한 송이씩을 꼬박꼬박 달아 올렸으니 그만하면 장하다. 땅에 붙고 틈에 끼어 피는 채송화에 더 많은 것을 바라는 부담은 주지 않으련다. 어쩌면 이 집 주인은 배춧잎 몇 장, 가지 몇 개로는 완성되지 않는 농사 본능을 채송화로 마무리 지으며 그들과 함께 지하철역 옆의 삶을 꾸리고 있을지도 모를 일이다.

그리고 또 한 번 우회전하면 구석구석 손톱만 한 땅뙈기마다 피마자며 고구마며 땅콩들까지 엉덩이를 들이밀고 자라고 있다. 이 모든 것이 이곳 주민의 굳건한 농사 본능의 표상이라는 추리 외에 달리 설명할 길이 없다.

이제 걸음이 전철역에 가까워지면 농사 흔적보다 원예 흔적이 뚜렷해져서 제법 도회지 같은 분위기인데 골목에 내놓은 화분에는 진자주색 맨드라미며 주황색 메리 골드가 줄을 선다. 그러나 화분 안쪽, 즉 흙이 보여야 할 곳에 소복 솟은 돌나물은 차마 숨길 수 없는 농사 본능의 흔적이 아닐까 한다. 왜냐면 그 집 담 위로 뾰족뾰족 솟은 대파 잎들을 보라. 대파가 키가 큰 감나무도 아니고 대추나무도 아닌 바로 채소라는 점에서 말이다. 필시 이 집의 담 안쪽에는 마당보다 덩그렇게 높은 장독대가 있을 것이고, 고추장, 된장 다 사 먹는 요즘 세상에 장독이야 있을지 없을지는 모르겠지만 어쨌든 그곳에다 파를 키운다는 것은 확실하지 않은가! 담 너머로 보이는 싱싱한 대파 잎들이 사열하는 병정들 같기도 하고 베르사유 궁전에 늘어선 정원수 같기도 하다.

이러구러 창릉천과 송파를 오가는 사이, 어느새 여름은 가고 시원한 바람이 분다. 가을이 온 것이다. 하루는 손주들 손을 잡고 창릉천 변을 걸었다. 손주의 반대편 손을 잡고 걷는 남편에게 "얘들은 어른이 되어도 이런 농사는 꿈도 못 꾸겠지?" 하고 물었다. 거기에 돌아온 답이 "해 본 적이 없는 일을 어떻게 하겠소. 차라리 게임 같은 것으로 놀 수는 있겠지."였다. 그렇다면 이 동네 사람들의 농사가 사실은 그들의 놀이였다는 말인가? 그러니까 요즘 아이들의 게임과 같다는 말인가? 어렸을 때부터 해온 익숙한 일이라는 점에서 본다면? 어쩐지 말이 되는 같기도 하다. 그러나 그렇게 바로 단정 짓는 것이 사고의 비약이 아닐까 싶어 꾸물거리는데 "우리 같은 어른들 보고 게임을 해보라고 하면 못하지 않소? 반대로 지금의 애들이 어른이 됐다고 이런 농사를 지을 수 있을까?"라는 반문이 훅 들어온다. 그건 그렇네. 그렇다면 지금 청소년들의 게임 중독을 어떻게 좀 고쳐 볼 방법도 있지 않을까? 정말이지 '요즘 아이들의 게임 병폐를 그저 개인적인 문제로만 치부하지 말고 이런 사회적 현상으로 접근해 보면 어떨까?'라고까지 생각하다가 생각의 전개나 마무리가 수습이 안 될 것 같아 여기까지만 적기로 한다.

흔적들

김인건
2021. 3. 천료

    부산 모라동 운수사 근처에 우리 가계의 선산이 있다. 아버지가 생전에 들려주시거나 기록으로 남긴 내용에 따르면, 이 선산에는 나의 7, 6, 5대조 할아버지의 묘지가 있다. 그 아래로 3대 2대 할아버지, 할머니의 묘지가 나란히 있다. 4대 할아버지만 외톨이로 다른 곳에 모셔졌다고 한다. 이분들 중 내가 뵌 분은 증조할머니와 할머니 두 분뿐이다. 어릴 적 종손인 아버지를 따라 시제(時祭)와 추석 명절 성묘 때 삼촌 사촌들과 제사와 벌초에 참여하고는 했다. 아버지 돌아가신 후에는 내가 산소를 관리한 지도 어언 25년이 되어 간다. 삼촌들도 가시고 사촌들도 미국 등으로 흩어져 있어서 자연히 내가 혼자 맡게 되었다. 몇 년 전까지만 해도 추석 명절 전에는 산소에 내려가서 벌초를 하고 묘지를 둘러보기도 했는데, 코로나 시기를 지나며 직접 내려가 보지 못하고 있다. 벌초는 거를 수 없기에 전문 업체에 의뢰하고 있다. 5년이 훌쩍 흘렀다. 아무래도 화장해서 묘지는 정리해 할 때이다. 미루다가 아들에게 숙제로 남기고 갈 수는 없지 않을까.

 아버지 어머니가 생각날 때면 볼 수 있는 것은 생전의 사진뿐인데 이도 몇 장 남기지 않으셨다. 어릴 적 집안 사진첩을 보면 조선조 말기 증조할아버지 때부터의 가족사진 그리고 부모님의 학생 시절 결혼식 사진, 수학여행 사진을 포함한 젊은 시절부터 연로하실 때까지 사진첩이 여러 권 있었다. 아버지 먼저 가시고 어머니 홀로 부산 집에 계실 때이다. 어느 날 어머니를 뵈러 부산 집에 갔더니 그 옛날 사진첩들이 모두 보이지 않았다. 몇 장만 남겨 놓고 모두 태우셨단다. 그때에는 너무하셨네 하면서도 크게 서운함이 없었는데, 요즈음 아버지 어머니 생각이 들 때는 너무 아쉽다. 한 가족의 역사가 담겨있고 한편으로는 우리 조상들의 생활을 접할 수 있는 좋은 자료가 될 수 있었을 텐데. 그때 사진첩을 태워버린 어머니는 무슨 생각을 하고 계셨을까?

 아내는 주기적으로 무언가를 정리할 때면 대부분 버리지 못하고 다시 간직하는 편이다, 어느 날 사진을 정리하면서 소녀 적 그리고 학생 시절의 사진들을 모두 버려버린다. 이 사진들 볼 사람 아무도 없다, 애들이 부모님 사진 버리지도 못하고 짐만 될 텐데 우리가 정리해 주어야지, 그런다. 우리 어머니도 그런 마음이셨나 보다.

 우리나라는 유교 문화권으로 예부터 조상을 숭상하고 그 뜻을 후손들이 길이 기리게 하고 있지 아니한가? 나는 XX씨 OO파 몇 대 손이라고들 이야기하고 성씨별로 문중과 족보가 있는 게 일반적이다 그리고 봉제사와 산소 지킴에 소홀함이 없어야 한다. 그런 문화가 최근에 급격히 변화하고 있다. 문중, 대가족의 해체와 핵가족이 일반화되고 있기 때문이다. 가족의 역사가 해체되고 있다. 문중의 결속력은 떨어지고 산소는 사라지고 있다. 오래전에 개정된 민법의 장자 상속의 폐지 그리고 호적등본제가 가족관계증명서로 대체되면서 우리들의 의식 속에 가문의 개념이 더욱 희미해지고 있는 것 같다. 아버지 계실 때 호적등

본을 떼면 조부모, 삼촌, 고모, 그리고 사촌들 그 배우자로 수십 명의 인적 사항이 담겨져 있었다. 가족증명서에는 우리 가족과 부모뿐이다. 자연히 가족의 범위가 좁아지고 있다. 이렇게 이야기한다고 해서 필자가 문중 중심 주의자이거나 남성 중심의 호적제도를 수호하자는 것은 아니다. 사라진 것들로 인해 소홀해지게 되는 것들이 있다는 얘기이다.

우리 곁을 떠나간 부모를 회상하기 위해 그분이 평소에 아끼시던 애장품이거나 가까이 하시던 모든 것이 우리의 기억을 되살려 준다. 아버지가 애용하시던 벼루, 설계용 자(尺), 알이 커다란 주판 등을 나는 아직 간직하고 있다. 손수 붓으로 쓰신 반야심경(般若心經)도 그중의 하나이다. 유감스럽게도 어머니 애장품은 내게 남아있는 것이 하나도 없다. 그분의 사진만이 몇 장 남겨져 기일(忌日) 추도예배 때 우리와 같이 한다. 모 작가는 어머니 생전의 전화통화 녹음을 간직하고 있다고 한다. 어머니 목소리를 들을 수 있는 작가는 우리가 상상하기 어려운 감동을 갖고 있을 것이다. 나는 작가의 「어머니 목소리」라는 글을 우리 가족 카톡 방에 올렸다. 감동을 주는 수필 한 편을 감상하라고 올렸지만 속내는 따로 있었다는 것을 짐작하실 것이다. 아버지가 생전에 좋은 글이라면서 주셨던 글이 생각이 난다. "樹欲靜而風不止 子欲養而親不待: 수욕정이풍부지 자욕양이친부대, 나무는 가만히 있고자 하나 바람이 그치지 않고 자식은 효를 다하고자 하니 부모는 기다려주지 않네" 한씨 외전(韓氏外傳)에 나오는 구절이다. 이제야 아버지의 마음을 알 것 같다.

선산, 사진, 유품, 목소리 모두 사라질 것이다. 우리가 살았다는 모든 흔적도 사라질 것이다. 황망하게 내가 이 글을 왜 쓰고 있는지 나도 나의 마음을 모르겠다. 누군가 이 글을 쓰고 있는 나의 마음을 아신다면 내게 "너의 마음을 내가 알겠노라"고 이야기해 주실까?

아름다운 정원, 우리 함께

이한재
2021. 3. 천료

누구나 꽃을 좋아한다. 필자도 그렇다. 아파트 우리 집에 20여 개의 작은 화분이 꽃밭을 이루고 있어 사시사철 집안에 활력을 불어넣는다. 글을 쓰다가 잠시 쉴 때도 아파트 복도나 베란다에서 환하게 웃고 있는 꽃과 눈을 맞추며 휴식을 취한다. 일반적으로 단독주택의 경우 화단에는 다양한 꽃들이 조화를 이루기도 하고 동네 길거리 주변의 정갈한 화단과 정원은 걷는 이들의 마음을 편안하게 한다. 또한 아름다운 화초와 인간의 정성이 어우러져 잘 가꾸어진 꽃과 정원은 사람들의 마음을 순화시키고 자연에 대한 사랑과 기쁨을 선사한다.

지난달부터 서울 보라매 공원에서 열리고 있는 '2025 서울 국제 정원 박람회'를 지인들과 관람하며 온종일 그 아름다움을 즐겼다. 잘 가꿔진 정원의 섬세한 조화와 자연이 주는 편안함은 잠시 일상의 번잡함을 잊게 했다. 정원은 단순히 꽃과 나무가 모여 있는 곳이 아니라, 삶의 작은 예술 작품이자 인간과 자연이 소통하는 공간임을 새삼 느꼈다.

필자는 세계 여러 나라를 여행하며 아름다운 정원을 자주 방문했다. 지난 4월 미국에 한 달 동안 체류하면서 캘리포니아의 필로리(Filoli) 정원을 방문했다. 십여 년 전에는 캐나다의 부처드(Butchart) 정원을 방문한 적이 있는데 두 정원이 인상적이었다. 두 정원은 모두 자연과 인간의 조화로 아름다움을 창조했지만, 그 분위기와 특징은 달랐다. 필로리 정원은 넓고 정갈하며, 정원 곳곳에 고전적인 유럽식 조경과 정교한 분수, 그리고 섬세한 식물들이 조화를 이루고 있었다. 특히, 그곳의 정원은 역사적 배경과 함께 미국의 부유한 가문이 자연과 예술을 사랑하는 마음으로 가꾼 공간임이 느껴졌다. 반면, 캐나다의 부처드 정원은 자연 그 자체를 최대한 살리면서도 지역 특유의 풍경과 식물들을 잘 조화시켰다. 그곳은 더 자연스럽고 원초적인 느낌이 강했으며, 자연과 인간의 경계가 희미하게 느껴졌다.

2023년 중국 시진핑 주석이 미국을 방문했을 때도 미국 조 바이든 대통령과 함께 필로리 정원을 방문하기도 했다. 자연의 풍경과 역사가 어우러진 공간에서 두 지도자가 함께 웃으며 사진을 찍는 모습이 뉴스에 나올 때 인상적이었고 정원이 단순한 자연의 공간을 넘어서 세계 평화와 연대의 상징이 될 수 있다는 것을 새삼 느꼈다.

우리나라도 창덕궁 후원, 불국사 정원이나 수원 화성행궁의 정원 등 조선 시대의 공원뿐만 아니라 현대적인 정원으로 꾸민 서울숲과 양재 시민의 숲 또는 서울 식물원 등 셀 수 없이 많다. 다만 단독주택 주변이나 마을 어귀에도 미국처럼 정원 울타리를 개방하거나 낮게 설치하여 여러 사람이 함께 즐길 수 있도록 정원 가꾸는 문화가 자리 잡으면 좋을 것 같다. 정원은 단순히 개인의 공간이 아니라, 이웃과 자연, 그리고 도시 전체의 풍경을 풍요롭게 하는 소중한 자산이다. 누구나 쉽게 접근할 수 있고, 서로의 정원을 감상하며 이야기를 나눌 수 있다면, 작은 공동체의 정서도 한층 더 깊어질 것이다.

우리는 정원을 통해 자연과 더 가까워지고, 환경 보호의 중요성도 자연스럽게 깨닫게 된다. 꽃이 피고 나무가 자라는 모습을 보는 것만으로도 마음이 편안해지고, 일상에 지친 마음이 치유되는 경험을 하게 된다. 정원은 '작은 자연의 세계'이자, '삶의 활력소'인 셈이다. 자연을 사랑하는 마음, 정성을 들여 가꾸는 손길, 그리고 그 결과로 피어나는 아름다움은 우리 모두에게 소중한 선물이다. 정원은 우리에게 삶의 소박하고도 깊은 의미를 일깨워 주는 곳이다. 누구나 마음속에 작은 정원을 품고, 그 정원을 가꾸며 살아간다면, 세상은 더욱 아름답고 푸른 곳이 될 것임을 믿는다.

베란다의 화분들이 나를 보고 웃는다. 어느새 그곳은 넓은 마당의 아름다운 정원이 되어 내 발길을 사뿐하게 이끌고 있다.

설악국제트레킹페스티벌에 참가하며

박대식
2021. 4. 천료

　부푼 가슴을 안고 떠오르는 초록빛 영상을 만들고, 자유로운 자연의 오묘한 매력에 빠져들었다. 쪽빛 여울이 지는 설악의 골짜기는 어린 천사가 꿈에서 깨어난 듯 때묻지 않은 세상이 펼쳐지고, 상념에 잠긴 듯 신비한 매력을 감추고 있다. 이것이 설악산의 아름다움이 매력으로 이끄는 길목인데, 하얀 구름에 가려 일부만 보였다.

　싱그러운 아침 이슬이 맺힌 소공원은 대회 참가자들로 북새통을 이뤘다. 접수를 마치고 발걸음을 옮긴다. 설악산은 영롱한 하늘의 하얀 구름이 둥실 떠다니며 산허리를 가로질러 펼쳐진다. 설악산 소공원은 외국인 관광객들과 국내 여행객들이 자연의 신비를 느끼기 위해 분주한 분위기였다. 녹음이 짙어 오솔길은 키 큰 나무가 그늘을 만들어 놓았다. 시원한 바람이 일렁이는 물결을 경쾌하게 내딛는 발걸음이 가벼워진다.

　내가 신청한 종목은 설악산 천불동계곡 상단에 있는 천당폭포를 왕복하는 구간이다. 즉, 20km 코스다. 천불의 부처님이 있다는 천불동 계곡은 설악산의 백미라 할 정도로 아름다움을 간직한 곳이다. 소공원에서 비선대까지는 평탄하고 녹음이 짙은 오솔길을 사색하며 시간을 보냈다. 비선대를 바라보니 몇 팀이 바위에 매달려 있다. 도전이라는 목표를 가지고 비선대에 이어 오르는 암벽을 타며 매력과 시간의 숨결을 느낄 수 있었다.

나도 한때는 암벽 장비를 갖추고 적벽과 삼형제길을 거쳐 장군봉까지 오르며 짜릿하게 몸과 마음을 집중해서 오른 적이 몇 번 있었다. 한 번은 앞서가는 팀들 때문에 캄캄한 밤에 하강하며 오싹해지는 경험을 했다. 하강은 60m 줄 하나로 하는 것이 아니라 중간에 줄을 더 걸어서 내리기 때문에 위험한 순간을 떠올린다. 그래도 무사히 늦은 시간에 내려왔을 때 희열감은 어느 것에도 못지않은 순간이었다.

같이 동행하는 일행과 빠른 속도로 단숨에 비선대를 통과했다. 다들 의욕이 넘쳐 천불동계곡을 들어서는 데 무난히 발걸음을 내디디며 말했다. 매우 컨디션이 좋아서 진행이 순조롭다. 시원한 계곡을 옆에 두고 녹음이 짙은 오솔길을 걸으며 사색하는 시간을 가졌다.

소리 내어 달리는 물소리에 피곤함을 모르고 깊은 골짜기로 들어섰다. 앞에 웅장한 바위를 바라보는 전망대에서 휴식을 취하고, 오늘의 페스티벌을 즐거움에 상기된 얼굴로 즐겼다. 다시 걸음을 옮겨 귀면암 휴게소에서 중간 스탬프를 찍었다. 귀신의 형상을 한 커다란 바위는 수직으로 올려다봐야 볼 수 있다. 다시 내려가 더욱 깊은 골짜기로 들어서니 수많은 기암괴석의 기묘한 형태의 바위들이 연이어 보였다.

당초에는 10km 코스인 귀면암까지 신청했지만, 충분히 더 긴 코스가 가능하다는 판단에 오르게 되었다. 천불동계곡의 가장 아름답다는 오련폭포에 도착하니 처음 와 본 일행은 탄성을 지르며 감탄했다. 계곡의 아름다움이 이렇게까지 보이는 것 자체가 최고의 가치였다. 다함께 양폭산장 데크에 앉아 김밥으로 허기를 달래고, 양폭을 지나 바로 있는 천당폭포에 도착했다. 일행은 오늘 여기까지 잘 왔다는 목표 달성에 만족스러워했다. 즉, 누구나 도전하고 실행에 옮기면 만족감을 높일 수 있다. 다시 내려가는 길은 가볍고 경쾌했다. 무언가 해냈다는 만족에 대한 의미를 부여하고 있었다. 다시 내려가는 길목에 싱그러움이 묻어나는, 그대로의 삶이 아닐까 한다. 그리고 어떤 변화의 테두리 안에서 헤어나오지 못하고 있는 현실은 안타깝다. 스스로 다가가면 친해질 수 있는 아름다운 감정은, 무언가를 시도하려는 필요성을 느끼지 못하고 있다.

자연, 산과 나무, 그리고 바람과 비와 눈이 내리면 무한한 공간에 나에게 건강과 즐거움을 준다. 그래서 동해의 푸른 바다와 산과 호수는 정신과 육체를 위해 아름답게 피는 꽃과 같은 행동으로 이어지고 있었다. 나만의 사색과 함께 깃들어 합창으로 답하는 것은 인간도 행동함으로써 만족에 바탕을 두고 있다.

푸른 하늘이 열리고 있음에 오늘의 일상은 그리움으로 가득 채우고 있었다. 내가 원하는 처방은 약이 아니라 자연이 만든 공기와 순수한 마음가짐이 더 중요하다. 세상은 혼자가 아니라 비움으로써 채워진다는 이치를 깨닫는다.

스스로의 고통과 괴로움을 벗어나야 더 좋은 생각이 드러나는 것이 행복이라고 생각하니 마음이 편하다. 피곤이 밀려오고, 그 상태에서 하루의 일상을 마치고 누워서 철썩이는 파도 소리에 잠이 들었다. 그리고 창문을 활짝 열어젖힌 채 잠들었던 것이다. 몸이 오싹해지는 느낌이 들어 눈을 떠 보니 아무것도 덮지 않은 채 잠을 자고 있었다. 그만큼 매우 피곤했다. 다시 이불을 덮고 잠이 들었다. 자정이 넘었다. 즐거운 축제에 참가하고 나니 내 마음이 꿈틀거렸고, 시 같은 하루였다.

제비꽃

전명주
2021. 4. 천료

제비꽃들이 사라져버렸다. 이맘때면 항상 가득 피어 집 앞 도로를 지키던 녀석들이 하루아침에 없어져 버린 것이다. 내가 시기를 착각해 아직 만나지 못하는 것인지, 조경을 담당한 사람의 마음이 변해 다른 꽃들로 채워질 것인지 모르겠다. 분명 제비꽃이 있어야 할 자리만 덩그러니 남아있다. 며칠 후 누군가가 그 빈자리에 메모를 남겨 고정해 두었다. "제비꽃 파가신 분 잘 키우세요. 그리고 다음엔 가져가지 마세요." 조금 더 관심 있게 본 사람들은 아마 그것이 누군가 일부러 캐내 가져가 버린 것임을 알았나 보다. 서운하고 괘씸한 것을 곱게도 경고해 놓았다. 노란 개나리, 진분홍빛의 진달래가 피고 지는 동안, 벚꽃이 하얗게 날리는 동안, 낮은 곳에서 우아하게 보라색을 뽐내던 것들을 오가며 바라보면 꽤 흐뭇했는데 당분간은 못 볼 것 같다. 꽃을 가져간 사람은 도대체가 무슨 생각이었을까. 매력적인 보랏빛의 유혹이 참기 힘들어 집으로 기어이 데려가고 싶었을까? 눈뜨는 아침마다 작고 예쁜 것들이 오직 자신만을 맞아 주기 바란 걸까? 행여라도 매연과 소음, 사람들의 귀찮은 관심에서 구해주고 싶었다 변명할까. 거리에 있는 동안 모두가 함께 바라보고 좋아한 만큼 제비꽃들도 즐겁지 않았을까?

며칠 후 비워졌던 자리엔 채송화가 심겨져 있었다. 알록달록 채송화도 충분히 아름답지만 이미 수없이 눈길을 보냈던 제비꽃이 사라진 자리에 다른 꽃은 못내 아쉽다.

아름답기에 갖고 싶지만 아름다운 채로 놓아두고만 싶기도 하다. 내 것이어도 좋지만 아니라 해도 향기와 색은 변하지 않는다. 아름다운 것은 오롯이 내 것으로 바라봐도, 멀찍이서 마음에만 품어도 부족함이 없다. 아니, 어느 쪽이든 모자란 것 같다.

봄과 여름 사이에 머물던 그 꽃은 자신을 굽어보던 한 사람을 기억할까. 제비꽃 피어나는 때야 몇 번이고 오겠지만 기다릴 것 없는 계절의 틈은 길기만 하다. 이미 마주쳐 버린 것은 돌아선다고 잊히지 않는다. 그립다 못해 미워진다 해도.

사랑할 수밖에 없어 사랑하게 된다는 건, 아낌없이 다 주어 밑동만 남은 나무처럼 단순하게 주저 없이 사랑한다는 건, 그저 그렇게라도 누군가에겐 전부이고 싶은 간절함이란 건. 어쨌거나 당신 때문에 세상이 흔들렸고, 어쩌면 당신 때문에 알 수도 있을 것 같다. 보랏빛처럼 붉으면서 푸른 것, 그토록 따뜻하고 서늘한 무엇. 어디에 피어도 좋을 제비꽃 같은 것. 사랑보단 영원.

그리고 닭이 울었다

이병원
2021. 4. 천료

부엌 수납장 청소를 하는 데 주머니 하나가 툭 떨어졌다. 집어 보니 30여 년 전 작고하신 시어머니(이하 어머니)의 품이 든 물건이었다. 오호라. 이 물건은 바로 육수를 낼 때 멸치나 다시마조각 등을 넣어 끓이는 주머니렷다!

어느 해인가, 어머니는 삼베천으로 육수 주머니를 몇 개 만드셨던 기억이 가물거렸다. 그동안 다 쓴 줄 알았는데, 어딘가 있다가 불쑥 튀어나온 것이다. 오래된 물건에게서 어머니를 뵌 듯 뭉클한 가슴이 느껴졌다. 꼼꼼한 손바느질이며 몇 겹의 실을 맵씨 있게 꼬아 만든 당김줄이며….

보이는 모든 것에서 그리운 어머니의 느낌, 생전 모습이 오롯이 느껴졌다. 마치 당신을 직접 뵌 듯 늘 웃으시던 환한 모습, 무슨 일이든 품어 주시던 다정한 가슴, 집안 내 무슨 일이 벌어지면, 나이 드신 줄도 잊으시고 먼저 나서시던 그 기백. 어머니는 무학이셨으나 옳고 그름이 명확하셨고, 세상 이치를 아시는 듯 지혜로우셨다. 그런 어머니를 보면서 나의 '지식'이 당신의 '지혜'보다 한참 멀었음을 느끼곤 했었다.

　이런 생각은 나만의 것이 아니어서, 동네 사람들에게 어머니는 '좋은 아주머니'라 불리셨다고 한다. '인천 주원'이란 곳에서 시집을 오셨던 터라, 처음엔 '주원 아주머니'였었는데, 시간이 흐르면서 차츰 '좋은 아주머니'로 불리게 되셨단다. 여기서 '좋은'이란 아마도 그들에게 '훌륭한' '현명한' '자애로운' 등등의 의미였을 것이다. 막내며느리인 나에게 비춰진 어머니의 모습은, 한마디로 '만사의 해결사이자 심리 상담가이자 살림살이 박사'셨다고나 할까.(물론 시집와서 들은 이야기가 더 많지만) 동네 아주머니들 사이에 생기는 갈등이나, 이로 인한 저잣거리의 큰 싸움조차도 어머니가 나서면 잘 풀렸다고 한다.

　여름철엔 감자 한 삼태기와 달챙이 숟가락을 내놓으면 사람들이 모여들어 감자를 까고 가마솥에 쪄 같이 먹으며 즐거워했었고, 겨울이면 시원한 동치미 국물과 찐 고구마로 동네 사랑방처럼 사람들이 모여 들었다고 한다.

　둘째와 아홉 살의 나이 차이가 진 고명딸이 태어났을 때 누구보다 기뻐하셨고, 방학을 제하곤 영 시간 낼 수 없던 교사 시절엔 그 어린 것을 도맡아 키워 주셨다. 어느 날인가 초등학교에 입학한 딸이 병아리 한 마리를 사왔다. 식구들은 곧 죽는다며 갖다 주라고 야단이었지만, 울고 있는 딸에게 어머니는 되려 "한 마리는 외로우니 한 마리 더 사오너라." 하셨다. 결국 아파트 12층 베란다에서 병아리 세 마리를 키우게 되었다. 친구들의 병아리가 하루 이틀 지내다 죽은 것과는 달리, 아이와 함께 온갖 정성을 들여 성체로 키워내셨다. 딸아이와 함께 주변 놀이터에서 가져온 모래와 푸성귀들을 잘게 썰어 왕겨와 비벼서 먹이를 만들어 먹이셨다. 결국 병아리들은 건강한 닭들로 키워졌고, 서울 강남의 아파트 한복판에서 매일 새벽 '꼬끼오' 하는 닭 울음소리를 듣게 하셨다. 애들 아빠의 우려와는 달리, 다행히도 동네에서 민원이 들어오진 않았다. 아마 신기하면서도 그 소리가 나쁘지 않았던 것 같다. 한편으론 빽빽한 베란다 앞에 작은 식물들조차 하루 종일 해의 이동 위치를 향해 옮겨 놓으시며 정성으로 돌보셨다. 단독 주택에 살 때는 집 주변에 흙만 보이면 아욱, 상추, 완두콩 등을 키우셨고 김장 때 사 온 미나리도 줄기를 자르고 버린 뿌리를 넓은 화반에 놓으면 금세 돋아난 새파란 싹이 자라며 겨울철 거실을 싱싱하게 꾸며 주었다. 때가 되면 무를 썰어 건조대에 일일이 널어 말리시곤 참기름을 넣은 무말랭이 반찬을 만들어 온 가족이 밥도둑이 되게 만드셨다. 학교 일로 늦을라치면 두부 몇 조각, 약간의 콩나물로 아이들이 최고로 생각하는, 얼큰한 김치 두부 콩나물국을 준비하셨다. 직장일로 고민하는 남편에게는 등을 두드리며 '다 잘 될 테니 조금 더 기다려보라.' 하셨고 사춘기 손자들에게는 '큰대감' '작은대감'으로 부르시며 다독이셨었다. 아이들도 대감으로 불러주는 할머니를 좋아했다. 어머니는 애들 생각에 귀 기울여 들어주셨으니 지금 생각해도 교사인 나보다도 더 교육적이셨던 것 같다. 내가 애들을 자꾸 재촉하면 어머니는 때가 있다고 성급하게 다그치지 말라고 말씀하셨다. 교육학자 비고스키의 ZPD(비계지대) 이론을 알리도 없으셨을 텐데 "너무 앞서가지 말고 아이보다 반 발짝만 앞서가라."는 말씀을 하시곤 하셨으니 놀랍다. 생전 당신 살림의 지혜를 작게 작게 알려주시고는, '살림하다 보면 내 말이 생각날 때가 있을 것이다.'고 하셨는데, 어머니만큼의 나이를 먹은, 진짜 할머니가 된 지금, 생활 중에 문득문득 어머니 생각이 들 때가 많아지는 요즘이다. 그 순간에 내 얼굴에 미소가 저절로 지어진다.

 일제강점기에 태어나셔서 6.25전쟁, 유신, 베트남전, 그리고 민주화에 이르기까지 그 시대의 신산스러움을 면치 못하셨으나, 담담히 살아내신 어머니, 시간이 흐를수록, 그 나이에 가까워질수록 그리움이 가슴을 적신다. 물론 좀, 더, 잘 보살펴드릴 수도 있지 않았을까… 하는 씁쓸함도 함께.

멀리 가지 마

김정원
2021. 8. 천료

택배가 왔다. '주문한 것도 없는데….' 발신자를 보니 10년 전 한동네 살던 친구였다. 친구가 보낸 건 굽이 낮은 구수하게 생긴 편안한 신발이었다. 몇 년 전 친구와 함께 미국 여행을 갔었다. 쇼핑을 하다가 눈에 띄는 신발이 있었는데 재고가 하나밖에 없었다. 발 사이즈도 같고 취향도 같은 친구가 구입을 하면서 미안해했다. 신발을 보낸 거 보니 그때 미안한 마음을 고이 접어 한국까지 가지고 온 모양이다.

 어릴 때, 신발은 늘 한 치수 크게 사곤 했다. 아니, 내 의사와 상관없이 그렇게 사 주셨다. 새 신발은 좋았지만 너무 커서 끌고 다녀야 했고, 끌고 다닌다고 엄마의 잔소리를 들어야 했다. 신발이 발에 맞을 즈음엔 이미 뒤꿈치가 닳고 앞코가 해져 걸을 때마다 돌멩이가 들어왔다. 비라도 오는 날이면 빗물이 스며들었다. 결국 제대로 신어 보지도 못한 채 다시 신발을 사야 했다. 이 얼마나 비경제적인 행위인가? 하지만, 자고 나면 크는 아이의 발을 신발이 어떻게 맞출 수 있을까? 신발에 발을 맞출 수밖에 없었던 시절이었다. 그때 나는 아이들을 키우면 신발은 꼭 맞는 걸로 사 줘야겠다고 다짐했었다.

　어느 해, 겨울이었다. 교회를 가려고 차를 타면서 뒷좌석을 봤다. 큰딸은 부츠를, 작은딸은 여름 슬리퍼를 신고 있었다. 이 추운 날 여름 슬리퍼라니, 말도 안 되는 일이었다. 당장 바꿔 신고 오라고 했으나 아이는 싫다고 했다. 시간은 없었고 나는 언성을 높였다. 결국 차에서 내린 작은딸이 현관으로 들어갔다. 교회에 도착한 나는 깜짝 놀랐다. 작은딸이 슬리퍼를 신고 있는 게 아닌가? 조금 전 바꿔 신으러 간 아이는 어디로 간 걸까? 맞는 신발이 아니라 신고 싶은 신발을 신고 온 딸 아이는 편안하게 본당으로 올라갔다. 겨울에 여름 슬리퍼는 나를 무척 당황스럽게 했다.

　하나님이 아담과 하와를 에덴에서 내쫓으실 때, 가죽옷은 입히셨지만 신발을 주셨다는 말은 없다. 가죽옷은 주셨는데 왜? 신발은 안 주셨는지, 난 이 부분이 궁금했다. 어느 날 큰딸에게 물었다. "왜? 하나님이 신발은 안 주셨을까?" "엄마, 그건 멀리 가지 말라는 뜻이었을지도 몰라. 문밖에 벌을 서는 아이에게 신발을 주지 않는 것도 멀리 가지 말고 여기 있으라는 뜻이잖아. 하나님은 우리를 미워하셔서가 아니라 곁에 두고 싶은 마음이 더 크셔서 그러셨던 것 같아." 유레카! 주위가 반짝이는 듯했다.

　기다리던 사람이 마음을 바꾸고 떠나버린 상황을 고무신 거꾸로 신는다는 표현을 한다. 그래서일까? 남녀 간 금기 선물 중 하나는 신발이다. 어쩌면 이것도 옛날이야기인지도 모르겠다. 신발 선물은 그 사람의 삶을 걷는 속도, 방향, 무게까지 살펴보며 함께 하겠다는 의미가 있다고 한다. 아끼는 사람의 발이 아프지 않기를 바라는 마음이 크다는 것이다. 신발은 마음을 전하는 선물로 어디를 가든 네가 가는 길을 응원하겠다는 메시지를 담고 있다고 하니 신발은 특별한 선물인 것이다.
  월요일 아침 출근길. 친구가 보내 준 편안하고 가벼운 신발을 신고 집을 나섰다. 안온한 공기가 스치며 내 보폭에 맞춰 등을 밀고 있었다. 집 밖을 나와 멀리 가더라도 그 발걸음이 아프지 않기를 바라는 친구의 마음이 전해졌다.

변명

이우재
2021. 8. 천료

야외 스케치가 있는 날이다. 나는 첫 경험이어서 무척 설레었다. 태양이 정수리에 있을 때쯤 섬에 도착했다. 일행은 각자 포인트를 찾아 벌판 이곳저곳을 헤매고 있었다. 섬이라고 했지만 두 눈에 가득 담길 정도로 작았다. 그곳 벌판 한가운데 커다란 나무 한 그루가 서 있었다. 사람들에게는 알려지지 않은 작은 섬이지만 이 나무 한 그루 때문에 사진사들에게 유명해진 곳이라고 했다. 야외 수업을 나온 8명의 학생들이 저마다의 스폿을 찾아 자리를 잡았고 나도 적당한 자리를 잡았다.

외진 섬이기도 하고 마을에는 가구 수가 많지 않았다. 여행객이 많은 곳이 아니라 주변에 가게나 외지인들을 위한 시설은 전혀 없어 보였다. 나는 제일 먼저 상가나 음식점을 찾았는데 어딜 봐도 가까이에 상점은 하나도 보이지 않았다. 난감했다. 준비해온 물이나 간식도 없었지만 특히 화장실이 없다는 점은 재난 상황 같은 느낌이었다.

모두들 화구를 펴고 사각 프레임 안에 넣을 풍경

을 탐색했다. 햇빛에 반사되어 벌판 끝은 지평선인지 수평선인지 구분이 되지 않았다. 풀숲을 가로지르는 좁은 길과 그 중간 나무 한 그루가 있었다. 날씨가 좋아 아주 멀리 몇 개의 산등성이도 캔버스에 담을 수 있었다. 구름이 걸려있어 하늘이라 확신할 수 있는 짙푸른 하늘은 처음 야외 스케치를 나온 초보 미술가에게는 풍경화를 그리기에 아주 적당했다.

 풍경을 프레임 속에 담으면서도 나는 계속해서 화장실이 마음에 걸렸다. 몇 시간을 여기에 머물러야 하는데 여자 혼자인 나로서는 어찌해야 할지 난감하기만 했다. 나는 선생님에게 여기 화장실이 어디 있을까요? 라고 물었더니 선생님은 "글쎄요 한 번도 여기 와서 화장실을 다녔던 적이 없습니다. 이곳 아무 곳에서나 볼일을 보았습니다."라는 짚신벌레 같은 소리를 하고 있었다. 그러면서 적당한 풀숲에서 해결을 하라는 말을 하는 선생의 입이 여물을 씹는 소처럼 뱅글뱅글 돌아가고 있었다.

 기가 막힌 나는 선생님에게 어떻게 학생들을 데리고 다니면서 주변 시설을 확인 안 하고 다닐 수가 있냐고 말했다. 기본적인 생활을 처리할 수 있는 것 정도는 알고 학생들을 이끌어야 되는 거 아니냐고, 그건 장소를 탐색해서 이끄는 사람의 기본적 상식 아니냐고 물었다. 선생은 어이없다는 표정으로 "여러 번 학생들을 데리고 이곳에 왔지만 한 번도 여기서 불편을 느껴본 적이 없어서 지금 하는 말이 이해가 안 됩니다."라며 되레 언짢아했다. 이게 말인지 막걸린지 원! 남의 마을에 와서 아무 곳에서나 생리현상을 처리했다는 그 자체도 경악스럽지만 이건 이곳에 사는 사람들에 대한 예의는 아닌 것 아닌가!

 대충의 스케치를 끝내고 나는 차를 끌고 동네를 빠져나왔다. 옆 마을에 허름한 구멍가게를 발견하고 주인에게 물으니 이곳은 외지인들을 위한 시설이 전혀 없다는 말을 했다. 나는 가게에서 이것저것 간식거리를 사면서 죄송하지만 화장실을 한 번 사용하기를 부탁하고 생리현상을 해결하고 돌아왔다. 그사이 다른 사람들은 기본 스케치가 끝나고 채색에 들어갔고 나는 기분이 영 편치 않아 채색은 돌아가서 하겠노라 말하고 철수를 했다.

며칠 후 선생님에게 전화가 왔다. 아무래도 내게는 그림을 가르칠 수 없겠노라는 말을 한다. 전화기 너머 들려오는 선생의 입모양이 뱅글뱅글 여물을 씹고 있는 것 같았다. 자기가 예술가라 그런지 나같이 민감한 사람한테 마음을 편하게 대하기 어렵다고 했다. 기본적인 걸 체크 안 했다고 따졌다는 게 아무리 생각해도 자기로서는 받아들이기 힘들다는 이해하기 힘든 말을 하고 있었다. 그래서 "선생님이 예술가면 저도 예술가 맞습니다. 모든 예술가가 그런 사고를 하지는 않습니다."라고 했더니 어쨌든 자기에게 잘못했다고 하는 사람을 가르치고 싶지 않다는 대답만 돌아왔다.

예술가들의 성격을 조금 삐딱하거나 예민하거나 신경질적이라는 선입견을 가지고 그 사람을 판단하는 경향이 없지 않다. 남다른 감수성을 가지고 있기에 예술을 할 수 있는 거라 생각한다. 하지만 기본적인 걸 판단하지 못하는 건 아니라고 생각한다. 본인이 예술가라 제자에게 잘못했다는 지적을 받은 게 기분이 나빠서 가르칠 수 없다는 미성숙한 변명은 비겁하다. 지성인으로 또 타인을 가르치는 선생으로 같은 예술가들을 편견 속으로 끌고 들어가는 행위는 더 비겁하다. 단세포 생물 같은 변명보다 차라리 아무리 가르쳐도 자질이 없다거나, 선생보다 나이가 많아서 자기가 감당하기 어렵다는 변명을 댔다면 덜 실망스러웠을 것 같았다.

오래 배운 건 아니라 사람을 잘 알아갈 수 있는 시간이 서로 부족했다. 어떻건 간에 재능은 출중해 보였고 배우면서 만족하고 있던 터라 조금 아쉽기는 했지만 사람과의 관계가 어찌 재능만 가지고 이루어질 수 있단 말인가. 화실에서 선생한테 쫓겨나고 나의 예술 세계는 오랜 시간 방황을 하며 지냈다. 나도 같은 예술가의 감성을 가지고 있지만 편견에 동승하는 사람이 되고 싶지는 않다.

섣부른 판단

곽영주
2021. 9. 천료

　몇 년 전, 제법 쌀쌀한 가을날 아파트 근처에서 볼일을 마치고 아파트 입구로 들어서는데 누군가 뒤에서 "새댁, 새댁." 부른다. 근처에 아무도 눈에 띄는 사람이 없어 뒤를 돌아보니, 키가 몹시 작고 왜소한 할머니가 나를 향해 손짓을 한다. '할머니이시고 뭐, 눈도 안 좋으시겠지 새댁의 의미를 모르시진 않으실 테고!' 호칭에 대해서는 할머니에게 바르게 정정할 이유는 없는 것 같았다. 보시고 '아닌데!' 느끼실 테니!

　할머니는 아파트에 폐지 쌓아 두는 곳이 있느냐고 물으셨다. "아니요, 없는데요." 그러자 낭패를 보신 듯 지친 모습이 역력해 보였다. 아마도 할머니는 폐지를 모아 생활하시는 분이지 싶었다. 걷기도 힘들어 보이는 분이 숱도 없는 머리를 쪽을 지어 더더욱 초라하고 초췌해 보였다. 우선 좀 쉬셔야 할 것 같아 도로에서 벗어난 한적한 길에 내 집 안방처럼 앉으시라 권했다. 그랬더니 바로 앉으셨다. 나도 할머니 왼편에 붙어 앉았다. 앉으신 모습이 더 작아 보었다. '끼니도 못 챙기시나, 아니면 입맛을 잃으셨나.' 갖가지 생각 중에 손이 바지 주머니로 향했다. 따듯한 음식을 사 드리고 싶은 마음에 손이 눈인 양 얼마가 있나 파악에 나섰다.

내 짐작에 할머니 연세가 팔십 네댓은 족히 돼 보이시는데, 그 연세에 노동을 하지 않으면 안 되는 절실함이 보여 쌀쌀한 가을 날씨가 더 춥게 느껴졌다.

"할머니, 식사는 하셨어요?"
"할머니, 연세가 어떻게 되세요?"
"할머니, 누구랑 사세요?"
"할머니, 댁은 어디예요?"

꼭, 이 할머니를 만나면 질문해야지, 목록을 만들어 놓은 것 같이 내 질문이 쏟아졌다. 희한하게도 할머니 또한 내가 물으면 미리 답을 준비해 놓은 듯 술술 대답하셨다. 그 대답은 아주 쉽고 간결했다. 나 같으면 대답 전에 전후좌우 약간의 부연 설명을 달았을 텐데, 전혀 구구절절함은 없었다. 아마도 만성적인 어려운 삶에 순응하시는 익숙함이 아닐까? 그 덤덤함이 더 애처로웠다.

할머니는 오전 중에 이 아파트, 저 아파트를 도신단다. 조금이라도 폐지를 얻을 수 있으면 힘이 나는데, 오늘같이 허탕을 치면 새 아파트를 찾아 나선단다. 연로한 몸으로 도전을 감행하시는 용기가 대단하셨다. 아침은 누룽지를 끓여 요기를 하고 나오신단다. 다행히 아들과 함께 사신다니, 독거노인이 아니라서 안도했다. 혹시나 칩거하는 아들인가 싶어서 예상 질문에는 없는 돌발 질문까지 속출했다. 아들은 타일공이라 한다. 이즈음, 내 짐작이 할머니의 대답에 앞서기까지 한다. 아들의 일이 전문 직종이니 수입도 적지 않을 텐데, 폐지 수거는 할머니가 소일거리로 하시는 게 아닐까 하는 생각이 드는 것이었다. 천만다행이다 싶고 한결 여유가 생겼다.

그렇다면, 아들의 나이가 몇 살일까, 결혼은 했을까? 내 질문은 계획된 듯 가차 없이 던져지고 있었다.

"아드님은 몇 살이에요?" 마흔일곱이란다.

"결혼은 했나요?" 아니란다.

할머니 대답을 두고 볼 때, 이쯤 되면 '나이는 먹고, 결혼도 안 하고 속상해' 등등 속 꽤나 썩어서 푸념이 나올 법도 한데, 할머니의 답변은 아주 이성적이고 요동 없이 평이하셨다. 때문에 더 이상의 할머니가 처한 상황 파악이 어려워 자꾸 부속 질문으로 끝이 없어지고 있었다. '내가 왜 이러지, 안다고 해서 해결을 해 드릴 수도 없는데 말이지.'

아들이 속을 썩이는지, 결혼은 관심이 있는지, 나에게는 문제지가 서른세 개나 더 남아 있었다. 하지만 할머니의 프라이버시 차원에서 아드님 문제는 접고, 주관식 큰 문제 하나를 더 드리고 보내드려야겠다 마음먹었다.

"할머니, 그럼 생활은 어떻게 하세요?"

"도지(세)* 받고 살제!"

마지막 문제라고 드렸던 질문에, 내 어쭙잖은 짐작과 판단과는 전혀 상반된 말씀의 답을 주시니, 깜짝 놀라 안 여쭤볼 수 없는 '진짜 마지막 문제'를 더 드릴 수밖에 없었다.

"아파트에 세를 들여 같이 사세요?"

"다가구 주택 세 개가 있구마."

이 소리가 할머니 귀에 들렸으려나, '헉'과 동시에 얼마가 있는지 셈을 하느라 정신없던 손이 급히 튀어나와 내 입을 막았다.

하마터면, '할머니 맛있는 점심 사 주세요.' 너끈히 얻어먹고도 남을 할머니의 재력이지 않나!

'오늘 공치신 비용을 드릴 테니 따듯한 곰탕 한 그릇 사 드시고 들어가세요.'라고 드렸어야 할 말은, 이 동네 최고 오지랖에 주책바가지

313

아줌마의 말문을 가로막고 말았다.

하지만, 할머니께 인사하고 돌아오는 길은 발걸음이 몹시 가벼웠다.

*부모님이 경상도 분들이시고 특히 모친이 대구가 고향이라서 방언이나 대구 특유의 언어를 알고 있었던 터라 '도지'라고 하시는 말씀을 바로 알아들을 수 있었다.

다, 좋아질 거야

김동희
2021. 12. 천료

그대는 하늘을 닮았다. 오늘따라 내 마음, 한없이 넓은 그의 어깨에 기대고 싶다. 그대인 바다는 내 영혼의 안식처요, 사랑의 샘터다. 내 정서의 요람이기도 하다. 파도는 온통 화가 나 있어도 혼자서 삭이고 있다. 화내지도 짜증도 없이 하얀 거품을 갈기며 부서지고 만다.

파도는 그래도 반갑다고 우르르 달려온다. 하얗게 괴로움을 토하다가 무장 무장 걸어온다. 내 아픔을 바다는 '쏴-아' 하며 쓸어간다. 어지러운 나의 마음을 파도가 데려가고 안정을 찾는다. 바다는 그냥 그 모습 그대로가 너무 좋아, 바라만 봐도 좋았던 그 사람 같다. 저 스스로 아름답기에 나는 그저 닮고 싶어진다. 영혼의 반려가 된다.

사람의 준말이 '삶'이다. 가장 아픈 상처도 사람이 남기고, 가장 큰 기쁨도 사람으로부터, 오는 것 아닌가. 인생의 파고가 나를 위협하는 것 같은 울적한 날엔 더욱, 그대가 그립다. '세네카'는 말하였다.

'가난하다는 것은 너무 적게 가진 사람을 두고 하

는 말이 아니라 더 많은 것을 바라는 사람을 두고 하는 말이다.' 많은 것을 다 가지려 하지 말라고, 바다는 일깨워 주고 있다. 어려움도 겪어 봐야 모든 일에 감사하며 살게 되는가 보다. 내 모든 근심일랑 저 파도에 실려 보내고 있다. 그대는 정신없이 살아가는 일상 속 쉼표 하나다. 마음이 한결 가벼워진다. 영혼이 맑아진다.

멀리서 오래된 추억이 파도와 함께 달려온다. 내가 초등학교 때 청간정이 가까운 천진이라는 바다 마을에 살던 때가 있었다. 바닷가에 있는 허름한 관사에서 살았다. 어린 시절 정든 곳이기에 잊히지 않는 수채화 같다. 어느 때는 해변에 미역과 다시마가 넘실대었다. 해일에 밀려온 미역으로 동네 사람들은 파도와 숨바꼭질하였다. 파도가 쏴-하고 밀려왔다, 스르르 빠지면 모래밭은 싱싱한 미역밭이었다. 어머니와 난 가꾸지 않고 거두는 일꾼이 된다.

정신 모르고 달리기하는 모래벌판은 재미있는 놀이터였다. 다시 덮쳐오는 바닷물에 난 바지를 적시고야 만다. 어릴 때 가난하고 힘들었던 생활도 추억해 보면 이슬같이 반짝이는 아름다움이 있다.

주로 바닷일을 하는 이웃들은 우렁각시다. 새벽 일찍 일하고 돌아가는 길에 상품이 되지 않는 작은 생선들을 한 바구니 주고 간다. 가장 부유한 사람은 가슴이 넉넉하고 함께 살아가는 방법을 아는 사람이 아닐까. 형편이 넉넉하지 않은 사람들이지만 마음만은 항상 그이를 닮아 있다. 바다는 어부의 희망이다. 사람들은 온몸으로 바다와 부딪친 나날들로 후회 없이 살고 있다. 좋은 만남은 많은 세월이 흘러도 오래도록 가슴에 남는다.

어머니는 천진에서 살았던 때가 가장 사람답게 산 것 같았다고 늘 말씀하셨다. 삶의 가장 바람직한 모습은 자연 속의 한 점으로 숨 쉬고 살아가는 일이다. 어머니의 젊은 날은 애절하게 예쁜 단풍잎 한 장 남기고 떠나가셨다. 세월이 쌓여도 어린 시절 추억은 그 흔적마다 선홍

색으로 빛난다. 그리움은 좋았던 기억으로 잊고 싶지 않은 마음속 사진이 아닐까?

　아버지의 근무지가 옮겨질 때마다 새로운 곳에서 친구들을 사귀어야 한다. 때로는 적응하느라 힘들기도 했지만 지나고 보면 정겨운 추억의 보고이다. 인생길의 향기가 된다. 유행가 가사 한 자락에도 마음을 끌어당기고 공감할 때가 있다. 무심히 펼쳐 든 책에서, 때론 진솔한 다큐프로에서도 마음에 큰 울림으로 남을 때가 있지 않은가.

　우아한 백합이나 튤립, 히아신스 진달래 등은 저온을 거쳐야만 꽃이 실하게 핀다. 춘화 현상을 겪는 자연의 섭리다. 우리 인간에 있어서도 아픔 없이 가는 인생이 있는가. 때로는 내, 자신이 바람의 방향을 잘못 탄 거미 같다고 느낄 때가 있다.

　인간도 자연의 일부분이다. 자연은 어떤 특정인을 위해서는 자신의 법칙을 바꾸지 않는다. 누구에게나 공평하게 보이지 않는 신의 한 부분이 된다. 우리도 어려움을 겪어야만 실한 꽃을 피우며 행복의 의미도 알게 될 것이다.

　하늘과 닮은 그이 곁에 와 삶의 의미를 새겨 본다. 바다는 언제나 나의 큰 스승이다. 넉넉한 품을 내어준다. 고개 끄덕이며 가르침을 음미하게 된다. 나의 그대인 바다는 내 영혼의 안식처며 내 정서의 요람 아닌가. 그이가 고조 곤히 말을 건네온다.

　"다, 좋아질 거라고."

후손을 향해 쏘아 올린 축복의 화살(용서)

이미숙
2022. 3. 천료

몇 년 전 처음 자서전을 쓸 때 남편과 시누이들의 경제적 습관에 아주 못마땅해 있었고, 시누들을 원망하는 마음을 토로했었다. 원망스러움과 미워함으로 시누들을 용서하지 못했다. 그저 가슴에 쌓아두며 참고 지냈다. 자꾸 지난날을 떠올리며 마음에 상처를 내고 스트레스로 힘들었다. 그러다 자서전을 쓰면서 속마음을 털어놓았다. 후련함이 있긴 했지만, 감정적인 상처와 억울함이 너무 컸기 때문에 글을 쓰면서 시간이 흐르더라도 용서되지 않으리라 생각했다.

결혼 초 내가 네 명의 아이들 교육비와 생활비로 무척 힘들었을 때, 시누들은 모두 서울에서 부모에게 물려받은 넓은 집에서 씀씀이도 크게 여유롭게 살았었다. 그런데도 사업자금이 필요하다거나 생활비가 부족하다고 시댁에서 돈을 빌려 가 갚지 않고, 나중에는 나 모르게 장남인 남편에게서 가져갔다. 역시 갚지 않았다. 시누 셋이 모두 그랬다. 나는 아이들 공부를 직접 가르치고, 공부방을 운영하며 생활비를 보탰다. 나는 아끼느라 내 아이들을 위해 쓰지 못해도 시누들이 쓸 돈은 남편이 대출받아 주었다. 그게 너무 억울했었다.

그런데 시아버지가 돌아가신 후 재산을 상속받은 시누들이 이제는 가져가지 않는다. 시누들도 아이들이 다 대학을 마치고 이제는 돈을 번다. 우리 아이들도 다 졸업하고 취업까지 하여 돈 쓸 일이 줄었다. 퇴직한 남편도 새롭게 대학에서 일하고 있고, 나도 내가 쓸 정도의 용돈은 벌고 있다. 게다가 요즘은 나를 위한 것들도 하고, 내가 하고 싶은 일도 한다. 지난해부터 인생나눔교실(문체부와 문화예술위원회의 사업)에 참여하면서 함께 사는 공동체를 이해하며, 나눔 활동으로 내 삶을 돌아볼 수 있는 여유가 생겼다. 사람들과 공감하고 내가 가진 재능을 나눔으로써 나 자신의 가치를 실현하며 나는 지금도 마음의 살을 찌우며 한 발 한 발 성장하고 있다.

며칠 전 자서전을 다시 읽어보고 깜짝 놀랐다. 부끄럽기까지 했다. 내가 옹졸했다는 생각마저 들었다. 시간이 약이듯 긴 시간이 흘러 잊었을까? 마음에 어떤 거리낌도 남은 게 없었다. 나는 지금 편안하다. 그 어느 때보다도 마음이 흐린 구석 하나 없이 맑고 평화롭다. 내가 용서를 한 것일까?

『인디언의 선물』이라는 실화를 바탕으로 한 그림책이 떠올랐다. 인디언 촉토족은 1930년대 미국 남동부 지역에 살고 있었다. 아메리카 땅을 점령한 유럽군들이 촉토족의 땅을 빼앗고 그들을 쫓아냈다. '인디언 거주지'로 옮기기 위해 한겨울에 800km를 행군하느라 많은 촉토족들이 얼어 죽고, 굶어 죽었다. 그들은 절망과 죽음의 그 행군을 '머나먼 행군', '죽음의 행군'이라 불렀다. 그런데 촉토족은 자신들을 죽음으로 내몬 유럽인들이 기근과 전염병으로 죽어가고 있을 때 그들을 도왔다. 유럽인을 원망하던 어린 소년은 형을 빼앗아 간 그들을 돕는 어른들의 마음을 이해하지 못했다. 그런 소년을 향해 인디언 말로 '탈리호요(바위 여자라는 뜻의 이름)'라는, 바위처럼 강하고 흔들림 없이 떡 버티고 있는, 마을의 어른인 할머니는 이렇게 말했다. "지금도 어둠 속에서 죽은 사람들이 떠오른다. 유럽인들이 촉토족의 고난의 행군 때와 같은 고통을 겪고 있음을 안다. 그 고통을 겪었던 우리는 지금 그들에게 도움을 줄 수 있다. 그 도움은 시간을 꿰뚫어 쏘는 화살로 후손들에게 축복의 화살로 내려앉을 것이다."라고…

 용서는 아무나 할 수 없다. 용서는 그냥 생겨나는 것이 아니기 때문이다. 용서는 어려움을 견디어 낸, 힘든 시간을 이겨내고 자신의 삶 한가운데 우뚝 선 그런 용기 있는 사람만이 할 수 있는 것이다. 비바람에 흔들려도 꺾이지 않고 오래도록 그 자리를 지킨 나무처럼 자신의 삶을 성실하게 살아온 사람만이 비로소 상대를 용서할 수 있다.

 촉토족의 후손은 현재 미국 속에 흡수되어 잘 지내고 있다. 촉토족은 힘든 시간을 이겨내고 용서함으로써 함께 평화로운 세상을 바랐던 것이다. 아마도 저자 마리 루이스 피츠패트릭은 독자들이 복수라는 원망을 안고 사는 것보다, 용서함으로써 마음의 평화를 누리고, 사회의 평화를 바라지 않았을까? 아픈 기억을 되살리며 새롭게 생각하여 진정한 용기를 내어 누군가를 용서하고 도와줌으로써 자부심과 긍지로 자신의 삶이 풍요로워질 것이다. 촉토족의 용기에 존경심마저 들었다. 용기 내어 원수를 용서한 것이 후손에게 축복의 화살로 돌아올 것을 알았을까?

 억울함을 마음에 담아두면 가슴은 억울함에 눌려 마음을 해치게 된다. 고통스럽고 상처받은 일은 한때의 과거일 뿐인데 그 과거에 얽매여 있다면 나은 미래를 살 수 없다. 그래서 용서는 상대방의 마음과 함께 자신을 위해서라도 해야만 하는 것이다. 심리학자들은 용서를 과거의 상처로부터 자유로워지는 정신적 과정이라고 설명한다. 용서하지 못하면 부정적인 감정이 더 강화되어 심리적으로 고통받게 된다. 시간이 지날수록 과거의 상처에 얽매여 현재에 만족하지 못하고 행복을 느끼지 못하기 때문이다.

　아무리 억울하고 고통을 당했더라도 나 자신을 위해서 용서해야 할 것이다. 상처를 준 사람의 입장과 상황을 이해하고 용서함으로써 마음의 평화를 찾고, 자신의 삶을 더 행복하고 풍요롭게 하며 자존감을 높이고 정신적 성장을 이룰 수 있기 때문이다.

회자정리

최정옥
2022. 3. 천료

회자정리(會者定離), 만나면 언젠가는 헤어진다는 뜻이다. 인생의 무상함을 인간의 힘으로는 어찌할 수 없는 이별의 아쉬움을 일컫는 말이다. 불교경전인 『법화경(法華經)』에는 '만났던 사람은 헤어짐이 정해져 있고 가버린 사람은 반드시 돌아온다' 또 『열반경(涅盤經)』에는 '무릇 성하면 반드시 쇠퇴함이 있고 모임에는 이별이 있다'고 했다.

동생과 합가해서 육 년을 살았다. 나이 차이가 십 년 이상 되니까, 자매이지만 동생은 부모 대하듯 나는 자식 보살피듯 서로 의지하면서 잡음 없이 잘 지냈다. 동생은 직장에 매일 출근하기에 하루 한 끼 저녁 식사만 같이 했다. 주말에는 같이 등산도 하고 짧은 여행도 하면서 우리 자매는 친구처럼 스스럼없이 지냈다.

작년 사월에는 '코로나19' 전염병을 한날한시에 같이 앓았다. 아마도 동생이 직장에서 옮겨 왔을 것이다. 전염병을 앓는다는 것이 힘들지만 탓하지 않았다. 견뎌내야 하는 순서로 알았고 병을 앓아도 함께 한다는 것이 즐거웠다.

　혼자 팔 년을 살다가 적적해서 내가 동거하자고 제안했었다. 지금 생각하면 그때 대단한 용기였다. 먼저 동거하자고 손을 내민 쪽이 나였기에 혹시 의견 충돌이 나면 내 탓이라는 생각에 후회할까 봐 노심초사하며 지냈다. 유리그릇을 다루는 심정으로 조심조심하며 살았다. 자식도 함부로 대할 수 없는 세상인데 자매간이라니 때로는 만만치 않은 것이 사실이다.

　자식은 무촌이지만 형제자매끼리는 이촌이라는 촌수가 있는 것처럼 거리감이 들게 마련이다. 잘못이 보이더라도 바로잡기보다는 눈감아 버리는 쪽이 훨씬 쉬운 일이었다. 그녀 또한 언니집살이가 만만치 않았을 것이다. 불편을 참았을 것이라고 생각하면 안쓰럽다.

　분리수거하는 날에 내가 하는 것을 본 동네 친구는 동생을 시키지 언니가 하느냐고 참견을 한다. 동생을 보고는 왜 언니를 시키느냐고 핀잔을 준단다. 그래서인지 동생은 새벽에 분리수거부터하고 출근했다. 남들이 뭐라던 무슨 상관이냐고 낮에 내가 천천히 한다고 말려도 듣지 않았다. 동네 사람들의 지청구가 듣기 싫었을 게 뻔하다. 동생의 속을 다 헤아릴 수는 없지만 그녀도 언니와 함께 사는 것이 편하기만 했을까. 시집살이하는 기분이었지 싶다. 조카들한테도 눈치 보였을 것이다.

　한 달 전쯤이었다. 동생이 저녁에 목이 아프다기에 진통제를 줬더니 복용하고 잤다. 다음날 새벽에 직장에서 동생 옆자리 직원이 '코로나19'에 감염돼서 결근하니까 언니도 검사해 보고 양성이면 출근하지 말라는 연락을 받았다. 아침 일찍 약국에서 검사키트를 사다가 검사했더니 동생이 양성이어서 코로나19 이차감염을 앓게 됐다. 나는 다행히 음성이었다. 일주일 동안 동생은 자기 방에서 갇혀 지냈다.

　그렇게 치료한 지 꼭 일주일 되는 날이었다. 동생이 새벽 현관문을 열고 나가 복도 층계에서 굴러떨어졌다. 날이 밝은 후 정신을 차리고 보니 입술이 찢어졌다. 119구급차를 타고 종합병원 응급실로 가서 치료를 받았다. 여덟 바늘을 꿰맸다니 대단한 상처였다.

이 아파트에서 이십 년 살았지만 몇 계단을 내려가야 바로 아래층인 줄 모르고 지냈다. 이번에 살펴보니 계단이 여덟이다. 그곳에서 굴렀는데 입술만 찢어지고 머리나 뼈가 상하지 않은 것은 천만다행이었다. 깜깜한 새벽에 왜 현관문을 열고 복도로 나갔느냐고 물었더니 이유도 모르겠고 기억도 없다고 했다. 왜 그랬을까 하는 의문점이 계속 남아 있었다. 겉으로 난 상처는 점점 아물어 갔지만 마음의 불안은 가시질 않았다. 코로나19 후유증이 아닌가 짐작할 뿐이다. 그 일을 겪고 나니 흉사가 계속될까 봐 우리 자매는 하루하루를 불안에 떨면서 지냈다.

사고가 있은 후 한 달 정도 지났다. 어느 날 조카가 동생을 찾아왔다. 아들 하나인데 그동안 사정이 있어 헤어져 살았다. 이제는 다 해결이 됐으니 같이 합치자는 소식이었다. 매우 기쁜 일이었다. 이런 경사가 있으려고 황당한 사고를 당했었나 보다. 동생은 안심하면서 무척 기뻐했다. 나도 한숨 돌리게 되어 불안했던 마음이 사라졌다.

전화위복(轉禍爲福)이라는 단어가 언뜻 떠올랐다. 재앙이 바뀌어 오히려 복이 된다고 즉 흉사가 계기가 되어 좋은 일이 생긴다는 고사 성어이다. 동생은 이런 말을 했다.

"이번 일을 겪고 나니까 둘 중 누구든 한순간에 건강을 잃을 수 있겠어."

그리고 어느 한 사람이 병이 나면 한쪽에서는 간병을 해야 하는 처지가 된다는 생각이 들면서 덜컥 겁이 나더란다.

언니와 내가 이렇게 건강해서 행복할 때 헤어지는 것이 옳은 처사라고 생각했었단다. 나도 역시 현명한 판단이라는 생각이 들어 망설이지 않고 분가하기로 합의했다.

지나온 날들의 삶을 돌이켜 보면 후회할 일은 없다. 흐르는 물같이 막힘없이 잘 살았다. 조금씩 양보하고 배려하면서 지냈는데 이 모든 것이 다 인생살이 경험이었다. 그러나 헤어진다는 것은 우선 섭섭함이 앞선다. 그동안 순간순간 서운했던 사연들이 있었지만 헤어지는 마당에는 모든 것은 태워 버리고 사라지는 연기와 같다.

  지금 이 순간 사람은 만나면 헤어지게 마련이고 떠난 사람은 반드시 돌아온다. 회자정리 거자필반(會者定離 去者必返)이라는 문구가 눈앞에 어른거린다.

추락, 한 장면

김병기
2022. 4. 천료

그리스 신화, 추락하는 이카루스를 주제로 한 작품들이 많다. 잘 알려진 화가로 마티스, 샤갈, 피카소, 루벤스, 브뤼겔이 있다.

그 화가들이 살았던 시대, 장소, 문화의 차이로 이카루스를 표현하는 관점이 다르게 나타나는 일은 당연하다 하겠다. 하지만 작품에서 공통적으로 나타나는 것은 추락하는 장면이다.

추락, 높은 곳에서 떨어짐. 우리말로 곤두박질, 몸이 뒤집혀 갑자기 거꾸로 내리박히는 일. 달갑지 않은 낱말이고 비극을 불러오는 말이다.

멍에를 멘 튼실한 말을 왼손으로 채찍질하며 오른손에 쟁기를 잡고 밭을 가는 농부, 멋진 옷을 입고 말보다 더 커 보이는 이가 고개 숙여 밭을 보며 중앙에 있다. 바로 아래쪽에 양치기가 장대에 기대어 발을 꼬고 서서 왼쪽 하늘을 유심히 바라보고 있다. 오른쪽 아래 낚시꾼이 등지고 바다 방향으로 낚시질하고 있다. 삼각돛을 단 범선에는 두 명의 선원이 돛대 위에 올라가 있고 선원 한 명이 돛대에 돛을 펼치고 있다.

낚시꾼과 범선 사이, 손과 두 다리로 바다에 바동바동, 곤두박질하는 이카루스가 있다.

왼쪽 싱그러운 나무 아래쪽에 양떼들과 양치기 개, 하늘에는 새, 두 마리가 날고 낚시꾼 왼편 위 나뭇가지에 자고새가 앉아 있다.

바다를 사이에 두고 멀리 왼쪽에는 구름 낀 항구와 도시가 오른쪽에 산들이 있고 해는 오른쪽 수평선 아래로 뉘엿뉘엿 기울어 가며 저녁놀이 하늘에 물든다.

농부, 양치기, 낚시꾼, 선원 3명, 모두 자신에게 성실한 듯하다. 농부는 신중하게 땅을 보며 밭을 갈고 있다. 양치기는 웃고 있는 듯, 그가 바라보는 것은 무엇일까, 이카루스의 아버지, 다이달로스인가, 아니면 더 나은 세상을 꿈꾸고 있는가. 등을 보이고 오직 낚시에 골몰한 이, 세상을 등지고 바다만 바라보고 있는가, 그는 이카루스의 곤두박질을 아는가 모르는가. 범선에서 바쁘게 일하는 선원들, 그들이 범선의 출발을 준비하는데, 어디로 가는지 알고 있는가, 해는 기울어 가는데.

멀리 보이는 왼쪽 도시와 항구, 오른쪽 산, 현실 세계와 신들의 세계를 나타낸 것은 아닌지.

뉘엿뉘엿 기울어가는 해는 현실에서도 신화 속에서도 늘 존재하고 있음을 나타내고 있는지도.

화가가 내세운 주인공은 누구인가, 왜 그를 내세웠을까.

관객의 눈에 잘 띄는 가장 좋은 자리, 멋진 모습, 훌륭한 인물, 그가 누구인가, 농부다. 밭을 갈고 있다. 갈아 놓은 밭의 면적도 넓다. 굳건한 자세로 일하는 모습이다. 작품 인물 중 그 성실의 정도를 가늠한다면 농부가 으뜸이다. 어쩌면 영주의 모습을 지닌 듯하다. 옷이 고급스럽고 말을 앞세우고 일하는 이는 영주 아니겠는가. 화가는 농사를 준비하는 영주의 모습을 그림 앞에 내세운 게 아닌지.

제목 「추락하는 이카루스가 있는 풍경」이다. 신화 속의 이카루스, 낚시꾼과 범선 사이, 손과 두 다리로 바동바동, 바다에 곤두박질하고 있는, 얼굴도 보이지 않는 이가 주인공이라고?

피터 브뤼겔, 추락하는 이카루스가 있는 풍경 1558. 74cm x 1m 22cm

이 작품은 매우 사실적이다. 인물, 자연, 배경, 디테일이 뛰어난 묘사(왼쪽 바위 위에 말안장, 바다에 빠진 이카루스 위쪽 흩어지는 날개깃), 차분하고 밝은 색채로써 평화롭고 포근함을 느끼게 한다. 그 평화로움 속에 신화의 비극적 사건, 이카루스의 추락을 숨은 그림처럼 슬그머니 넣어두고 있다.

반전이 이 작품의 매력이라 할 수도 있을 것이다. 아들 이카루스의 추락을 보는 아버지 다이달로스, 아들을 도와주지 못하는 아버지의 마음, 아버지가 된 사람만이 알겠지.

농부, 양치기, 낚시꾼, 선원들, 일상 인물들의 생활 모습으로 삶의 중요함을 표현하고 신화 이카루스의 추락이라는 이야기로써 오만하지 마라, 균형을 유지하라는 교훈을, 현실에서 다른 이의 실패에 대해 사람들이 얼마나 무관심한가를 날카롭게 묘사했다는 평가도 있다.

 어떤 작품이든 보는 관객에 따라 다양하게 보일 수 있다. 관객이 주인으로서 작품을 보며 감상하는 것이다. 작품은 그 부문의 전문가에 따라 다양한 관점으로 평가되기도 한다. 호평이든 혹평이든 여러 관점 중 하나일 뿐, 이것이 정답이다, 또는 진실이다, 이렇게 말하기는 어려운 것이다. 참고 사항일 뿐.

 누구든지 자기 나름대로 훌륭하게 감상할 수도 있고 다른 이의 편향된 평가에 비판적일 수도 있다. 때로는 뜻하지 않은 실수로 착각하고 오해할 수도 있는 법이다. 사람 얼굴 모습이 제각각이듯 다양하게 바라볼 수 있는 것이다. 또 시대 흐름에 따라 문화 관점의 차이로 작가 의도와는 전혀 다르게 작품은 다양한 방식으로 감상될 수도 있고 평가되기도 하는 것이다. 작품의 주인은 작가가 아니라 관객이므로.

몽돌의 꿈

강일권
2022. 4. 천료

문득 달력을 쳐다보니 글피가 칠월칠석이다.

그날이 되면 언제나 선명하게 떠오르는 그림이 있다. 우리 집 앞의 몽돌밭과 밤하늘에 명멸하는 별들, 그중에서도 유독 반짝이는 견우성과 직녀성이다.

한여름 밤, 견우성과 직녀성을 바라보며 애련의 사랑 이야기를 반추할 수 있는 건 그곳에 몽돌밭이 있기 때문이다. 파도가 억겁의 세월 동안 한시도 쉬지 않고 조각한 작품들.

우리 동네는 몽돌밭에 세워진 마을이다. 임진란 당시 삼도수군통제영이 우리 섬에 들어섰을 때 수군들의 군복을 만들고, 몽돌밭에 옷을 말리던 곳이라 하여 이름이 옷바위(衣岩)다.

35호밖에 되지 않는 어촌이었지만, 가장 어촌다운 모양새를 갖추고 있었다. 절반의 집들은 선창 발꿈치에 옹기종기 모여 있고, 절반은 선창 발을 딛고 해변과 평형하게 일렬로 섰다. 가열(家列)은 열병식에 정렬한 군인들 같아, 동네 앞을 지나다니는 통통배 선장들은 사열관의 위엄을 한껏 즐겼다.

가열과 해안선의 간격은 조시(潮時)에 따라 달라지지만, 한사리에는 바닷물이 아래채 돌담까지 들어와 찰랑거리는 소리가 위채 마루 밑에서 들리는 듯했다.

집을 나서면 바로 몽돌 길이다. 마을 사람들은 길을 애초에 닦아 놓지 않았다. 사리 때 가열까지 밀고 들어온 파도는 몽돌 길을 헝클어 놓기 일쑤였고, 폭풍이라도 치고 나면 길은 흔적도 없이 사라졌기 때문이다. 다시 길의 모습을 갖추기까지는 오랜 시간 많은 사람이 오가며 몽돌을 다져야 했다.

우리 동네에서 나면 몽돌과 친해야 했다. 애들은 직립하고부터 몽돌 길 걷는 연습을 먼저 해야 했고, 어른들은 몽돌밭을 아무 흔들림 없이 걸어 다녀야, 커서는 맨발로 뛰어다녀야 옳은 섬 놈으로 쳐주었다.

몽돌밭은 어린 우리의 놀이터고, 수영장이 딸린 운동장이었다. 걷고, 달리고, 노는 것이 모두 몽돌밭에서 행해졌다. 해변에 늘어선 집들만 가진 보석이었다.

그렇다고 그 집들이 천혜만 보는 게 아니었다. 혹 태풍이라도 닥치면 몽돌 길은 말할 것도 없고, 해변 가열의 아래채 담은 무사하기 어려웠다. 때로는 물이 위채 큰방까지 달려들어 피난을 가야 할 지경에 이르기도 했다.

몽돌밭이 또한 항상 우리의 놀이마당이 되는 것도 아니었다. 때로는 전장이 되었다. 동무들과 싸움질이 벌어질 때면 몽돌이 곧바로 무기로 변했다. 부아를 심히 돋우고 달아나는 동무를 겨눈 작은 돌멩이는 투수가 던진 공처럼 정확히 날아갔다.

가끔 그런 일이 있긴 해도 몽돌밭은 역시 우리의 즐거운 놀이터였다. 가장 멋진 수혜는 한여름 밤에 주어졌다. 몽돌밭은 우리를 곧장 우주 정원으로 데려갔다.

편편하게 고른 몽돌밭에 거적때기를 깔고, 청명한 하늘을 우러르면,

찬연한 별들이 우리를 굽어보며 천천히 다가온다.

　북두칠성, 북극성, 데네브(Deneb), 직녀성(Vega), 그리고 견우성(Altair)이 그들이다.

　큰곰좌의 북두칠성은 7개의 별이 국자 모양을 하고 있어 곧바로 찾을 수 있다. 국자 끝의 두 별 거리를 다섯 배 정도 늘리면 거기에 북극성이 자리하고 있다.

　북극성, 데네브와 직녀성은 직각삼각형을 이루고, 또한 데네브, 직녀성과 견우성도 매한가지라 쉽게 찾을 수 있다. 견우성은 남성적인 황색이고, 직녀성은 여성적인 청백색으로 북반구에서 가장 아름다운 별이다.

　칠월칠석이 되면, 긴 은하수 양편에 있는 견우와 직녀가 만나는 모습을 보고자 매번 애태웠지만, 쉽지는 않았다. 구름과 비는 그들의 재회 장면을 시샘하듯 자주 가렸다. 그럴 때면 어느 시인의 시를 떠올린다.

> …
> 선 채로 기다리기엔 세월이 너무 길다.
> 그대 몇 번이고 감고 푼 실을
> 밤마다 그리움 수놓아 짠 베 다시 풀어야 했는가?
> 내가 먹인 암소는 몇 번이고 새끼를 쳤는데,
> 그대 짠 베는 몇 필이나 쌓였는가?
> …

　밤하늘을 우러르고 있으면, 별들이 움직였다.

　모든 별은 동쪽 하늘에서 서쪽 하늘로 빙빙 돌았으나, 오직 하나, 꿈쩍하지 않는 별이 있었다. 북극성, 비록 이등성이지만 그래서 별들의 왕이다.

　겨울은 하늘이 청명하여 여름보다 더 많은 별을 볼 수 있다. 겨울에는 전 하늘에서 가장 밝은 시리우스를 비롯해 일등성이 매우 많지만 오래 보는 사람은 드물다. 코끝을 스치는 차가운 냉기와 눈에 어리는 찬 서리를 견뎌내기 어렵기 때문이다.

나는 어릴 때 동무들과 몽돌밭에 누워 밤하늘의 별을 헤아리다가 잠들곤 했다.

몽돌밭에 편 거적때기는 꿈의 잠자리가 되었다. 우리는 몽돌 마루에 누워, 별들로 수놓은 하늘 이불을 덮었다.

파도가 몽돌과 자갈을 씻는 소리는 때로는 거칠고, 때로는 감미롭게 들렸다. 자갈 씻기는 소리와 지나가는 작은 배의 통통거리는 소리는 엄마의 자장가였다. 그 소리는 아직도 내 베갯머리에 스며있다.

언젠가 통영 충무교 근처 여관에서 잔 적이 있다. 한밤중에 깨어 뒤척거리며 잠을 설치고 있는데, 어디서 통통거리는 소리가 아득하게 들려왔다. 다리 밑으로 지나가는 작은 배의 발동기 소리였다. 창 너머로 희미하게 들려 오던 소리는 점점 또렷해지더니, 이윽고 점점 멀어져 갔다. 그러자 내 뒤척거림도 사그라졌다.

몽돌은 나를 재워주고, 일으켜 세워주고, 하늘의 별은 나를 꿈꾸게 해주었다.

내가 어릴 적 본 별은 나중에 보니 동주의 별이었고, 도테의 별이었다.

천문항해를 공부하면서 더 많은 별을 만나게 되었다. 주요 성좌와 성명(星名)은 비록 어릴 때는 그 이름은 몰랐지만, 여름밤 너무나 많이 우러러본 것들이었다.

북극성이 북반구를 항해하는 옛 선원들에게는 절대적인 가치를 지녔다는 사실을 그때 알았다. 북극성은 천의 북극에 있어 움직이지 않으며, 배에서 북극성의 고도를 재면 그것이 바로 그곳의 위도라는 사실은 신선한 충격이었다.

북반구에 사는 사람은 남반구의 별을 볼 일이 없다. 그런데 실습선을 타고 호주 다윈항으로 항해한 적이 있었다. 처음으로 남십자성을 보았다. N-ROTC 훈련을 받으면서, 희망의 노래로 불렀던 그 별이 머리 위에 떠 있어 즐겁기 그지없었다.

남십자성의 주성, Acrux는 천의 남위 63도에 있어, 천의 북극에 있는 북극성에 비해 위도의 정확도가 떨어질 것이나, 매우 소중한 별임은 틀림없다.

또 한 번, 호주 태즈메이니아섬에 1년 머물 때는 남반구 별만 한없이 보았다.

때 묻지 않은 이 섬은 유네스코 세계유산으로 지정되어 있다시피, 이 세상에서 자연을 가장 가까이서 흠뻑 느낄 수 있는 곳이다.

집 뒤 잔디밭에 앉아 씻은 듯 청명하고, 고즈넉한 론서스턴의 밤하늘을 쳐다보고 있으면, 내가 별에 빨려 들어가는 착각이 들기도 하고, 별의 소나기가 나에게 쏟아지는 환상에 빠지기도 했다. 저마다 별은 몇십 광년 아니 몇백 광년을 달려서 나에게 영롱한 빛을 안겨주고 있다는 생각으로 나는 한동안 별세상에 살았다.

이번 칠월칠석엔 도시의 불빛을 피해 아늑하고, 조용한 피안의 세상에서 별을 실컷 보고, 자갈 씻기는 소리도 듣고 싶다.

하지만, 형님이 계시는 우리 동네 몽돌은 아스팔트 포장으로 덮였고, 조금 남은 자갈밭도 파도 막이 테트라포드가 차지해 버린 지 오래다.

이제 어디서 우리 어린 꿈을 찾을 수 있을까?

복숭아 행복

정호백
2022. 5. 천료

복숭아는 많은 이야기를 품고 있다. 삼국지연의(三國志演義)에서 유비, 관우, 장비가 뜻을 함께하고 의형제를 맺은 그 '도원결의(桃園結義)'의 배경이 복숭아 마을(桃園)이다. 또, 중국 고전에 나오는 무릉도원(武陵桃源)은 '복숭아 꽃 피는 마을'로, 누구나 꿈꿀 만한 이상향을 뜻한다. 나도 어릴 적, 산 넘어 가보고 싶은 곳이 있었는데, 나중에 가 본 그곳은 신기하게도 복숭아꽃이 만발한 마을이었다.

호두는 씨앗 속 핵과를 먹긴 해도 겉의 과육은 먹지 않는다. 하지만 복숭아는 겉의 과육을 먹으면서도, 단단한 껍질 속 핵과도 약재로 쓰인다. 이렇듯 복숭아는 인간에게 다양한 이익을 주는 긍정 이미지의 과일이다.

그런 복숭아가 우리 텃밭에 3년째 열리고 있다. 몇 년 전 식목일에 나무 나눔 행사에서 받아 온 묘목이 자란 것이다. 재작년 첫 결실로 20개 정도 땄는데, 작년엔 무려 300개도 넘게 땄다. 들은 게 풍월은 있어 봉지도 사서 씌웠다. 수량이 많은 데다,

손 닿는 곳만 씌우다 보니 반 정도만 씌우게 되었다. 결국엔 씌우나 안 씌우나 벌레 먹기는 마찬가지였다.

주변에서 농약도 치라고 했지만, 무공해 복숭아 생각에 귓전으로 흘렸다. 결국, 벌레가 먹다 남겨준 복숭아를 먹게 되었다. 꽃이 질 때 약 치고 결실 후 봉지 씌우면, 농약도 피하고 벌레도 안 생긴다는 사실을 나중에 알았다.

약만 치면 만사형통이라는 생각에 올해는 봉지를 씌우지 않았다. 과감히 솎아야 한다고 하여 나름대로 작년보다 많이 솎고 열매 맺기 직전 약을 쳤다. 익어서 딸 무렵 살펴보니 거의 벌레가 먹었다. 약 치고 속 벌레는 잡았는데, 봉지를 안 씌워 생긴 겉 벌레가 문제였다. 경험자의 조언을 무시하고 알량한 지식으로 고집부린 결과다.

키우기 힘든 복숭아를 쉽게 배불리 먹은 적이 있다. 어릴 적, 고향에 과수원집이 있었다. 언어장애인 아들이 있는 그 집 아저씨는 턱수염에, 인상은 늘 어두웠다. 그 아저씨가 과수원 주변에 나타나면 우린 자동으로 얼어붙었다. 아저씨의 엄하고 어두운 인상에 서리 선수들도 과수원에 얼씬도 하지 않았다.

복숭아 철 동안, 아저씨는 몇 차례 복숭아를 집집이 나눠줬다. 어두운 표정에 담겨있는 베풂의 마음이었으리라. 그 복숭아는 다들 마당 가에서 키우는 것보다 훨씬 맛있었다. 그런 복숭아를 너무 먹고 배탈 나 몇 차례 고생한 적도 있지만, 다음 해, 그다음 해에도 그 집 복숭아를 계속 먹을 수 있었다. 배탈로 고생한 기억과 엄해도 인자했던 아저씨의 기억이 남은 복숭아 추억이다.

그 시절 우리 집 마당 가에도 복숭아나무는 있었다. 우리 것은 과수원집 것과 비교가 안 될 정도로 작고 맛없었다. 여름이 무르익을 때, 우리 복숭아도 발그스레 익었다. 엄마는 복숭아를 따면 꼭 날이 어두워질 무렵 내놓았다. 종일 기다리던 차에 허겁지겁 먹었다. 나중에 안 사실이지만 복숭아 속에 벌레도 함께 먹은 것이다. 엄마는 괜찮다며 복숭아 벌레를 먹으면 머리가 좋아진다고 했다. 벌레는 복숭아만 먹고 자라 깨끗하겠지만, 알고는 안 먹었을 것이다. 이럴 때, '모르는 게 약'이라는 말이 딱 맞는 것일까? 그 '약'으로 머리가 좋아졌는지는 알 수 없는 일이다.

그랬던 복숭아가 우리 텃밭에 풍성하게 열렸다. 나름 많이 솎았다고 했으나, 열매가 시중 복숭아만큼 크지 않았다. 더 과감히 솎아야 했는데, 소극적으로 했더니 작년처럼 작게 되었다. 버리기보다 지키기를 중시하는 나의 습성 때문이다. 내년엔 내 습성과 반대인 아내에게 솎기를 맡겨야 하겠다. 제대로 솎지 않다 보니, 열매가 서로 맞닿아 벌레 활동을 쉽게 만들었다. 결국, 벌레들이 복숭아 안팎에서, 풍짐한 잔치를 벌인 것이다.

우여곡절 끝에 수확한 복숭아를 상태별로 나눴다. 깔끔하게 익어 상태가 좋은 A급, 벌레 먹은 흔적이 있는 B급, 벌레가 아예 들어앉은 것은 C급이다. 이렇게 나눠 A급은 이웃과 지인에게 나눠주고, B급은 빼져서 우리가 먹고, 수량 많은 C급은 벌레 먹은 부분은 도려내고 잼을 만들었다. 도려낼 때 속에서 벌레가 빼꼼히 내다봐 기겁하기도 했다. 잼은 500ml짜리 병에 넣어 복숭아를 주지 못한 지인에게 두루 나눠줬다. 또, 식빵에 발라 양식처럼 우아하게 먹기도 했다.

잼을 이렇게 풍성하게 먹기는 해도, 만드는 데는 수고로움이 꽤 들어간다. 복숭아를 일일이 칼로 잘게 뻐진 후, 믹서기에 넣고 가늘게 갈아야 한다. 또, 밀가루 풀 쑤듯 가스 불에 끓이면서 오래 저어 수분을 증발시킨다. 삼복더위에 쉽지 않은 일이다. 그렇다 하더라도 우리가 가꿔, 우리가 다 먹으려고 한 일은 아닐진대 감내해야 할 일들이다. 잼 만드는 과정은 결국 아내 몫이 되었다. 올해는 복숭아로 마음이 풍성해지고 행복도 얻었다. 손품 팔아 가꾸어 발품 팔아 나눔하고, 이 또한 뿌듯한 일 아닌가.

  살아가면서 행복을 느끼는 일이 흔치 않다. 이런 자그마한 것에서 행복을 찾는다면, 그건 바로 멀리까지 찾아다니다가 처마 밑에서 찾은 행복과 마찬가지일 것이다. 아마도 과수원집 아저씨도 어둡고 힘겨운 생활에서 복숭아 나눔이란 탈출구에서 행복을 찾지 않았을까? 지금 나에게도 복숭아가 행복이다.

어머니의 집

허원봉
2022. 5. 천료

　재작년 이른 가을, 춘천에 사시는 둘째 형님, 셋째 형님을 모시고 홍천읍 와동리에 사는 외사촌 형님 댁을 찾았습니다. 모처럼 형님들을 모시고 가는 고향길 나들이에요. 외사촌 형님은 서울 생활을 마감하고, 고향에 내려와 터를 잡았는데, 아담한 집터를 정성껏 가꾸며 지내고 있었습니다. 형수님이 내오신 다과를 든 후 작은 연못까지 딸린 정원 이곳저곳을 둘러보았습니다. 마당 끝쪽에는 외삼촌 내외의 묘소도 깔끔하게 단장되어 있어 그 지극한 효성이 느껴졌습니다.
　집을 나와 조금 떨어진 곳으로 우리를 안내했는데, 그곳에는 오래된 집이 한 채 남아 있었습니다.
　"이곳은 네 어머님이 사시던 집이란다. 본채는 너무 낡아서 헐었고 사랑채만 그냥 두었지."
　외사촌 형님의 설명을 들으며 낡은 집을 자세히 살펴보았습니다. 지붕 한 귀퉁이엔 아직도 비스듬히 서 있는 정겨운 안테나가 보였습니다. 불과 3, 40여 년 전에 나도 지붕에 올라가서 저런 안테나를 조립

해 세우고, 이리저리 돌려가며 TV 전파 수신이 잘 되는 방향을 찾던 기억이 어렴풋합니다. 그 아래 슬레이트 지붕에는 거뭇거뭇한 세월의 이끼가 골을 따라 끼어있고, 끝부분에는 빛바랜 선라이트가 이어져 빗물이 마루 쪽으로 떨어지지 않도록 받치고 있습니다.

건물을 바라보고 오른쪽에는 사랑방과 안방으로 드나들던 여닫이문이 각각 달려있습니다. 아직도 남아 있는 창호지, 내 어릴 적 집에도 창호지를 바른 문이 있었지요. 어머니는 해마다 문틀을 떼어 눕혀 놓고 물을 뿌려 불린 후 찢어진 창호지를 말끔하게 떼어냈습니다. 나는 풀을 바른 창호지를 새로 붙일 때 끝을 잡아 어머니를 도와드렸습니다. 예쁜 맨드라미랑 코스모스 꽃잎을 넣어 다시 두 겹으로 창호지를 붙이고, 따가운 가을 햇살에 북소리가 날 만큼 잘 말리곤 하셨어요. 새로 바른 문짝을 달면 얼마나 산뜻했는지 아직도 기억에 선명합니다.

무쇠 돌쩌귀에 달려 있는 여닫이문의 옆은 흙벽이었는데 그 위에 시멘트를 얇게 발라서, 흙이 드러난 아래쪽 부분은 가로로 기다랗게 갈라져 틈새가 점점 벌어지고 있었습니다. 오른쪽 모서리 기둥에 박힌 큰 못에는 둥우리가 걸려 있고, 방문 왼쪽에는 부엌이 있었는데 부엌문 옆에는 나무로 짠 낡은 신발장에 찌그러진 양은 주전자, 고무신, 비눗갑 등이 얹혀 있었습니다. 신발장 옆엔 오랜만에 보는 댑싸리로 묶은 비가 세워져 있었지요. 부엌문 쪽 기둥엔 마른 옥수수가 여남은 개쯤 묶여 매달려 있고 그 옆 벽엔 삽, 호미, 낫 등이 가지런히 걸렸습니다. 부엌 옆엔 닭장으로 썼던 듯 철망을 친 문짝의 나지막한 헛간이 있는데, 그 위에 얹혀 있는 양철지붕은 세월의 흔적을 보여주듯 벌겋게 녹이 슬어 있었습니다.

방문 아래 좁은 툇마루는 비스듬히 물러앉아 몇 군데 돌로 받쳐 놓았습니다. 흙마당 끝 쪽에는 씨앗이 맺힌 접시꽃 줄기가 잡초 속에서 따가운 가을볕 아래 말라가고 있었습니다. 생각해보니, 어릴 적 우리 집 마당에도 늘 접시꽃이 예쁘게 피어 있었지요. 이러한 모습들은 아주 평범한 시골 풍경일 텐데, 어머니가 사시던 집이라는 외사촌 형의 말에 나는 그만 한동안 가슴이 먹먹해졌습니다.

아버지께서는 열여섯에 네 살 위의 신부를 맞이했으니, 어머니는 스무 살에 가마를 타고 시집을 오신 셈입니다. 그렇다면 태어나서 20년의 세월을 이곳에서 사셨던 것이지요. 어머님께서 지내시던 어린 시절, 삼 남매의 맏이로서 부모님의 사랑을 받으며 지내오셨을 모습이 머리속에 그려집니다. 맏딸이니 집안 일을 도우며 지내시다가, 혼기가 되어 이곳에서 그리 멀지 않은 동면으로 시집을 오신 것입니다.

시집오셔서 7남매를 낳아 키우다가 6.25를 맞았고, 막내인 내가 결혼하여 손녀, 손자까지 보고 돌아가실 때까지 그 숱한 인고의 세월을 지켜내신 어머니. 말년에 중풍으로 왼쪽 팔다리가 불편하여 고생하시던 어머니. 아버지께서 불의의 사고로 갑자기 돌아가시는 바람에 또 한번 애타는 세월을 겪으셨던 어머니. 얼마나 힘드셨으면 병석에 누워, 빨리 뗏장 이불이나 덮어야지 하고 늘 말씀하시던 불쌍한 우리 어머니. 그 어머니께서 걱정 없이 뛰어놀던 어린 시절, 꽃처럼 아름다운 시절을 보내시던 곳이 바로 여기라고 하니, 어머니의 생전 고생하시던 모습이 떠올라 가슴이 먹먹해졌던 것입니다.

나는 집에 돌아와서 어머니의 친정, 당신께서 사셨던 집을 정성껏 그렸습니다. 벽에 걸린 이 그림을 바라보면, 어머니의 근심 없던 모습이 머릿속에 떠오릅니다. 어머니, 하늘나라에서는 아버지와 함께 아무 걱정 없이 잘 지내고 계신가요? 저도 이제 팔십을 바라보는 나이가 되었습니다. 좋은 부모님을 만난 덕분에 이렇게 행복하게 잘 지내고 있으니 얼마나 감사한지요. 머지않아 부모님을 뵙고, 부모님의 가르침을 따라 열심히 살았노라고 자랑스럽게 말씀드릴게요. 그래, 수고했구나 하고 칭찬받는 때가 오기를 기다리며 살겠습니다. 기다리셔요, 어머니.

보통의 행복

김명희
2022. 8. 천료

나는 보통 사람입니다. 물론 내 기준으로 그렇다는 얘기지요. 뛰어나지도 않고 열등하지도 않은 그만저만한 사람이니까요. 각양각색의 사람이 엉켜 사는 세상에서 보통 사람의 범주를 정의하기는 참으로 어려워요. 그저 이도 저도 아닌 중간쯤에 내가 어정쩡하게 섞여 있으니 나는 보통 사람이구나 하고 믿게 된 거지요.

자신은 머리가 참 좋다는 말을 쉽게 얘기하는 사람이 있어요. 가끔은 나도 질세라 아이큐를 5포인트 정도 높여서 허풍을 떨기도 해요. 그래 봐야 좋지도 나쁘지도 않은 어지간한 수준의 수치로 방어할 뿐이지요. 심지어 어떤 이는 자기 아이큐가 150을 넘는다고 하더군요. 간신히 참고 있다가 혼자 집으로 돌아오면서 배꼽 빠지게 웃었어요. 그의 허풍이 나보다 한 수 위인 건 기꺼이 인정했지요. 하지만 아이큐 150이라는 그의 말은 전혀 사실로 받아들이지 않았음을 부인하지 못하겠네요.

이제야 그의 말이 사실일지 모른다고 생각해요.

내 기준으로는 그가 보통 사람의 범주에 있어 허풍이라고 섣부른 판단을 한 것 같아요. 어쩌면 그는 보통 사람의 얼굴로 성공적인 삶을 살고 있는지도 몰라요. 그렇다면 나는 그의 높은 아이큐를 의심할 자격도 이유도 없다는 결론이 나오네요. 물론 머리가 좋은 것은 강점이지만 성공으로 바로 연결되는 것도 아니죠. 성공의 척도 또한 명확하지 않아요. 성공은 물질적인 성취나 높은 지위만을 의미하는 것이 아니기 때문이지요. '나'란 존재가 어떤 사람으로 인식되는지, 다른 사람과의 관계는 어떤 의미가 있는지, 어떻게 상호작용하는지도 중요하죠. 때로는 긍정적인 인간관계가 뜻밖의 기회를 열어 주고 큰 힘이 되어 주기도 해요. 서로의 감정을 잘 이해하고 버무려 조절할 수 있는 정서적 지능이 관계의 상호작용에서 큰 역할을 하기 때문이에요.

사람들은 누구나 자신이 속한 그룹이나 네트워크 안에서 인정받고 존경받기를 원해요. 더 많은 영향력을 발휘하기 위해 끊임없이 배우며 성장해가는 노력도 멈추지 않지요. 성공은 무엇일까요? 인정과 존경을 받으면 성공한 사람일까요? 반대로 인정과 존경을 받지 못하면 실패한 사람일까요? 어떤 사람은 무소불위의 권력을 쥐고도 사람들의 온갖 비난과 손가락질을 받지요. 그래도 그는 성공한 사람일까요? 나는 모르겠어요. 성공은 나에게 여전히 추상적인 단어일 뿐 정녕 모르겠어요.

한때 나도 무엇인지조차 모르면서 성공을 좇았죠. 꽤 긴 시간이 흘렀어요. 내 젊음이 그렇게 다 지나갔으니까요. 이제는 성공을 떠올리며 살지 않아요. 하지만 나는 불행하지 않죠. 하루하루 스치는 소소한 즐거움이 나를 행복하게 하고 내일을 기다리게 해요. 모깃소리만 한 내 목소리가 가슴으로 파고들어요. 괜찮아. 나는 보통의 삶을 살고 있을 뿐이야. 실패한 인생은 아니야.

나는 보통 사람입니다. 뛰어난 사람은 아니지만 그렇다고 둔한 사람도 아니지요. 나대는 성격의 내가 머리까지 좋았다면 얼마나 꼴 보기 싫은 인간이 되었을까요. 손가락질이 졸졸 따라다녔을지도 모르지요. 부족하기에 남의 이야기를 더 듣고 배우려고 노력했겠지요. 세상에는 나보다 머리 좋은 사람, 잘난 사람이 넘쳐납니다. 내 아이큐는 플러스 마이너스 5로 120 언저리에 있지요. 그래도 크게 힘들지 않았어요. 열심히 공부하면 한 만큼 점수가 나왔고, 안 하면 정직하게 점수가 나왔으니 억울한 적도 없었고요. 지금껏 인정받고 존경받는 사람은 아닐지언정 손가락질은 받지 않고 살았으니 그만하면 보통의 삶을 살아온 것이지요. 요즘 나는 이 말을 달고 삽니다. '얼마나 다행이야.' 잘나서 질시 받을 일 없고, 못나서 휘둘릴 일도 없으니 정말 얼마나 다행한 일입니까.

나는 보통 사람입니다. 예쁘지 않지만 못생기지도 않은 평범한 얼굴이지요. 자꾸 보고 오래 보니 나름 정이 가는 얼굴이기도 해요. 한때는 예쁘지 않은 얼굴이 마음에 들지 않아 원망도 많이 했어요. 특히 여드름이 돋았을 때는 박씨부인전을 떠올리며 밤마다 허물이 벗겨지기를 기도하며 꿈까지 꾸었지요. 지금 생각해 보면 참 그런 허무맹랑한 옛날이야기를 믿고 왜 숱하게 좌절했는지 모르겠어요. 어느덧 시들어가는 나이가 되고 보니 깊어지는 주름이 심히 서럽지 않으며 오히려 참 다행이란 생각마저 드는군요. 남들처럼 병원 문턱이 닳도록 들락거리며 제 얼굴을 괴롭히는 마음도 이유도 없다는 사실도요. 하지만 지금도 예쁜 척하는 친구들 보면 참기 힘든 것은 여전해요, 이 나이에 동안타령이라니. 글쎄 말이 되냐고요.

나는 보통 사람입니다. 가난하지도 부자도 아닌, 솔직히 말하자면 가난한 쪽에 가깝겠지만 그냥 보통이라고 하고 싶어요. 의무와 책임만 한 지게를 짊어지고 살아왔어도 나는 누구에게 기대 본 적이 없으니 부채는 빈 지게이지요. 빚이 없다는 것은 내 인생에 저당권설정이 없다는 말과 같습니다. 빚이 없는 것은 얼마나 큰 행복인지 긴 세월 빚을 겪어 보지 않은 사람은 절대 모르지요. 가진 것이 많지 않으면 적게 쓰면 될 일입니다. 나는 가진 것에 만족하며 살 줄 아는 지혜를 터득했으니 가난해도 가난하지 않게 살 방법을 알고 있는 셈이지요.

밋밋하고 익숙하며 자극적이지 않아 편안한 맛, 언뜻 스치는 무맛인 것이 나 같은 보통 사람의 행복이랍니다.

그가 사는 세상

최남미
2022. 8. 천료
(평론)

　문을 열자, 고개를 5° 가량 기울인 그가 서 있었다. 그는 좌반구와 우반구가 균형을 이루지 못하여 어쩔 수 없는 것처럼 고개를 삐뚜름하게 한 채로 잔뜩 찡그리고 있다. 자신이 동원할 수 있는 얼굴 근육을 모두 활용하여 표정을 일그러뜨림으로써 세상에서 가장 불쌍한 사람이라고 말하는 듯하다. 그는 아직도 세상으로 나올 준비가 안 되었나 보다. 행여나 호랑이가 동굴에서 나올까 봐 굴만 쑤시다 노인이 되어 버린 아이처럼, 그는 무의식 속에 밀어 넣은 감정들이 튀어나오지 못하게 하느라 고통에서 벗어나지 못하고 있다.
　옛날에 깊은 산골에 사는 한 남자가 소금을 구하려고 바닷가 마을로 가는 길이었다. 고갯마루에 올라서면 바다가 한눈에 보이지만, 그곳까지 가려면 첩첩산중을 내려가야만 한다. 남자는 동굴 앞을 지나다가 안을 들여다보았다. 동굴 안에는 큰 호랑이 한 마리가 있었다. 더럭 겁이 난 남자는 급한 대로 지게 작대기를 들고 굴을 쑤시기 시작했다. 두려움에 사로잡힌 남자는 오도 가도 하지 못하는 상황으로 스스로 걸어 들어간 것이다.

"만약 제가 그렇게 찡그린 표정으로 맞이한다면 기분이 어떨 것 같아요?"

"… 저는 … 괜찮아요."

그는 한참 만에 대답했다. 그의 흔들리는 눈동자를 보면서 속마음이 튀어나오지 못하도록 단속한 대답이라는 생각이 들었다. 스스로 자신을 들여다보고 성찰하는 시간이 되도록 던진 질문이었으나, 그는 역지사지가 안 되는 사람이었다. 좋은 사람으로 포장하고 싶은 마음이 너무도 커서 자신을 둘러싸고 있는 세상을 보지 못하는 걸까. 호랑이가 튀어나올지 모른다는 두려움에 사로잡혀서 굴을 쑤신 남자처럼, 부정적인 감정이 튀어나오지 못하게 애쓰는 모습이 역력했다.

그는 자신의 처지를 고통스러워하며, 자신이 처한 상황을 벗어날 방법을 몰라서 힘들어한다. 그런데도 손을 내밀면 겁을 잔뜩 집어먹은 채 마음의 문을 닫아버리곤 했다. 자신만의 세상으로 자꾸만 도망치는 그가 감정을 느끼고 표현하게 하려는 의도로 질문하면, 그는 언제나 '괜찮아요'라고 대답했다. 그나마 한참을 망설이다가 대답했으니, 긍정적인 신호라고나 할까. 그는 다른 사람들의 평가에 민감한 삶을 살아온 듯하다. 행여나 속마음을 드러냈다가 타인으로부터 박한 평가를 받게 될까 봐 자신만의 세상을 벗어날 엄두조차 내지 못하나 보다.

몇 날 며칠 호랑이 굴을 쑤시던 남자는 이대로는 안 되겠다 싶어서 고통스러운 상황을 벗어날 궁리를 하기 시작했다. 마침 산사로 향하던 어린 스님이 굴을 쑤시는 남자를 발견하고 다가왔다.

"뭐하세요?"

"아, 이렇게 굴을 쑤시면 금덩이가 떨어집니다. 스님도 한 번 해 보겠소?"

금덩이가 떨어진다는 말에 어린 스님은 지게 작대기를 넘겨받았다. 남자는 자신의 근심 걱정을 다른 사람에게 떠넘기는 방식으로 자신의 어려움을 해결한 것이다. 남자가 줄행랑을 친 후에야 호랑이를 발견한 스님은 고통스러운 상황을 벗어날 방법이 달리 없었나 보다.
　이듬해에도 소금을 사러 바닷가 마을로 향하던 남자는 스님의 안부가 궁금해서 동굴이 있는 곳으로 길을 잡았다. 그곳에 당도하자 머리가 하얗게 센 키 작은 노인이 지게 작대기로 굴을 쑤시는 모습이 보였다. 노인은 다가온 남자에게 굴을 쑤시면 금덩이가 떨어진다는 말을 했다. 자기가 했던 말과 같은 말을 하는 노인의 얼굴을 쳐다보던 남자는 소스라치게 놀라고 말았다. 어린 스님이 일 년 사이에 머리가 하얗게 센 노인이 되었기 때문이다. 근심을 해결할 수 없는 고통스러운 상황이 백발노인으로 만든 것이다.
　그는 호랑이 같은 감정이 튀어나오면 부정적인 평판을 받게 될까 봐 두려운 걸까. 꾹꾹 눌러놓은 감정이 밖으로 나가고 싶다고 아우성치는 소리가 그에게는 들리지 않나 보다. 호랑이를 조절하는 방법을 몰라서 억누르기만 하다가 머리가 하얗게 세어 버린 스님처럼, 눌러놓은 감정들이 그의 마음을 헝클어뜨리고 있나 보다. 헝클어진 마음이 고개를 비뚤게 만들고, 세상에서 가장 불쌍한 사람이라는 표정을 짓게 만들었나 보다. 감정을 연구하는 학자들은 감정을 다양하고 섬세한 언어로 표현하는 사람은 감정 표현에 서투른 사람에 비해 건강한 삶을 산다고 말한다.
　그가 자기만의 세상에 갇혀서 백발노인이 된 것도 모른 채 호랑이 굴만 쑤신 스님처럼 되지 않기를 바라면서 이야기를 나누었다. 감정의 실마리를 발견하기 위해 그의 말에 귀를 기울였다. 하지만 그는 질문에 맞지 않는 대답을 하거나 의심에 찬 눈초리로 바라보며 침묵하다가 '괜찮아요'라는 대답으로 이야기의 길을 끊고, 마음의 문을 닫아 버리기 일쑤였다. 대화는 어긋난 채로 돌아가는 톱니바퀴 같았다.
 그렇지만, 그런 중에도 그의 무의식은 균형을 잡기 위해 노력하고 있었나 보다. 삐뚜름하던 그의 고개가 차츰 중심을 잡기 시작했다. 입 밖으로는 드러내지 못해도 머릿속에서 감정을 드러내는 연습을 하고 있었나 보다. 그가 자신만의 세상에서 벗어나기 위해 작은 움직임을 보이기 시작한 것처럼, 머리가 하얗게 세어 버린 스님도 이제는 호랑이 굴을 벗어날 방법을 찾았을까?

눈물의 네잎클로버

유순이
2022. 9. 천료

삶은 때로 우리가 가장 원하지 않는 방식으로 뜻밖의 선물을 건넨다. 그 선물이 행운인지 운명인지는 시간이 한참 지난 후에야 알 수 있다. 샌프란시스코의 하늘이 유난히 맑고 청아한 어느 날 아침, 걸려온 전화 한 통.

목소리는 나직했지만 무겁게 떨어지는 단어 하나하나가 나를 찢어 놓았다. "놀라지 마라, 어머니가 위급하셔. 지금 바로 와야 한다. 어서 서둘러라."

언니의 그 말을 듣는 순간 세상의 모든 소리가 순장 멈추는 듯했다. 순간 숨을 쉬는 법도, 걷는 법도 잊어버린 채 나는 정신줄을 놓은 채로 허둥지둥 공항으로 향했다.

그날따라 눈에 들어온 모든 것이 낯설고 초현실적이었다. 꿈에만 그리던, 가격조차 제대로 알아본 적 없는 일등석 자리가 기이하게도 나를 기다리고 있었다.

지금껏 가장 비싸고, 가장 좋은 위치의 안락한 좌석이었다. 그러나 그 안에서 나는 가장 깊고 조용한 절망 속에 앉아 있었다. 그토록 고요하고 부드러운 비행은 내게는 단지 시간과의 사투였다. 기내식도, 따뜻한 이불도, 흘러나오는 클래식 음악도 그 어떤 것도 내 마음을 감쌀 수 없었다.

나는 창밖을 보며 소리 없이 울었다. 숨죽여 울고 또 울었다. 숨죽여 흐느끼는 내 어깨가 떨릴 때, 낯선 손길이 내용을 가만히 어루만졌다. 고개를 돌리니 은빛 머리의 노부인이 조용히 서 있었다. 그녀는 아무 말도 하지 않았다. 그저 손에 쥔 작은 무언가를 내 손에 꼭 쥐여 주고 온화한 미소를 지으며 자리에 돌아갔다.

그것은 네잎클로버였다. 종이 위에 눌러 말린 조그마한 풀잎 한 장. 나는 얼떨결에 그것을 바라보며 다시 눈물을 흘렸다. 그 순간 나는 알았다. 그녀도 언젠가 나처럼 가슴 찢기는 여정을 했던 사람이라는 것을. 그녀도 그날, 어디선가 네잎클로버 하나를 건네받았던 이였을지 모른다.

그리고 지금 그 기억을 나에게 이어주고 있는 것이다. 한국 땅을 밟자마자 택시를 타고 부랴부랴 병원으로 달려갔다. 손에 네잎클로버를 쥔 채 나는 온 세상을 향해 조용히 기도했다. 단 1분이라도 제발 늦지 않기를.

하지만 병원에 도착했을 때 어머니는 조금 전, 아주 잠잠히 마지막 숨을 놓으신 후였다. 어머니가 막내딸 온 줄 알고 안심하고 아쉬운 눈을 감으셨을 거라고 모두 말하며 위로하였다.

아직도 어머니와 못다 한 정, 하고 싶은 말이 산처럼 쌓였는데…. 나는 아무 말도 할 수 없었다. 지금, 세상이 천천히 무너지는 소리를 들으며, 아직도 온기가 남은 어머니의 손을 붙잡고 울다 지쳐 가라앉은 침묵 속에 앉아 있었다. 그날 이후로 나는 가끔 비행기에서 받은 네잎클로버를 꺼내본다.

그것은 더 이상 행운의 상징이 아니다. 그건 누군가의 아픔이, 누군가의 사랑이 조용히 내게 전해준 인생의 다음 숨결이다. 삶은 어쩌면, 이렇게 한 사람의 고통이 또 다른 사람을 다독이는 방식으로 우리를 이어주고 있는 것인지도 모른다. 그리하여 결국, 우리는 서로를 구하고, 서로를 안으며 살아가는 것이다. 그리고 나는, 그날의 네잎클로버를 내 인생의 가장 슬프고도 고마운 선물로 기억한다.

숲길, 작은 쉼표 하나

윤지선
2022. 11. 천료

　주말부부로 지낸 지도 어느덧 3년째다. 평일이면 각자의 도시에서 바쁘게 살고, 주말이면 짧은 시간이지만 꼭 만나 따뜻한 밥 한 끼를 함께한다. 일요일 정오쯤 남편은 다시 당진으로 향한다. 차에 짐을 싣고 떠나는 뒷모습을 배웅할 때마다 마음 한편이 시리고 애틋하다. 고생하는 줄 뻔히 알면서도 우리는 아무렇지 않은 척 담담히 인사를 나눈다. 멀어지는 차를 바라보며 속으로 조용히 묻는다.
　'힘들지? 많이 외롭진 않은지….' 그렇게 스며든 마음들은 결국 서로를 향한 깊은 결이 된다.
　집으로 돌아오면 나는 딸아이에게 말한다. "우리 거기 다녀올까?" 딸아이는 익숙한 듯 웃으며 "좋아요, 엄마"라고 대답한다. 텀블러에 진하게 내린 커피를 담고 간단한 간식을 챙긴다. 조용히 차를 몰아 향하는 곳, 여수 미평산림욕장. 봉화산 자락에 자리한 이곳은 우리 가족만의 비밀스러운 쉼터다. 들어서는 순간부터 느껴지는 신선한 바람과 흙냄새만으로도 마음이 한결 가벼워진다.

초록빛 나무들은 제 모습으로 눈부시고, 발끝에 스치는 풀색은 삶의 숨결처럼 다가온다.

딸아이는 중학교 교실에서 누군가의 빛이 되어 주고 나는 어린이집에서 작은 손을 마주하며 순수를 배운다. 서로 다른 교실에서, 우리는 함께 성장하며 마음을 단단히 채운다. 주말엔 숲길에서 온유와 여유를 담는다.

요즘 몸이 자주 아프다. 잦은 두통과 어깨 결림, 작은 통증들이 하나둘 늘어난다. 내색하지 않으려 하지만 가족들은 다 알아챈다. 딸은 흘끗 보며 말한다. "엄마, 무리하지 마세요." 아버지는 말없이 등을 토닥여 주시고, 엄마는 늘 약을 챙겨 손에 쥐어주신다. 그 따뜻한 손길에 괜히 울컥한다. 더 자주 눈물이 괴는 아버지, 먼 산을 바라보며 스치듯 돌리는 눈빛 속에도 사랑은 고스란히 배어 있다.

하지만 나 역시 부모님이 늘 걱정된다. 요즘 아버지 시력이 부쩍 나빠지셨다. 걸음을 멈추고 눈을 비비시는 모습이 자꾸 마음에 밟힌다. '괜찮으실까… 병원은 다녀오셨을까….' 엄마도 예전보다 체력이 많이 약해지셨다. 그래서 더 자주, 더 오래 부모님과 함께 걷고 싶다. 청아한 바람처럼 잔잔한 하루가 이어진다.

산림욕장에 들어서면 공기가 달라진다. 나무들이 내뿜는 맑은 숨결, 흙냄새, 바람결… 저수지를 따라 이어진 나무 데크길을 걸으면 마음속에 켜켜이 쌓였던 피로가 서서히 풀린다. 걷다 보면 문득, 무심히 흘려보냈던 날들이 떠오르고 그 사이로 걸어온 길이 비춰진다. 쉰 즈음엔 뭔가 이루어졌으리라 생각했지만, 여전히 흔들리며 살아간다.

어린 시절 바닷마을, 그곳에서 보냈던 여름날들. 부엌에서 퍼져 나오던 쌀밥 냄새, 열무김치를 버무리던 할머니의 주름진 손, 모래 위에서 고동을 잡던 내 작은 손까지… 그 모든 풍경이 지금도 소금기 어린 바람처럼 마음 깊이 스며 있다. 그리움은 늘 그 자리에, 파도처럼 조용히 밀려와 마음을 적신다.

　요즘 산책길엔 수국이 한창이다. 하늘빛, 분홍빛, 연보랏빛 수국들이 환하게 피어 있다. 그 옆으로 이름 모를 들꽃들이 조용히 고개를 내민다. "이 꽃 좀 봐라, 참 예쁘다." 딸아이는 웃으며 사진을 찍고, 나는 빙그레 웃는다. "글쎄, 몰라도 예쁘네." 그 밝은 얼굴을 보면 마음이 따뜻해진다. 이렇게 누군가의 길잡이가 되어 주는 딸이라니, 그 존재만으로 내 마음은 늘 충만하다.

　작은 계곡물 소리에 귀를 기울이면, 어린 시절 바닷가의 물결 소리와 겹친다. 멈춰 서서 듣고 있으면 마음 깊이 피어나는 안온함이 있다. 저수지 옆 평상에 돗자리를 깔고 누워 바라보는 하늘, 초록 나뭇잎 사이로 쏟아지는 햇살, 살랑이는 잎사귀… 아무 생각 없이 바라보는 그 순간, 오늘이 얼마나 소중한지 깨닫는다. 이 소중한 순간들이 오래도록 이어지길 바란다. 숲길의 그늘처럼, 삶에도 찾아오는 그늘 속에서 오늘의 숲길 숨결을 기억하며 살리라. 나를 감싸는 푸른 숲처럼, 한없이 따뜻한 품으로 다가와 주기를. 숲 위에 머문 한숨마저, 이 순간엔 고요히 숨결이 되어 번져간다.

　물 위로 유유히 헤엄치는 잉어들의 반짝이는 비늘, 맨발 걷기를 하시는 엄마의 단정한 뒷모습, 그리고 나란히 손을 꼭 잡고 걸어오시는 부모님의 다정한 실루엣. 오래된 연인처럼 다정한 두 분을 보며, 고요히 스며드는 평화를 느낀다.

　가끔은 막내여동생도 함께 온다. 평상에 둘러앉아 따뜻한 커피를 나누며 "엄마는 좀 괜찮으세요?", "아버지 눈은 좀 어떠세요?" 하고 묻는다. 부모님은 괜찮다고 웃지만, 그 안에 담긴 피로와 염려를 나는 안다. '늙어가는 딸이 늙어가는 부모를 바라본다'는 생각에 가슴이 저릿하다. 시간은 빠르고, 부모님의 걸음은 느려지고, 나도 한 살 한 살 나이 들어간다. 그래서 더 자주, 더 많이 웃고, 더 많이 함께하고 싶다.

물결 위에 저녁노을이 고요히 번지면, 다시 마음을 다잡는다. 사랑하는 남편, 부모님, 딸, 동생… 모두가 곁에 있어 주는 오늘이 얼마나 감사한지.

미평산림욕장은 우리 가족에게 쉼과 사랑을 되새기는 공간이다. 바쁜 일상 속 잠시 멈추어 숨 고르는 시간, 그리고 다시 살아갈 힘을 얻는 고마운 순간들.

이 소중한 순간들이 오래도록 이어지길 바란다. 숲길을 따라 스며드는 햇살처럼, 삶에도 부드러운 빛이 가득 스며들기를. 오늘 걸었던 숲길의 맑은 숨결을 마음 깊이 간직하며, 언제나 설레는 발걸음으로 살아가리라. 나를 감싸는 푸른 숲처럼, 따스한 손길로 다가와 나를 안아주기를. 숲 위에 머무는 작은 바람마저도, 이 순간엔 고요한 기쁨의 숨결로 퍼져나간다.

혈투와 평화

윤기관
2022. 12. 천료

가을이 농익은 누런 계절이다. 거두어들이는 농부의 손이 여러 개로 겹쳐 보인다. 하루 종일 들녘에서 일하는 부부는 밀레 부부가 된다. 해 지는 저녁 무렵, 논밭에서 일하는 부부가 「만종」 주연으로 보인다.

곧 입동이다. 새벽이면 이불을 잡아당긴다. 창문을 굳게 닫아도 소용없다. 문틈 사이로 스며드는 차가운 냉기가 여간 아니다. 늦더위가 기승을 부리더니 계절은 계절이다. 냉철하다.

여름 내내 왱왱대는 모깃소리에 시달리다 이제 제대로 잘 수 있을까 했더니 성급한 오산이다. 아직도 철 잊은 모기가 안방을 떠나지 못하고 있다. 내 피가 그리운가, 늦더위 탓인가, 가는 계절이 아쉬운 건가.

동서고금을 막론하고 인종차별도 없이 달려드는 두려움의 존재가 '모기'이다. 모기에 물리면 하등동물에 피를 빼앗겼다는 수모보다 가려움에 시달리는 고통이 참기 어렵다. 피야 빼앗겨도 또 만들면 그만이다. 하지만 가려움증은 도무지 쉽게 가라앉지 않는다. 긁적이다 날 샌다.

사람의 피를 빨아먹는 모기는 암컷이다. 수컷은 과일이나 꿀 등을 먹는 채식주의 하등동물이다. 모기 생존의 뿌리는 물과 먹이다. 피를 흡혈한 암컷 모기는 소화 후 알을 깐다. 피에서 얻은 단백질, 철분 등 영양소를 태어날 새끼에게 먹이려는 어미의 본능이다. 참 신기하다. 새끼가 무엇인지, 어미는 무엇인지. 사람이나 하등동물이나 마찬가지이다.

수컷은 조용히 난다. 알아차리기가 어렵다. 밤새 귓전에서 앵앵대는 녀석은 암컷이다. 수컷은 암컷의 날갯짓 소리를 듣고 짝짓기 상대를 고른다. 수컷에 걸려든 암놈은 사람의 피를 흡혈한 후 이삼일이면 소화된다. 새끼 출산이 가능하다.

모든 생명의 근원은 물이다. 모기도 물기를 찾아다닌다. 열이 나고 땀을 많이 흘리는 사람을 쫓아다닌다. 아이들, 임산부, 운동선수들이 표적 대상이다. 땀을 많이 흘리는 나도 모기가 좋아하는 생존의 조건에 딱 맞는 '영장'이다.

백 세를 산다는 영장이 모기와 쫓고 쫓기는 전쟁을 벌인다. 모기 수컷은 한두 주 살고, 암컷은 한두 달 산다. 영장이 모기와의 전쟁 승리를 위해 기발한 모기 퇴치 약을 개발한다. 전쟁이 끝났다. 모기가 다 떠났다. 모기장도 모기약도 다 벽장 속으로 들여보냈다. 이제 완전히 무장해제 상태다.

섣부른 판단으로 요즘 혈투를 벌인다. 무기를 창고에 넣었으니 맨손으로 싸워야 한다. 모기는 창(침)이 있지만 나는 방패(손)밖에 없다. 방 안에 남은 서너 녀석이 나를 노려본다. 그만그만해서 암수컷 구별하기가 어렵다. 낮에는 조용하다가 밤이면 나타나 혈투를 벌인다.

책상에 앉으면 다리 밑에서 사정없이 찔러댄다. 새끼를 먹이려니 목숨 내걸고 무찔러야 한다. 물린 자리는 침을 발라 봐도 소용없다. 열십자로 찔러 봐도 가렵기는 여전하다. 할 수 없이 모기약을 찾으러 창고로 향한다.

화장실에 앉으면 어느새 따라와 앵앵댄다. 수건으로 내리친다. 제대로 맞지 않았나 보다. 비웃듯 도망간다. 수컷이다. 아직도 침실로 들어가기가 겁난다.

거실 소파에 앉아 물린 자국을 수색해 보니 벌겋게 전흔이 여기저기 널려 있다. 모기는 손으로 잡기가 어렵다. 손으로 잡으려 노려보면 모기도 나를 노려보는 듯하다. 서로 노리는 실력만 는다.

드디어 한 마리 잡았다. 내 피를 제법 빨아 먹었는지 피가 흥건하다. 우크라이나, 팔레스타인 전장 같다. 왱왱대는 소리가 전쟁터 헬리콥터로 들린다. 헬리콥터 모기가 아직 몇 마리가 더 남아 있다. 모기와의 전쟁은 아직 끝나지 않았다.

화생방 살충제를 사용하기도 어렵다. 그렇다고 벽장 속에 깊이 넣은 전기 모기채를 꺼내기도 요란스럽다. 살갗이 드러난 곳에 모기가 싫어한다는 약을 도배질한다. 이제는 감히 달라붙지 못하겠지. 새벽 1시다. 침대로 들어간다.

언제 따라왔는지 베개 주위에서 저승사자처럼 또 맴돈다. 수건으로 휘둘러본다. 몸집이 작아 요리조리 잘도 피한다. 천장 모서리에 박혀 나를 노려본다. 벌떡 일어나 수건으로 후려치려 살금살금 다가가면 벌써 눈치채고 달아난다. 살금살금 모기약을 찾으러 다녀온 사이 또 어디론가 날아갔다. 이제 힘이 빠져간다. 차라리 몸을 내줄까. 흡혈하면 새끼 까러 저만치 멀리 갈 것 아닌가.

몸 파는 여인처럼 피를 주겠다고 마음먹으니 모기가 오지 않는다. 어디 갔나. 몸 주겠다고 결심하니까 자존심 상했나. 이불 뒤집어쓰고 잠을 청한다. 한참 조용하더니 발가락이 따끔하고 이내 가렵다. 잠깐 잠든 사이 이불이 벗겨졌나 보다. 하필이면 거기를 물다니. 굵기도 어려운 곳이다.

기발한 아이디어가 떠올랐다. 모기의 성질을 이용한다. 나는 영장이니까. 침대에서 일어나 거실 소파로 나갔다. 침실이 조용하고 거실이 시끄러워졌다. 모기가 나를 쫓아 나온 것이다. 다시 서재로 들어갔다. 서재 다리 밑이 난리다. 때는 이때다. 재빠르게 모기 속도보다 빨리 날쌔게 침실로 들어가 문을 꽁꽁 닫았다. 드디어 침실이 조용해졌다.

조금 지나니 침실 밖에서 문 두드리는 듯 왱왱 소리가 요란하다. 피 냄새를 어떻게 멀리까지 맡을 수 있을까. 새벽 2시다. 영장 인간과 하등동물 모기 간의 쫓고 쫓기는 혈투가 끝났다. 철모 대신 피 묻은 베개를 끌어안고 잠을 청한다. 지쳤는지 금방 코를 곤다.

방바닥에 쓰러져 죽은 모기가 살아난다. 온몸에 상처투성이다. 손금 자국, 수건 부스러기가 묻었다. 인간이 하찮은 모기를 이렇게 처참하게 후려쳐도 되느냐는 몸부림이다. 차라리 화생방 분무기로 처치할 것이지 이렇게 후려쳐도 되냐는 아우성이다.

재판장님, 제가 너무했습니다. 사람이 모기와 혈투를 벌인 게 실수였습니다. 낚시꾼들이 거짓 먹이를 들먹이며 물고기 잡는 것을 보고 "인간이 할 짓이 아니라"고 혀를 찼던 제가 겸연쩍습니다.

새벽녘 찬바람이 코끝을 스쳐 재채기하는 바람에 눈을 떴다. 오늘 밤을 위해 모기장을 미리 꺼내 놓았다. 모기장에 내가 들어가면 모기 빨대가 닿지 않을 텐데 어쩌나. 이래도 저래도 모기와 혈투를 벌이는 일이 겸연쩍다. 그래도 속임수로 하등동물 물고기를 잡는 낚시꾼보다 낫지 않은가. 평화가 찾아왔으니.

파김치 담그는 날

강경아
2022. 12. 천료

　날씨는 변덕스럽기 그지없다. 바람이 거세더니 갑자기 소나기가 내린다. 어제까지 추웠는데 오늘은 따스한 바람에 조금만 걸어도 덥다. 시어머니의 첫 제사로 큰집에 모였다. 칠 남매가 모여야 하지만, 사정이 있는 사람은 있기 마련이다. 조카 부부와 아이들까지 모이니 스물두 명이다. 사진으로만 뵈었던 시아버님과 어머님 사이에서 탄생한 인연들이라 생각하니 경이롭다. 오래된 사진 속 두 분의 숨결이, 일곱 자녀와 손주들까지 3대에 걸쳐 이어지고 있다.
　시어머님 제삿날은 시아버님과 같은 날이다. 93세까지 장수하신 어머님의 마지막 소원은 아버님과 같은 날 죽음을 맞이하는 것이었다. 제사로 며느리 고생 안 시키고 싶다고…. 제사상에 나란히 놓인 영정 사진을 보니 우연이라고 할 수 없는 운명처럼 느껴진다. 마치 두 별이 서로의 궤적을 따라가며 하늘에서 만나 한 점이 되어 빛나는 것처럼. 종종 어머님은 증손자를 안아 보는 기쁨을 혼자 누리게 되어 남편에게 미안하다고 했다. 아마도 아버님과 같은 날

돌아가시면 아버님 곁으로 갈 수 있다는 어머님의 마지막 낭만이 이루어졌으리라. 남편의 사진을 보며 혼잣말로 삶의 이모저모를 전하신 어머님. 그것은 아버님과 나눈 다정한 이야기였다.

큰형님은 아버님 제사에 늘 손수 음식을 만들어 정성을 표현하고 싶어 했다. 하지만 몇 번의 허리 수술로 이번엔 전을 구입했다고 한다. 요즘 맞춤 제사 음식을 주문하기도 한다며 큰형님의 몸과 마음이 편하기를 바란다고 전했다. 시어머님이 어머니라는 역할과 책임의 무게로 살아온 날들이 많듯이, 큰형님에게도 나눌 수 없는 책임의 무게가 느껴진다.

집집마다 제사 풍습은 다르겠지만, 시댁은 1시간 정도 제사를 지낸다. 향을 피우고, 잔을 올린 후 젓가락을 두 번 구르고 음식 위에 젓가락을 올린다. 절을 하고 난 후 담소를 나누고 또 같은 절차를 반복한다. 제사가 끝나면 온 가족이 한상에 모여 그동안 지내온 소식을 전한다. 조카사위까지 가족이 많은지라 며느리들은 상을 물린 후에 식사자리에 앉는다. 남편 큰누나는 꿈에 젊은 시절 어머니와 아버지를 만났다며 눈물을 보였다. 눈가가 촉촉한 형제들이 서로를 배려해 어머니에 대한 그리움을 숨기는 눈치다. 큰 시숙님이 앞으로 우리 형제는 명절엔 각자 집에서 지내고, 부모님 제삿날에만 모였으면 좋겠다고 선포하셨다. 자녀가 결혼하고 사위와 손자들까지 생기면 각자의 가족 중심으로 바뀌는 것이 자연스럽다고.

셋째 형님 막내아들의 경사 소식이 전해졌다. 네 살 어린 애인과 결혼하게 된 것이다. 그런데 4개월 후 출산이란다. 시숙님은 아들이라며 웃는다. 약주를 드셔서 웃음이 많아진 듯하다. 결혼은 출산 후 한다고. 셋째 형님은 며느리가 너무 어려서 아깝다며 말을 아낀다. 맘고생을 했는지 몸이 반으로 줄었다. 긍정적인 형님은 몸무게가 줄어서 무릎이 안 아프다고 한다. 집을 광주에 얻었고, 세탁기며 건조기 등 살림살이를 장만했단다.

　밤늦게 집으로 향하는데 셋째 형님이 된장과 고추장 만들었다며 주셨다. 하우스 상추와 무말랭이, 쪽파도 한가득이다. 여러 가지 일이 많았을 형님이 챙겨온 음식까지. 그 마음에 깊은 감사 인사를 전했다. 집에 오자마자 형님이 주신 선물을 정리한다. 하우스 상추는 거대한 배추 한 포기가 생각나는 크기다. 무말랭이는 물에 조금 불린다. 쪽파 한 박스는 손도 못 댔다. 출근하려면 일단 미뤄야 한다.

　잠자던 아들, 딸을 깨웠다. 사랑과 책임에 대해 당부를 하고, 약속을 받아냈다. 아이들은 절대 그럴 일 없다며 손사래를 친다. 자식들의 집을 얻어줄 여력이 안 되니 꼭 직장 생활 후 자립할 수 있을 때 결혼하라고 했다. 그런데 잠자리에 누워 생각해 보니, 요즘 이렇게 말하는 것이 맞는지 반성하게 된다. 결혼 적령기가 늦어지고 둘만 살겠다고 하는 세상이다. 부모가 출산을 독려할 수도 없다. 셋째 형님 막내아들은 애국자다.

　사무실에서 일하다 뜬금없이 쪽파 한 박스가 생각났다. 언제 다듬을지, 파김치를 담가야 하는데…. 최근 호되게 걸린 감기로 몸이 약해졌는지 늘 피곤하다. 가볍게 하면 될 일도 큰일처럼 느껴진다. 누군가에게 나눠 주려고 해도 그냥 줄 수 없는 성격이다. 깨끗이 손질해서 나누어야 마음이 편하다. 남편에게 도와달라고 하니 주말에 하자고 미룬다. 또 하루가 지났다. 자려고 누우니 쪽파가 걱정된다. 냉장고에라도 넣어야 한다. 그런데 좀처럼 몸이 움직이지 않는다. 침대에 누운 몸을 틀고 다리를 바닥에 내리고 상체를 올려 앉은 후 발바닥에 힘을 주어 일어나야 한다. 그래, 누워서 생각하느니 당장 해치우자. 커다란 봉투 두 개에 쪽파를 소분해 냉장고에 넣으니 한결 마음이 가볍다.

　토요일이다. 식탁 위에 큰 비닐을 덮은 후 쪽파를 올려놓고 남편을 부른다. 딸이 소리를 듣고 먼저 왔다. 이렇게 많은 파를 언제 손질하느냐고 묻는다. 잠시 머뭇거리더니 과제를 한 후에 와서 돕겠다며 자기 방으로 간다. 남편은 초등학교 시절 하교 후 시금치 다듬기 싫어서 집에 늦게 왔단다. 화장실에 다녀온다며 핑계를 댄다. 과도로 쪽파 뿌리를 잘라내고, 딸과 남편을 기다렸다. 공부하겠다는 자식을 기다릴 수 없으니 만만한 사람이 남편이다. 남편은 시골 사람답게 쪽파 다듬는 일을 곧잘 한다. 드디어 끝이다. 남편이 다듬은 자리를 보니 버려진 파가 많다. 형님의 농사짓는 모습이 떠올라 버릴 수 없어 조금 더 손질해 골라낸다.

파김치 재료인 사과와 배를 사러 나가려니 바람이 분다. 주춤…. 우선 밀가루 풀죽부터 만든다. 한낮이 되면 따스해질 줄 알았는데 우중충하다. 비까지 내릴 모양이다. 얼른 다녀오려고 했는데 슈퍼에서 원 플러스 원 물건을 살지 말지 망설이다 시간 가는 줄 몰랐다. 집에 오는 길에 비를 만났다. 뛰었다면 조금 덜 젖었을 터이지만 손에 든 과일이 무겁다. 비도 양을 조절해 내리는지 대차게 뿌렸다가 홀딱 젖고 나니, 비의 양이 줄었다. 집에 도착하기까지 짧은 거리임에도 빠른 걸음으로 걸으려니 숨이 가쁘다.

쪽파김치가 완성됐다. 사과와 배를 많이 갈아 넣어서인지 파김치 맛보다 과일 맛이 더 난다. 시어머님이 일곱 형제에게 똑같이 파김치를 나눠주려니 아무리 많이 해도 김치 통이 작아 속상하다고 하셨다. 나는 큰오빠에게 주기 위해 김치를 나누어 담았다. 시어머님의 마음을 조금이나마 헤아려 본다.

친구들의 손이 이끈 여정

서완석
2022. 12. 천료

미국 유학 시절, 여행은 꿈도 못 꾸던 내게 중학교 동창 흥룡이가 LA 왕복 비행기표를 보내왔다. 그것은 지하철 Red Line 종점인 메릴랜드주 Glenmont 역에서 학교가 있는 워싱턴 DC의 Tenleytown 역까지 쳇바퀴 돌던 나의 삶에 청량한 바람 한 줄기였다. 그 덕분에 LA와 라스베이거스를 여행할 수 있었던 추억은 두고두고 남아 있다. 그 후 흥룡이는 미국에서 제일 큰 김치공장을 운영하다가 이를 국내 굴지의 대기업에 팔았는데, 내게 언제 다시 미국에 올 거냐고 자주 물었다. LA에 사는 또 다른 고등학교 친구 항렬이도 그랬다. 흥룡이가 비행기만 타고 오면 모든 걸 책임진다는데 고생스러웠던 유학 생활이 떠오르고 장시간의 비행도 걱정스러워 대답을 미루고 있었다. 그런데 맏딸이 마일리지를 이용해 6개월 전에 예매하면 왕복 35만 원에 다녀올 수 있다니 갑자기 친구들이 그리워졌다. 참말로 요망스러운 게 인간 심사다.

드디어 지난 2월, 25년 만에 다시 LA 공항에 도

착했는데 항렬이가 마중을 나왔다. 은퇴한 초로의 친구를 보니 별놈의 생각이 다 들었다. 언제부터인가 은행 직원이 아버님에서 어르신으로 바꿔 부르기에 속으로 "고객님이라 부르면 될 것을 굳이 저렇게 부르는 이유는 뭐람" 하고 괘씸하게 생각했는데 친구 모습을 보니 내가 참 속 좁은 인간이었다. 여하튼 항렬이 집으로 가서 그의 아내와 딸들을 보니 반갑기 그지없었다. 그런데 살짝 흥분한 내게 항렬이는 말 많은 게 제 마누라 닮았노라고 구시렁거렸다. 말 없는 놈이 몇십 년 말 많은 아내와 살았으면서 오랜만에 본 친구의 수다는 왜 못 견뎌 하는 것일까? 자꾸만 자기는 "미쿡 놈"이라고 하는 것도 귀에 거슬렸다.

흥룡이네 가서는 그의 가족들을 만났는데, 92세 어머니는 아직도 고우셨고 아내는 여전히 쉬지 않고 집안일을 하고 있었으며, 아이들은 훌쩍 자라있었다. 친구가 낯선 미국 땅에서 자리 잡고 풍족한 삶을 살 수 있게 된 데에는 시어머니를 모시고 성질 급한 친구를 도닥여 가며 살아온 속 깊은 아내의 도움이 가장 컸으리라. 귀찮을 법도 한데 내게 극진한 대접을 해준 은혜를 어찌 갚을까 싶다. 흥룡이는 내게 용돈도 두둑히 주었는데, 아깝고 미안해서 쓸 수가 없었다. 나중에 남은 돈을 돌려주었더니 쇼핑센터에 가서 옷과 약 등을 잔뜩 사주며 "네 돈 네가 쓴 거야"라고 말했다.

항렬이가 마련한 3대 캐니언 리무진 버스 투어로 1일 차에 간 라스베이거스는 과거에 비해 훨씬 더 화려하고 볼 것도 많아졌다. 2일 차에 이르러 유타 사막의 붉은 바위와 먼지 날리는 평원을 달릴 때는 곧 존 웨인이 말을 타고 나타날 것만 같았다. 유타주 남서부 끝에 위치하고, '신의 정원'이라 불리며 신비한 자연경관과 함께 거대한 사암 절벽들로 둘러싸인 웅장한 자이언 캐니언(Zion Canyon), 침식암 기둥인 후두(Hoodoo) 지형으로 유명한 브라이스 캐니언(Bryce Canyon), 나바호 인디언들이 관리하는 사진작가들의 성지로서 사암의 오랜 침식 작용으로 만들어진 물결 모양의 협곡 색과 빛이 어우러져 그 신비함을 필설로 다 표현할 수 없었던 앤텔로프 캐니언(Antelope Canyon), 말굽 모양으로 콜로라도강이 깎아지른 붉은 절벽을 안고 흐르며 만들어 낸 한 폭의 거대한 수묵화 같았던 홀스슈 밴드(Horseshoe Bend) 등은 신의 부재를 부정할 어떠한 구실도 주지 않았다.

그러나 역시 압권은 그랜드 캐니언(Grand Canyon)이었다. 신이 빚은 지상 최대의 조형물, 죽기 전에 꼭 가 봐야 할 관광지 1위, 그보다 더 적절한 말을 찾을 수 있을까? 매더 포인트(Mather Point)에 섰을 때, 깊이를 가늠할 수 없는 붉은빛과 황금빛의 협곡 아래로 바람이 흐르고, 그 장엄한 자연의 침묵은 어떤 말보다 깊었으며, 내 안의 소란도 잠잠해졌다. 경비행기를 타고 하늘에서 바라본 경관은 영겁의 한숨이 대지를 갈라놓은 듯했고, 사소한 나의 고민은 한낱 먼지에 지나지 않을 뿐이었다. 그리고 흥룡이와 함께 갔던 LA 산불 지역은 맑은 하늘 아래 끝없이 펼쳐진 아름다운 남부 캘리포니아 해변과 묘한 대조를 이루면서 다시 한번 자연의 거대한 힘을 실감케 했다. 또한 항렬이와 그의 딸 부부가 안내한 유니버설 스튜디오에서는 시간의 레일 위에 올라 아이처럼 놀라고 웃으며 현실을 잊어버리는 마법을 경험했으며, 게티(Getty) 미술관에서는 예술이 세대를 건너 이어주는 침묵의 유산을 원 없이 감상했고, 퇴역한 미드웨이호가 묵묵히 자리를 지키고 있는 샌디에이고에서 흥룡이가 사준 해산물 요리를 먹을 때는 태평양이 한나절 동안 익힌 풍경의 조각을 먹는 것 같았다.

어느 날 흥룡이는 자주 사용하지 않는 자동차 한 대를 자신의 시니어 하우스에 가져다 두어야 한다면서 내게 테슬라 자율주행자동차를 운전해 따라오라고 했다. 상당히 먼 거리인데 운전대를 놓고 가만히 있어도 되는지, 신호등 앞이나 앞차가 섰을 때 적절한 간격을 두고 진짜로 차가 설 것인지, 우회전, 좌회전, 골목길마저 스스로 찾아갈 수 있을는지 겁이 났다. 그러나 자동차는 마치 훈련된 운전자처럼 침착하게 반응했다. 신호등이 바뀌면 부드럽게 정차하고 앞차와의 간격은 한 치의 오차도 없었다. 상상에 불과했던 미래가 성큼 다가와 있었다.

  귀국을 앞두고 홍룡이네 집 정원에서 바비큐 파티가 열렸다. 홍룡이 부부와 항렬이 부부, 아들의 멘토, 그리고 온 가족이 다 모였다. 홍룡이의 요청으로 언제 다시 볼지 모르는 어머니의 손을 꼭 잡고 최성수의 '해후'와 백설희의 '봄날은 간다'를 불렀다. 어머니도 따라 부르시는데 눈시울이 붉어졌다. 언제 다시 뵐 수 있을까? 65세 이상에게 주어지는 이중국적 취득을 위해 같이 귀국한 항렬이 부부가 이번에 영주귀국한 친구 봉하처럼 다시 미국으로 가지 말고 오래도록 이 땅에서 같이 살았으면 좋겠다고 생각한 것은 내 욕심이었을까?

흐르는 삶, 머무는 그날까지

최은희
2022. 12. 천료

산다는 것은 고통의 연속이다. 하지만 사이사이에 쌓아 올린 행복이 역경을 이겨내는 단단한 방패가 되어준다. 오늘도 방패에 한 겹을 덧칠하고자 길을 나선다.

한여름, 끓어오르는 태양열의 잔인함에 숨이 막혀 온다. 달궈진 아스팔트도 보란 듯이 열기를 뿜어 올리고 있다. 그 덕에 불 지핀 화덕 속을 걷는 느낌이다. 이러다가 목적지에 닿기도 전에 녹아 사라질 것만 같다. 이마에선 수도꼭지를 틀어 놓은 것처럼 땀이 흐른다. 더위에 바람도 숨었는지 꼼짝도 하지 않는다. 길가에 흐르는 얕은 개천이라도 뛰어들고 싶다. 상상만으로도 시원해지면 좋으련만 말라붙어 졸졸 흐르는 물길은 더욱 갈증을 부채질할 뿐이다.

짙푸른 물이 섬뜩한 느낌을 주는 강 앞에 모여 있다. 회사에서 워크숍을 왔다. 모두 어깨의 짐을 던져버리고 단지 즐거운 시간을 갖고 싶은 마음이다. 그런데 생각이 전혀 다른 부장은 한 가지에 집중하고 있다. 단합을 위한 전략으로 마음을 합하면

강을 건널 수 있다고 부추긴다. 이런 뜨거운 여름날, 오싹함을 맛보면 다시 여름이 와도 이겨낼 수 있다는 신념에 빠진 것이다. 잔잔하게 머무는 듯 유유히 흐르지만 가까이 보면 빠른 유속으로 덩치 좋은 성인도 종이배처럼 가볍게 떠내려가기 십상인 강물이다. 강이 부르는 유혹에 빠진 듯한 고집 센 상사를 이겨 먹을 사람이 없다. 가장 좁고 얕은 물길을 찾아서 기어이 도강을 시작했다. 기다란 밧줄을 몸에 두르고 건장한 직원을 선두로 서서히 발을 내디딘다. 밧줄을 잡은 손도 겁먹은 얼굴도 하얗게 질려 위태롭다. 안된다고 위험하다고 말해도 안 듣던 부장은 얼마 지나지 않아 작고 힘없는 여직원의 발이 동동 떠오르자 심각함을 느끼고 후퇴하기로 결정했다. 안도하며 되돌아 나오는 도중에 나의 발이 허당을 밟았다. 기우뚱 중심을 잃은 채 물속으로 곤두박질치고 말았다. 그다음 정신을 차렸을 때는 텐트 안에 있었다. 어찌 나왔는지 기억이 잘 나지 않았다. 동료들은 뽀르르 가라앉는 모습에 놀라 남자 직원이 번쩍 들고 왔다는데 잘 모르겠다. 모두 웃으며 그 순간을 회자하지만, 나로서는 소름 돋는 순간이고 좋지 않은 기억이다.

얼마나 무모하고 황당한 사건이었는지 생각할수록 헛웃음이 나온다. 더구나 다음날 들려온 소식을 듣자니 싸늘한 기운에 몸서리쳤다. 놀러 온 성인 남자가 술을 마시고 수영한다고 들어가서 그곳에서 나오지 못하고 생을 달리했다는 것이다. 어쩌면 내 삶의 여정도 그 순간을 마지막으로 멈추어 버렸을 수도 있다는 두려움이 온몸을 휘감았다. 그 후 몇 주가 지나도록 여직원들은 치마를 입지 못했다. 긴장한 데다 물속이라서 아픈지도 모르게 돌과 바위에 부딪혀 이곳저곳 멍으로 얼룩무늬가 만들어졌기 때문이다.

그 이전에도 그랬던 건지 그 일 때문인지는 모르겠지만 물에 들어가는 일이 두렵다. 물놀이를 싫어하지는 않는다. 다만 물의 깊이가 허리쯤까지 닿으면 몸이 먼저 반응한다. 물의 압력이 몸을 눌러 심장보고 멈추라고 압박하는 환상에 빠진다. 천천히 요동치는 가슴을 잡고 다급하게 밖으로 나오게 된다. 그래서 수영도 배울 생각을 하지 못한다. 어쩌면 삶이 끝나는 그날까지 극복하지 못할 일 중의 하나일 것 같다.

우리는 비슷해 보이지만 완전히 다른 각자의 길을 걷는다. 원하든 원하지 않든 항상 옳고 평탄한 길을 갈 수 없음은 분명하다. 자신의 판단이 옳다고 생각하면 뚜렷하게 보이지 않더라도 묵묵하게 나아가게 된다. 하지만 어떤 결정이나 어려움이 닥쳤을 때는 먼저 다른 사람의 조언도 경청하고 참고할 필요가 있다.

함께 웃고, 화내고 공동체로 어울리던 부장은 몇 년 뒤 빗길의 교통사고로 유명을 달리했다. 항상 계획적이고 단단하던 사람이 그렇게 되었다는 것을 쉽게 믿을 수가 없었다. 함께 한 시간이 주마등처럼 지나간다. 그는 회사를 위해 항상 진두지휘하며 노력하는 유능한 사람이었다. 삶의 여정이 언제 끝날지 모를 뿐 유한한 사람의 생명은 언젠가는 끝을 마주한다. 그렇다고 누군가의 삶이 어느 날 갑자기 멈추는 것도 받아들이기 힘들다.

가끔 휘파람 소리가 들려온다. 그러면 그 부장이 떠오른다. 그는 업무 시간에 무의식적으로 휘파람을 불곤 했다. 다른 사람과는 다른 특이한 소리가 나는 휘파람이었다. 이제 그 소리는 어디에서도 들리지 않는다. 소리를 내는 사람이 사라졌기 때문이다. 하지만 나의 기억 속에서는 여전히 울리고 있다.

누군가 머물다 간 자리의 흔적은 행복의 방패로 아무리 가려도 이미 뚫고 머릿속에 들어와 있다. 흔적이 하나둘 늘어갈 때마다 조금 더 진중하게 생각하려 애쓰고 성실하게 살아가려 한다. 그래서 깊이 생각하고 조심스럽게 움직이며 더 많이 사랑하려 한다.

인연

강정수
2023. 1. 천료

　불교 용어인 '시절인연'이란 단어의 의미를 헤아려 본다. 법정 스님의 말씀대로라면 때가 되어 연이 닿아 있으면 아무리 멀리 있어도 그 정은 이어가는 사람이 있다고 했다. 고등학교 후배 중에 각별하게 지내는 이가 있다. 그녀는 형제처럼 나를 살뜰히 챙겨준다. 부처님의 가르침을 원칙으로 사는 그녀를 통해 삶의 의미를 다시 되짚어 보며 많은 것을 배우고 있다. 덕을 쌓으며 살아가는 그녀와의 인연은 그리 오랜 세월이 흐른 것도 아니다. 동문회에서 만나게 된 계기로 서로가 맺어진 인연의 고리가 있었는지 자매보다 진한 우정을 나누게 되었다.

　젊었을 땐 그저 사느라 바빠 마음의 여유를 부릴 틈이 없었다. 아이 셋을 키우는 것조차 버거워 늘 몸에 통증을 달고 살았다. 세상만사 고추 맛, 시럽 맛, 다 겪고 나니 이제야 뭔가 느껴지는 인연의 소중함도 알 것 같은 새로운 맛을 경험하게 된다. 누구나 산다는 것은 녹록하지 않다는 것을 지나고 나서야 깨닫는다.

사람의 마음도 올라갈 때와 내려갈 때가 다를 수 있다. 그러나 그녀의 한결같은 마음은 변함없이 나를 감동시킨다. 한때 양어깨를 짓누르던 그 모든 상념들이 세월이 약이 되어 보상받고 있다는 생각이 들 때 불현듯 나타난 한 사람, 그녀는 나의 시절인연이었던가.

내 40대를 고스란히 바쳐 나의 십자가가 마음을 짓눌러 왔을 때도 나타나 주지 않던 그 인연의 끈은 어디서부터 풀려 스르르 내게 왔을까. 전생에 꼭꼭 숨겨 두었다가 누적되어있는 마일리지(mileage)를 보니 스스로 듬뿍 담아 뒤늦게 내게로 보냈을까. 아마도 가슴을 파헤치던 그 인고의 시간들은 오늘을 있게 하기 위함이었을까. 그 많은 나날들은 나의 걸림돌이 아니고 디딤돌이 되어 이제 내 맘속에 대궐 같은 건물들을 마음 놓고 지을 수 있게 된 것일까.

요즘 40대는 결혼도 안 하는 사람이 많다. 나의 사십 대는 남도 아닌 가족이라는 이름의 굴레 속에서 조여오던 숱한 돌팔매 같은 아픈 조각들이 있었다. 끓어오르는 분노에 밤잠 설치던 나날들, 멍든 가슴 안고 풀길 없는 방황 속을 헤매던 시간들이 많았다. 그러한 젊은 날들이 나에게 살아낼 돌파구였고, 삶의 원동력을 안겨준 계기가 되었다면 감사해야겠지.

그러나 가끔은 포트홀(pothole)이 치유되지 않은 상태에서 생긴 그 싱크홀(sinkhole) 속 물에 비친 내 모습이 아직도 생생해 죽는 날까지 잊지 못할 상흔으로 남아있음을 나는 안다. 그 가까운 친척의 거짓말과 독설들, 나 아닌 내 자식에게까지 쏟아내던 몹쓸 단어들, 정신적인 에너지를 많이도 낭비하며 살았다. 내가 살아낸 이유는 누구보다 내 아이들을 잘 키워 세상에 내놔야 한다는 오기였을까. 잘 버텨 준 내가 자랑스럽다. 몇십 년이란 시간의 세월이 약이런가. 그 속에서 허우적대던 영혼이 되살아나고 웃기까지, 남모를 고충의 편린들이 하나씩 깨져 내 곁을 떠나기까지, 아마도 보이지 않는 좋은 인연의 끈이 나를 지탱하게 해 주고 있었나 보다.

 이제 와 돌이켜 보면 그 힘은 어마어마한 것이었다. 안개에 둘러싸인 어떠한 존재였고, 내 앞에 나타나지 않은 신비였다. 주님이기도 하고, 부처님이기도 한 그 범접할 수 없는 힘이 나에게 에너지를 불어넣어 주었고, 내 속에 증오나 분노 같은 부정의 씨앗을 하나씩 빼내 갔다. 어느덧 나는 내 안의 긍정의 밀알들이 따리 틀기 시작함을 느꼈고, 그 힘은 나를 다시 일으켜 세웠다. 엄마로서, 아내로서, 버틸 수 있게 내 마음 안에서 같이 살고 있음을 알 수 있었다.

 그 고개를 넘는 길은 뒷산인데도 태산 같은 무게였고, 이슬에 젖는 신발도 여름 소나기처럼 세차게 다가왔다. 마음은 이미 공황 상태에 빠져 긴 터널을 빠져나오느라 버둥대고 있었다. 그러나 삶의 무게가 짓눌린 만큼 멀리 터널 밖에서 대기하고 있는 빛이 있었다. 서서히 알게 모르게 그 빛이 젖어 들어 다시 태어난 사람처럼 긍정의 아이콘(icon)으로 살아가게 만들었다. 그 뒤 남에게 웃음의 전도사가 되고, 몸을 살리는 요가를 가르치며 나는 깨어나고 있었다. 그것은 축복이었다. 시절인연이 되어 준 부처의 힘이었든, 주님의 힘이었든, 나에겐 신비 그 자체였다. 내가 상처를 꿰매고 새살이 돋아나 제2의 인생을 이렇듯 행복하게 살 수 있는 힘은 어쩌면 우리 손자들일 수도 있고, 보이지 않았지만, 그녀일 수도 있다.

 내 인생의 뒤안길을 돌아보면 다시 돌아가고 싶은 생각은 없다. 그냥 지금이 제일 좋다. 훌라춤을 추며, 글도 쓰며 나날이 지금 같기만 하면 된다. 얼마나 행복한가. 무엇보다 우리 가족들은 모두 나의 버팀목이 되어주었고 내가 사는 이유요, 삶의 원천이었다.

 인연이란 언제 어디서든 꼭 한번은 스쳐 가기 마련인 것 같다. "인연은 인간의 정신이 지배하고, 악연은 거친 입이 지배한다."라고 누가 말했던가. 이 나이 되어서야 깨닫게 되는 것들이 너무도 많다. 소중한 인연을 놓치지 않기 위해 오늘도 노력하며, 잊지 않고 감사기도를 올리고 있다.

  그중에 커다란 인연으로 내게 다가온 분은 나를 수필작가로 만들어 준 '하재준' 교수님이시다. 연세가 많음에도 불구하고 비가 오나 눈이 오나 제일 먼저 교실에 와 계시는 존경하는 분이시다. 이 은혜는 두고두고 잊지 못할 것이다. 보답하는 길은 부지런히 글을 쓰는 것이 임무이다. 내 생애 봄날을 만들어준 많은 인연이 너무 소중하다. 가슴 깊이 새기며 다시 한번 나의 좋은 인연이 되어 준 분들에게 감사드린다.

가지 않은 길

황재윤
2023. 8. 천료

가을만 되면 떠오르는 시가 있다. '로버트 프로스트'의 「가지 않은 길」이다. 두 갈래 길에서 하나의 길만을 걸어 온 것을 아쉬워하며 그때 선택한 길로 모든 것이 달라졌다는 시인의 회상에, 나도 이맘때면 문득 상념에 잠기곤 한다.

꽉 막힌 도로를 운전할 때마다 다른 길로 갔더라면 쉽게 가지 않았을까 하는 생각을 하게 된다. 집에서는 아내, 골프 칠 때는 캐디, 운전할 때는 내비게이션을 잘 따르는 것이 '남자 삼종지도三從之道'라는 유머가 있다. 그 말에 콧방귀를 뀌다가 그것을 따르지 않은 대가를 자주 경험하고는 고분고분해졌지만, 막힌 길에서는 선택한 길을 후회하곤 한다. 두 길을 동시에 간다면 어찌 될까, 하는 엉뚱한 생각도 해 보지만 같은 시간에 다른 공간에 존재하는 것은 절대 불가능하다.

산다는 것 자체가 매 순간 선택하는 것이니, 흐르는 시간은 곧 선택이라고 해도 무방할 듯싶다. 내 인생에서의 선택은 어떠했을까. 많은 사람에 있어,

첫 번째 선택은 청소년기의 학업의 진로가 아닐까 싶다. 나의 그 길은 소년 시절부터 나빠진 시력에 많은 제약을 받았다. 그 시절에는 진학이나 입사 등에 시력을 자격으로 삼는 경우가 많았으니, 지금 생각하면 어이없는 일이지만 그때는 그랬다.

그때 성적이 우수한 중학생을 선발하여 나라가 모든 것을 책임져주는 공업고등학교가 있었다. 가정형편을 생각하면 구미가 당기는 것이었으나, 그때 발목을 잡은 것이 시력이었다. 그러나 시절이 바뀌고, 그 학교에 갔던 사람들의 후회를 들어보면 가지 않길 잘했다는 생각이 든다. 그러나 모를 일이다. 혹시 그 길로 갔다면 기술 분야의 명장이 되어 지금도 현장을 멋있게 누비고 있을지 모르겠다는 생각이 들기도 한다.

대학 진학 시에도 마찬가지였다. 입시를 앞둔 3학년 여름쯤에는 선배들이 학교를 방문했다. 그때 사관학교나 해양대학교 등, 제복을 멋지게 차려입은 선배들을 동경했다. 4년간 무료로 공부하고 생활한다는 것은 부모님께서 기뻐하실 일이었다. 다음 날에는 일반 대학교에 진학한 선배들이 와서 "제복에 끌리지 말라"며 또 다른 유혹을 했지만 나는 그중에서도 마도로스가 될 수 있다는 하얀 제복을 입은 선배들이 한동안 눈에 아른거렸다. 그러나 마찬가지로 시력 때문에 지원 자격조차 얻을 수 없었다. 그때 그 길로 가지 못한 일은 잘된 일이었는지, 아닌지는 지금도 알 수는 없다.

결혼은 아내와 만나 열 달간 뜨거운 연애를 하는 중에, 부모님께서 눈치채시고는 일사천리로 결혼이라는 형식의 문으로 들이밀었다. 이 사람 저 사람을 만나거나 맞선의 설렘을 한 번도 경험하지 못했으니, 지금 생각해 보면 조금 억울(?)한 일이다.

직업을 가질 때도 선택이라는 고민을 하긴 한 걸까. 대개가 그렇듯이 회사원이라는 평범한 길을 택하고 시절을 잘 만나 좋은 회사에 어렵지 않게 발을 들인 것이, 무슨 큰 결정이었을까. 오히려 회사라는 큰 길에 들어선 후, 곳곳에 숨어 있던 작은 오솔길에서 어디로 갈까를 더 치열하게 고민한 것 같기도 하다.

우리는 살아오면서 많은 선택을 했다고 생각하지만, 선택한 것이 아닐 수도 있다. 이 길인가 저 길인가를 두고 절박한 저울질을 했다기보다 어쩌면 이미 정해진 길을 따라갔을지도 모른다. 진학의 길은 시력 문제로 몇 개의 길은 없어지고, 남은 길을 따라간 것은 아니었을까. 결혼은 아내만 눈에 들어와 있었기에 오로지 외길만이 있었을 뿐이었고, 사회생활 마지막에 몸담았던 회사도 나의 선택의지가 아니라 외부의 힘에 정해진 결과였다. 그렇다고 결과가 아쉬운 것은 아니었다.

돌아보니 이제껏 너무 쉬운 길을 걸어 온 듯하여 맘이 편치만은 않지만, 지난 일은 늘 아름다운 것이려니 한다.

이번 추석에 성묘를 마치고 출발하는데 내비게이션이 7시간이나 걸린다고 알린다. 아무리 명절이라지만 예전보다 두 배나 걸린다는 상황에, 세 개를 비교해서 빠르다고 하는 것을 따라갔다. 선택한 그것은 구불구불한 산길과 고갯길을 지나는 어려운 길을 안내한다. 후회가 막심했으나 조금은 빠르려니 했다. 그러나 한 시간 이상 빠르다고 약속했던 그것은 가는 내내 시간을 바꾸더니, 도착 무렵에는 다른 것과 별반 차이가 없었다.

인생도 이런 것인가 보다. 어느 길로 갔든지 그 결과는 지금과 별반 차이가 없었을 것으로 생각하니 마음이 편안해진다. 선택한 것인지 어쩔 수 없이 그렇게 된 것인지, 여하튼 그 결과는 오히려 지금이 더 다행스러운 결과가 되어 있기도 하다. 그러나 이제는 그런 선택할 일이 없을 것이라는 생각에 마음이 가라앉는다.

뜨거운 여름은 지났다. 한동안 멈췄던 서울 둘레길을 걸으려 다시 숲속에 섰다. 친절한 이정표와 곳곳에 매어 놓은 주황색 리본이 길은 하나뿐이라고 말해준다.

  시인이여! 나는 아직 숲속을 걸어가는 여행자, 이제는 두 갈래 길이 보이지 않소. 끝을 알 수 없는 하나의 길이 놓여있을 뿐이오. 그러나 여행자는 멈추어 서 있을 수는 없으니 이 길을 가야만 하오. 이 길도 지나온 어느 한 갈래 길처럼 노란 숲속의 아름다운 길일 것이오. 하나의 길만 있으니 훗날에 모든 것이 달라질 일도 없을 터, 이 얼마나 다행이오. 붉은 잎새를 밟고 노란 잎새를 보면서 사뿐사뿐 걸어가기만 하면 된다오. 드디어 여행자는 세상에서 가장 아름다운 길을 찾았으니 이제는 마음이 편안하다오.

시간 저장하기

김영희
2023. 12. 천료

쉼 없이 흐르는 시간 속에 계절이 오고 간다. 겨울을 재촉하는 비가 추적추적 내리는 날, 합창단 젊은 단원이 중간 휴식 시간에 연습실 마당에서 젖어서 색이 더 고와진 작고 앙증맞은 단풍잎 몇 개를 주워 와 보면대 위에 늘어놓는다. 언니들의 눈길이 모이고 여기저기 반색하는 목소리에는 호기심 어린 질문도 있다. 그녀는 잎사귀의 물기를 닦으며 책갈피에 끼워서 잘 말리겠다고 한다. 보는 이들 얼굴에 소녀 같은 미소가 번진다. 11월의 끝자락이니 곧 가을을 예쁘게 수놓던 샛노란 은행잎도 빨간 단풍잎도 금방 빛이 바래고 말라 바스라지리라. 사라져 가는 것은 모두 애달프다던 어느 작가의 말이 떠오른다.

한때는 나도 봄이면 들에 지천이던 두껍고 짙은 향기가 오래가는 하얀 찔레꽃잎을 말려 두었다가 편지 속에 넣어 보내기도 하고, 각양각색 물든 나뭇잎도 두꺼운 책갈피마다 꽂아 말렸다. 지금 사는 동네로 이사 온 첫해, 아침 산책을 나갔다가 아파트 자투리 화단에서 열 개도 넘는 네 잎 클로버를 찾았다. 그 잎들은 납작하게 잘 말려져 십오 년이 넘도록 행운을 무더기로 얻은 듯 기뻤던 그날을 간직한 채 여태 거실 탁자 유리판 밑에 얌전히 깔려 있다. 집안 구석구석 말린 축하 선물로 받았던 장미 꽃다발이며 하얀 구름 같은 안개꽃이며 시시콜콜 여행지에서 주워 온 작은 열매, 조개껍데기, 조약돌도 있다. 남편은 제발 버리라고 성화를 하지만 나는 그때의 추억과 이별하는 게 그리 쉽지 않다.

해외여행에서 사 온 조그마한 기념품들은 올망졸망 거실 장 가득 채워져 있어 눈길이 갈 때마다 시간을 거슬러 나를 다시 그날 그 장소로 데려가 준다. 하얀 코끼리상은 인도로, 빨간 깃털 펜은 영국의 「폭풍의 언덕」을 쓴 '에밀리 브론테'가 살던 마을로, 성모님이 예수님을 안고 있는 '피에타' 조각상은 로마의 바티칸 궁전으로, 옥으로 다듬은 배추 모형은 중국의 박물관으로, 성난 투우 모양 도자기는 스페인으로, 곱고 보드라운 모래는 고비사막으로…. 벽에 걸린 그림과 아들 결혼식 사진에도 100여 개가 넘는 실내 화분에도 하나하나 시간이 담기고 이야기가 스며져 있다. 이러니 그때의 시간과 장면이 생생하게 떠오르는 것들을 선뜻 없애버릴 수가 없다.

스마트폰 속에 잔뜩 들어있는 사진, 음악, 동영상도 마찬가지이다. 쌓여가는 기록물들로 배터리 용량을 걱정하게 하지만 지우려고 하다가도 멈춰진 그 시간과 기억들을 영영 잃어버릴까 봐 망설여진다. 세월을 돌이킬 수 없으니 꼬물꼬물 커 가는 손녀 사진도 차마 단 한 장 지울 수가 없고 이곳저곳을 담아 놓은 풍경 사진도 언제 그림 소재가 될지 몰라서 남겨 둔다. 선택 장애 같기도 하고 어떤 때는 괜한 집착도 병인 것만 같아 마음이 무겁다. 누가 나 대신 과감하게 확 날려 버리기라도 해주면 좋겠다는 생각도 들지만 그런다고 해도 서운하고 아쉬운 마음은 두고두고 남을 것 같다. 어느 아프리카 인디언족 엄마들은 아이들이 어릴 때부터 헝겊을 기워 인형을 하나씩 만들어준다고 한다. 밤에 잠들기 전 그날 생긴 걱정을 인형에게 다 털어놓으면 잠자는 동안에 나 대신 모두 해결해준다는 이름하여 '걱정인형'인데 대부분의 아이들은 철석같이 그걸 믿으며 자란다고 한다. 매일매일 아무 걱정 없이 새로 시작하는 아침은 얼마나 행복할까. 어른이 된 지 한참이나 오래된 소심하고 걱정 많은 내게도 꼭 있었으면 좋겠다. 가까운 미래에는 다행히 AI가 사람들이 겪는 골치 아픈 생각과 문제를 도맡아 처리해줄 것이라고 하니 그때는 걱정인형이 부럽지 않겠지만.

과학이 달려간다. 주변 사람들에게서 줄기세포 시술 경험담을 심심찮게 듣는다. 건강한 자기 몸에서 줄기세포를 채취하여 무릎관절이나 어깨에 이식하여 새로운 세포를 자라게도 하고 배양하여 보관해 두었다가 두고두고 쓴다고 한다. 미래를 위해 현재를 보존하는 기술의 발전이다. 냉동정자 냉동난자며 장기이식 수술은 이미 보편화되었고 사람을 대신하는 AI 기술을 넘어 복제인간 이야기까지도 나온다. 세포를 재생시키고 뇌까지도 바꿀 수 있는 시대가 온다고 하니 무섭기도 하다. 세월은 유수같이 흐르기만 하는 줄 알고 살았는데 젊음도 되돌리고 시간을 멈추기도 한다고 하니 미래의 세상은 예측하기도 벅차다.

옛날에 금잔디 동산에 놀던 때를 회상하고 행복해 하고 있기엔 너무나 빠르게 변해가는 세상이다. 인간의 모습을 보존하기 위해 방부처리를 하여 미라를 만들던 시대는 까마득한 옛이야기가 되었다, 미래에는 사람의 수명이 백세를 넘어 5백 살까지도 가능해진다고 한다. 불치병에 걸려도 발전된 냉동기술로 보관해 두었다가 치료약이 개발되면 다시 살린다고 하니 죽지 않는 영생의 삶이 가능하다는 건가? 사람에게 끝이 없는 삶이 과연 행복할까? 누군가는 끝이 있다는 걸 알기에 삶의 길이 아름답고 살아볼 만하지 않겠냐고도 한다. 나도 영원한 미래에 환호하기보다는 내 안에 머물러 있는 애틋하고 아름다운 시간으로 행복하면 더 좋겠다.

올 한 해, 오늘 하루 또 어떤 시간이 저장되어 나를 채워갈까? 더 사랑하고 더 즐겁게 살고 볼 일이다.

중년에 대처하는 법

김민정
2024. 1. 천료

병원에서 받아온 약 봉투를 열었다. 약이 담긴 봉지들을 꺼내어 윗부분에 하나씩 날짜를 적는다. 하루 한 번 복용이니까 오늘 날짜부터 쓰기 시작한다. 근래 들어 약을 먹어야 할 때 헷갈리는 일이 잦아져 시작한 방법인데 꽤 도움을 받고 있다. 조금 전 '약을 먹어야지.' 했던 건 기억이 나는데 그래서 내가 먹었는지 아닌지 확신할 수가 없는 것이다. 그럴 땐 혹여라도 과다 복용하는 것보단 하루 빼먹는 게 나을 것 같아 걸러 버린다. 그러다 보면 마지막 날, 미처 먹지 못한 약봉지가 몇 개씩 남곤 한다.

장을 보러 갈 때는 메모를 한다. 그때그때 생각나는 대로 필요한 것들을 적어 놓는다. 미리 목록을 만들어 두지 않으면 사야 할 물건을 빠뜨리기 일쑤다. 생활용품이야 다음번에 사도 되지만 혹여라도 요리에 쓸 재료를 빠뜨리면 난감해진다. 리스트를 적을 때는 주로 작은 수첩이나 쪽지를 이용했다. 하지만 집을 나서며 깜빡 잊고 두고 가는 일이 많아서 지금은 핸드폰 메모장을 활용한다.

가만, 유년 시절엔 어땠더라? 나는 물건을 곧잘 잃어버리는 아이였다. 초등학생 땐 학교에 연필이나 지우개, 필통 등을 두고 오는 일이 허다했고 가져가야 할 준비물을 챙기지 못해 선생님께 호되게 혼이 나기도 했다. 5학년쯤엔 아버지가 처음으로 손목시계를 사 주셨다. 만화 주인공 '캔디'가 그려진 바늘 시계였다. 1980년대 당시에는 무척 귀한 것이었는데 그걸 차고 나간 첫날 그만 잃어버리고 말았다. 그 일은 어린 나에게도 큰 충격이었던지 딱 하루 보았던 시계의 생김이 아직도 생생하다.

다행히 성인이 되고부터는 물건을 잃어버리는 일이 거의 없다. 내 기억력이나 주의력이 좋아졌다기보다 나름의 해결책을 찾았기 때문이다. 항상 큰 가방을 메고 다니며 모든 물건을 그 안에 넣는다. 필요할 때, 책이나 우산 등을 꺼내 쓰고 이후에는 바로 가방 속에 넣어 손에 아무것도 들지 않는다. 이 방법은 꽤 효과가 있어서 지금까지도 큰 실수 없이 물건을 잘 챙기고 있다. 다만 어떤 상황을 순간 잊어버리는 일은 여전하다. 그것은 본래 내 성향이기도 하지만 날이 갈수록 빈도가 잦아지는 걸 보면 나이 드는 것과도 전혀 무관하지 않은 것 같다. 그러다 보니 친구들과 대화할 때 이 주제가 곧잘 화제에 오른다. 가령 누군가 '건망증 때문에 이런 행동을 했다.'라고 이야기하면 처음엔 공감하며 각자 자기 경험을 덧붙이다가 점차 누구의 건망증이 더 심한지 서로 하소연을 하게 된다. 재밌는 건, 40대 중반을 넘긴 이후로는 친구들과 어떤 주제로 대화하든지 간에 결국엔 건강 이야기로 끝을 맺는다는 것이다. 점점 변해가는 우리 몸은 50대를 훌쩍 넘기도록 여전히 흥미로운 관심거리다.

나이가 들어감에 따라 생체 리듬도 변하고 있다. 원래 낮잠이 없고 새벽 2~3시까지도 무리 없이 활동하던 것이, 근래엔 오후 11시만 되어도 피곤해진다. 예전에는 잠에서 깨면 곧바로 일어났지만, 언제부턴가 침대에서 뒹굴뒹굴하는 것이 너무 아늑해 선뜻 일어나질 못한다. 이렇게 컨디션이 달라지는 걸 느낄 때마다 마음이 불편하고 당황스러웠다. 그래서 한동안은 취침 시간이 아니면 졸려도 자지 않거나 배가 고파도 식사 때가 아니면 음식을 먹지 않았다. 내가 기억하는 젊은 시절 습관대로 살려고 애를 쓴 것이다. 하지만 이제는 몸이 바뀌고 있다는 것을 받아들였다. 젊어서는 내가 몸을 이끌며 살았다면 앞으로는 몸이 원하는 대로 해야 한다는 걸 이해한다. 졸리면 자고, 배고플 때 먹으며, 신체의 변화에 저항하지 않으니 오히려 사는 것이 훨씬 자연스러워졌다. 이럴 때 같은 경험을 공유하는 친구들이 있다는 게 큰 도움이 되고 있다. 서로 위로하고 격려하는 과정이 내면의 불안을 가라앉혀 준다.

20, 30대에는 중년이 까마득히 먼 줄 알았다. 하지만 나는 어느덧 그 시기에 도달해 있다. 나이를 먹는다는 것은 살아있는 한 반복되는 것이고 우리의 몸은 그에 따라 계속 변할 것이다. 그럼에도 신체의 변화가 꼭 자아의 변화로 이어지는 것은 아닌 듯하다. 나는 여전히 세상이 궁금하고 그 호기심은 새로운 도전으로 이어지고 있으니까. 달라진 것이 있다면 점점 느려지고 약해지는 신체를 돌보기 위해 좀 더 많은 시간과 정성을 쏟아야 한다는 것뿐. 토닥토닥 몸을 다독이며 무리하지 않고 살아갈 방도를 궁리한다. 올해도 벌써 절반을 넘어섰다. 해를 넘기면 또 한 살이 더해질 것이다. 내가 관여할 수 없는 시간의 일은 시간이 하도록 놓아두고 나는 오늘 하루도 즐겁게 내 뜻대로 산다.

이 맛에 고향을 찾는구나

김영애
2024. 3. 천료

'내 고향 남쪽바다 그 파란 물 눈에 보이네, 꿈엔들 잊으리오.'

가고파 노랫말에는 시조시인 노산 이은상 선생님의 고향에 대한 그리움이 절절히 녹아있다.

고향인 부여 백마강에서 뛰놀던 추억을 되짚다 보면 남편도 시인이 된다. 은빛모래가 석양빛을 받을 때쯤이면 등에 날개가 돋아나는 듯 신이 나서 배고픈 줄도 모르고 헤엄을 치고 놀았단다. 다시는 돌아올 수 없는 그 시절이 너무도 그리운 남편은 동향 사람을 만나면 초면에도 불구하고 손 붙잡고 등 두드리며 정을 나눈다. 사진카페 회원들에게도 백마강 유람선을 타고 고란사, 낙화암에 올라 작품을 남기길 은근히 권해 보기도 한다.

부여는 성왕이 사비성으로 도읍을 옮긴 후 123년 동안 백제의 찬란한 문화를 꽃피웠던 왕도이다. 영화를 누리던 의자왕의 꽃 같은 삼천궁녀는 낙화암을 붉게 물들이고 아득한 절벽 아래로 몸을 던졌다. 역사의 아픔을 아는 듯 모르는 듯 무심한 백마강 유람선은 낙화암, 고란사로 구름처럼 한가롭게 떠다닌다.

 오십 호 남짓한 아담한 마을인 삼용리는 백제 왕족의 후손인 부여 서씨가 대대로 살고 있는 집성촌이다. 남편의 나이도 칠순을 훌쩍 넘긴 지금 깨복쟁이 시절, 함께 했던 친구들은 뿔뿔이 흩어지고 추억만 남았다. 옆집에 살던 동갑내기 친구가 고향과 선산을 지켜주었으나 그 친구도 몇 해 전에 한 줌 재로 떠나갔다. 이제는 마을에 남은 막역한 친구도 딱히 없지만 안면 정도나 트고 있는 지인들은 생업에 바쁠 테니 우리 부부는 한가롭게 동네를 기웃거린다. 내 친구 추월이가 요기쯤 살았고 저기 살던 친구는 공부는 못했지만 싸움은 잘해서 같이 다니면 든든했다는 이야기. 성냥공장 아들인 부잣집 친구가 먹는 토마토를 한 입만 먹자고 얼굴을 들이댔다가 퇴짜 맞았던 일, 머쓱하고 창피해서 분했던 마음. 마을의 유지였던 방앗간 아저씨는 사업에 실패해서 그 많던 재산을 송두리째 날리고 떠났다고 한다. 그 사달이 난 지가 수년이 지났다는데 동네 소식에 어두운 우리 부부는 오랜만에 인사를 드리러 갔다가 씁쓸한 마음만 가득 안고 돌아섰다. 운이 좋은 날 옛 친구의 동기간이라도 만나면 여행의 보람이라도 찾은 듯 좋아하는 남편이다. 그런 그에게서 어린 소년을 본다.

 천천히 걷다 보면 어느새 자잘한 들꽃들이 피어있는 둑길이 나타난다. 초등학교까지 한 시간씩 걸리는 이 길은 백마강 지천이 흐르고 있어 아이들에겐 최고의 놀이터였단다. 여름이면 옷을 훌러덩 벗어 던지고 알몸이 되어 진흙과 소나무가지를 짓이겨 만든 섶 다리 위에서 "심청아~" 부르짖으며 차례로 뛰어내리기를 반복하던 짜릿함. 겨울이면 얼음판 위에서 썰매를 타다 빠져 죽을 뻔했던 아찔한 추억들을 신이 나서 얘기하는 나이 든 소년. 저녁나절이 다 되어서야 밥 짓는 연기 피어오르는 굴뚝을 바라보며 책보자기 둘러메고 뛰어가던 천둥벌거숭이 아이들. 어떤 날은 연기 나지 않는 내 집의 굴뚝을 보고 실망하여

느릿느릿 걸었다는 이야기. 남편의 고향에 대한 그리움은 천진난만하면서도 아픔이 깃든 그리움이었다.

　내친김에 2008년 폐교되었다는 초등학교로 향했다. 지역 사회를 위한 시설로 쓰고 있다는 교실은 넓은 잔디밭 끝자락에서 우리를 맞아주었다. 교문 옆으로는 더께가 지도록 검붉게 녹슨 철봉과 국기게양대, 방치해 버려 잡초와 뒤엉켜 하늘을 가리고 있는 교정의 나무들. 그 속에서 땟국이 흐르는 모습으로 책을 펴 들고 있는 조각상이 숨어 있었다. 교정에 남아 있던 그들이 안간힘을 쓰며 외치는 것만 같았다. '일제치하에서도 버텨냈고 6.25전쟁에서도 살아남아 역사의 버팀목을 길러낸 우리를 좀 봐 달라'고 말이다. 가곡 장안사의 노랫말이 떠오른다. '흥망이 산중에도 있다 하니 더욱 비감하여라' 이보다 적절한 표현이 또 어디 있으랴.

　샵티 저수지 가는 길은 산새들의 지저귐과 솔바람에 흔들리는 야생화, 초록이 짙은 나무들이 햇빛에 반짝이는 치유의 공간임을 알린다. 보물 같은 산길을 우리 둘이만 오롯이 느끼고 즐긴다는 것이 마냥 행복하기만 하다.

　"그때 그 길이 그대로 있네."

　남편은 후미진 길들에게도 반가움을 표한다. 여러 번 들은 그의 지난 이야기들은 어느덧 내가 겪은 과거가 된다. 초등학교 졸업 후 중학교 진학까지 어머니의 병치레로 생긴 1년의 공백. 그동안 그는 어른들을 따라 서너 시간 걸리는 저수지 너머 산으로 나무를 하러 다녔다고 담담히 털어놓는다. 하굣길 저녁나절, 놀다 지친 아이들이 배고파 제집으로 뛰어갈 때 내 집 굴뚝에서는 연기가 나지 않던 이유가 쌀보다는, 땔감이 떨어져서라는 것을 나무를 하면서야 알았단다. 어린 마음에 중학교에 못간 설움은 제쳐놓고 집 처마를 빙 돌아가며 나무를 쟁여 놓는 기쁨에 흐뭇했다는 내 남편. 같은 길에서 나는 마냥 행복했고 그는 힘들었던 그 시절을 향수에 젖어 그리워했다니.

내가 아기 새처럼 뛰는 가슴을 누르며 소공녀 소공자를 탐독하던 때. 소년의 지게에 얹은 나뭇짐의 무게는 십자가의 고행만큼이나 힘에 겨웠으리라. 새삼스럽게 운전하는 그를 살포시 안아주고 싶은 어미 새의 마음이 되었다.

서울로 돌아오기 전 고향마을 삼용리를 다시 찾았다. 남편보다 늙어 보이는 초등학교 후배들과 더러 아는 얼굴들이 모두 농협에서 지원하는 공동작업장에서 효소 출하 준비를 하고 있다. 반갑게 악수하고 선물을 주고받으니 남편 얼굴이 한낮의 태양에 눈이 부시게 빛난다. 이 맛에 고향을 찾는구나.

궁남지 연꽃축제 때 다시 보기로 약속하고 집으로 돌아오는 길은 고향마을 선물인 개복숭아 효소가 풍기는 향긋함으로 행복했다.

사랑이 담긴 아픔

이범응
2024. 4. 친료

　60여 년 전 우리 마을에는 거의 모든 집에서 개를 길렀다. 어느 한 집에서 개가 짖어대면 다른 집의 개들도 덩달아 짖어 마을이 시끄러웠다. 개의 이름은 바둑이, 검둥이, 누렁이 등 털의 색깔에 따라 지었다. 우리 집에서는 바둑이를 길렀다. 하얀 바탕에 군데군데 둥근 무늬가 있었다. 바둑이는 나를 잘 따랐다. 다른 사람을 보면 무섭게 짖어도 나를 보면 껑충껑충 뛰어오르며 반겼다. 아침에 학교에 갈 때면 마을 앞 신작로까지 따라와 돌려보내느라고 애를 먹었다. 학교에서 돌아올 때면 마을 앞까지 달려 나와 반겨 주었다. '바둑이 방울' 노래의 가사는 꼭 우리 집의 바둑이 모습이었다.
　학교에서 돌아오면 부모님은 논밭에 나가 일하시고, 나를 반갑게 맞아주는 건 바둑이였다. 바둑이와 함께 새집을 찾으러 산으로 가기도 하고, 물놀이하러 냇가로 가기도 했다. 숙제하느라 방 안에 들어가 있으면 문밖에서 웅크리고 앉아 기다려 주었다. 가난했던 시절이지만 어떻게든 바둑이가 먹을 것은 따로 챙겨주었다. 그러던 어느 날 학교에서 돌아왔는데 바둑이가 보이지 않았다. 누워있던 자리에는 아직 흔적이 남아있었다. '바둑아! 바둑아!' 큰 소리로 부르며 온 동네를 찾아다녔다. 이름을 부르면 먼 곳에서도 달려오던 바둑이었는데 나타나지 않았다. 불길함이 느껴졌다. 그 옛날의 개는 집을 지키는 파수꾼이며, 살림을 보태주는 밑천이었다. 그 후 바둑이를 볼 수 없었다. 바둑이는 어디로 갔을까? 그 시절에는 나와 같이 허탈감, 상실감을 겪고 지낸 아이들이 많았다.

세월이 흘러 직장 생활을 하고 가정을 이루었다. 아이 둘이 태어났다. 어느 날 친척 한 분이 강아지 한 마리를 가져왔다. 옛날의 바둑이가 생각나 입양이 망설여졌다. 언젠가는 헤어져야 할 텐데, 그때 아이들이 힘들어할 것 같아 염려되었다. 주변 사람들도 나중 일을 생각해서 단단히 마음먹고 결정하라고 하였다. 아이들은 '우리가 키울게요.' 하며 받아들이기를 원했다. 여러 생각 끝에 사랑으로 돌보아 주는 것도 좋은 경험이라며 받아들였다. 강아지 이름을 '제니'라고 지었다. 큰아이와 작은아이의 이름을 합성하여 지은 이름이다. 그렇게 제니는 한 가족이 되었다.

우리 부부는 함께 교직 생활을 하였다. 아이들이 학교에서 집으로 돌아왔을 때 맞아줄 사람이 없다. 아이들이 문을 열고 들어오면서 '엄마!' 하고 불렀을 때, 텅 빈 집안의 공허함이 얼마나 컸겠는가. 아이들을 집에서 맞아주지 못하니 매우 미안하였다. 작은아이는 엄마에게 학교에 가지 말라고 보채기도 하였다. 그 허전함을 달래준 것이 제니다. 혼자 집을 지키던 제니는 귀가하는 아이들을 반갑게 맞아주었다. 아이들이 올 때가 되면 문 안쪽에서 기다리고 있다가 뛰어오르며 반겨주었다. 아이들과 제니는 서로 달래고 반겨주는 반려가 되었다. 아이들은 제니에게 먹이를 주는 일, 마실 물을 갈아주는 일, 목욕시키는 일, 배변을 치우는 일, 병원에 데리고 가는 일들을 열심히 하였다. 사랑도 받아 본 사람이 한다더니 강아지도 그랬다. 제니는 아이들을 잘 따르며 철저히 지켰다. 누구든 아이들 곁으로 가까이 오면 '앙!' 하고 짖으며 막아섰다. 그게 지나쳐 난처한 경우가 많았는데, 가족을 지키려는 충정이 대단하였다.

어느 날 작은아이가 말했다.

"나 수의과대학에 가야겠어요."

잘 다니던 학교를 그만두고 진로를 바꾸겠다고 했다. 결국 작은아이는 수의과대학에 가고, 수의사가 되었다. 제니는 가족의 삶에 큰 영향을 미쳤다. 아이들은 제니를 보살펴 주면서 사랑하는 방법을 배웠다.

강아지의 평균 수명이 13살 정도라고 했는데, 제니가 17살이 되었다. 나이가 드니 제니의 모습이 달라졌다. 침대 위로 단번에 뛰어올랐는데 오르지 못했다. 윤기 나던 털이 빠지고 까칠해졌다. 동작이 느려지고 엎디어 있는 시간이 늘어났다. 끙끙거리며 아파하는 소리를 냈다. 가족들이 한밤중에도 일어나 돌봐 주지만 별도리가 없었다. 병원에서는 노쇠로 인한 현상이니 어찌할 수 없다고 하였다. 헤어져야 할 시간이 다가왔다. 아이들이 제니를 보내는 글을 길게 써서 읽었다.

"제니야. 네가 있어서 어린 시절이 즐겁고 고마웠다."

"너에게 사랑하는 방법을 배웠다. 편안한 곳으로 잘 가라."

가족들의 훌쩍이는 소리를 들으며 제니는 눈을 감았다. 슬플 땐 슬퍼해도 괜찮다. 아픈 감정을 덮으려고만 할 것은 아니다. 사랑이 담긴 아픔은 아름다운 감정이다. 아픔 없이 사랑할 수 있겠는가. 누군가 말했다.

'내가 떠나면 누가 나를 그리워하랴.'

제니가 떠난 지 10여 년이 되었다. 우리 가족은 지금도 제니에 대한 이야기를 한다. 오랜 세월이 흘렀는데 그리워하고 있으니 아이들 가슴에 예쁜 꽃 하나를 수놓은 것이다.

섭씨 31도

김대운
2024. 4. 천료

오늘은 유월 초순인데 섭씨 31도까지 기온이 올라간다는 예보가 떴다. 아마 10년 전쯤에는 칠월 초순의 날씨인 것 같다. 사람들이 지구를 열받게 해서일까, 지구도 사람들을 일찍부터 열받게 하는가 보다. 그러나 나는 섭씨 31도가 좋다. 이마에 땀이 삐적삐적 나오고, 근육이라는 근육은 모두 긴장을 풀고 느긋해진다. 몸이 이러니 마음도 평온해진다.

청소년기 시절에도 유난히 여름이 좋았다. 여름만 되면 활기가 넘치고, 들로 산으로 바다로 쏘다니기도 하고 집에 틀어박혀 책을 읽기도 하며 여름을 만끽했다. 체질이 추위를 잘 타고 기온이 올라야 몸이 풀리는 체질이다. 30도가 넘으면 사람들은 덥다며 "아휴 더워."를 외치는데 나는 "날이 뜨뜻해서 딱 좋네." 한다. 바야흐로 내 계절이 돌아온 것이다.

책을 펼치고 아예 거실 바닥에 배를 깔고 누웠다. 도서관에서 빌려온 '장 그르니에'의 「섬」이다. 역자의 말대로 "천천히 되풀이하여, 그리고 문득 몽상에 잠기기도 하면서" 책을 읽는다. 오늘 같이 한가한

여름날에 읽기 딱 좋은 책이다.

고개를 돌려 거실 창밖을 바라본다. 바람에 흔들거리는 숲을 보다가, 파란 하늘에 몇 점씩 떠가는 흰 구름을 보다가, 빈둥빈둥 시간을 보냈다. 덥다는 핑계로 누리는 호사를 옆에 있는 사람도 눈감아 준다.

유월의 바람은 시원하고 조용조용 분다. 봄바람은 계절을 바꾸며 따뜻하지만 때로는 거칠다. 산들거리며 6월의 바람이 불어오면 나뭇잎은 살랑거리며 바람과 놀고, 바람은 또 어디론가 알 수 없는 곳으로 가 버린다. 나뭇잎은 바람의 자유를 그리워하지만 바람은 또 다른 바람을 불어 줄 것이다. 나는 한가한 오후를 나뭇잎과 바람의 밀애를 엿보며 시간을 허비하고 있었다. 그러나 육체는 빈둥거리지만 정신은 사유의 욕구로 충만해진다.

정오를 넘기자 열기가 점점 집안으로 밀려들어 온다. 잠시 선풍기를 틀어야 하나 망설인다. 오늘 최고기온이 31도라고 하더니 스마트폰에 찍힌 기온이 33도를 기록하고 있었다.

다음 주 최고 기온 34도까지 올라가고 일부 지역은 36도까지 올라간다고 예보하고 있다. 이렇게 되면 6월 중순에 한여름 8월 날씨가 되는 셈이다. 그렇다면 7월, 8월이 오면 어떻게 될까. 이제 섭씨 40도를 맞을 대비를 하여야 할 모양이다.

섭씨 31도에 바람이 조금 불어주고 습하지 않는 날씨라면 나에게는 쾌적한 날씨다. 31도까지는 그렇다. 그렇지만 33도는 견디기 힘들다. 자꾸 선풍기와 에어컨이 나를 유혹한다. 그러나 문명의 바람은 비자연적이고, 인위적이며 기계적인 냉기여서 거부하고 싶다. 적어도 나에게 그 바람은 시원한 바람이 아닌 열정을 차갑게 식혀 버리는 냉기와 같다.

시원함이란 따뜻함과 차가움이 적당한 조합으로 섞여 있어서 그것이 살갗에 와 닿을 때 부드러움을 간직하고 있어야 한다. 냉기는 날카롭고 냉정하고 무차별적이며 자극적이다.

자연의 바람은 얼마나 다정스러운가. 이마에 맺힌 땀방울에 산들바람이 불어와 살짝 스치고 지나가면 상쾌함으로 몽롱한 정신도 맑아지고 느슨한 근육도 생기를 되찾는다.

자연의 바람으로 더위를 견딜 수 있는 온도라면 얼마든지 여름을 사랑할 텐데 지구는 점점 뜨거워지고 이제는 견디기 힘든 여름이 되어가고 있다. 그런데 지구는 아무 잘못이 없다.

여름이 막 시작되는 유월 초순이기에 이처럼 한가하고 낭만적인 더위를 즐기고 있지만 중국, 인도, 브라질, 미국, 유럽 등 지구촌 곳곳에서 일어나는 섭씨 40도, 50도를 넘나드는 폭염과 폭우가 언제 우리에게도 닥쳐올지 모른다.

기상이변은 많은 피해를 안겨주기도 하고 많은 것을 포기하게 한다. 사과와 배를 비롯한 과일과 야채 등 매일 먹고살아야 하는 작물이 이제는 더 이상 우리 땅에서 자랄 수 없게 되는 날들이 가까워지고 있다.

좋아하는 사과도 가격은 폭등하고 나 같은 서민은 먹기 힘든 날이 가까워지고 있다.

아내가 옆에서 말한다.

"닭들이 폭염에 견디지 못하고 폐사하고 있대요."

폭염이 오면 사람은 에어컨을 켜면 더위를 피할 수 있지만, 식물과 동물은 피해 갈 수 없다.

닭들은 A4 용지 한 장의 면적 안에 한 마리씩 갇혀 지낸다. 사람의 먹거리를 위해 그들은 폭염 속에서도 에어컨을 켤 수 없다.

문명은 사람들을 위한 것이지 다른 생명체를 위한 것이 아니다. 그러나 지구에 기후 위기를 가져오고 자연 생태계를 파괴하는 것은 사람들의 편리를 위한 문명이다.

부채 하나로 여름을 시원하게 보냈던 시절을 지나 선풍기의 바람으로 더위를 이기는 호사를 누리던 옛날이 그립다. 그때에는 여름날의 더위도 낭만이 가득했다.

  에어컨의 찬바람으로 열대야를 견뎌야 하는 냉기 가득한 여름은 남아 있는 작은 열정마저도 식혀 버린다.

  섭씨 31도의 여름은 짧게 지나갈 것이다. 내가 좋아하는 여름을 위해 무엇을 해야 할까. 책을 덮고 밖을 바라본다. 저 숲은 아무 일 없다는 듯 무심하지만, 자연은 말한다. 같이 살아가자고.

전원생활, 도처에 부비트랩

이기술
2024. 5. 천료

나는 시골농장 송화원(松花園)에서 꽃과 작물 키우는 것을 참 좋아한다.

아내가 코로나 백신 후유증으로 두 달 가까이 엄청난 고생을 하다가 다소 호전되어서, 오랜만에 길이 막히지 않는 밤길을 택해 함께 강화농장에 갔다.

다음 날, 아침 일찍 일어나 둘러보니 일주일 넘게 손길을 받지 못한 농장은 말 그대로 난장판이었다.

나는 마음을 다잡고 가까운 화단부터 손질하기 시작했다. 무성한 잡초들이 애지중지 키우고 있는 화초들을 내치고 떡하니 점령하고 있었다. 그렇게 차례차례 정리해 나가면서 울타리를 보니, 덩굴장미가 뻗어나가 우편함을 덮고 있었다.

전정가위를 찾아서 우편함 주변을 정리하고 있는데, 한순간에 이마를 망치로 때리는 듯하는 고통과 함께 대바늘로 찌르는 듯한 아픔이 손등에 느껴졌다. 순간적으로 벌에 쏘임을 인식하고 혼비백산하여 멀리 대피하였다. 멀리서 바라보니 커다란 말벌들이 우체통 근처를 맴돌면서 공격 대상을 찾고 있었다.

우체통 근처에는 큼직한 말벌 둥지에 사납게 날개를 치켜든 말벌들이 왕방울만 한 두 눈을 두리번거리고 있었다.

내가 쏘인 벌이 말벌임을 알고 손등을 보니, 금방 부풀어 오르고 이마와 함께 통증이 만만치 않았다. 그동안 여러 차례 말벌에 쏘인 경험이 있어서 크게 당황은 하지 않았지만, 여러 날 동안 고생을 할 거라는 걸 잘 안다. 예민한 사람이라면 이 정도에도 크게 잘못될 수도 있는 상황이었다.

나는 일단 말벌집부터 제거해야겠다고 마음 먹고, 집에 들어가 에프킬라 스프레이를 들고 나와 멀리서부터 허공에 스프레이를 분사하면서 쳐들어갔다. 말벌들도 위기를 느꼈는지 일제히 날아올라 나에게 접근해 왔다.

일순 두려움이 엄습해 왔지만 이대로 물러서면 더 많은 공격을 받을 수도 있다는 생각에 스프레이를 사방에 난사하며 벌집에 접근하는데 성공하였다. 다시 생각해 보아도 무모한 처리 방식이었다. 밤이 되기를 기다려 살살 접근하여 스프레이를 실컷 뿌려대면 쉽게 일망타진할 수 있었다. 그런데 순간 퍼뜩 떠오르는 한 가지 생각으로 망설일 수가 없었다.

그것은 우리 농장 울타리에 면한 길을 따라 하루에도 여러 차례 산책을 하는 마을 할머니들과 이웃 사람들이 자칫하여 크게 봉변을 당할 수도 있겠다는 생각이 들었다. 연로하신 그분들께서 공격당하면 매우 치명적인 상황이 야기될 거라는 생각에 망설일 수가 없었다. 가장 우려스러운 가정은 몸이 약한 아내가 말벌에 쏘이게 되면 돌이킬 수 없는 사태가 벌어질 수 있다는 생각이 강하게 들었다.

용케도 그동안 사고가 나지 않고 내가 먼저 경험한 것이 오히려 다행이라는 생각이 들었다.

그렇게 살벌한 전투를 치르며 말벌집에 접근한 나는 인정사정없이 스프레이를 뿌려댔다.

마치 분풀이를 하듯이. 말벌들은 에프킬라 냄새에 못 이겨 도망가거나 땅으로 떨어졌다. 나는 통쾌한 마음으로 집으로 들어가는데 갑자기 오른쪽 눈에 이상한 느낌이 왔다. 눈이 침침해지고 통증이 느껴져 거울을 보니 눈썹 위에 찔린 독침에 눈두덩이가 시뻘겋게 부풀어 올랐다.

나는 더럭 겁이 났다. 말벌의 강산성 맹독이 약한 시신경을 마비시키면 잘못될 수도 있겠다는 판단이 섰다. 이제까지는 말벌에 쏘여도 며칠 고생하다가 회복되어서, 이번에도 그냥 지나가려고 했는데 상황이 심각해졌다.

어젯밤 늦게 잠들어 곤히 자고 있는 아내를 깨우기 안쓰러워 망설이며 수차례 거울을 보니, 내 얼굴이 점차 괴물로 변해가고 있었다.

더 이상 어쩔 수 없어 아내를 깨우니 깜짝 놀라 서둘러 강화병원엘 갔다. 역시 시골 병원이라서 그런지 응급실에 갔는데도 응급처치가 굼뜨고 체계가 없었다. 아내 때문에 1년에도 수차례씩 서울대학교병원에 다니는 우리의 눈에 비교가 되겠는가?

한참 만에 간호사로 보이는 나이 지긋한 남자분이 오셔서 상황을 묻고, 일단 약부터 발라주었다. 그 후로 시간이 지나도 치료가 되지 않자 아내가 간호사에게 사정을 얘기하니, 그제야 원장의 풍모를 지닌 분이 와서 상황을 살피셨다.

"말벌에 쏘였다구? 나도 얼마 전에 이마에 쏘였는데 망치로 맞은 듯이 '띵!' 하더라고."

이분은 마치 이웃집 마음씨 좋은 아저씨처럼 푸근한 반말로 말씀하셨다. 80이 넘은 듯한 할머니께도 말투는 다르지 않았다. 아마 자주 보는 이웃이라 그런가 보다.

아무튼 그분의 처방으로 마이신 주사를 맞고, 중화제를 섞은 링거를 맞았다. 마이신 주사액은 벌에 쏘인 부위가 오래도록 몹시 가려운 것을 약화시키고, 중화제는 피 속의 강산성 독을 씻어내는 역할을 한다는 것이다.

이렇게 치료를 받고 농장에 돌아와 차를 세운 후, 말벌집을 확인하러 갔다. 그런데 이게 어찌된 일인가?

그 정도로 독가스를 뿌리면 다시는 얼씬도 못할 줄 알았는데, 아직도 외출했다가 돌아온 듯한 몇 놈이 둥지 위에서 서성이고 있었다. 그냥 두면 다시 둥지를 틀지도 모른다는 생각에 에프킬라 스프레이를 엄청나게 뿌려 쫓아버리고 장대로 집을 부숴 버렸다. 말벌과의 전쟁은 나의 승리로 끝났지만 나 역시 만만찮은 전상을 입었다.

서로의 영역을 피할 수 있었다면 벌도 나도 이런 참화를 겪지는 않았을 텐데.

나쁜 일은 따라 다닌다고 한다. 이번에는 상상도 못할 위험에 빠지는 일이 생겼다.

오후에, 중단했던 화단 정리와 참외·수박밭에 잡초를 제거하고, 잘 익은 옥수수를 수확하였다. 날씨가 무더워 땀에 흠뻑 젖었다. 쉴 참으로 간단히 씻고 소파에 앉아 우연히 팔뚝을 쳐다보고 모골이 송연해졌다. 팔뚝에 아주 작은 진드기가 붙어있는 게 아닌가!

뉴스로 자주 보던 살인진드기가 아닐까?

쯔쯔가무시병과 중증열성혈소판감소증후군(SFTS)을 유발하여 사망율이 20%나 되고, 치료약도 없다고 하는 진드기처럼 보였다. 이 작은 놈이 살 속에 빨대를 꽂고 피를 빨면, 떼어내도 머리통은 그대로 붙어있어서 병원에 가서 핀셋으로 떼어내야 한다고 인터넷에 제시되어 있었.

다행히 붙어있던 진드기는 잘 떨어졌고 피부에 구멍을 뚫은 흔적은 보이지 않아 조금은 안심이 되었지만, 이놈이 그동안 무슨 짓을 했는지는 알 수가 없었다. 진드기가 모두 치명적이지는 않다고 하니 그러기를 바랄 뿐이었다. 너무도 찝찝하여 한동안 불안을 떨치기 어려웠다.

문득, 하느님께서는 이번에도 나를 깊은 위험의 구렁에서 건져내 주셨다는 생각이 들었다. 살색과 비슷하고 작아서 쉽게 눈에 띄지 않은 진드기에 그 순간 어쩐 일로 눈길이 그리 쏠렸을까? 그렇지 않았다면 틀림없이 그대로 매달고 피를 빨렸으리라.

참으로 끔찍한 순간이었다. 혹시나 해서 입었던 옷을 자세히 살펴보니 바지에도 한 놈 붙어있어서 또 한 번 놀랐다.

나는 아내가 걱정이 되었다. 앞으로는 가능하면 나 혼자서 농장에 와야겠다는 생각을 하게 되었다. 오더라도 주로 실내에서 머물게 해야겠다.

다남동의 비닐하우스에서는 커다란 구렁이가 돌에 눌려 죽어있었다. 어찌된 영문인지 상황 파악이 안 되었다. 유추해 보건대 지난주에 양배추 심은 곳에 한랭사를 씌우고 주변에 돌로 눌러놓았는데 아마도 그때 운 나쁘게 돌에 지질렸나 보다. 뱀은 운이 나빴지만 나로서는 엄청나게 운이 좋았던 것이다. 아니 하느님께서 보호해 주셨다. 저절로 성호를 긋고 감사기도를 드렸다.

'시골에는 도처에 위험이 도사리고 있으니 농사를 접어야 할까?'

심각하게 고민을 하고 있다.

지휘봉을 던져버린 지휘자

이경희
2024. 7. 천료

어느새 휘몰아치던 감정은 호수처럼 잔잔해지고 고요를 되찾는다. 내가 클래식 음악을 좋아하는 이유다. 전문적인 소양이 있는 건 아니고, 그저 듣고 마음의 위안을 얻을 뿐이다.

딸이 어렸을 때 여러 악기를 가르쳤다, 어쩌면 음악가가 되길 바랐는지도 모른다. 그러나 음악과는 무관하게 성장한 딸은, 어느 날 회사에서 오케스트라 단원을 모집한다며 운을 뗀다. 초보자도 가능하다고 하기에, 도전해 볼까 한다는 것이다. 나는 선뜻 찬성의 이모티콘을 띄웠다. 막연히 어렸을 때 다뤄 본 플루트나 바이올린 파트를 지원했겠거니 생각했다. 그런데 며칠 뒤, 첼로를 빨리 사야 한다는 말에 당황스러움을 감추지 못했다. 그 이유는 더 황당했다. 바이올린을 연주할 때 턱이 아프고, 플루트는 입이 아프고 침 닦는 게 힘들었다며 첼로를 지원했다는 것이다. 더군다나 한두 달 내로 회사에서 연주회를 할 예정이란다. 클래식 연주를 너무 쉽게 생각하는 거 아니냐는 걱정 어린 말에도 딸은 그저 웃기만 했다. 내 우려와는 달리 연주회는 무사히 끝났고, 회사에서 레슨비도 지원해 개인지도를 받게 됐다. 역시 과감하게 도전하는 젊음이 부럽다.

바람은 아직 싸늘한 기운을 머금고 있지만 봄이 오는 것을 느낄 수 있다. 부드러운 햇살이 내리쬐는 일요일 오후, 경기아트센터 대극장을 찾았다. 첼로 선생님이 주신 초대권으로 오케스트라 공연을 보기 위해서다. 청소년들로 구성된 동탄 유스 오케스트라의 정기연주회였다.

단원들이 무대에서 연주를 준비하고, 지휘자가 경쾌한 발걸음으로 성큼 걸어 나왔다. 환한 웃음과 재치있는 말투에 마음마저 밝아진다. 단원들은 비전공자이며 매주 토요일에 모여 연습한다고 했다. 지휘자는 청소년 시절에 오케스트라 활동을 통해 음악의 아름다움뿐만 아니라 삶을 대하는 진지한 태도도 배우길 희망한다는 말을 전했다. 음악이 주는 기쁨을 느끼고 행복한 시간 보내시길 바란다는 인사말이 끝나자, 관객들은 박수를 보냈다.

지휘봉이 들어올려지고, 베르디의 오페라 「시칠리아섬의 저녁 기도」 서곡으로 공연이 시작되었다. 이어 차이콥스키의 바이올린 협주곡, 브람스의 「헝가리 무곡 1번」이 연주됐다. 오늘따라 유난히 아름다우면서도 슬픈 음색으로 느껴졌다.

이어서 클라리네티스트 채재일 교수와 협연으로 거슈윈의 「랩소디 인 블루」가 연주되었다. 클라리넷의 매력을 유감없이 보여준 무대였다. 스페인 세계 콩쿠르 1위에 빛나는 연주를 현장에서 들을 수 있다는 것은 큰 행운이었다. 앙코르곡으로 연주된 「왕벌의 비행」은 놀라움 그 자체였다. 연주자가 숨을 쉬고 있는지 의문이 들 정도로 질주하듯 이어지는 매혹적인 선율에 우리는 환호했다.

협연이 끝나고 어느새 마지막 곡, 브람스의 「교향곡 제4번」만이 남았다. 이번 연주회에서는 브람스의 곡이 두 곡이나 연주된다. 지휘자의 브람스에 대한 애정이 느껴졌다. 턱에 수염을 붙이고 브람스로 분장한 남성이 등장하는 퍼포먼스는 관객들의 눈과 귀를 즐겁게 했다.

마지막 곡이 시작되려는 순간이었다. 갑자기 지휘봉이 휙 날아가 무대 앞쪽에 툭 떨어졌다. 너무도 순식간에 일어난 일이었다. 마지막 곡이라 지휘자의 열정이 넘쳤던 탓일까. 나는 깜짝 놀라 가슴이 조마조마했다. 특히 지휘를 지도하신 은사님이 이번 연주회에 오셨다는 지휘자의 말이 생각나 안쓰러운 마음이 들었다. 당혹감에 붉어졌을 그의 얼굴이 떠올랐다.

그러나 그는 떨어진 지휘봉에 개의치 않고, 두 팔을 열정적으로 휘저으며 맨손으로 지휘를 이어갔다. 그의 의연한 뒷모습에 나는 연주를 더 집중해서 들었고, 몰랐던 브람스의 음악이 내 마음에 들어왔다. 그 음률 하나하나가 내 마음의 세포를 건드렸다. 웅장하면서도 절제되고 부드럽지만 슬픔이 내재한 브람스의 곡을 들으며 생각한다. '아무 일도 아니다. 단지 약간의 실수가 있었을 뿐. 변한 것은 없다. 단지 지휘봉이 떨어졌을 뿐이다. 실수할 수도 있다. 하지만 인생에 실패는 없다.' 나는 지휘자를 바라보며 나에게 조용히 속삭였다.

연주가 끝나고, 무대 바닥에 떨어진 지휘봉을 주워 들던 지휘자에게 관객들은 아낌없는 박수를 보냈다. 마음이 울컥했다. 그는 그 상황을 코믹한 제스처로 넘기며 오히려 즐거운 분위기를 선사했다. 앙코르 무대에서는 음을 길게 늘여 연주하거나, 지휘 도중 물을 마시는 퍼포먼스로 웃음을 자아냈다. 땀을 닦는 연출도 더해져, 그야말로 재미있고 따뜻한 음악회가 되었다. 우리는 행복한 시간을 선물 받았다. 그는 지휘봉을 놓친 것이 아니다. 어쩌면 스스로 던져버린 것일지도 모른다.

"음악이란 그 순간순간에 살아 있는 것이다. 그러므로 현장에서 직접 듣는 음악만이 진정한 예술이다."

지휘자 세르지우 첼리비다케의 이 말이 이번 연주회를 통해 진정으로 와닿았다. 들었음직한 음악임에도 오케스트라의 생생한 연주로 들으니, 마음에 와닿는 감동의 결이 달랐다. 브람스의 음악이 궁금해져 그의 삶에 대해 찾아보았다.

낭만적이고 고독했던 독일 출신 음악가 요하네스 브람스(1833~1897). 그는 슈만에게 인정받아 대작곡가의 길에 들어섰고, 슈만의 부인 클라라를 사랑했다. 슈만이 정신병을 앓고 입원했을 때는 그의 가족을 돌봐주었고, 슈만이 죽은 후에도 클라라와 결혼하지 않았다. 클라라가 세상을 떠난 지 1년 후, 그는 간암으로 사망한다. 애잔하다. 누가 그의 삶을 섣불리 평가할 수 있을까. 제목에 브람스가 들어갔다는 이유로 프랑수아즈 사강의 소설 『브람스를 좋아하세요…』(1959)를 읽고 싶어졌다. 이 작품엔 자유로운 연인 관계에 지친 39세 여인 폴과 그녀를 사랑하는 14살 연하의 청년 시몽이 등장한다. 클라라도 브람스보다 14살 연상이어서, 이 설정은 브람스를 염두에 둔 것이라 여겨진다. 내용은 브람스와 직접 관련은 없지만 말이다.

그동안 감미롭고 조금은 우울한 쇼팽의 야상곡을 좋아했는데, 오늘은 브람스의 음악이 끌린다. 새로운 발견이다. 인생은 참 재밌지 않은가.

럭셔리 버스

김영식
2024. 7. 천료

인생은 긴 여행이다. 43년간의 현직 근무를 마치고 정년 퇴직을 한 기념으로 집사람과 함께 여행을 떠났다. 11박 13일의 북유럽 여행길. 참 오랫동안 기다려온 꿈같은 길이었다. 어떤 이는 짧은 여행이라고 했고 어떤 이는 나이 들면 힘들 것이라고도 했다. 누군가에게는 힘들다고 생각되는 일이 누군가에게는 사치스러운 일이 되는 여행이었다. 비행기로 오가는 시간만 22시간.

오롯이 하루를 하늘에서 보내고 보니 실제는 12일. 3일은 노르웨이에서 지내고 8일간은 덴마크를 포함한 유럽의 7개국을 다니는 여행 일정이다.

노르웨이의 운전기사가 일정표를 보고 그랬다. 이렇게 무리한 일정으로도 여행이 되느냐고? 먹고, 타고, 보고, 자고 점만 찍으면 언제 쉬고 주변은 언제 돌아 보느냐고? 가이드 설명이 더 재미있었다. 한국에서는 흔한 일이니 신경 쓰지 말라고 했다니까.

어쨌거나 여행은 시작되었다. 5월에 눈이 쌓이고 산에 있는 빙하가 녹아 내리는 노르웨이 모습은 지구 온난화의 살아있는 현장으로 위기 의식을 느끼기에 충분했다. 웅장한 산야에서 녹아 내린 물로 이루어진 거대한 호수에 대한 감탄이 식기도 전 그 유명한 안데르센의 인어 공주를 보기 위해 밤새 배를 타고 오슬로에서 덴마크의 코펜하겐으로 갔다.

　바닷가에서 사랑을 찾아 집을 떠나는 인어공주의 모습은 기쁨보다는 슬픔이 느껴지는 우울한 모습이었다. 예나 지금이나 진정한 사랑을 얻기는 쉬운 일이 아니었나 보다. 모든 어린이에게 꿈을 심어 준 안데르센 동상의 모습은 시청 옆 번화가에 위치해 오랜 시간 수많은 차량과 소음 그리고 인파에 묻혀 많이 피곤해 보였다. 영혼이 그곳을 떠났기 정말 다행이다 싶었다. 그리고 핀란드의 베르겐을 거쳐 발틱 3개국으로, 에스토니아, 라트비아, 리투아니아 등 발틱 3개국을 하루에 지나는 등 그야말로 점을 찍는 여행의 연속이었다. 우리 여행을 안내하는 가이드였던 유학생의 말로는 졸업 후 살고 싶은 나라로 발틱 3개국을 꼽았다. 사람들이 온순하고 사는 것이 너무 평화롭기 때문이란다. 러시아의 속박에서 벗어난 지도 얼마 되지 않는 작은 농업국가인 발틱 3국에서 살고 싶다는 이 유학생의 말은 신기로웠다. 물질적으로 풍요한 천국 같은 지옥보다는 비록 어렵지만 서로를 아껴주는 순박함이 묻어나는 지옥 같은 천국을 원한다는 이야기였다.

　물질적인 가치보다는 정신적인 가치를 존중한다는 젊은이의 생각이 참신하고 때묻지 않은 순수함이 경이롭기도 했다.

　이렇듯 매일같이 한 나라 이상을 넘나드니 EU 국가라 해도 버스만 타면 보통 6시간이 넘었다. 배를 타고 밤새도록 국경을 넘는 날도 있었으니 몸이 안 아픈 곳이 없었다.

　여행 중 문득 한국에 있는 친구에게 이번 여행의 어려움을 호소했더니 친구가 그랬다. '너는 그래도 여행하는 거 아니냐? 나는 퇴직하고도 공장에 나가서 일한다.'며 부럽다는 뜻과 함께 '럭셔리 버스'란 음악 한 곡을 보내왔다.

남인도에서의 버스 안 이야긴데 나에겐 참으로 충격이었다. 럭셔리 버스라 해서 수소문해서 타고 보니 염소, 토끼, 닭도 같이 타는 동물 버스였다. 냄새는 나고 자리도 없었다. 이게 무슨 럭셔리 버스냐고 불평을 했지만 이미 소용이 없었다. 앞에선 운전기사가 어느 할머니에게 내리라고 눈을 부라리고 있다. 이유인즉 요금이 모자란다는 거다. 애처롭게 사정하는 할머니를 무자비에게 내리게 하는 운전기사의 무서운 표정에서 삶의 무서운 단면이 보였다. 조금만이라도 더 태워달라고 사정하는 할머니의 표정은 간절하고 안타까웠다. 어느 사람들에겐 이 지옥같이 역겨운 버스가 누군가에겐 사치스러운 럭셔리 버스가 될 수 있다는 노래였다.

누구에게나 산다는 건 그럴 것이다. 내게 주어진 수많은 일은 당연한 것이고 이 당연한 일이 럭셔리하다고 느끼는 사람은 많지 않을 테니까. 이 노래를 듣고 나니 오늘의 힘든 여행은 몸은 고달팠어도 내가 탄 버스는 유난히 럭셔리하게 느껴졌다. 파란 하늘에 흐르는 흰 구름이 햇빛을 받아 눈부시게 빛나는 것처럼. 그리고 난 다짐했다. 퇴직 후 다가올 나의 모든 일도 럭셔리 여행을 하는 기분으로 살아가겠노라고.

사주 이야기

이기소
2024. 8. 천료

"학생은 무슨 띠야?" 대학 시절 자취 집에서 점심을 먹는데 주인집 아주머니와 친구 몇 분이 묻는다. "저 용띠인데요. 왜 그러시는데요?" 사주를 물으신다. "7월 26일 땅거미 질 때라 들었어요." "음, 용띠에 7월 스무엿새라, 여기까지는 좋은데 태어난 시(時)가 아쉬운데?" 하신다. "무슨 뜻인가요?" "농촌에서 한여름 땅거미 질 때면 사람들의 왕래가 있겠지?" "한밤중이라야 사람 눈에 띄지 않아 승천할 수 있을 텐데." 하신다. 그제야 무슨 말씀을 하시는지 이해가 되었다. "그러면 잉어 정도는 될 수 있을까요."

"한낮에 서울서 태어난 용띠들은 어떻게 되나요? 붕어가 되는 건가요?" 우리는 함께 웃었다. 주인아주머니 말씀에 의하면 그분은 사주를 잘 보신다고 하였다. 처음 접해 본 내 사주 이야기는 웃어넘길 수만은 없다는 생각이 들었다. 살면서 갈림길에 섰을 때면 떠오르곤 했다.

"~계집아이의 띠가/ 호랑이라는 것도 그렇거니와

/ 대낮도 아니고 새벽녘도 아니고/ 한참 호랑이가 용을 쓰는/ 초저녁이라~"라는 시(詩)에서 점쟁이는 팔자가 세다고 후취로 시집보내라고 했단다. 어머니는 태몽에 용을 보았는데 공교롭게도 호적에 죽은 오빠 이름을 이어받아 龍수가 되었단다. 호랑이가 한참 용을 쓰는 초저녁에 태어났다는 소설가 박경리 선생의 시 「나의 출생」에 의미심장하게 사주가 등장한다. 어머니는 딸이라 섭섭한 적은 없었다고 한다. 주옥같은 소설과 26년에 걸쳐 장편소설 『토지』라는 대작을 남긴 박경리 선생의 굴곡진 인생 여정을 보며 사주에 관한 깊은 생각을 했다.

이름 때문에 유쾌하지 않은 유년의 기억이 있다. '밑받침이 없는 아이'라느니, 이기소를 '지소'로 바꾸라느니, 당시에 추억의 영양제인 '원기소' 등 별명이 여럿이었다. 신체적인 특징의 별명보다는 괜찮지 싶기는 했다. 어감이나 뜻이 마음에 들지 않는 '이기소'라는 이름은 외할아버지가 지어주셨다고 들었다. '基' 자 돌림으로 '이기소, 이기초' 중에서 정하셨다니 '기초'보다야 '기소'가 쓰기 쉬우며 기억하기 좋았다. '기소나 기초나 같은 말 아닌가?'라고 말하는 친구도 있었다.

우리 반에 자기 이름을 틀리는 학생이 있었다. 나무랐더니 "그래도 선생님 이름은 써요." "제 이름은 받침이 어려워서 그래요." 받침이 없는 내 이름이 쉽다는 걸 새삼 알았다. 옛날 그 두꺼운 전화번호부에도 내 이름은 나 하나였다. 나는 '지소'라는 별명을 제치고 '이기소'라는 이름대로 이기면서 살아왔다는 자부심이 있다. 자기의 얼굴이나 이름에 걸맞게 처신하고 책임을 져야 함은 물론이다.

우리 문중의 종손은 아들이 귀했다. 당시 서울 적선동에 이름난 작명소에서 거금을 들여 이름을 지었는데 그때마다 딸이었다. 네 번째 딸을 낳았을 때 사기꾼이라고 강하게 따져 물었으나 도리어 욕만 먹고 쫓겨났단다. 종손은 이름을 잘 지어야 아들 낳는다고 믿은 게 잘못이라며 웃었다. 다음에 아들을 낳았다. 이름을 잘 지어서일까? 단정 지어 말할 수 없는 일이다.

 어머니 묏자리는 아버지가 평생 일하시며 봐 두셨던 곳이었다. 장례 때 지관이 요모조모 살펴보더니 자손이 잘되는 명당이란다. 마음속으로 고맙게 믿었다. 살아오면서 틀린 말이 아닌 것 같기도 했다. 남과 비교하지 않고 수분하며 긍정의 마인드로 살아온 소감이다. 어쩌면 믿는 대로 살아지는 게 아닌가 싶었다. 몇 년 전 부모님을 화장하여 문중 잔디장에 모셨다. 그러면 명당자리는 어떻게 되는 것일까? 한국의 풍수를 학문적으로 체계화하였다고 평가받는 고 최창조 교수는 명당을 찾는 노력을 기울이기보다는 차라리 화장하라고 했다. 미래를 내다보는 지혜로운 견해라 공감한다.

 영화 「관상」에서 재미있는 일화가 나온다. 주인공 천재 관상가 김내경(송강호 분)은 자기 관상을 보았는데 말년 운이 복인지 흉인지 헷갈렸다. 등용된 것은 복이고 아들이 죽은 것은 흉이었다. 둘 다 맞은 셈이었다. 내경은 재상 한명회의 관상을 '목이 잘릴 팔자'라며 저주에 가까운 예언을 한다. 한명회는 두려움에 정적을 만들지 않으려 했고 평생 근신하며 조심했다. 임종이 가까이 오자 김내경이 본 관상이 틀렸다며 죽는다. 세월이 흘러 한명회는 부관참시 되었다. 과연 천재 관상가인가? 그의 예언을 믿고 노력한 결과는 없는 것인가?

 사주와 작명과 풍수는 우리 전통문화의 지혜와 흥미로운 서사가 있어 지금까지 내려오고 있다. 전국의 강호제현, 도사, 법사의 일화가 입에서 입으로 전해 내려온다. 서민부터 재벌가나 정치가들도 은밀하게 적극적으로 실행을 한다는 기사를 보았다. 입시, 입사, 결혼, 인사철, 선거철이 되면 이름난 점집이나 기도처엔 발 디딜 틈이 없다고 한다. 은연중에 이루어진다는 것은 자신감이나 떳떳하지 못하다는 걸 말하는 건 아닐까?

 정년퇴직 후 아내와 처음 꾸렸던 사글셋방의 그 마음으로 제주에서

한 달을 살았다. 한라산 중산간 숲길을 걸었고 섬 속에 5개 섬을 찾아갔으며 20여 곳의 오름을 올랐다. 자기만의 멋을 지니고 제자리에서 아름다움을 보여주는 오름에 심취했고 평온을 찾았다. 장엄한 한라산을 부러워하지 않고 나지막한 오름으로 살아가는 인생을 꿈꾸었다. 늦었지만 큰 깨달음이었다.

망팔(望八)이 지난 지 몇 해가 지났다. 나에게 주어진 시간이, 남은 날들이 얼마인지는 알지 못한다. 사주팔자나 작명, 풍수지리, 운세에 얽매이기보다는 지금, 여기서, 소소한 일상에 감사하며 살고 싶다.

신문을 펼치면 슬그머니 '오늘의 운세'로 눈이 간다. 나의 사주에는 '작은 이익에 시비 두렵다' '일정한 거리 유지는 서로에게 필요' '산이 아무리 높아도 하늘 아래 있다….' 생각이 많아지기 전에 얼른 일어나 파란 하늘을 보며 푸른 숲길을 따라 산책에 나선다.

귀인(貴人)을 기다리며

김광동
2024. 12. 천료

나른한 오후, 라면으로 점심을 때우며 반주로 마신 소주 석 잔이 효과를 발휘한다. 무거운 눈꺼풀이 천근이다. 잠깐 눈을 붙여 볼까. 접이식 침대를 공방 구석에 펴고 대자로 누웠다. 천장의 커다란 격자무늬가 나를 내려다본다. 꿈인 듯 벼랑인 듯 깊은 우물 속으로 느리게 낙하한다.

여인이다. 정체는 알 수 없지만 조선 시대 상평통보 엽전 몇 닢을 테이블 위에 두루룩 쏟아 놓는다. 이곳 공방에 진열하면 어울릴 것 같아요. 아이들과 함께 인사동에 나들이 갔을 때 샀거든요. 그녀의 말에 나는 말없이 웃었다. 처음 보는 여인인데, 나는 그녀와 이런저런 대화를 즐겁게 나누었다. 순간, 출입문이 벌컥 열리며 손님이 들어왔다. 모래 형상이 흩어지듯 그녀의 모습은 바람을 타고 흔적도 없이 사라졌다.

예감이 좋다. 귀인(貴人)이 찾아올 것만 같다. 고객이 주문한 도장을 새기며 꿈속 인물의 정체를 분석한다. 서서히 그녀의 캐릭터가 선명해진다. 그녀는 취미 배움터에서 만난 이십 년 지기 친구다. 호칭은 친구지만 나이 차이는 좀 있다. 서각공예를 함께 배운, 불교 용어를 빌리면 '도반'인 셈이다. 그녀의 공방이 가까운 곳에 있기에 가끔 만나 서로의 작품에 대해 평가하고 조언을 하기도 한다. 그녀가 귀인임이 틀림없다는 확신이 든다. 지난봄, 남편이 주식으로 돈을 날렸다며 꾸어간 돈 사백만 원을 갚으러 오려는 걸까. 요즘 경기가 좋지 않아 고전 중인 것을 어찌 알았을꼬. 바쁜 하루가 구름처럼 지나간다. 퇴근 준비를 할 무렵, 꿈속의 그녀가 정말 찾아왔다. 이런저런 이야기를 나누던 중 그녀의 딱한 사정을 들었다. 남편이 이번엔 코인을 샀다가 본전을 다 날렸다고 한다. 자신의 공방 수입으로는 카드값 연체와 생활고를 해결할 방도가 없단다. 측은지심이 밀물처럼 몰려온다. 저녁 식사를 대접하고 50만 원을 송금해 주었다. 통장에 남은 잔고는 5만 원. 퇴근 후 집으로 가는 길, 긴 그림자 골목에 헛웃음이 날아간다.

지난봄 그녀에게 돈을 꾸어줄 때 나눈 대화가 생각난다.

−나는 친구를 믿네. 자네는 본성이 한없이 착한 사람이니 결코 내 돈을 떼어먹지는 않겠지. 그러나 사람의 일은 모르는 거라오. 마음은 일편단심 변치 않는다 해도, 막상 예상치 못한 궁지에 몰리면 그 상황이 자네의 수족을 묶고, 그대의 의지와 상관없이 월권을 행사할 걸세. 그리되면 나는 돈도 잃고 소중한 친구도 잃게 되겠지. 그 위험을 감수하고 빌려주는 것이니 부디 요긴하게 잘 쓰길 바라네.

−고마워요. 그러나 그런 일은 절대 없을 거예요. 벼룩의 간을 빼먹을지언정 부처님 가운데 토막 같은 친구를 어찌 배신하겠어요. 만약 그리하면 나는 정말 지옥에 떨어지고 말 겁니다. 남편이 이제 정신을 차렸고, 직장 일에만 충실하고 있으니 한 달 후면 갚을 수 있을 거예요. 아니, 꼭 갚도록 하겠으니 걱정하지 말아요.

그 후 우리는 전과 다름없이 가끔 만나 식사도 하고 담소하며 우정을 이어갔다. 그럴 때마다 나는 짐짓 그녀의 경제적 상황이 좀 나아졌는지 가볍게 물어보곤 했다. 그러나 꾸어준 돈에 관하여는 언급하지 않았다. 만남의 즐거움에 찬물을 끼얹고 싶지 않아서다. 그저 하루속히 그녀의 형편이 좋아지기를 바랄 뿐. 그렇게 일 년이 지났다. 서서히 그녀의 발걸음이 뜸해지더니, 몇 개월째 전화도 없고 문자메시지에 답도 안 온다. 고요한 마음의 바다에 잔물결이 일기 시작한다. 날이 갈수록 파도의 끝이 뾰족해지고 거칠어진다.

초중고등학교를 함께 다닌 친구가 있다. 교육공무원으로 정년퇴직한 고지식한 성품의 표본이다. 어느 날 다른 친구 두 명과 함께 고향에서 뭉쳤다. 준비해 온 연어회를 썰고 삼겹살을 구웠다. 강물이 내려다보이는 시골집 대청마루에 앉아 술잔을 건넨다. 오랜만에 회포를 푸는 자리. 잔을 채우고 건배를 외치며 단숨에 털어 넣는다. 하지만 그 친구는 부딪친 잔을 그대로 내려놓는다. 잠시 머뭇거리던 그가 슬며시 도시락을 꺼내 놓았다. 하얀 쌀죽이다.

그는 멋쩍은 표정으로 이야기를 시작했다. 공무원의 정년 마지막 연도인 지난해 봄, 해외연수를 겸하여 부인과 함께 여행을 떠나기로 했다. 해외연수자는 출국 전에 건강검진을 받아야 한다. 그런데 검진 결과 내장 기관에 심각한 문제가 진행되고 있음이 밝혀졌고, 암세포에 점령당한 위를 통째로 들어내는 수술을 받았다. 담담하고 짤막하게 술을 먹지 못하는 이유와 외출할 때마다 도시락을 챙길 수밖에 없는 사정을 토로했다. 그리고 수술받기 전 일 년 동안 자신이 겪은 일에 대하여 토막토막 단어만 나열하는 식으로 이야기를 풀어갔다. 믿었던 사람, 보증, 잠적, 배신감, 분노, 속앓이, 우울증, 극단적 시도 등. 듣고 있던 친구들은 분기탱천하여 연거푸 술잔을 비워댔다.

친구가 겪은 경험을 나는 왜 타산지석으로 삼지 못했을까. 당해 보지 않은 교훈이라서 작동하지 않은 걸까. 그녀가 처음 아쉬운 부탁을 해왔을 때 어떤 핑계라도 끌어와서 거절했더라면…. 잠시 섭섭한 마음은 들겠지만, 우리의 우정은 유지되었을 것이다. 나는 그녀에게 먼저 연락하지 않기로 했다. 여전히 회복되지 않은 경제적 상황이 그녀의 손발을 묶어 놓고 있을 것으로 생각하기 때문이다. 아니, 그렇게 믿고 싶다. 언제가 될지 모르지만, 그녀가 특유의 깔깔 웃음을 날리며 다가와, 은갈치 비늘처럼 반짝이는 줄무늬 누런 종이 뭉치를 후루룩 펼치며 내 얼굴에 들이밀 날을 상상해 본다.

마음의 무게는 나의 것보다 그녀의 것이 더 무거울 것이다. 그러니 침묵으로 우정의 회복 가능성을 남겨두기로 한다. 하지만 요즘 부쩍 소화불량이 잦고 속쓰림 증상이 지속되는 것은 왜일까.

내일은 인근 종합병원에 들러 내시경 검사를 예약해야겠다.

하늘의 인연, 아흔아홉 살 누님

배승환
2024. 12. 천료

사람들은 흔히 "피는 물보다 진하다."라고 말한다. 하지만, 내게는 각박한 세상 속에서 혈연이 아닌 사랑으로 맺어진 가족이 있다. 아흔아홉 살 누님이다.

연초에 아버님 기일을 맞아 대전 묘소에 다녀오는 길이었다. 여동생이 조심스럽게 말했다. "누님을 한 번 찾아뵈면 어떨까?" 형과 나는 기쁜 마음으로 고개를 끄덕였다. 7년 전, 평촌에 사시던 누님의 가족 장례식 때 잠시 뵌 이후 다시 만날 기회가 없었다. 오후에 다른 일정이 있었지만, 누님을 뵙기 위해 일정을 조정했다. 다정하고 따뜻한 누님을 다시 뵐 수 있다니 울컥했다.

누님은 성남시와 용인시 경계 지역에 살고 계신다. 외진 마을이라 혼자 찾기 어려웠지만, 젊은 조카와 형제들이 함께해 길을 나설 수 있었다. 이번 기회를 놓치면 살아생전에 다시 얼굴 뵐 기회를 마련하기 어려울 것 같아 더욱 간절한 마음으로 찾아뵙기로 했다.

갑작스러운 결정이라 선물을 준비하기가 쉽지 않

앉다. 그래도 정성을 담고 싶어 여러 곳을 돌아다닌 끝에 농협 판매장에서 쌀 한 포대와 감 한 상자를 마련했다. 누님을 향한 그리움에 비해 너무 부족한 선물이었다.

현관에서 만난 누님은 말을 잇지 못했다. "아유…." 그 짧은 탄성 속엔 반가움과 아쉬움, 세월의 깊은 이야기를 담고 있었다. 형제들은 말없이 한 사람씩 누님을 부둥켜안고 흐르는 눈물을 삼켰다. 누님은 연세에 비해 놀라울 만큼 건강하셨다. 오른쪽 팔목에 깁스하고 계셨지만, 음성도 또렷하시고 몸짓에서도 여전히 밝은 기운이 느껴졌다. 말씀하시는 어조는 젊었을 때처럼 정겨웠다. "내가 아흔아홉 살이여. 너무 오래 살았지." 그 말 속엔 삶의 무게와 유쾌한 웃음이 함께 깃들어 있었다.

누님은 내가 태어나기 전부터 우리 가족의 일원이셨다. 옛 전통 사회는 형편이 어려울 때 자식을 낳으면 여유 있는 집에 맡기던 풍습이 있었다. 지금의 입양 제도나 가정부와는 달랐다. 그 시대엔 진한 정이 있었다. 누님은 그런 인연으로 우리 가족이 되셨고 평생을 함께하셨다.

"우리의 만남은 '인연'이야. 오늘의 만남은 '우연'이 아니야." 백 세를 앞둔 지금도 단어 하나하나를 정확히 선택하시며 이야기를 물 흐르듯 이어 나가셨다. 큰손자의 결혼 이야기부터, 신혼집의 형편과 직장 생활까지 속속들이 기억하며 조곤조곤 말씀하셨다.

내가 어릴 적, 누님은 우리 집에서 조금 떨어진 곳에 사셨다. 누님 댁 앞 모래 둔덕에 얼굴을 묻고 울었던 기억이 난다. 그때 누님이 모래투성이 얼굴을 품에 안고 따스하게 보듬어 달래주셨다. 그 품의 온기는 지금도 내 가슴에 고스란히 남아 있다.

누님은 항상 명랑하고 다정하셨지만, 집안의 막내아들인 나를 조금 어려워하셨다. 아마도 내가 누님이 시집간 뒤에 태어나서 그런 것 같다. 하지만, 내게 누님은 어머니가 낳은 형제와 전혀 다르지 않다. 그저 한결같이 나를 품어 주는 누님일 뿐이다. 누님의 형제는 나의 형제이며, 자식들은 나의 조카였다.

6·25 전쟁 중 집은 폭격으로 흔적도 없이 사라졌다. 언덕 위 피난촌에서도 결혼한 누님의 가족은 부모님의 곁을 떠나지 않았다. 부모님은 궁핍한 살림에도 누님의 가족과 함께하셨다. 어머니는 수시로 누님의 가족을 불러 죽을 끓여 함께 나눠 드셨다.

떨어져 사는 동안 통신 수단이 마땅하지 않았던 시절이었지만, 서로 챙기고 그리워하는 마음만은 끊이지 않고 이어졌다. 부모님이 서울로 이사한 지 얼마 지나지 않아 누님의 가족도 따라 이사하셨다.

누님이 예순 무렵에 아버님께서 오랫동안 병상에 누워 계셨다. 모든 자식이 아버님의 병환을 걱정했지만, 생업에 얽매여 밤낮으로 병실을 지키는 일은 쉽지 않았다. 그러나 누님은 달랐다. 아버지에게 누님은 '친자식'이라는 표현조차 부족할 만큼 각별한 존재였다. 온몸과 정성을 다해 아버님을 보살폈다. 아버님이 돌아가시고 누님은 깊은 슬픔을 드러내지 않으시고, 눈물조차 말없이 삼키셨다.

어머님이 병마와 싸우는 긴 세월 동안에 간병인이 상주했다. 그러나 누님이 거동할 수 없는 어머니를 모실 때 형제들의 마음은 편했다. 어머니 역시 누님이 곁에 계실 때 가장 평온하셨다. 누님은 부모님의 마지막 순간을 누구보다 따뜻하게 지켜 주신 분이었다.

사람들은 흔히 '피는 물보다 진하다'라고 한다. 하지만 우리 가족에게 누님은 그 이상이었다. 사람들은 각박한 세상에서 어려운 일을 나누려 하지 않는다. 그러나 누님은 순수한 마음으로 부모님을 모셨고 피를 나눈 형제애를 뛰어넘어 모든 희로애락과 생로병사를 함께하셨다.

아흔아홉 살 누님은 여전히 소녀 같았다. 그 순수한 미소는 변함이 없었다.

그분의 깊은 사랑은 험한 세월 속에 한 줄기 빛이었다. 단순한 인연을 넘어, 하늘이 내려주신 아름다운 축복이었다. 누님은 우리 가족의 역사이자, 사랑의 참된 의미를 보여준 살아 있는 증언자셨다.

평화를 선택한 아침

박봉석
2024. 12. 천료

　봄날의 이른 아침 공기가 한결 부드러웠다. 운동화를 신는 손끝에 싱그러운 바람이 스친다. 평소처럼 아침 운동을 하러 아파트 헬스장에 갔다. 몇몇 사람이 운동 중이었고, 전등은 평소보다 환하게 켜져 있다.

　출입구 안쪽 벽에는 전등 스위치가 줄지어 있는데, 일부 스위치에는 '절전' 혹은 '사용 금지'라는 스티커가 붙어 있다. 이는 아파트 관리사무소에서 에너지 절약을 위해 부착해 놓은 것이다. 헬스장은 지하 1층이지만 한쪽이 정원과 맞닿아 있어 오전이면 햇살이 실내로 스며들곤 한다. 내가 도착한 시간은 오전 7시 30분쯤, 창가 쪽으로 해가 살짝 걸쳐올 듯한 때였다. 평소 에너지 절약을 신경 쓰는 나는, 절전 스티커가 붙어 있는 스위치만 골라 끄기 시작했다. 마지막으로, 빨간색으로 사용 금지라고 명시된 스위치까지 껐다.

　그때, 건장한 체격의 한 남자가 얼굴을 잔뜩 찌푸린 채 스위치 앞으로 다가왔다. 그는 나보다 열 살

정도 젊어 보이는 사람이다. "왜 자꾸 불을 끄는 거예요!" 그는 화가 난 목소리로 말하며 모든 전등을 다시 켰다. 갑자기 뒤통수를 한 대 맞은 듯 어안이 벙벙했다. 내가 무엇을 잘못했지, 하며 내 행동을 되짚어 보았다. 주변을 아무리 살펴보아도 내가 잘못한 것은 없는 것 같은데…. 그리고 '자꾸!', 물론 예전에도 전등이 모두 켜져 있을 때 절전 스위치를 끈 적은 있지만, 그때는 그가 없었다. 오늘 내가 불을 끈 것은 처음인데도 그는 마치 반복되는 일인 듯 말했다.

화가 치밀어 올랐지만 말싸움하고 싶지 않아 감정을 억누르며 조용히 말했다. "절전이라고 쓰여 있는 것만 껐는데요." 그러나 그는 내 말은 듣지 않았다. "환한 데서 운동해야지!" 볼멘소리로 반박하며 내 말을 무시했다. "관리사무소에서 붙여 놓은 거니까, 사무실에 가서 이야기하세요." 그러자 그는 느닷없이 과거의 일을 끄집어냈다. "저번엔 실외화 신고 들어오고!" 한 번, 착각해서 비슷한 색상의 실외화를 신고 헬스장에 들어온 적이 있었다. 그는 그것을 기억하고 트집을 잡는 듯했다.

참아왔던 화가 점점 더 오르기 시작했다. 지금, 이 상황을 어떻게 대처해 나가는 것이 좋을까. 머릿속에서는 이런저런 생각이 들며 잠시 갈등이 생겼다. 누가 보아도 지금의 이 상황은 내 말이 옳다고 생각할 것이다. 그렇다면 끝까지 옳고 그름을 따져 시비를 가릴까. 그렇게 해야 내 마음이 시원할 것 같았다. 그러나 아침부터 큰 소리가 오가며 헬스장 전체가 시끄러워질 것이다, 이에 따라 운동 나온 다른 사람들이 불편함을 느낄 것은 분명하다. 또한 논쟁에서 내가 이겼다고 해도 오늘 하루 내 기분만 망치게 될 것이 뻔하다. 나도 지난번 잘못이 있으니, 화를 꾹 참으며 참 이상한 사람도 다 있네, '가는 말이 고와야 오는 말도 고운 법인데…'라며 혼잣말처럼 조용히 중얼거렸다.

그는 창가에서 먼 구석에서 운동하고 있었다. 그곳은 상대적으로 어둡긴 했지만, 두 줄로 나란히 배치된 전등 중 한 줄만 켜 놓아도 그 정도의 조명으로도 운동하는 데 큰 불편을 느끼지 않는다. 그러나 그는 유독 민감하게 반응했다. 어쩌면 시력이 나쁘거나, 다른 특별한 사정이 있을지는 모른다. 그렇더라도 회원 대부분이 수긍하고 지키는 규칙이라면, 개인적인 불편함은 감수해야 하는 것이 아닐까.

그는 이미 어제도 같은 문제로 다른 사람과 다퉜다고 했다. 그래서 나에게도 "자꾸"라는 말을 했던 것 같았다. 사실, 그는 헬스장에서 종종 언성을 높이며 타인과 갈등을 빚곤 했다. 남들보다 크고 건장한 체격이었기에, 위압적으로 보인다. 전에 그가 운동 중에 큰 숨소리를 내거나 신음을 내며 자신이 얼마나 열심히 운동하는지를 과시하는 듯한 모습이 자주 보였다. 다른 사람들이 힐끗힐끗 돌아보며 불쾌한 표정을 지었다. 결국, "타인에게 불쾌감을 주는 큰 소리(잡담, 괴기한 소리 등)를 내지 맙시다."라는 안내문까지 헬스장 곳곳에 붙게 되었다.

문득 이런 생각이 들었다. 혹시 그가 자기중심적 편향성이 강한 사람일까? 아니면 남들에게 강해 보이고 싶은 욕구가 큰 것일까? 어쩌면 개인적인 트라우마나 현재 처한 어려운 상황 때문에 예민해져 있는 것은 아닐까. 일단 좋은 쪽으로 생각하기로 하였다.

우리가 살아가면서 화가 나는 상황에 맞닥뜨리는 경우가 가끔 있다. 이때는 두 가지 선택을 할 수 있다. 하나는 화를 낼 것인가, 아니면 인내할 것인가. 상대가 대화가 통하는 사람이면 설득을 시도해 볼 수 있지만, 그렇지 않다면 내 감정을 다스리는 편이 오히려 자신에게 유익할 수도 있다. 마치 길 위에 걸림돌이 있을 때, 그것을 밟고 지나갈지, 옆으로 돌아갈지 선택하는 것처럼 말이다. 젊었을 때라면 나는 분명히 참지 않고 맞섰을 것이다. 하지만 이제는 그런 논쟁이 무의미하다는 것을 안다. 나는 그냥 지나가기로 했다. '똥이 무서워서 피하는 게 아니라 더러워서 피하는 거지.'

달라이 라마는 "어리석은 자는 논쟁에서 이기려 하고, 지혜로운 자는 평화를 얻으려 한다."라고 했다. 그리고 세네카는 "화를 내는 사람은 항상 자기보다 강한 사람을 만날까 두려워한다."라고 했다. 그 사람도 언젠가는 더 강한 상대를 만나게 될 것이다.

오늘 아침, 나는 한 줌의 정의보다 한 그릇의 평화를 선택했다. 불편한 진실보다 따뜻한 침묵이, 이기는 말보다 져 주는 웃음이 더 오래 남는다는 걸 이제는 안다. 나는 돌아서며 햇살에 속삭였다. "괜찮아, 오늘도 잘 참았어."

천년의 향기를 따라가다

원용연
2024. 12. 천료

참새들은 다 어디로 갔을까. 새들의 무리는 전깃줄 주변을 맴돌다 차례로 줄을 지어 앉는다. 모여 앉은 모습으로 살아가는 이야기를 그린다. 다른 곳의 두 마리도 자리를 찾아 무리 속에 날아든다. 잠시 쉬어가라는 쉼의 자리도 만든다. 까만 줄의 멈추지 않는 떨림은 견디기 위한 끊임없는 날갯짓이다. 마음의 날갯짓과 쉼이 멈추지 않게 발끝을 맞추며 나의 길을 걷고 있는 중이다.

가을 문턱에서 서성이던 9월 중순. 다른 날과 달리 이른 아침 길을 나선다. 아침 햇살은 한낮만큼 강렬하다. 오븐에서 갓 나온 빵처럼 후끈한 열기와 두근거리는 설렘이 잘도 어울린다. 세계문화유산으로 등재된 여주 영릉으로 문학기행을 떠난다. 어린 민자영이 꽃 따라 나비 따라 노닐었다는 명성황후 생가. 역사가 숨 쉬는 천년고찰 신륵사다.

영릉 입구에 도착하니 햇살이 나무 사이로 강하게 비추며 그림자를 만들어낸다. 그림자는 자연이 그린 한 폭의 수묵화로 펼쳐진다. 한 발씩 내딛는 발걸음마다 과거와 현재가 만나는 특별한 감동의 순간이다. 온몸으로 느끼는 숲길의 뜨거운 열기는 역사의 무게로 다가왔다. 주변의 소나무 숲에서 풍겨오는 상쾌한 솔향기는 코끝의 땀방울마저 싱그러워진다.

 황금색 곤룡포를 입고 왼손에 책을 펼쳐 든 모습으로 서 있는 세종대왕 동상 앞에 발길을 멈추고 예를 올린다. 막연하게 세종대왕 능으로 알고 있었던 영릉에는 한자가 서로 다른 2기의 영릉이 있다. 세종대왕과 소헌 왕후의 영릉(英陵), 효종대왕과 인선왕후의 영릉(寧陵)이다. 조선의 왕릉 중에 하나의 봉분 아래 2기의 석실이 있는 세종대왕릉이 최초라고 한다. 그의 숨결이 멈춘 후에도 합장릉으로 쓴 것은 조선의 정신을 품은 성군으로 기억된다. 한글날이면 국기를 달고 학창 시절 한글날 노래를 부른 것 외에 해 본 것이 없는 부끄러움에 마음이 숙연해진다.

 광장의 양쪽으로 세종대왕이 발명한 여러 가지 과학 기구들 모형이 전시되어 있고 새로 지은 영릉 재실의 모습도 보인다. 정자각 우측에는 주요 업적을 5000자 정도로 기록해 신도비(神道碑)를 모신 비각도 있다. 능 뒤로 경사도가 있는 길을 돌아 올라가서야 비로소 세종대왕의 얼굴을 볼 수 있었다. 영릉을 이곳으로 옮긴 이후 천하의 명당으로 조선의 국운이 100년이 더 연장되었다는 말도 전해진다.

 머리에는 지식을, 마음은 의식으로 채웠으니 자연스럽게 식당으로 발길을 옮긴다. 여주 쌀로 갓 지어 올린 돌솥밥은 기본. 푸짐하게 한상 받아 뚝딱 해치우고 숭늉으로 마무리하니 갈 길이 재촉한다. 참새들처럼 종알종알 재잘대는 소리에 한층 더 생기가 돌고, 발걸음은 자연스레 다음 장소를 향해 가볍게 움직인다.

 왕비의 고장인 여주에서 빠질 수 없는 명성황후 생가에 도착했다. 기념관에서는 폭염을 피할 수 있어서 얼마나 다행이었는지. 사극을 좋아하던 터라 명성황후의 역을 맡았던 탤런트 이미연까지 좋아했던 기억이 난다. 일본 신문에 보도된 내용이다. 왕비 시해가 너무 쉬워 오히려 매우 놀랐다는 시해에 가담한 일본 외교관이 쓴 편지. 사치와 권력으로 횡포가 심했던 민씨 일가에 조선인의 부정적인 여론은 심했다. 살해 후 명성황후가 죄를 짓고 도망 갔다고 허위로 퍼트린 말을 일부가 믿어버린 안타까움에 뇌의 회로는 잠시 멈춤이다. 그 사건 안에 숨겨진 정치적 이야기들은 역사 속에 묻혀있다. 먹먹해진 가슴은 남한강이 품은 신륵사에 도착해서야 강물로 띄워 보낼 수 있었다.

남한강변 천년고찰 신륵사. 원효대사가 7일간 정성 들여 기도하고 연못에 9마리 용이 승천한 후 연못을 메우고 나서 지었다는 절이다. 먹고 기도하고 사랑하라는 자신의 진정한 시간을 찾아 떠나는 영화. 영화이어서 가능한 것이 아니라 나이기에 실현 가능한 것은 어떨까. 짧은 환상에서 깨어나는 순간, 6층으로 된 다층 전탑이 눈앞에 서 있다. 전탑은 흙으로 구운 벽돌로 쌓은 탑을 말한다. 우리나라에서 완형의 석탑은 홀수다. 벽돌로 쌓인 탑신에는 측면의 빛에 의해 나타난 작게 새겨진 무늬를 볼 수 있다. 강변 최고의 경관인 강월헌으로 올라선다. 사방이 확 트인 정자 위에서 강물을 바라보며 시 한 수 읊어봄은 어떠신지. 역사의 미로 속에서 나와 보니 600년을 품어온 고사목 은행나무 앞이다. 죽은 나무로 알려져 있지만 은행나무 가지 한가운데 기도하고 있는 관세음보살의 형상이다. 여전히 누군가의 간절한 기도를 품고 존재만으로도 마음 깊이 스며드는 위로와 평온의 공간이 되었다.

문화재로 가득한 보물 창고 안에서 시간은 훌쩍 돌아갈 시간이다. 신륵사에서 울려 퍼지는 저녁 종소리를 듣지 못한 아쉬움은 깊은 추억 안으로 슬쩍 숨어 버린다.

10월의 어느 멋진 날에

장성옥
2025. 1. 천료

올해 여름은 유난히도 더웠다. 그 더위는 이례적으로 9월까지 이어져, 한 지인은 이제는 화가 난다고까지 표현하기도 하고, 또 다른 지인은 이렇게 철없이 더운 날씨를 어디다 신고하면 되느냐는 우스개를 하는 그야말로 너어무 더운 여름을 보냈다. 나는 10월이 오기를 간절히 바랐고, 10월은 내가 생각했던 그 모습으로 어김없이 다가왔다. 4계가 명확한 한국에 사는 것이 유난히 감사한 10월은 스산한 바람에는 꽤 괜찮았던 추억을 떠올리게 하고, 상쾌한 바람에는 어딘가를 나서도 귀인을 만날 수 있다는 뜬금없는 희망을 품게 하는 달이다. 10월은 색색의 물감을 짜놓은 팔레트와 같다. 10월은 커피 향의 나뭇잎이 바람과 함께 나에게 달려오는 달이다. 그리고 10월은 혼자서 낯선 동네 여행을 꿈꿀 수 있는 달이다.

「10월의 어느 멋진 날에」 노래가 울려 퍼지는 가을이다. 10월의 어느 멋진 날에라는 노래가 너무도 좋다고 느꼈던 것은 지인 자녀의 결혼식이었다. 그 결혼식은 10월의 늦은 저녁에 열렸고, 식사와 더불어 조명을 낮춘 약간의 어둠 속에서 식탁에는 하얀 꽃 무리, 그리고 유리병 속의 촛대에서 촛불이 춤추고 있었다. 축가로 이어진 바리톤 음색의 성악가가 부른 10월의 어느 멋진 날에라는 노래는 그 노래 가사 속으로 나를 데려가고, 피터 팬과 웬디가 날았던 것처럼 나는 그 가을의 높고 푸른 시공간을 양껏 즐겼던 듯하다. 추석이 지나고, 이제는 가을의 모습이 역력하다. 갑작스럽게 추워지고 갑작스레 더워지는 세월의 변동이 좀 괴롭기는 하지만, 그게 가을 아니겠는가.

10월 하면 먼저 상쾌함이 다가온다. 춥지도 덥지도 않으니, 오롯이 자신, 그리고 관계에 집중할 수 있는 시기이다. 10월의 날들은 짧아 가지만, 그 안에는 풍성함이 가득하다. 마치 소리 없이 번져가는 노을처럼, 10월의 어느 멋진 날도 그렇게 스며들어 온다. 10월에 이는 바람 한 점도 사랑을 받는 것으로 받아들일 수 있는 10월은 시공간을 품은 추억을 상기시킨다. 가을 전어 굽는 냄새에 집 나갔던 며느리가 상처 가득한 시집으로 돌아오는 것이 전어 때문만은 아닐 것이다.

인간이 갖는 경험에 기온이 들어간다는 것, 그리고 관계와 추억과 그리고 현실조차도 열린 마음으로 다가갈 수 있는 것이 10월이다. 여름의 풍성함이 부담스러웠던 자에게 풍요의 감사함을 생각하게 해주는 10월은 그래서 많은 멋진 날들을 갖고 있다. 한 해를 마무리하는 변곡점으로 치닫는 가을의 한가운데 있는 10월은 아직은 한 해의 마지막이 아닌 치닫는 과정에 있기에 숙연함과 더불어 약간의 여유로움도 허락하는 시기이다.

오늘은 어디서 무얼 할까의 노래 가사처럼 10월 이맘때면 나는 짬을 낼 수 있는 마음의 여유가 있었고, 굳이 시간 내어 낙엽이 만들어지는 색의 변화를 보려고 했던 것 같다. 10월의 하루는 그야말로 선물 같은 날이다. 특별한 계획이 없어도 좋고, 그저 집 앞을 산책하며 느긋하게 시간을 보내도 괜찮다. 중요한 것은 그날의 공기를, 빛을, 그리고 자연이 주는 모든 것을 마음껏 느끼는 것이다. 요즘처럼 바쁜 세상에서 이러한 시간을 갖는 것은 사치일지도 모르지만, 10월의 어느 날은 그 정도의 사치를 누릴 만한 삶의 여유로움을 선사한다. 붉고, 노랗게 쇠락해 가는 색들의 향연은 책갈피에 낙엽을 넣은 사춘기의 어느 날부터, 유난히 긴 코트를 입고 낙엽을 밟고 걷고 싶었던 젊은 시절 어느 때의 추억을 소환해 낸다. 그런 10월의 어느 날은 한 해 중 유난히 과거와 현재 그리고 미래가 혼재되는 시간을 허용한다. 그리고 그때의 추억은 낙엽 밟는 소리 혹은 낙엽 태우는 냄새와 더불어 자연의 오색찬란한 그러나 촌스러울 수 없는 원색을 배경으로 그리운 사람을, 사람들을 불러올린다.

숲은 10월이면 가장 나에게 가까이 다가오는데, 이와 더불어 기억은 추억의 숲으로 각색되어 세상은 그래도 살아볼 만한 공간으로 여겨진다.

마음 따뜻한 친구

신인철
2025. 4. 천료

　서울에 다녀오려고 친구 집 마당에 차를 주차했다. 열차 시간에 늦지 않으려면 KTX역에 빠른 걸음으로 가야 한다. 최소한 5분은 걸어야 역사(驛舍)에 도착할 수 있다. 그때 뒤에서 익숙한 목소리가 들린다. "아침 일찍 왔네! 아무리 바빠도 밥은 잘 먹고 다녀야 혀!" 친구가 나를 반기며 손을 흔들어 인사한다. 다정한 미소가 고맙다. 친구의 따뜻한 마음이 가슴에 여운을 남긴다. 열차 시간이 다가와 짧은 인사만 나누고 헤어졌다.
　대전 유성구에서 직접 운전하여 친구 집에 왔다. 우리 가족에게 서울에 갈 일이 생기면 두 가지 방법 가운데 하나를 선택해야 한다. 지하철을 타고 대전역에 가거나 아니면 손수 운전하여 오송역에 가서 열차를 탄다. 지하철을 이용하려면, 아내가 차로 지족역에 데려다주어야 한다. 그래서 직접 운전하고 오송역에 와서 열차를 타는 것이 좀 더 편하다. 단 공영 주차장 주차료가 비싼 것이 유일한 단점이다. 1박 2일 일정으로 서울에 다녀오면 주차료가 많이 부담된다.

 역사 주변은 불법 주차로 항상 번잡하다. 늘 차를 유료 주차장에 주차해야 할지 아니면 불법 주차를 해도 될지 고민이었다. 주차료를 내자니 부담스럽고, 불법 주차를 하자니 지역 주민에게 피해가 될 것 같아 마음이 불편했다.

 2023년 여름 청주에 큰 자연재해가 났다. 오송읍 궁평2지하차도가 폭우에 침수되어 14명의 생명을 앗아갔다. 미호천 제방이 터져 물 6만 톤이 2~3분 만에 지하 차도로 밀려들었다. 모든 방송국이 정규 방송을 멈추고 긴급 재난 속보를 내보냈다. 참담한 마음과 애석한 심정으로 뉴스를 시청하고 있었다. 그런데 TV에 나온 봉사단 조끼를 입은 분의 얼굴이 낯익다. 취재 기자와 인터뷰를 하는 데 궁평리 이장 OOO란 자막이 보인다. 이름을 보니 대학 동기가 맞는 것 같다.

 핸드폰의 동기 카톡 앱을 열고 들어가 회원 프로필을 확인해 보니 친구가 맞다. 조금 지나자, 카톡방에 사진과 댓글이 올라오기 시작했다. 친구의 인터뷰 소식이 전국으로 퍼져나갔나 보다. 봉사하는 친구의 사진과 동영상 여러 개가 보였다. 내용을 보니 정말 멋지고 감동적인 봉사 활동이었다.

 오송 참사가 어느 정도 마무리된 후 친구에게 전화했다. 반갑게 인사하고 근황을 주고받았다. 오송 참사 때 경험했던 뒷이야기도 들려주었다. 친구는 오송에서 태어나 60년을 그곳에서 산 토박이다. 고향에 살다 보니 동네일에 관심 많았단다. 주민들이 이장 일을 맡아 달라는 부탁을 받고 이웃을 섬기고 있었다. 최근 일어난 재해 때 동네 이장으로 소임을 다했을 뿐이라고 겸손하게 말했다. 큰일 했다며 친구를 격려하고, 다음에 꼭 한번 만나자고 했.

 통화를 마무리할 때쯤, 친구는 자기 집이 오송역 근처에 있으니 서울 갈 때 한번 들르란다. 친구의 말에 눈이 번쩍 뜨였다. "아니 오송역에서 가까워? 아파트야, 주택이야?"라고 물었더니 "어 우리 집 주택이야. 마당도 넓어"란다. 인간이 얼마나 이기적인지, 서울 갈 때 친구 집에 주차하면 좋겠다는 생각이 머리를 스쳤다. 그래서 "혹시 나 서울 갈 때 친구 집에 주차할 수 있느냐?"고 물었다. 그랬더니 "걱정하지 말고 언제든지 우리 집에 주차하고 다녀와!"란다.

서울 갈 때 주차 걱정이 사라졌다. 아무 때나 마당 한쪽에 차를 세워두고 편안한 마음으로 다녀올 수 있게 됐다. 그날 이후로 친구 집에 주차해야 할 때면 항상 전화로 허락을 구했다. 그리고 몇 시 열차로 서울에 갔다 몇 시에 돌아온다고 알려주었다. 그때마다 "그랴! 걱정하지 말고 다녀오셔"라고 답해주었다.

그런데 나를 놀라게 한 일이 일어났다. 친구는 내가 서울에 다녀올 때면 꼭 집에서 기다렸다가 반갑게 맞아준다. 처음에는 우연히 시간대가 맞아 친구의 얼굴을 보게 된 것으로 생각했는데, 돌이켜 보니 내가 서울에 갔다 돌아올 때가 되면 다른 일을 제쳐 두고 집에서 기다린 것이다. 친구는 차와 간단한 음식을 준비했다가 내가 도착하면 "어여 와! 오늘도 수고 많았지! 차 한잔하고 가셔"라고 권한다.

차를 마시며 친구 얼굴을 찬찬히 들여다본다. 머리카락이 빠져 두상이 훤히 보인다. 눈썹이 길게 자라서 그런지 나이 먹은 어른 태가 제법 난다. 눈매는 선하고 부드럽다. 악의라곤 찾을 수 없을 만큼 마음이 순수해 보인다. 항상 밝게 웃는 모습이 귀하다. 그가 말할 때면 충청도 사투리가 부드럽게 춤을 추는 것 같다. 아주 부드러운 음성이 가슴에 와 닿는다. 내면이 강하니 음성이 부드러운 것 같다. 상대를 제압하려는 시도나 공격성 발언은 하지 않는다. 친구와 대화가 즐겁다. 가을바람이 우리 사이를 오가며 친근감을 더해 준다. 집으로 돌아오는 발걸음이 참 가벼웠다.

그날 이후 나는 친구 집 마당에 차를 주차하고 서울에 다녀왔다. 늘 반겨주는 친구의 우정이 마음을 편하게 했다. 친구를 만날 때마다 내가 더 순수해진 것 같아 좋다. 친구의 마음이 메아리가 되어 가슴에 울린다. 그런데 생각해 보니, 나는 친구에게 도움을 준 것이 전혀 없다. 친구는 항상 내게 좋은 마음과 태도를 보여주었는데 말이다. 다른 사람에게 좋은 영향을 미치는 것이 삶의 도리이다. 인간이 삶의 도리를 다하며 산다는 것이 얼마나 어려운 일인지 깨닫는다. 내가 좀 더 멋진 친구가 되어 그에게 다가가야겠다. 그가 마음 따뜻하게 세상을 품고 사는 것처럼!

첫사랑 지리산

권종선
2025. 5. 천료

'어리석은 자도 그곳에 머물면 스스로 지혜로워진다.'라는 지리산(智異山)에 1963년 시월 하순 고 2학년 때 반 친구들과 다녀왔다. 노고단(1,507m)~천왕봉(1,915m) 종주 코스였다.

우리는 주말이면 무등산을 비롯하여 가까운 산을 다닐 때부터 지리산을 동경(憧憬)해 오다가 의기투합하여, 토요일 오후 광주에서 기차를 타고 구례구역에 내려 지리산 초입 화엄사로 향했다. 첫사랑을 만나러 가는 듯 설레고 긴장이 팽팽하다. 날이 저물어 화엄사 계곡에서 야영하기로 했다.

다음 날 아침, 노고단 오르는 길이 만만치 않다. 코가 땅에 닿을 듯 급경사다. 첫 구간부터 입산 신고식이 빡세다. 땀을 식히며 노고단 정상에서 쉬고 있을 때였다. 한 아저씨께서 '학생들 어디까지 가느냐?'라고 묻기에 종주할 거라고 했더니 '샘 주변을 조심하라'고 한다. 무슨 뜻인가? 싶어, "왜요?"라고 반문하니 아직 남아 있는 공비가 샘 주변을 노린다는 것이다. 공비는 소탕되어 없는 것으로 알고 왔기에 그 말을 흘려들었지만 섬뜩하지! 않을 수 없었다. 그 말을 듣고 한 친구는 포기했고 그 외 7명은 안내자와 의논하여 예정대로 진행하기로 한다. 안내자는 지리산 자락의 곡성이 고향으로, 같이 온 친구의 동네 형인데 30대 초반 정도의 아주 건장한 체구였고 지리산을 여러 차례 다녀왔다고 했다. 안내자는 노고단 등정의 힘든 과정에서 각자 체력을 파악하고 대열을 갖췄다. 조금 약한 자는 앞에, 듬직한 자는 뒤에 배치하면서 앞지르지 말고 앞사람에게 보조를 맞춰주라고 했다. 그리고 무거운 텐트는 본인이 짊어지고 선두에 섰다. 이 대열은 끝까지 유지되었고, 나는 중간에 배치됐다.

임걸령을 지나면서 수통을 가득 채우고 전남/전북/경남 3개 도의 경계가 만나는 삼도봉을 찍고 뱀사골의 화개재로 내려갔다가 다시 토끼봉으로 올라선다. 길은 희미한데 안내 표시도 없다. 등산팀이나 약초꾼이라도 만나면 긴장도 좀 풀리련만 이 큰 산이 우리들 독차지다. "샘가를 조심하라"는 그 아저씨의 당부 말씀이 머릿속을 맴도는 긴장 상태가 나 혼자만은 아니었으리라. 어느 능선 마루에는 토굴 초소가 여럿 남아 있었다. 초소는 야트막한 흙구덩이가 나뭇가지로 덮여 있었다. 지난날 공비 토벌 작전 현장이라 생각되니 등골이 오싹해지고, 형님께서 들려주시던 지리산 공비 토벌 전투 무용담도 기억을 헤집고 나온다. 한 봉우리 한 걸음이 신비고 긴장감 그 자체였다. 등산 장비는 텐트를 비롯한 모포와 배낭, 그리고 항고와 야전삽, 수통, 심지어 숟가락까지 군용품이었다. 수통은 허리에 찬 탄띠에 꿰차고, 신발은 가죽 군화요 모자만 교모였다.

벽소령을 지날 때 웬 자동차 도로가 나타났다. '공비 토벌 작전도로'라고 한다. 온 산이 전투 흔적이다. 세석평전에 도착하니 산그림자가 내리고 있다. 낙엽을 긁어모아 그 위에 텐트를 치고, 땔감을 주워다가 불을 피워 저녁을 지어 먹고 나니 산속은 금세 어두워졌고 공기가 차갑다. 인적 없는 세석고원은 으스름한 초저녁달 아래 세상이 멈춘 듯 적막하고 스산한데 산속 어디선가 들려오는 애절한 짐승 울음소리에 소름이 돋는다. 우리가 불을 피우고 있으니, 산속 짐승들이 심기가 불편한 걸까? 모닥불을 서둘러 끄고 텐트로 들어가 피곤한 몸을 누인다. 혹시 모를 산 짐승 침입을 대비해 야전삽과 플래시도 머리맡에 준비해 두었다. 깊은 잠으로 아침까지 아무 일없이 푹 자고 일어나니 텐트 위에는 간밤에 서리가 하얗게 덮였고 옹달샘 주변은 서릿발이 서걱거린다.

오늘은 대망의 천왕봉을 오르는 날이다. 산그림자가 아침 안개 속에 너무 아름답다. 조금은 싸늘했지만 상쾌한 아침이다. 연하봉에서 조망되는 골짜기 아래는 오색 단풍이 한창이다. 한량없는 선경에 하늘길을 걷는 기분으로 장터목을 지나고 제석봉 구상나무 숲길을 휘돌아 하늘로 통하는 통천문을 통과하니 12시, 드디어 천왕봉 정상이다. 1,915m 정상 바위 위에 올라서서 사방을 조망하니 노고단에서 이어지는 장대한 능선 25km가 꿈틀거린다. 그 위에 한 땀 한 땀 발자국을 찍으며 여기까지 왔구나! 생각하니 벅찬 성취감에 스스로 개선장군 같다.

서울에서 왔다는 고교생 한 팀이 먼저 도착해 있었다. 그들은 천왕봉까지만 왔다가 백무동으로 하산한다고 했다. 우리는 점심을 먹고, 칠선계곡으로 하산 길을 잡았다. 10km 긴 계곡, 7개의 폭포와 33개의 소(沼)로 이어지는 우리나라 3대 계곡 중 하나다. 폭포 소리 계곡에 가득하고, 단풍 터널은 끝이 잡히지 않는다. 그래도 고운 단풍이 동행해 주니 백지장을 맞드는 기분으로 피로를 던다. 지친 다리를 끌고 산행의 끝점 추성리 마을에 당도하니 석양은 저물고 지친 다리는 천근만근인데, 먹을 것은 바닥났고 마을엔 식당도 없다. 어렵사리 구해온 곶감은 허기를 달래는 최고의 특식이었고, 썰렁했지만, 마을회관의 방 한 칸은 꿀잠의 요람이었다. 이렇게 대망의 지리산 종주를 무난히 성공했다.

성공의 시작은 패기 찬 도전이었고, 도전의 원천은 활화산 같은 열정이었다.

열악한 조건과 긴장된 과정에서도 서로 믿고 의지하며 개인보다 전체를 우선했고, 각자의 용기를 북돋는 안내자의 세심한 배려도 빼놓을 수가 없다. 체력의 한계를 느끼면서도 끝까지 버티어 냈던 칠선계곡에서의 강인한 정신력은 훗날 삶의 여정에서 인내의 자양분이 되었음을 인정한다. 이후 지리산 사랑은 더욱 깊어졌고, 등산 애호가가 되어 건강을 지키고 있다.

수필문학추천작가회 연간사화집 2025 / 33호
아름다운 세상을 그리며

2025년 11월 1일 초판 인쇄
2025년 11월 5일 초판 발행

지은이 / 수필문학추천작가회
편집위원 / 최중호 양호인 신영애 김민정

발행인 / 강병욱
발행처 / 도서출판 교음사
편집 / 수필문학사 편집부

03147 서울 종로구 삼일대로 457 수운회관 1308호
Tel (02) 737-7081, 739-7879(Fax)
E-mail : gyoeum@daum.net
등록 / 제2007-000052호

값 20,000원

ISBN 978-89-7814-165-9 03810